Elogios para *P*　　Corchado

"La prosa informal y amigable de Corchado vuela sobre los furiosos debates políticos del momento, para envolvernos en historias increíblemente personales sobre la amistad y la familia. Antes de que te des cuenta, ha vencido tu cinismo y desarmado tus reflejos políticos para llevarte al seno de una intensa conversación sobre la naturaleza de la ciudadanía y la cultura en los términos más humanos. *Patrias* nos ayuda a reconocernos en otros, y al hacerlo, toca el prodigio de un país que siempre ha aspirado a ser uno de muchos".
　　　　　　　　　　　　　　　　　　　—Beto O'Rourke

"Oportuno... Corchado muestra que la migración que salía de México en los primeros años fue impulsada por fuerzas ambientales más que estrictamente económicas (la familia de Corchado huía de la sequía) y que la preocupación principal de los migrantes más recientes no es huir de la pobreza sino encontrar resguardo".
　　　　　　　　　　　　　　　　　　—*The Washington Post*

"En *Patrias*, [Corchado] relata sus experiencias y las de tres amigos, tres mexicanos y un estadounidense de ascendencia mexicana, mientras lidian con el hecho de tener dos países a los que llaman 'hogar'. [El libro] expone elocuentemente los efectos del Tratado de Libre Comercio entre México, Estados Unidos y Canadá, la militarización de la frontera después de los ataques del 11 de septiembre de 2001, y la victoria de Trump".　　　—*The Economist*

"Además de proporcionar un contexto histórico para el debate actual sobre la inmigración, este libro es una meditación oportuna y personal sobre el concepto del 'migrante' en los Estados Unidos".

—*Publishers Weekly*

"Este relato personal y conmovedor ilumina el corazón del debate sobre la polarización de la inmigración que hoy sacude a los Estados Unidos".
—David Axelrod, director del Instituto de Política de la Universidad de Chicago, ex asesor sénior de Barack Obama, autor y comentarista político de CNN

"Corchado reporta desde las fronteras, con la ventaja de poder ver el mundo desde múltiples perspectivas. Al final, aquellos con menos riquezas son los que más inspiran a Corchado. Sin importar cuál sea el lugar que conozcamos como nuestro 'hogar', este libro es una inspiración".
—Sandra Cisneros, autora de *La casa en Mango Street*

"El alma de Alfredo Corchado está firmemente arraigada tanto a los Estados Unidos como a su México natal. Al trazar los viajes de su propia vida y las de sus tres amigos, ofrece una ventana a través de la cual podemos ver a los millones de migrantes que transforman Norteamérica en el presente siglo. Un relato evocador y esencial para nuestro tiempo".
—Dudley Althaus, corresponsal de México, *The Wall Street Journal*

ALFREDO CORCHADO

PATRIAS

Alfredo Corchado es corresponsal de la frontera mexicana para *The Dallas Morning News* y autor de *Medianoche en México: El descenso de un periodista a las tinieblas de su país*. Nació en Durango y creció en California y Texas. Inició su carrera periodística en El Paso, Texas, antes de trabajar para *The Wall Street Journal*. Fue becario de Nieman, Woodrow Wilson, Rockefeller, Lannan, el Centro de Estudios USMEX de la Universidad de California en San Diego, el Institute of Politics de la Universidad de Chicago, y ganador de los premios Maria Moors Cabot y Elijah Parish Lovejoy al valor periodístico. Fue director del programa Borderlands en la Escuela de Periodismo Walter Cronkite de la Universidad Estatal de Arizona. Ha reportado sobre la corrupción gubernamental en ambos lados de la frontera, el alcance de los cárteles mexicanos y las dificultades de los inmigrantes mexicanos y centroamericanos en los Estados Unidos. Fue incluido en el Salón de las Letras de Texas en 2018. Vive entre El Paso y la Ciudad de México, pero afirma que la frontera es su hogar.

TAMBIÉN DE ALFREDO CORCHADO

Medianoche en México

PATRIAS

PATRIAS

Cuatro amigos, dos países y
el destino de la gran migración mexicana

ALFREDO CORCHADO

Traducción de Wendolín Perla

VINTAGE ESPAÑOL
Una división de Penguin Random House LLC
Nueva York

PRIMERA EDICIÓN VINTAGE ESPAÑOL, SEPTIEMBRE 2019

Copyright de la traducción © 2019 por Wendolín Perla

Todos los derechos reservados.
Publicado en los Estados Unidos de América por Vintage
Español, una división de Penguin Random House LLC, Nueva York,
y distribuido en Canadá por Penguin Random House Canada Limited, Toronto.
Originalmente publicado en inglés en los Estados Unidos como *Homelands* por
Bloomsbury Publishing, Nueva York, en 2018. Esta edición en español también
fue publicada por Penguin Random House Grupo Editorial, S. A. de C. V.,
México, en 2019. Copyright © 2019 por Alfredo Corchado.

Vintage es una marca registrada y Vintage Español
y su colofón son marcas de Penguin Random House LLC.

Información de catalogación de publicaciones disponible
en la Biblioteca del Congreso de los Estados Unidos.

Vintage Español ISBN en tapa blanda: 978-0-525-56690-8
eBook ISBN: 978-0-525-56691-5

Para venta exclusiva en EE.UU., Canadá, Puerto Rico y Filipinas.

www.vintageespanol.com

Impreso en los Estados Unidos de América
10 9 8 7 6 5 4 3 2

Para las sombras anónimas al amanecer:
por nunca dejar de soñar y creer.

I

Entre
todo lo que viene de *afuera* donde las patrias se rompen,
vomitan sus barreras
y el cielo despejado amenaza con una lluvia eterna.
Permanecer aquí
sería como plantar una bandera
en ninguna parte
entredeaux
las palabras como talismanes se van —son libres— sueñan,
imagínate

II

En algún lugar entre el sonido y el sentido un implacable ir hacia
    delante
hacia dentro y abajo—
dejas puestas las raíces
las dejas colgar, y las muestras
a todos aquellos que puedan cuestionar
de *dónde* proviene el dónde
donde el hogar se esconde
donde los niños se vuelven sus madres donde los santos son igual de
    siniestros
Sigurd Selby Stoneyroad las amplias avenidas debajo de mí
divididas en lealtad hacia las huellas
que mi propia respiración deja en los vidrios humedecidos por la
    lluvia

una y otra y otra vez estos mundos regresan a mí
con todo el ímpetu de su movimiento
un rasgo de cielo y tierra y firmamento tras las historias de dos países
más allá del *patois*, una diferencia singular: que aquí hablamos con
    sencillez
y decimos lo que queremos decir
que nos encontremos en un punto medio durante la noche, o el día
siempre errando—
hasta que el amor caiga, la risa perdure
y la vida nos llame de nuevo.

JONATHAN C. CREASY,
poeta irlandés, París, 2017

Índice

Prólogo. Una noche invernal en Tequilas   15

I. Dejar el hogar

1. El Pajarito y la Mujer Maravilla en el norte.   31
2. David y una caminera en Philly.   46
3. Ken, Barbie y Brooks Brothers.   59
4. Primo, el hombre misterioso   72
5. Emerger de las sombras   85

II. El gigantesco despertar de la Ley de Reforma y Control de Inmigración de 1986

6. Freddy's Café   97
7. Una nación voluble   112
8. La reconstrucción de Estados Unidos   124
9. Adiós, Filadelfia.   134

III. Los hijos de la Malinche

10. Un matrimonio por conveniencia.   145
11. Volver a casa   164
12. Medianoche tequilera en Guadalajara   176
13. Atrapado en Estados Unidos, no hay vuelta atrás   184

IV. Vecinos inquietos

14. Dolor en el corazón de la tierra. 201
15. La Habana llama, la guitarra de Santana 213
16. Las consecuencias 222

V. Sin techo

17. El juego de la culpa 233
18. El espíritu inusual de la hermana Guadalupe. 245
19. El intermediario, incremento de la siembra. 253
20. Endurecer la línea 262

VI. Patrias

21. Muros. 269
22. El papa en una tierra nativista 279
23. Treinta aniversario, la celebración. 287
24. El legado de Arcadio 300
25. Lecciones desde Israel 313
26. La sabiduría de doña Lidia 320
27. El funeral del tío Alejo. 330
28. Uncle Bill 339
29. Cuatro amigos, reunión en Filadelfia 352
30. Mis patrias. 363

El fin *371*
Agradecimientos *389*

Prólogo.
Una noche invernal en Tequilas

Pasé varios días llamando por el teléfono de disco hasta que por fin Primo, en un marcado acento mexicano, contestó:

—¿Hola?

Me presenté en español.

Un amigo en El Paso me había dicho que Primitivo "Primo" Rodríguez Oceguera probablemente era el único otro mexicano en Filadelfia: un jesuita, activista de los derechos humanos con tendencias marxistas, y yo. No era el tipo de persona con el que comúnmente me asociaría, pero era mi primer invierno lejos de casa —la frontera Estados Unidos-México— y me sentía solo y desesperado.

Conversamos brevemente y acordamos reunirnos. Sugerí que nos viéramos en un restaurante indio que se encontraba cerca de mi departamento, lo que a partir de entonces se convirtió en una tradición sabatina. No sabía mucho acerca de Primo, pero, por el simple hecho de ser mexicano, lo consideré mi único amigo en Filadelfia.

Una noche, cuando sentí que el curry no estaba suficientemente condimentado y con añoranza por la comida mexicana, nos arriesgamos a probar un nuevo lugar del cual Primo había escuchado hablar.

Tequilas decía el letrero que se encontraba afuera del restaurante.

Abrimos la puerta helados por el viento y sentimos una ráfaga de calor proveniente del interior. Entramos con desconfianza, incrédulos de que ese restaurante mexicano valiera la pena. Me recibió un altar a la virgen de Guadalupe con fotos de revolucionarios cubanos como Ernesto Che Guevara y Fidel Castro, mexicanos como Pancho Villa y Emiliano Zapata, y el escritor izquierdista uruguayo, Eduardo Galeano.

Puse los ojos en blanco.

Claro. Éste no era sino otro capitalismo mafioso que se aprovechaba de las imágenes de los románticos líderes latinoamericanos de izquierda y la venerada imagen de la morena. ¿La virgen de Guadalupe? ¿En serio? Pensé en mi madre y en las oraciones que rezaba a diario en casa con la esperanza de que bastaran para guiarme por esta nueva vida. ¿Qué sabía este cabrón sobre nuestra fe? Sólo había armado este tinglado para ganar algunos dólares vendiendo tacos.

Era un insulto.

Nos sentamos en dos sillas junto a la barra. Para nuestra sorpresa, el olor parecía ser auténtico. No era exactamente la comida de mi madre, pero se acercaba bastante.

En vez de la típica música instrumental de mariachi sonaba "Cruz de navajas", una canción popular de amor y traición del grupo de pop español Mecano. La voz angelical de Ana Torroja me enganchó. Articulé la letra mientras estudiábamos la carta, que parecía salida directamente de México. En una clásica sátira mexicana, el menú ridiculizaba la comida Tex-Mex y burlonamente incluía un platillo obligatorio de nachos como imprescindible para tranquilizar a quienes creían que un restaurante mexicano tenía que incluir nachos en el menú. No obstante, el sarcasmo no era lo único presente en esa carta. El menú parecía educar a los comensales ignorantes sobre la historia de la frontera Estados Unidos-México.

Una mercadotecnia genial, pensé. Los platillos incluían mole, con todo y trenza de carne.

Alguien aquí conoce México íntimamente, pensé. La música pop de España y el menú comenzaron a seducirme. Bajé la guardia.

Primo era mayor que yo, aunque no podía adivinar su edad —y tampoco me atrevía a preguntarle—. Se estaba quedando calvo y tenía un pequeñísimo bigote que lo hacía parecer un donjuán con instinto de matador. Los ojos le brillaban detrás de unos anteojos Hemingway cuando hablaba sobre algo que le apasionaba. ¿Cuáles eran sus cuatro temas favoritos? Política, migración, salsa y mujeres, aunque no siempre en ese orden.

A lo largo de todos esos sábados que pasamos juntos me enteré de que trabajaba con migrantes indocumentados para ayudarlos a legalizarse al amparo del nuevo y generoso programa de amnistía. El presidente Ronald Reagan acababa de firmar la Ley de Reforma y Control de Inmigración de 1986. La llamó "amnistía" durante un debate presidencial con el candidato demócrata Walter Mondale en 1984: "Creo en la idea de la amnistía para aquellos que han echado raíces y vivido aquí, aunque quizá hace algún tiempo hayan entrado ilegalmente". El concepto llegó para quedarse.

Primo y yo rara vez hablábamos sobre cosas personales, excepto de nostalgia y política.

Le conté la historia de mi familia, cómo emigramos desde México gracias a la Ley de Inmigración de 1965 que el presidente Kennedy defendió antes de su asesinato. Le dije que mis familiares alguna vez trabajaron como migrantes en los campos de California y que yo conseguí un empleo temporal en *The Wall Street Journal* —por pura suerte, confesé—. Después de trabajar en un rudimentario periódico vespertino, *El Paso Herald-Post*, ahora estaba aquí, en el noveno piso del North American Building, un edificio de ladrillo rojo de veintiún niveles ubicado en la calle South Broad, comisionado por Thomas Wanamaker. Era surreal.

En esos primeros días de trabajo tomaba el tren con mi jefe de oficina, Frank Edward Allen, quien generosamente me hospedaba en su casa mientras yo encontraba un lugar para vivir. Me sentaba codo a codo con los otros viajeros y hojeaba *The Philadelphia Inquirer, The Wall Street Journal* o *The New York Times*, de vez en cuando compartiendo una sección, pero sin decir una sola palabra.

Si todas estas personas fueran mexicanas, pensé, el tren estaría rebosante de ruido. Todos se conocerían entre sí, intercambiarían sonrisas y carcajadas. Se saludarían de beso en el cachete y se darían abrazos largos y familiares. Pero no, Filadelfia se sentía estéril y desalmada.

En mi primer día de trabajo, Frank y yo salimos de la estación Suburban, un edificio *art déco* con trenes suburbanos que pasaban por debajo. Luego continuamos por la calle 15 a través de un parque con una estatua que mostraba la palabra AMOR en color rojo. A mi izquierda se encontraba el imponente ayuntamiento de Filadelfia, una fachada hecha a base de ladrillos de apariencia gótica adornada con mármol. El edificio North American alguna vez fue el más alto de Filadelfia: cuando se terminó de construir en 1900, un título que mantuvo durante un año hasta ser eclipsado por el ayuntamiento y su estatua de William Penn. Wanamaker albergó su propio periódico,

The North American, en el edificio hasta que cerró, en 1925. Ahora el edificio gozaba de una nueva reputación periodística altamente valorada.

—La estatua de Penn que se ubica en lo alto del ayuntamiento honra al fundador de la ciudad y el estado —dijo Frank.

Siempre en su papel de maestro, Frank me tomó pacientemente del hombro y señaló con el dedo hacia Penn, añadiendo que la ciudad fue desarrollada como un experimento sagrado basado en sus hospitalarias creencias cuáqueras.

Asentí, confundido sobre el hecho de que iba a trabajar en un lugar obsesionado con las acciones, los informes de ganancias, las fusiones y adquisiciones, las adquisiciones hostiles, el uso de información privilegiada —todos ellos conceptos que apenas comprendía—. Desde donde me encontraba, casi podía jurar que la estatua de Billy se orinaba sobre mí.

A partir de ahora formaba parte del experimento de la "diversidad".

Cuando llegamos a la oficina del *Journal*, Frank me presentó brevemente a todo el equipo. Todos fueron muy amables y cordiales a pesar de estar muy ocupados. Casi todos eran egresados de las grandes universidades de Estados Unidos como Harvard, Princeton, Northwestern y así sucesivamente. En contraste, yo inicié mis estudios en la Universidad Comunitaria de El Paso y, tras quedarme más tiempo del debido, terminé por transferirme a la Universidad de Texas en El Paso. Aunque ni siquiera tenía un diploma, a los demás les decía que era el Harvard de la frontera —una broma que escuchaba con frecuencia en casa—. Nadie se rio.

Por fortuna, una de mis colegas sobresalió entre los demás: Julie Amparano, nativa de Phoenix, quien fue a la Universidad de Arizona en Tucson. Ella cubría los nuevos casinos que se construían en Atlantic City. Corría el año de 1987 y el mercado accionario crecía. En el sector de bienes raíces se podían conseguir verdaderas gangas, sobre todo en el centro de la ciudad, por lo que mucha gente de negocios comenzó a congregarse en el área, algunos haciendo tratos con mafiosos italianos como Salvatore Testa, quien controlaba los sitios de construcción. Julie era nueva en el *Journal* y vigilaba de cerca a un joven multimillonario de Nueva York conocido como "el Donald". Donald J. Trump, un joven y temerario hombre de negocios, graduado de la Escuela de Negocios de Wharton en la Universidad de Pensilvania, un negociador deslumbrante.

Julie podía ser de origen italiano, o tal vez griego, aunque decía que su madre era de El Paso. Con excepción de los conserjes, ella parecía ser la única otra hispana en la oficina del *Journal* en Filadelfia. Me prometió que iríamos a comer juntos para compartir experiencias, sin embargo, presentía que esa comida no sucedería pronto. Julie rondaba los veintitantos años, tenía el cabello negro corto y rizado, y emanaba un aire de ambición profesional y estilo personal. Quizá temía que yo pudiera avergonzarla; asociarse con un torpe reportero mexicoamericano como yo no convenía mucho a sus intereses.

En una nación y ciudad obsesionadas con los conflictos raciales entre negros y blancos, los hispanos pasábamos desapercibidos, pues nos escondíamos sigilosamente para ir con la corriente blanca. Yo representaba aquello de lo que Julie huía: carecía de estilo y notaba cómo miraba mi abrigo deportivo con desaprobación, el único que tenía y que conseguí en oferta en JCPenney durante una venta posnavideña en El Paso. Le quité el precio pero le dejé una etiqueta de tela en la manga —que me llegaba a la mitad de las manos—. Frank también lo notó, por lo que me jaló hacia su oficina, un espacio decorado con "obras de arte" de animales dibujados con crayolas por sus tres pequeños hijos, Zack, Josh y Nick. Con frecuencia lo visitaban para verlo en acción.

—¡Qué elegante! —dijo con sarcasmo, tras sacar unas tijeras y cortar la etiqueta de tela.

Frank recitó los nombres de las compañías que debía cubrir en mi turno, instándome a que investigara un poco al respecto, a que me informara sobre cada organización pública, porque los reportes trimestrales saldrían pronto y necesitaba estar preparado. Reportaría sobre las noticias corporativas de empresas como Hershey's, Campbell's y Black & Decker —nombres que conocía de mi época escolar cuando bajaba a brincos del camión y corría a la tienda de la esquina en Oro Loma por el canal Delta-Mendota para comprar una barra de chocolate Hershey's—.

Me sentaba en mi escritorio vacío y escuchaba el ruido blanco del tecleo en las computadoras IBM, periodistas que realizaban entrevistas en voz baja mientras acunaban pesados receptores de teléfono sobre sus hombros, reuniones en salas de conferencias para hablar con editores en Nueva York. Los muebles eran de la marca Steelcase, todos hechos de metal y con distintos tonos de gris, muy apropiados para un periódico que en ese entonces carecía de fotografías o color. Los escritorios tenían tapas laminadas con patrones de color falsos para imitar la apariencia de la madera.

Cada reportero tenía un archivero con candado junto a su escritorio. En la parte trasera de la oficina había un cuarto pequeño con un escritorio y una silla. Lo llamábamos "el cuarto de escritura", un lugar al que podían ir los reporteros, uno a la vez, para trabajar en sus artículos de primera plana. Era un lugar silencioso. Ahí no sonaba ningún teléfono y no había molestas interrupciones para pedirles a los reporteros que "detectaran noticias".

Sí, me habían dicho que éste era el epicentro del poder económico y político, pero algo no se sentía auténtico. Era como si el resto del país no existiera, como si sólo esto importara y no la periferia. Miré a mi alrededor y todo me pareció un estereotipo, un molde.

Extrañaba la pasión del *Herald-Post*. *The Wall Street Journal* tenía una vibra distinta. Cada día se sentía igual que el anterior. Solía mirar por la ventana del camión o del tren en la calle Broad los nuevos edificios que se erigían constantemente en una ciudad que, como yo, estaba en medio de una crisis de identidad. Mi alma se lamentaba. Nada sobre Filadelfia me resultaba familiar. Los *hoagies*, sándwiches de carne con queso nativos de Filadelfia, y la cerveza Rolling Rocks remplazaron las enchiladas, los huevos rancheros y la cerveza Coors. Extrañaba tanto mi casa que aún mantenía el horario de El Paso en mi reloj. Una vez Frank no cumplió con una fecha de entrega porque yo me encontraba en una zona horaria incorrecta y él había estado mirando mi reloj, sentado a mi lado, cubriendo un pronóstico corporativo.

Cada mañana, en mi escritorio, esperaba a que los conserjes entraran a los baños para seguirlos, sólo para decir "Buenos días, buenas noches", para escuchar el sonido del español otra vez. Casi todos eran puertorriqueños y estaban tan sorprendidos como yo de que un mexicano hubiera encontrado su camino al este del Río Misisipi.

Por las noches, al volver a mi departamento, me consolaba con amargura en la música que me transportaba a casa. Cuando la nostalgia era más intensa, recurría a Juan Gabriel y escuchaba "Se me olvidó otra vez", mientras recordaba "el mismo lugar y con la misma gente", la letra de una canción que, según yo, había sido dedicada a Ciudad Juárez.

Nunca había vivido solo. Mantenía el volumen bajo, preocupado de que mis vecinos pudieran escuchar mi música mexicana. Sin embargo, comenzaba a mover mi pie al ritmo de las melodías que ellos escuchaban —los conmovedores sonidos de Miles Davis, John Coltrane, Louis Armstrong y Duke Ellington, cuya canción "Haupe" me hacía emprender una búsqueda interminable por conciliar el sueño—. Mis "muebles" se reducían a una mecedora y una bolsa rectangular para dormir que el padre de Frank utilizaba cuando cazaba ciervos canadienses y alces en Wyoming. Esperaba con ansias el momento de acurrucarme dentro de la bolsa rellena de plumas de ganso y un cierre que corría desde arriba por un costado y a lo largo de la parte inferior. Ambos fueron regalos de Frank y Maggie, su esposa. Yo no tenía ni un clavo. Solía apagar las luces y oír el rugido del viento, la nieve que se acumulaba en silencio. Imaginaba que el polvo blanco devoraba la fachada de ladrillos de piedra y me recostaba sobre la cama, atento al estruendo del tráfico afuera, preguntándome si alguna vez formaría parte de Filadelfia.

—Deja de quejarte —me decía a mí mismo—. Podrías estar recolectando melones.

LAS PAPITAS Y LA SALSA llegaron poco tiempo después, interrumpiendo mis ensoñaciones y mi debate con Primo sobre si la reforma migratoria realmente sacaría a millones de las sombras y marcaría el final de la migración mexicana, o si el flujo de migrantes continuaría para siempre. México experimentaba un rápido cambio demográfico; las mujeres tenían menos hijos. El flujo hacia el norte tendría un límite, ¿no?

Como buen reportero, comencé a tomar notas que, sin saberlo en ese momento, mi madre preservaría meticulosamente en contenedores de plástico durante las próximas décadas.

Un mesero se atravesó con nuestras enchiladas rojas. Se veían y olían muy bien. Las probé y, por un segundo, no supe bien en dónde estaba. Era como si el cocinero hubiera tomado clases con mi madre. Ahora Miguel Bosé cantaba "La gran ciudad", una canción sobre el acto de marcharse que mis hermanos y yo escuchamos, tristes, antes de mi partida hacia Filadelfia. *No, mamá, no llores así; papá mío, dame bendición*. Quienquiera que haya puesto esta música compartía mi dolor, mi añoranza por el hogar, y se sentía tan miserable como yo en Filadelfia.

En cuanto empezamos a comer observé que el mesero, quien se había alejado rápidamente con una charola vacía en dirección a la cocina, llamaba al bartender, un joven como de mi edad pero mucho más guapo, que jugaba con los vasos mientras limpiaba la barra. El barman nos miró fijamente, al parecer en un intento por escuchar nuestra conversación. Tal vez era italiano, pensé, disfrazado ingeniosamente como mexicano para dotar de autenticidad a su restaurante —tenía incluso un bigote negro poblado que le cubría el labio superior y una larga melena negra que le caía por encima de las orejas—. Era alto, de hombros anchos y con la complexión de un defensor de línea de futbol americano. También tenía un pecho prominente.

Qué mercadólogos tan ingeniosos, pensé. Realmente están en todo.

—Ese bigote es como salido de una película de Zapata —le dije a Primo.

—Supongo que sí —me respondió.

El bartender, que era como un oso de peluche gigante, caminó hacia nosotros y sonrió ampliamente.

—Caballeros, ¿en qué puedo servirles? —preguntó educadamente en un español perfecto.

—Buscamos al dueño —dije, sorprendido.

Habla español. ¡Putísima madre! ¡Ya valí madres!, pensé.

Por un momento me horrorizó la idea de que hubiera escuchado mis dudas y burlas sobre su bigote. Mi teoría de que era un falso mexicano. Le dije que queríamos saber de dónde había sacado el dueño la idea para este lugar, porque parecía ser genuino.

—David Suro-Piñera, para servirles —dijo, indicando que él era el dueño del lugar y agregando cordialmente que estaba a nuestras órdenes.

Primo y yo nos miramos, inseguros de cómo responder.

—No se asusten —dijo—. Sólo escuchaba su conversación. No tenía la intención de hacerlo, pero éste es un lugar nuevo, sólo lleva abierto unos cuantos meses. Es mi sitio y quiero asegurarme de que el servicio está al nivel de sus exigencias, jóvenes. Trato de construir un negocio desde cero. Al parecer saben de comida y de… música.

Lo miramos con sospecha. Decía todas las cosas amables que diría un mexicano en la forma pasivo-agresiva a la que estábamos acostumbrados. Desviamos la mirada sin decir una sola palabra, sobrecogidos por la alegría de volver a probar auténtica comida mexicana en un restaurante cuyo dueño parecía ser un mexicano de verdad en esta fría ciudad donde, hasta hacía muy poco, nos sentíamos completamente solos.

Nos terminamos nuestras enchiladas y estábamos a punto de irnos, cuando David nos bloqueó la salida con un ligero brinco. Era persistente, como un guardameta que por nada del mundo dejaría entrar algo a su portería.

—Quédense para tomar otro trago —dijo, y luego recitó la lista de tequilas más completa que había escuchado en mi vida, aunque en ese momento yo no era un gran conocedor de la bebida.

Me gustaba la cerveza, de preferencia Budweiser o Coors. Empezó a nombrar algunos tequilas que ni siquiera tenía en existencia, los que más le gustaban, pero que no conseguía en Estados Unidos. De hecho, confesó, su oferta era tan mala que se rehusaba siquiera a beber lo que tenía disponible, aunque conocía todos los detalles sobre sus distintos orígenes y procesos de destilación.

No encajaba en un restaurante, pensé. Debería rondar los campos salvajes de agave azul en el estado de Jalisco, al noroeste de México.

Más tarde descubrí que era originario de Guadalajara, la capital de Jalisco.

—Hace frío afuera —insistió—. El tequila corre por cuenta de la casa.

Primo y yo vacilamos por un momento. ¿Qué íbamos a hacer, decir que no? David nos acompañó a una mesa cerca de la puerta. Nos sentó en la mesa 21, el lugar donde pasaríamos tantas noches juntos. David sirvió una porción generosa para cada uno de nosotros, sonrió traviesamente y luego regresó al bar, cuyo techo estaba hecho de palma. Se veía feliz consigo mismo.

Me bebí el tequila de golpe, como solía hacerlo en la discoteca Juárez Electric Q y muy a pesar de David. Me miró sorprendido desde la barra, rápidamente regresó con la misma botella y me sirvió otro. Sacudió la cabeza como diciendo: *ni te atrevas a tomártelo de golpe otra vez o te reviento la botella en la cabeza. ¡Pendejo!*

—Despacito —dijo—. Bésalo despacito. Saboréalo. No te lo tomes de un jalón.

Me lo bebí lentamente, sin saber exactamente qué había sucedido. David parecía satisfecho. Ambos asentimos, como si me acabaran de bautizar.

Recuerdo haber observado a Primo tímidamente, pero su mirada ya estaba clavada en otra parte. Raúl Yzaguirre, quien posiblemente era el latino más influyente en Estados Unidos, el hombre que salía en las noticias nacionales hablando sobre la amnistía para los inmigrantes, caminaba hacia nosotros. Nacido en Texas y de padres mexicoamericanos, Raúl lideraba el Consejo Nacional de La Raza, el grupo más poderoso que abogaba por los derechos de los hispanos y los inmigrantes en Estados Unidos. Bajo el liderazgo de Raúl, el Consejo Nacional de La Raza era un jugador clave en el debate sobre la inmigración. Ahora la Raza era objeto de severas críticas: ¿cómo era posible que una organización que defendía los derechos de los inmigrantes se alineara con las grandes corporaciones tras haber abogado por la amnistía junto a quienes se aprovechaban de la mano de obra barata de estos trabajadores? Raúl había cenado con un hombre que parecía banquero, abogado o político.

Cuando estaba por salir del restaurante, Raúl reconoció a Primo —quien también era un célebre organizador de inmigrantes— y se detuvo en nuestra mesa. Era una de las personas que movía los hilos en D. C., un miembro consumado del círculo político interno, y nos saludó en español.

Le di mi tarjeta de presentación y le solicité una entrevista para que conversáramos sobre los retos que implicaba representar a un grupo que cambiaba de forma tan radical el rostro de Estados Unidos. Él aceptó de buena gana y me dijo que la próxima vez que visitara Washington podíamos sentarnos a hablar sobre política junto con su diputada, Cecilia Muñoz.

Nos presentó al hombre con el que había cenado, Kenneth I. Trujillo o Ken, quien vestía un traje fino de tres piezas y unos elegantes lentes redondos. Por supuesto, era abogado. Tenía el cabello ondulado, un mentón cuadrado y su piel era suave; también hablaba rápido, de dentadura perfecta, del tipo que hacía que me sintiera insegura sobre la mía. Por esa razón agradecí que las luces del lugar fueran tenues —y también para ocultar las cicatrices que el acné dejó en mi rostro—.

Forcé una sonrisa a medias.

El tipo parecía un Tom Cruise hispano, pensé. Su cara aún estaba cubierta de maquillaje. Algunas horas antes, ambos aparecieron en un programa de televisión donde se debatieron los esfuerzos locales y nacionales de establecer el inglés como el idioma oficial de Pensilvania. Le ofrecimos a Ken un lugar en nuestra mesa y rápidamente se sentó, ya que Raúl tenía que apresurarse para tomar un taxi que lo llevara de regreso a la estación de la calle 30 y de ahí agarrar el último tren hacia Washington.

El español de Ken estaba muy lejos de ser perfecto, pero admiramos su esfuerzo. El mío tampoco era muy bueno que digamos, así que me sentí muy a gusto con él. Su acento a veces parecía puertorriqueño, pero luego descubrí que no era ni de Puerto Rico ni de México, sino que había nacido y crecido en Nuevo México. Ahí la gente debía recordarles a los extraños que la frontera cruzó y dejó fuera a su familia mexicana, no al revés. La familia de Ken estuvo completamente aislada de su tierra natal durante generaciones. Al igual que muchos nuevomexicanos, se sentía más casado con su herencia española que con sus raíces mexicanas. No conocía a nadie en México. Nunca extrañaba a sus primos o sentía, como muchos inmigrantes mexicanos, que se le rompía el corazón cada vez que había un cumpleaños o durante las vacaciones, porque él ya estaba en familia. Su familia realmente nunca se había ido. Como yo, Ken extrañaba los atardeceres en el suroeste que coloreaban los cielos de morado y naranja.

Una vez más, David caminó hacia nosotros y se presentó con Ken. Le sirvió un trago, feliz de haber conocido en una misma noche a otras tres almas que extrañaban su hogar. Insistimos en que se tomara un trago con nosotros y así lo hizo. Con nuestras copas llenas, nos miramos y tratamos de descifrarnos. Muy pronto adoptamos una tradición del Viejo Mundo que se convirtió en algo enteramente nuestro: mirarnos a los ojos mientras decíamos "¡Salud!"

En ese instante debimos percibir que todos compartíamos el mismo dolor, el mismo corazón roto. Esa noche formamos un vínculo, hablando en español acompañados de música, gastronomía y raíces en común, a miles de kilómetros de la frontera sur. Éramos los amigos más improbables y no teníamos ningún otro lugar a donde ir esa noche. Era tarde, casi medianoche, y las mesas estaban prácticamente vacías. Con cada ronda, la botella de tequila se hacía más ligera y nosotros más ruidosos: hablábamos de la histórica migración que arrasaba con el país. Profundizamos en las corrientes que en ese momento remodelaban Estados Unidos. Con excepción de Ken, los demás éramos hijos de una revolución fallida e inconclusa en México. Ahora vivíamos en Filadelfia, un lugar que supuestamente era el que mejor encarnaba una revolución y en donde los fundadores de la nación elaboraron una constitución que sería la envidia de todo el mundo durante siglos. Nosotros poníamos a prueba la tolerancia de una ciudad construida en 1691 por William Penn, un aristócrata convertido en agitador que vio en sus nuevas tierras un paraíso para los refugiados que huían de la persecución religiosa y los inmigrantes que buscaban reinventarse.

David habló sobre su pasión por la comida y la forma en que se propuso seducir a los estadounidenses a través de la cultura culinaria y las bebidas mexicanas; es decir, ejerciendo un "poder suave" —un término que aprendería después—. Ken habló sobre la justicia judicial, la visión de un país más equitativo e incluyente. Primo insinuó a lo que se dedicaba: unir en secreto a trabajadores a ambos lados de la frontera e idear esfuerzos para empoderar a los mexicanos en Estados Unidos. Les dije que yo sólo quería irme a casa, encontrar el camino de vuelta a la frontera o al México de mi infancia, con suerte como un corresponsal "extranjero" para un periódico grande de Estados Unidos, una ilusión que en ese momento parecía un sueño guajiro.

Años después, al rememorar esa velada en Filadelfia, era como si hubiéramos estado destinados a encontrarnos esa noche, en ese momento, en la mesa 21 de Tequilas. Cuatro extraños rumbo a lo desconocido, arrancados de nuestras viejas zonas de confort, embarcados en una travesía caótica. Tres inmigrantes de estados mexicanos con altos índices de exportación de migrantes: Jalisco, Michoacán y Durango. Ken, el nuevomexicano, un embajador involuntario de un Estados Unidos tradicional, aún en busca de sus raíces mexicanas a lo largo del camino. Nuestras amistades resistirían el paso del tiempo, unas mejor que otras.

Esa noche iniciamos una conversación que ha durado más de treinta años, dándole vueltas a una pregunta fundamental y profundamente personal: ¿cómo encajamos? ¿Qué significa ser estadounidense y convertirse en parte de su diversa corriente predominante, integrarse en su colorido tapete, sus nobles ideales y principios democráticos atemporales? En cuanto creíamos haberlo descifrado, por algún motivo todo el concepto se nos escapaba otra vez. Buscamos la idea original y luego la destruimos —una cruel ironía—.

Afuera de Tequilas, el amanecer comenzó a cernirse sobre Filadelfia. Unos trabajadores iban camino a casa, otros estaban a punto de iniciar sus labores mientras la ciudad dormía. Algunos camiones acanalaban montones de nieve, limpiando la calle Locust entre Broad y la plaza Rittenhouse, revelando los restos de una oscuridad invernal: cuatro extraños en busca de sus propias sombras al amanecer.

I
DEJAR EL HOGAR

1

El Pajarito y la Mujer Maravilla
en el norte

La constatación de que tendría que dejar México y mudarme a Estados Unidos me despertó literalmente de un sueño. Yo era sólo un niño y vivía en San Luis de Cordero, donde dormía la siesta en medio del patio de la casa de mi abuela materna, Nina, que estaba plagado de pericos y plantas, dalias y geranios. Los aromas dulces y el piar de los pájaros fueron ahogados por los gemidos tristes de mi madre, mientras ella y mi abuela planeaban nuestro nuevo futuro. Mi madre le dijo a Nina que necesitaba que ella nos acompañara: no podía criar a la familia sola; además, mi padre insistió en que ella se fuera con nosotros.

La noticia de nuestra inminente partida fue recibida con fiera resistencia, mi madre recordó muchos años después, y se manifestó en los berrinches inconsolables tanto de mi hermano Juan, un año menor que yo, como en los míos, cuando tenía apenas cinco años.

Pero ¿qué opción teníamos?

En realidad no conocíamos a nuestro padre. Cuando era niño nunca lo llamaba papá, sólo señor. Ni siquiera sabía cuál era su verdadero nombre. *Pajarito* era su apodo, en honor a su banda. Amaba la música. Como bracero, parte del programa de trabajadores invitados del campo entre México y Estados Unidos, vivió en Texas y más tarde en California, al igual que sus otros hermanos. Todos ellos se animaron a ir al norte gracias a la influencia de su hermana mayor, Felicidad, a quien nosotros conocíamos como tía Chala. Ella fue la primera inmigrante de la familia, si no es que del pueblo entero. Se vio obligada a cerrar su pequeña tienda de abarrotes porque, a causa de la última sequía, sus clientes no tuvieron otro remedio que pedir crédito. No tenían dinero. En un principio, ella se fue del pueblo hacia la ciudad norteña de Monterrey, pero, una vez ahí, rápidamente se dirigió hacia la frontera porque le dijeron que las oportunidades eran mucho mejores allá. Sus historias la convirtieron en una verdadera leyenda: una mujer que se liberó cosiendo ropa, ganando *dólares*. La tía Chala llegó a la frontera en Ciudad Juárez en la década de 1940 con sus hijas Odelva, Alicia, Irma y Olga. Y ahora, gracias a una disposición en el Programa Bracero, teníamos derecho a adquirir *green cards*. Mi madre quería que mi padre fuera parte de nuestra vida, que nos guiara y nos llevara en la dirección correcta.

Por las noches, la tía Chala se iba a la cama mientras miraba la ciudad de El Paso desde su deteriorada casa en Juárez. Les prometió a sus hijas que algún día todas cruzarían. Era una mujer ferozmente independiente: cumplió su promesa y llegó a El Paso en 1948. Sus historias inspiraron a muchos en Durango, pero sobre todo a sus hermanos. Juan Pablo, el más joven, estaba particularmente fascinado por la tía Chala. Claro, algunos de sus hermanos ya se habían ido, pero si una mujer podía hacerla en Estados Unidos, pensó, sus posibilidades eran mucho mayores.

En un momento atípico mi padre, que no era muy afectuoso, me envió una postal del capitolio estatal de California.

—¿Ya llegamos? —preguntaban mis hermanos cada vez que nuestro camión pasaba por un nuevo pueblo.

Yo sacaba mi postal arrugada, la miraba y comparaba cada casa que aparecía frente a nosotros.

—No —respondía—. Vuélvanse a dormir.

Entonces comencé a preocuparme, pues ninguna casa se parecía a las de la postal. Pero la fe reinaba en la Biblia que mi madre llevaba consigo.

Cuando llegamos a California en 1966, la población de Estados Unidos era de aproximadamente 196.5 millones de habitantes y los blancos conformaban alrededor de ochenta y cinco por ciento. El quince por ciento restante estaba compuesto en su mayoría por afroamericanos. Y aunque los mexicanos formaban parte de la mezcla, eran muy pocos y prácticamente invisibles, a menos que pasaras tiempo en el campo a la merced de los elementos. Las familias Sosa, Pérez, Jiménez, Ramírez y Corchado —a algunos de ellos los conocía desde México— ya se habían asentado en Estados Unidos. Imaginen mi decepción cuando por fin llegamos y frente a nosotros ni siquiera se encontraba un hogar, sino más bien una casa remolque dilapidada donde dos de mis tíos, Mundo y Eutemio, y un primo, Chalio, vivían y trabajaban junto con mi padre cultivando naranjas. Mis padres vivían en el interior y a veces mis hermanos, mis tíos y yo dormíamos afuera rodeados por la maleza y las ratas. Llorábamos al unísono y rogábamos a nuestros padres que nos llevaran de regreso a San Luis de Cordero, para caminar por aquellas amigables calles adoquinadas que parecían nuestras. Yo confrontaba a mi padre después del trabajo y señalaba los campos a nuestro alrededor, la casa remolque que estaba en las últimas, y gritaba:

—¡Esto está gacho! Queremos volver a casa. Nos sentimos muy solos aquí. Perdidos.

Entonces mi padre miraba a mi madre, avergonzado de que un pequeño imbécil como yo le levantara la voz y lo cuestionara. En lugar de abordar mis preocupaciones, le pedía a ella que me calmara, que me dijera algo, que dejara de gritar.

—Dile que la vida mejorará.

Mi madre tenía siete meses de embarazo, por lo que sólo pedía paz. Estaba igual de deprimida que nosotros.

Era el verano de 1966 y no teníamos niñera —ni siquiera sabíamos qué era eso—, así que mi hermano Juan y yo decidimos acompañar a nuestro padre y a nuestras tías en los campos, donde les ayudábamos a recoger tomates y a llenar las cubetas de nuestra familia nuclear, ¡qué más daban las leyes de trabajo infantil! Cuando nació mi hermano David, lo cargábamos con alegría y recogíamos piedras que parecían autos para simular que manejábamos de regreso a México. Algunas piedras eran más grandes y colocábamos algunas más pequeñas encima de éstas para que semejaran camiones grandes que transportaban cargamento hasta México. Le decíamos que en algún punto hacia el sur se encontraba un lugar hermoso. Un lugar en el que las personas eran amigables y no trabajaban todo el tiempo. Trabajaban para vivir.

Entre más hablaban mis padres sobre el sueño americano, más nos rebelábamos contra la noción. No quería tener nada que ver con este sueño americano, no si eso implicaba que teníamos que dormir con miedo a ser atacados por las ratas. No si eso significaba que perdería a mis padres a causa del "trabajo".

Meses después de que naciera David, apenas veíamos a mi madre. Los campos nos la arrebataron.

Los días en que nos llevaba serenata a casa o en que planeaba lo que nos daría de comer y cenar se habían esfumado —esos días simples en los que llenaba nuestra pequeñísima tienda de abarrotes con los dólares que mi padre le enviaba desde el norte—. Siguiendo el ejemplo de mi padre, ella también se volvió invaluable para e inseparable del trabajo. Mamá se convirtió en la reina de los campos de tomate al llenar contenedores en tiempo récord. Era tan buena que los contratistas, incluyendo a sus dos hermanas, se peleaban por ella, discutiendo sobre si darle cinco o diez centavos más por contenedor: un *penny* más significaba todo para ella. Era intrépida cuando llenaba sus sacos con lechuga y naranjas, saltando de las escaleras como si nada, desafiando la gravedad. Tratábamos de seguir sus pasos durante los fines de semana o en verano, pero lo único que conseguíamos era hacerla trabajar el doble, el triple e incluso más, pues tenía que ayudarnos a bajar a mis tres hermanos y a mí, lo que la obligaba a encargarse de cuatro filas. Por eso terminaba por dejarnos fuera de la acción.

Mi mamá era la Mujer Maravilla y Batichica a la vez. También era una maga con el azadón y corto, recorría los campos en un abrir y cerrar de ojos hasta que la Suprema Corte de California la prohibió en 1975, aduciendo que se trataba de una "herramienta insegura", pues los trabajadores tenían que agacharse para cultivar. De hecho, el uso de la azada corta hizo que desarrollara problemas crónicos en la espalda y en los huesos.

En términos políticos, mi madre alcanzó la mayoría de edad en los campos. Poco tiempo después de su llegada, se involucró en la lucha por la igualdad de paga y justicia para los trabajadores del campo encabezada por el líder sindical César Chávez, quien consideraba a los mexicanos un estorbo, un obstáculo para fortalecer el sindicato, pues los empleados ilegales del país reducían los salarios para los miembros sindicales. Pero mi madre no era una de esas mexicanas.

Ella apoyaba la misión del sindicato de obtener salarios equitativos, justicia y respeto. En casa, mi madre era callada e incluso sumisa, pero en los campos lideraba sentadas e instaba a los trabajadores a que se levantaran. Mis tías estaban mortificadas por el motín que orquestaba su hermana Herlinda, la mujer dócil que temía a los gatos, que sobrevivía vendiendo gorditas durante los fines de semana y por las tardes.

Solía decirles a los trabajadores que los patrones los necesitaban más de lo que ellos necesitaban a los patrones. Sus preciadas cosechas se pudrirían porque los campos se arruinarían sin nosotros. Sean valientes, le susurraba a los trabajadores que se reunían a su alrededor, buscando su consejo.

Cuando estaba en casa nos dedicaba todo su tiempo, pero se iba a acostar a las ocho. Su día comenzaba a las tres y media de la mañana, cuando se levantaba a preparar la comida, un par de burritos de huevo y frijol, y partía rumbo al siguiente campo, saludando a la remolacha azucarera al amanecer. Mi madre no quería que nos acostumbráramos a California. Nos prohibía ir a la playa en Carmel, Monterey o Santa Cruz por miedo a que nos ahogáramos como le ocurrió a mi hermana en Durango, o a Disneylandia porque estábamos muy ocupados, sobre todo mis padres, quienes trabajaban de sol a sol asegurándose de que los estadounidenses tuvieran verduras en sus mesas o buenos vinos para sus elegantes fiestas.

Mi madre nos recordaba que California era temporal y que nos esperaban sueños mucho más grandes cerca de México.

Una terrible sequía inmisericorde azotaba Durango. El éxodo desde México creció en ambos lados de la familia. Dos, tres o seis familiares llegaban de golpe. Cada día nos rodeaban más primos, tíos y tías. Una noche llegaron Javier, Abel, Joel, Edmundo, Roberto, Armando, Richie y Rosa, quienes compartieron un cuarto en Eagle Field y durmieron en colchones sobre el piso.

Después llegaron los primos Héctor, Abel, Geno, Leticia y Carmen. Se mudaron a nuestra vivienda de interés social, provenientes de Ciudad Juárez, y se quedaron con nosotros durante meses mientras aguardaban la entrega de su propia casa de interés social, gracias al trabajo de mi tío *Güero* como bracero.

Luego siguió una nueva tanda de primos, incluyendo a Martha, una chica hermosa de la que Pilar, la contratista que era mucho mayor que ella, se enamoró perdidamente.

Para entonces mis hermanos y yo ya hablábamos un poco de inglés, así que nos desvelábamos para enseñarles a los recién llegados palabras básicas con la ayuda de canciones como: "I Think I Love You" y "This morning I woke up with this feeling..." Yo pretendía ser Keith de *La familia Partridge*, personaje interpretado por el actor David Cassidy.

El Programa Bracero, que surgió a partir de una serie de acuerdos bilaterales entre México y Estados Unidos, permitió a millones de hombres —casi todos mexicanos— de pueblos rurales trabajar en Estados Unidos mediante contratos temporales para ayudar con la falta de mano de obra ocasionada por las guerras. El programa terminó en 1964, pero los empleadores aún deseaban tener a los trabajadores incansables entre sus filas. Más primos, tíos, tías y mexicanos en general aparecían de forma gradual en Oro Loma, Eagle Field, Firebaugh, Mendota, Dos Palos y South Dos Palos. Los hombres y mujeres provenían de Zacatecas, Michoacán, Jalisco, Guanajuato.

Los agricultores pasaban por nuestro remolque después del trabajo y visitaban a nuestros padres, en ocasiones para instarlos sutilmente a que corrieran la voz en Durango. Necesitaban más trabajadores, *como sea*, y todos sabían que eso significaba ilegalmente. Los agricultores querían obreros como mi madre y mi padre, gente sin temor al trabajo manual, gente que nunca rechazaba un trabajo. Algunos eran inmigrantes ilegales, pero para nosotros simplemente eran familia y amigos. Algunos llegaron con la ayuda de coyotes, otros por cuenta propia. En una ocasión, la prima Lupe cruzó la frontera El Paso-Ciudad Juárez tras una visita navideña sin tener que declarar o decir nada. Se sentó entre mi hermano Juan y yo y simplemente le sonrió al oficial. Quizá porque era de piel clara y ojos color avellana o porque era su día de suerte, el oficial de aduanas sólo hizo una señal para que pasáramos.

Los primos Cayo, Lucy y Mary llegaron con la ayuda de un coyote. Para nosotros, los coyotes no eran criminales sino vecinos que conocíamos desde San Luis de Cordero. Eran criminales de poca monta, no asesinos contratados por organizaciones delictivas violentas como la mayoría de los coyotes hoy en día. Se quedaban a tomar café y a comer pan dulce, que ofrecíamos con gratitud por haber trasladado y mantenido a la familia a salvo. Los nuevos inmigrantes arreglaban el tema financiero a su llegada, pagando la mitad de la deuda esa noche y el resto tras recibir sus primeros sueldos.

Los hermanos mayores de mi madre, los tíos Rosalío —o Chey para nosotros— y Alejo fueron de los últimos en llegar. Al igual que sus antecesores, también prometieron regresar a México. Extrañaban a sus familias, pero regresar no era tan fácil cuando aquí tenían trabajo garantizado durante todo el año. Se sumaron a la creciente población de inmigrantes indocumentados que pronto incluiría a sus propios hijos, entre ellos los primos Rubén, Armando, Chavela, Catalina e Irma.

La interminable sequía en México continuó hasta finales de los años sesenta.

Pero ¿quién necesitaba la lluvia cuando teníamos California? Yo formaba parte de una cadena humana. San Luis de Cordero había sido trasplantado al valle de San Joaquín. Una noche mi madre se acercó a mí, se arrodilló, me alborotó el cabello y susurró:

—Ya no te sientas solo. Ahora todos están aquí.

Pero la familia no consiguió apaciguar mi angustia del todo. Abandoné la escuela preparatoria —simplemente me salí de la clase de música con todo y guitarra—. Me escapé para tomar una malteada y comer una hamburguesa en Don's Frosty, luego seguí caminando hacia las afueras de Dos Palos hasta que encontré un lugar con maleza a lo largo del canal Surgo, cuyas aguas estaban crecidas. Las largas hierbas me permitían esconderme de mi tío Chey, quien irrigaba los campos desde el canal durante la temporada de cosecha.

Abandonar la escuela sería mi secreto. Nadie lo sabría.

Rasgué las cuerdas de mi guitarra e intenté escribir una canción en español —yo sería el próximo Juan Gabriel, el amado cantante de Ciudad Juárez—, pero me percaté de que mi asimilación estaba bastante avanzada, porque lo único que pude hacer fue cantar "Best of My Love" de los Eagles. Si los campos son mi destino, me convencí a mí mismo mientras caminaba por el canal, entonces para cuando me gradúe seré el capataz de mi generación.

Eventualmente, mis padres se enteraron y no tomaron la noticia nada bien. Mi padre me dejó de hablar. Un día estaba tan molesto que tomó un pedazo de hielo y me lo estrelló en la cara, haciendo que la sangre brotara por mi cara y cuello. Juré que nunca le volvería a hablar. Ni siquiera me miraba a los ojos. Se sentía demasiado herido.

—¿Qué hay de los sacrificios que hicimos? —le gritaba a mi madre—. ¿Por qué tuvimos que venir aquí, comprarnos una casa?

En ese entonces ya vivíamos en nuestra primera casa en South Dos Palos, justo enfrente de nuestra tienda favorita, Jerry's Dry Goods.

—Tienes que educarte —decía mi padre.

Los vecinos como Larry Willis y Melvin Littlejohn se asomaban por las cortinas para ver de qué se trataba todo ese alboroto. Tocaban a la puerta:

—Alfredo, ¿quieres salir a jugar?

Llevaban consigo nuestra arma favorita, un balón de basquetbol para sacar todas mis frustraciones en la cancha. Me enganché con el *bank shot* —un lanzamiento que consiste en anotar tras el rebote del balón en el tablero—, mientras imaginaba que jugaba para la Universidad de California en Los Ángeles.

Mi madre se negaba a perder la fe en mí. Me convenció de recibir una educación al proponerme que pagaría el anticipo de mi auto favorito, un Camaro blanco modelo 1978, después de prometerle que me iría de California a El Paso, donde los hispanos no se agachaban en los campos. Me inscribiría en la universidad y no me casaría hasta obtener mi título.

Cuando nos mudamos a El Paso, mis padres se hicieron cargo de una casa que habían pagado durante más de una década, ubicada a unas cuantas puertas de la casa de mi tía Chala. No conocían nada más que los campos, pero intentarían agregar algo más a su experiencia laboral: serían emprendedores. Se dieron cuenta de que la comida de mi madre era altamente apreciada en California, pues gente a lo largo y ancho del estado la pedía. Así que decidieron abrir su propio restaurante: Freddy's Café.

Inspirado por las palabras de aliento de mi consejera de la universidad comunitaria y maestra Penny Byrne, estudié periodismo y eventualmente entré a la Universidad de Texas en El Paso. Me convertí en reportero para *El Paso Herald-Post*, un rudimentario periódico vespertino atormentado por el legado de fuego de E. M. Pooley, un periodista malhumorado y terco de la Escuela de Periodismo y Comunicación Scripps Howard que utilizaba el periodismo de investigación para agitar el ambiente en El Paso. Reportábamos sobre el pésimo trato que recibían los inmigrantes y cuestionábamos por qué en una ciudad con tantos mexicoamericanos sólo unos cuantos ocupaban posiciones de poder.

Con el tiempo me di cuenta de que estaba enamorado. De los reportajes. De la frontera. De la vida.

El *Post* retumbaba como una ruidosa estampida, empeñado en cuartear la superficie para llegar al fondo de la historia. La frontera

era caótica y excitante, llena de agitación política, protestas públicas, desencanto y esperanza. En 1986 las protestas en Ciudad Juárez encarnaban la revolución del pueblo. La oposición de toda la vida, el Partido Acción Nacional (PAN), abría campos políticos de batalla contra el Partido Revolucionario Institucional (PRI), el cual había gobernado con mano de hierro sobre la política y la sociedad mexicana por más de cincuenta años. Ciudad Juárez se abría cada vez más al cambio progresivo. Yo sentía que me hervía la sangre.

Peleábamos por cada primicia y queríamos contar historias que nadie más se atrevía a contar. Teníamos periodistas que se convirtieron en verdaderas leyendas, como Joe Olvera, un aguerrido columnista chicano; Joe Old, de las duras calles de Chicago, y Betty Ligon, una piloto y periodista pionera que llamaba a todos "cariño" para no equivocarse de nombre. Y luego estaba el jefe de la agencia United Press International, Ken Flynn, a quien adoptamos como parte de la familia. Los fines de semana era un diácono católico, y el resto de la semana era el periodista más mal hablado que he conocido en mi vida.

—Que se vayan a la chingada —decía cuando *El Paso Times* nos ganaba una primicia, algo que rara vez sucedía—. Mañana les partimos su madre —agregaba, lo que me hacía enorgullecerme de ser católico.

También tenía a mi inseparable compinche, Billy Calzada. Nuestro editor nos llamaba *Juárez Vice* en honor a la exitosa serie de televisión *Miami Vice*. Billy y yo podíamos atravesar la frontera con nuestros colegas periodistas Sonny López y María Barrón trepados en el convertible blanco de María y cubrir las demostraciones para la democracia que crecían en tamaño y volumen cada semana. Y ese mismo día podía cruzar de regreso y llegar a tiempo para cenar en casa con mi familia. En el puente Santa Fe, el puerto de entrada entre Estados Unidos y México donde se ubicaban las protestas, a veces reconocía algunas caras, como la de mi madre. Ella luchaba contra su pequeña figura, abriéndose camino desde el lado de Estados Unidos y balanceando una pesada canasta de burritos humeantes en la cadera para repartirlos en un acto de solidaridad con los protestantes en el puente de El Paso a Ciudad Juárez.

—Tenemos que ayudar en ambos lados de la frontera para asegurarnos de que México se convierta en una gran nación —decía—.

Un país que brinde oportunidades en vez de exportarnos como mano de obra barata a Estados Unidos.

Yo sentía que ya lo tenía todo en la frontera. Por eso es que los avances que se avecinaban en *The Wall Street Journal* fueron difíciles de apreciar.

Frank Allen tenía una visión muy adelantada a su tiempo de hacer que la sala de redacción del *Journal*, que estaba compuesta mayoritariamente por hombres blancos, fuera más diversa. Tras haber vivido en Tucson, creía que los editores no entendían los cambios demográficos que experimentaba Estados Unidos en ese momento, o el hecho de que, en algunas comunidades, el español superaba rápidamente al inglés.

Los mercadólogos comenzaron a llamar a los años ochenta "la década de los hispanos". La población hispana estaba en aumento, liderada por la inmigración mexicana. A lo largo de esa década casi dos millones de inmigrantes mexicanos entrarían a Estados Unidos de manera legal, con un promedio de un millón de mexicanos indocumentados aprehendidos cada año por la Patrulla Fronteriza de Estados Unidos. En 1980 unos 2.2 millones de mexicanos vivían en Estados Unidos. Al final de la década ese número crecería a poco más del doble para alcanzar los 4.3 millones. Los hispanos rápidamente se convertían en el grupo minoritario más grande, tras haber crecido en más de siete millones durante los años ochenta, y las proyecciones afirmaban que rebasarían a una pluralidad de grupos étnicos.

—Las redacciones tienen que reflexionar acerca de esas cifras —decía Frank—. De otra manera, el periodismo —la narración de historias— sufriría.

¿Cómo podía el *Journal* contar la historia completa sin reporteros que realmente entendieran este contexto? Las redacciones tenían que hacerse más morenas. Para finales de la década de 1980 una encuesta al interior de varios periódicos en California mostró que menos de 5 por ciento de los periodistas eran hispanos.

Claro que Frank reconocía que no todos los reporteros hispanos querían cubrir historias sobre la inmigración o ser encasillados. Pero si eso te apasionaba y además hablabas el idioma, qué mejor. Podías aprender español, pero la cultura era algo inherente a nosotros. Frank me decía que quizá yo podía escribir una historia como la de los inmigrantes mexicanos que mantenían a sus comunidades a flote económicamente mediante las remesas, refiriéndose a un artículo que recortó y pegó en mi escritorio como inspiración incluso antes de saber que el autor trabajaba en *The Wall Street Journal*. Tal vez ése era el tipo de periódico que buscaba, pensé.

Sin embargo, aunque esos temas eran mi pasión, todavía tenía dudas, sobre todo porque me sentía incómodo con la idea de ser una especie de símbolo. Y en primer lugar, ni siquiera había aplicado para el puesto.

Había asistido a la segunda convención de la Asociación Nacional de Periodistas Hispanos en Tucson. Dada su novedad, *The New York Times* decidió cubrir el evento y cazar a los nuevos talentos periodísticos hispanos. El *Times* también necesitaba conseguir esa "diversidad", un concepto que me estremecía, pues era como si no requirieran periodistas hispanos con conocimiento de su propia comunidad, sino más bien un medio a través del cual conseguir una cifra mágica de "variedad" que les otorgara cierta integridad. Un reportero del *Times* se fijó en mí, un joven despistado con zapatos náuticos, sin calcetines, con jeans Levi's 501 y un álbum de fotografías lleno de recortes del *Prospector*, el periódico universitario de la Universidad de Texas en El Paso.

Al parecer mi perfil era el adecuado.

Acabé por aparecer en su nota, lo cual provocó que algunos de los periódicos estadounidenses más prestigiados como *The New York Times*, *Los Angeles Times*, *The Wall Street Journal* y otras publicaciones pequeñas, incluyendo una de Utah, se desbordaran en atención por mí. Empezaron a cortejarme en la convención.

Me parecía un poco ridículo.

Mi mentor, Ray Chávez, un profesor de periodismo de la Universidad de Texas en El Paso, cenó conmigo durante la convención, en donde conocimos a Frank. Se hicieron amigos de inmediato.

—Alfredo fue despedido por una presentadora de televisión —Ray le dijo a Frank— que le aseguró que no tenía futuro en el mundo del periodismo. Eso hizo que lo deseara aún más. Que se apasionara más por el medio. Alfredo quiere demostrarles a ella y a todos los demás que están equivocados. Tiene resentimiento y eso es bueno. Durante toda su vida ha conocido la derrota.

Le estaba muy agradecido con Ray por ver algo en mí. Aun así, toda esa atención me hacía sentir escéptico, incómodo en mi rol de "periodista hispano", un término que acepté a regañadientes.

Recibí varias ofertas para realizar prácticas en el *Times* y el *Journal*, pero Ray me aconsejó que las rechazara:

—No querrás ir al noreste y ser visto como un turista —me dijo—. Primero querrás pasearte por la parte blanca de Estados Unidos y probarte ahí.

Mientras tanto, Frank cumplió con la promesa que me hizo durante la comida y se mantuvo en contacto conmigo e incluso leyó mis artículos, ofreciendo una crítica muy necesaria mientras corregía mis recortes del *Prospector* y de mis pasantías en *El Paso Herald-Post* y el *Ogden Standard-Examiner* en Utah —el lugar más blanco en el que había vivido—. Un año después, en abril de 1986, Frank me llamó para ofrecerme la oportunidad de ganar 30 mil dólares al año más prestaciones —casi el doble de mi salario en el *Post*— trabajando para la oficina del *Journal* en Filadelfia.

—Deberías aceptar el trabajo —me dijo Ray—. De lo contrario, te arriesgas a no tener carrera alguna.

Sólo en esa ocasión ignoré a Ray, pero Frank no aceptaba mi negativa. La Asociación Nacional de Periodistas Hispanos (NAHJ por sus siglas en inglés) me acababa de premiar con el primer lugar por una serie de historias que escribí sobre los trabajadores migrantes en el estado de Utah. Frank no se daba por vencido. Me decía que quería que empezara a trabajar con él a partir de mayo. Pero mayo vino y se fue. Así como el verano y el otoño, y ahora se avecinaba el invierno.

—Agarra experiencia y salte —me regañaba Ray.

Finalmente accedí, aunque, como buen mexicano, estaba obsesionado con el mañana. La mentalidad de "hoy no, pero tal vez mañana sí". No podía salirme del lugar en donde estaba. No encontraba la última historia, aquella suficientemente buena como para despedirme.

Para noviembre, Frank ya se había cansado de mis promesas rotas y voló a El Paso. Pensó que estaba reacio a irme por mis padres. En parte tenía razón. De cierta forma sí sentía que tenía que estar ahí para mi madre, después de todo lo que pasamos en México y en los campos. Ahora vivíamos juntos como familia, aunque mi padre casi siempre estaba ausente. Realmente no entendía lo que significaba ser padre.

Esto se lo dejaba a mi madre. Administrábamos Freddy's Café en familia y me sentía responsable de ayudar y cuidar a mis hermanos más pequeños, cinco hermanos adolescentes o veinteañeros y dos niñas, Mónica, de diez años, y Linda, que apenas comenzaba a caminar —la mitad de nosotros nacidos en México, la otra mitad en Estados Unidos.

Vivíamos en un vecindario infestado de pandillas no muy lejos de la frontera, en una casa larga y angosta de tres dormitorios justo detrás de un centro comercial recién renovado que atraía a multitud de consumidores mexicanos, quienes amaban gastar sus dólares ahí.

Cuando Frank llegó, mis padres, Juan Pablo y Herlinda, y mis hermanos lo recibieron cálidamente, algo que se sentía como una traición. Frank trajo una botella de vino tinto. Mi familia y yo intercambiamos miradas, confundidos. Nosotros no bebíamos vino, pero bañábamos cada comida en salsa picante y algunos de nosotros tomábamos cerveza helada.

Yo no sabía que en ese momento me enfrentaría a la negociación más importante de mi vida: Frank y mi madre. Mi futuro estaba en juego, así como una aventura a las profundidades de otro Estados Unidos. Un lugar lejos de la frontera, implacable, menos tolerante y nada preparado para mí.

Yo era el intérprete.

Mi madre nos sirvió enchiladas rojas.

Frank, con una sonrisa cálida, bigote oscuro y cabello plateado, estuvo a la altura de las circunstancias y sirvió sueños.

Frank le contó a mi madre sobre *The Wall Street Journal*, la biblia de los líderes de negocios. Describió Filadelfia en términos comprensibles para ella: el nacimiento de una nación, una ciudad hecha para y por inmigrantes. Le explicó mi potencial, diciéndole que yo era alguien que, gracias a mis padres, entendía y apreciaba el trabajo duro.

Mi madre asintió. Sus ojos color verde profundo comenzaron a llenarse de tristeza, quizá orgullo o un entendimiento más profundo de la vida y de la forma en que suceden estas cosas.

Mientras miraba a Frank al otro lado de la mesa, comencé a desear que mis padres me sacaran de este apuro y dijeran:

—No, no puede ir. Su familia lo necesita.

Pero en vez de eso, mi madre le preguntó a Frank si me podía quedar allá durante toda la Navidad; después de todo, ya casi era el Día de Acción de Gracias.

Frank accedió.

Cuando Frank se fue, ella se puso a lavar los trastes. Me dijo que ése era el momento de irme.

—Él cree en ti —dijo mi madre—. Tu padre y yo no estudiamos más que la primaria, si acaso. Lo único que tu padre sabe es cómo manejar un tractor, algo que ya ni siquiera puede hacer porque tiene mal la espalda. Por eso vende burritos desde su camión y bebe demasiado. Yo sé cómo recolectar tomates, hacer burritos, tacos y enchiladas, y limpiar nuestra mesa. No hablamos inglés. Yo no sé nada de periodismo. Esto es lo que tú amas. Esto es lo que tú elegiste.

—Si quieres puedo quedarme —le dije a mi madre.

Primero me miró a mí y luego a mis hermanos y hermanas, quienes estaban sentados en la sala de estar viendo la típica repetición de un programa que se hacía durante las vacaciones. No se veían muy alegres en ese momento. Todos estaban abatidos.

—Hazlo por ellos —me dijo, siempre hablando en español—. Pon el ejemplo. ¿Quién mejor que tú? Eres más que su hermano. Eres como un padre para ellos. Enséñales que ellos también pueden aspirar a ser alguien en su nuevo país.

—Pero, ¿qué no México sigue siendo nuestro país?

—Es mi país, no el tuyo.

Estaba muy triste para discutir.

—No te vayas al oeste como todos nosotros. Vete para allá —más adelante me confesaría que en realidad no sabía en dónde estaba ese "allá"— y ayuda a trazar nuevos caminos. Conviértete en el nuevo inmigrante y muéstrales oportunidades en nuevas comunidades. Inspíralos a soñar. Tal vez algunos se unan a ti, sigan tus pasos, como los de Durango cuando nos siguieron a California. Te extrañaremos hoy y siempre, eso lo sabes.

El peso de sus mundos recaía con fuerza sobre mis hombros.

Miré alrededor y vi a mis hermanos y hermanas sentados frente al televisor con expresiones tristes. ¿Cómo podía dejarlos y aún mirarlos a los ojos? Cuando la Marina reclutó a mi hermano Panchito a principios de ese año —lo recogieron en la casa y nos lo arrebataron— todos lloramos incontrolablemente y prometimos que nunca más dejaríamos que nada rompiera nuestro lazo. Pero su partida fue más como una fisura que se formaba en las paredes de nuestro viejo hogar. Cuando Panchito se fue hicimos algo que solíamos hacer como agricultores cuando rodeábamos los vagones y nos protegíamos entre todos antes de movernos hacia un nuevo campo, o de la inminente invasión de los agentes de la Patrulla Fronteriza en sus uniformes color verde oscuro que rodeaban nuestros campamentos de migrantes. Nos acurrucamos y les prometí que nunca los abandonaría.

Ahora era mi turno, me dije a mí mismo con tristeza mientras hacía mi cama en el sillón de la sala. Esa noche miré el techo, con miedo al amanecer y a lo que vendría al día siguiente.

El 3 de enero de 1987 volé hacia Filadelfia desde El Paso. Dejaba la frontera —mi frontera: las ciudades en expansión con una creciente industria de fábricas de ensamblaje al sur y la fundidora de cobre y plomo de Asarco en El Paso al otro lado. El sitio donde empieza México y termina Texas, una línea invisible. Ambas ciudades tan tolerantes, generosas y, sin embargo, pobres y llenas de esperanza. Recuerdo que, cuando el avión abandonaba la pista, me pregunté si alguna vez volvería a ver las montañas Franklin o las cañadas que eran como venas abiertas que exponían mi ciudad desde las nubes. A punto de estallar en lágrimas, me preguntaba si al ir en busca de oportunidades en realidad dejaba atrás lo que más me importaba en la vida. ¿Y a costa de qué? ¿En verdad valía la pena la separación? Sentía que mi corazón aún latía con fuerza en la frontera bajo de mí, hogar del refugio constante y miserable, nuestra joya en el desierto, nuestra isla de Ellis en el suroeste.

Desde las alturas, más arriba de las nubes, vi el paisaje desértico transformarse lentamente en las calles arboladas de Dallas. Luego tomé otro vuelo y, justo antes de aterrizar, el cielo se ensombreció y el suelo bajo nosotros se volvió blanco. Blanco como la nieve.

Mi padre fue reclutado por ganaderos, quienes lo visualizaban recogiendo el algodón de todos los campos del oeste de Texas. A mí me reclutaron con la promesa de contar su historia. *Nuestra* historia.

2

David y una caminera en Philly

A menudo pensaba en mi padre cuando llegué a Filadelfia. ¿Acaso su alma se sentiría tan atormentada como la mía cuando estaba solo en el norte, abandonado en una tierra extraña, temiendo al fracaso? En aquel entonces Filadelfia no se comparaba en nada a una ciudad glamorosa, elegante y poderosa como Nueva York. Era lúgubre, espantosa, desolada. No era más que la cáscara de aquel pasado glorioso del que leía en los libros de historia, con una sola parada de la red de trenes interurbanos Amtrak entre Nueva York y Washington ¿Qué era exactamente lo que los padres fundadores encontraron en esta ciudad que yo no veía?

Mis colegas parecían preocuparse por mi añoranza del hogar y me recordaban que había muy pocos restaurantes mexicanos en la ciudad, aunque la comida en un lugar llamado ChiChis no estaba mal.

Esto me horrorizó. "ChiChis" era un nombre desafortunado, sobre todo para el español de México, pues literalmente significa "tetas".

En vez de eso, pasé casi todas mis noches en Filadelfia en Tequilas, donde permanecía mucho después de que el comedor se vaciara. De pronto David se convertía en Drácula, el vampiro ficticio, como si su alma se desplegara con la partida de su último cliente. Su obsesión se apoderaba de él. David tenía una pasión y no sólo consistía en servir tacos: él quería tentar a los estadounidenses con lo mejor de la cocina mexicana, abrir sus mentes con su gastronomía sofisticada y luego impresionarlos con la complejidad de sus licores, particularmente el tequila.

Si algo hemos de lograr con esta amistad, pensé, será encontrar el tequila perfecto.

Teníamos mucho trabajo por delante. Pensilvania controlaba la venta de licor mediante tiendas manejadas por el estado, lo cual dificultaba la entrada al mercado de una variedad de tequilas. En sus viajes a Guadalajara, David cargaba con cuantas botellas pudieran considerarse "de uso personal". Estudiábamos sus etiquetas, disfrutábamos del sabor y analizábamos su contenido. En un principio me preocupaba que nos volviéramos alcohólicos por darle rienda suelta a nuestra nostalgia, algo a lo que los inmigrantes somos muy propensos. Pero David era más disciplinado que eso. Bebía para enriquecer su mente y probar todo lo que México tenía que ofrecer.

—Esto es México —decía con orgullo, como para reafirmar—: esto es lo que somos y en lo que nos podemos convertir.

Yo simplemente bebía para olvidar e imaginar que estaba en otra parte.

David provenía de una larga línea de comerciantes. Su familia creía que sus ancestros eran de Medio Oriente, posiblemente de lo que ahora es Israel o Turquía. Tenía una confianza inquebrantable —agallas que a veces le envidiaba— y, como yo, David también tenía algo que probar. Quería demostrarles a los demás que estaban equivocados respecto a él, empezando por su esposa y su familia italoamericana, que era excesivamente tradicional. Más allá de ser un buen padre para Dave, su bebé recién nacido, David tenía la determinación de poder regresar a México una vez más *bajo sus propios términos.*

Cuando hablaba sobre los crecientes lazos económicos y la amnistía, veía las consecuencias en los campos de agave de Jalisco. Le preocupaba que la amnistía y los rumores de apertura económica en México se tradujeran en el éxodo de muchos de nuestros compatriotas. ¿Qué se perdería? ¿Quedarían jimadores para heredar el antiguo arte de cultivar los campos de agave azul —cortar el agave hasta llegar a su piña, cocerlas en hornos y aplastar los corazones del agave hasta extraer sus jugos listos para fermentarse hasta convertirse en verdadero tequila—? ¿O acaso todos abandonarían los campos para irse al norte? Él quería rescatar un trozo de su infancia.

Tampoco se refería a una botella barata de Sauza o Cuervo. Él hablaba sobre algo que la mayoría de los estadounidenses desconocían: tequila de alta gama, de alta calidad con verdadero y complejo terruño.

Otro inmigrante soñador, pensé, desestimando su apasionada conversación.

David abandonó la preparatoria al igual que yo, pero en México. Tuvo que trabajar mucho más duro para conseguirlo todo. Su crianza fue mucho más dura que la mía. O sea, creció en México con todos los obstáculos de la desigualdad, la corrupción gubernamental rampante y los sistemas elitistas. Yo corrí con suerte —muy buena suerte— en Estados Unidos, y mi camino estuvo lleno de inspiración y oportunidades. Yo podía soñar y en cuanto me invadía la duda recordaba las palabras de Robert F. Kennedy: "Algunos hombres ven las cosas como son y dicen '¿por qué?' Yo sueño con cosas que nunca fueron y digo '¿por qué no?' " Mi madre también vivía en línea con esas palabras.

David tuvo que crear sus propias oportunidades desde cero. Sabía que ser inmigrante conllevaba tomar riesgos, soñar en grande y siempre estar a un paso de perderlo todo. Creció sin saber bien a bien quién era su padre, un agente secreto del gobierno. Con frecuencia me preguntaba si el pasado ultraderechista de su padre era lo que despertaba su amor por los movimientos latinoamericanos de izquierda, algo que siempre negó. A menudo ponía la música de Silvio Rodríguez, el ícono artístico de la Cuba revolucionaria, a bajo volumen. Me sorprendía su profundo conocimiento histórico. Era un lector voraz que adquiría libros de todos los temas. Le interesaba el motivo por el que los cubanos se consideraban iguales y no inferiores a los españoles en el Nuevo Mundo, y no víctimas de la conquista como los mexicanos y muchos otros a lo largo de Latinoamérica. Ellos entendían la diferencia, como alguna vez escribió el autor Earl Shorris, entre los sobrevivientes y los fantasmas.

Le gustaba molestarme, como yo lo hacía con mis hermanos más pequeños cuando estaba en casa. Ellos lo veían como acoso y ahora empezaba a entender por qué. La broma más reciente de David era que yo tenía un parecido inusual con el Che, el revolucionario marxista de Argentina, quien junto con Fidel Castro sacó a los estadounidenses y a su dictador títere, Fulgencio Batista, de Cuba. Me había dejado una barba irregular y desaliñada como la del Che —una revolución propia contra la pulcritud y conciencia corporativa de mis colegas del *Journal*—, aunque eso tampoco me funcionaba.

—Quizá deberías pensar un poco más como el Che —decía David—. Sé audaz. Libérate. Enfréntate al mundo capitalista con tu pluma. Trabajas para *The Wall Street Journal*, ¿no? Enséñales un poco de humanidad. Rebélate contra los trajeados. No te dejes. Aunque a veces era molesto, David me parecía fascinante.

—Nosotros tenemos una historia digna de orgullo —me decía—. No todo comienza y termina en Estados Unidos.

—Pero ¿yo qué sé? Yo sólo quiero vender tacos.

A diferencia de muchos de los chicos con los que creció, cuya principal motivación eran los dólares, David veía el sueño americano como un mito. Testarudo y obsesivo, confiaba más en su propia voluntad que en la "oportunidad" de una nación y su sistema capitalista, que consideraba defectuoso. El país carecía de alma. En realidad, los seres humanos no eran más que robots que podían darte la espalda si las cosas no salían como querían. David estaba por encima de todo esto, algo que predicaba incluso mientras pulía los vasos detrás de la barra de un restaurante que, le dije, nunca hubiera podido abrir en México, no como alguien sin dinero con una madre soltera y sin contactos.

David era hijo único y en su infancia vagaba solo por las calles de Apeninos, un vecindario de clase media en Guadalajara en el estado occidental de Jalisco, la entidad más dinámica de México que exportaba todo, desde música, tequila, gastronomía —su propia alma y encanto—.

David era carismático y un imán para hacer amigos, tanto mexicanos como estadounidenses, más grandes y más chicos que él, algo que le permitió adquirir hábitos bohemios —desde su adolescencia temprana empezó a beber y a fumar como chacuaco mientras conversaba con sus amigos—. Era tan rebelde que su sobreprotectora madre, a quien le importaba mucho el qué dirán, lo corrió de la casa.

—Ya madura —le decía.

Entonces se mudó con sus abuelos.

Sus padres se separaron después de que su madre descubrió que su esposo llevaba una doble vida y tenía otra familia. David sólo sabía que su padre trabajó para la inteligencia mexicana y que formó parte de las Brigadas Blancas, que incluían un escuadrón de la muerte, durante la brutal administración de Adolfo López Mateos en la década de 1950. El presidente mexicano fue acusado de ocasionar cientos de muertes y desapariciones.

David encontró a su padre a través de un primo que lo conocía. Le escribió varias cartas sin realmente decirle qué tan grande era el vacío que había dejado su ausencia. Era demasiado orgulloso para hacerlo. Finalmente, ambos acordaron reunirse en un café en Guadalajara. David tenía diecisiete años. Su padre era un hombre apuesto con un aire de elegancia. Los dos prometieron mantenerse en contacto y así lo hicieron, aunque la relación siempre fue tensa y nunca floreció. La búsqueda de su padre fue más por curiosidad que por otra cosa y coincidió con el distanciamiento que tuvo con su madre a causa de su parrandeo.

David dejó Guadalajara después de que su novia lo terminó, pues descubrió que la engañaba. Con el corazón roto, salió en busca de una oportunidad, no al otro lado de la frontera como muchos otros lo hacían en el estado de Jalisco, sino más bien a Cancún, la meca de arena blanca y playas caribeñas de México. Trabajó para Carlos'n Charlie's como mesero y luego como gerente. David creía que haría su fortuna ahí, que se quedaría con una rebanada del pastel de la floreciente industria turística que atraía a los gringos que buscaban divertirse bajo el sol. El centro de actividad turística era como un pedazo de Estados Unidos en tierra mexicana. Lo único que hacía falta en Cancún era una enorme bandera de Estados Unidos para decirle al mundo que este lugar también les pertenecía.

David aprendió rápido y se volvió un experto en los gustos estadounidenses. Su congenialidad natural le ayudó. Miraba a la gente a los ojos. Les dedicaba tiempo. Ningún detalle era demasiado pequeño. Estudiaba a los clientes estadounidenses con cuidado; aprendió a consentirlos, a satisfacer todos sus caprichos y a escuchar sus historias en su mal español —y los alentaba a seguir practicándolo—.

—¿Otro tequila, señor?

Era el embajador por excelencia.

Una noche, una de sus clientas lo cautivó.

Annette Cipolloni, una empleada de American Airlines, volaba regularmente hacia y desde Cancún para acompañar a una colega y mejor amiga que en ese momento salía con el compañero de departamento de David. Era el año de 1983. Annette estaba a punto de comprometerse, pero poco después de regresar a Filadelfia le llamó a David, quien trabajaba en el turno de la noche en Carlos'n Charlie's.

Ella le dijo que le gustaría regresar a Cancún para verlo. El inglés de David se limitaba a la información crucial que necesitaba para sobrevivir:

—¿Qué tal estuvo su cena? ¿Ya terminó? ¿Le traigo la cuenta? ¿Otra cerveza para que se vayan muy contentos, señor, señora?

No entendía muy bien el idioma y pensó que ella quería hacer una reservación en el restaurante.

—Claro —le dijo él—. ¿Para cuántas personas?

—No —le dijo un mesero que tomó la llamada—. No seas idiota. Te está invitando a salir.

—Okey... —dijo un tanto perplejo—. Pero, ¿qué no se va a casar?

Ése fue el inicio de una nueva clase de migración: migración por amor. En tan sólo un año, Annette viajó casi sesenta veces a Cancún. No hace falta decir que la relación con su novio en Filadelfia se vino abajo. Ella y David se hicieron novios.

Su romance se caracterizó por las largas e irregulares estadías de Annette. Cuando ella le informó que estaba embarazada, David le rogó que se quedara e hiciera su vida con él en Cancún. Ella dijo que no, haciendo hincapié en su estricta crianza italiana. David se contuvo y sucumbió ante la propuesta de vivir en Estados Unidos. No soportaba la idea de que su recién nacido creciera sin un padre, repitiendo su propia historia.

Utilizó sus contactos en Guadalajara para obtener una visa especial. Su mejor amigo era un joven estadounidense y el hijo mayor del jefe de la Administración para el Control de Drogas (DEA) en Guadalajara. Se hicieron amigos durante la adolescencia, uno de los motivos por los cuales la madre de David lo protegía tanto. Muchos de los hijos de los altos funcionarios para el control de drogas en Estados Unidos eran consumidores asiduos de mariguana y cocaína, y él se mantuvo alejado de esos vicios gracias a la severa advertencia de su madre, cuya ira era lo que más temía.

David pasó por alto la adicción de su amigo y mantuvieron su relación; eran tan cercanos que cuando David se tuvo que ir al norte, recurrió a su amigo para que lo ayudara. El amigo compartió esta información con su padre, quien ordenó que su agente Enrique *Kiki* Camarena, nativo del valle de San Joaquín, le expidiera un permiso especial a David, una visa de turista por diez años. *Kiki* trabajaba en el consulado como agente encubierto para la DEA. Durante la entrevista, David se percató de que el oficial era bastante afable, educado y empático mientras escuchaba su saga romántica. La asignación en el consulado resultó ser una de las últimas tareas que Camarena desempeñaría. Semanas después de esto, en febrero de 1985, el agente encubierto fue capturado y más tarde encontrado muerto con señales de tortura, un episodio trágico que se convirtió en un momento decisivo que transformó la relación entre Estados Unidos y México para siempre. Este asesinato provocó una de las más grandes cacerías que el gobierno de Estados Unidos ha realizado en Norteamérica y supuso una ominosa advertencia de lo que vendría después entre ambos países.

Tras la muerte de Camarena, el gobierno de Estados Unidos concluyó que ya no le era posible confiar en el gobierno mexicano y cuestionó la esencia misma de la maquinaria política del país, el PRI, el partido que el mismo gobierno estadounidense apoyó crisis tras crisis. Los estadounidenses hicieron a un lado las injusticias, las masacres estudiantiles, la corrupción y la impunidad que imperaba bajo el régimen del PRI a cambio de la estabilidad. Un vecino estable a lo largo de una frontera de más de tres mil kilómetros era esencial, sin importar el desorden que hubiera al interior.

Eso es lo que sucedió durante casi cincuenta años, hasta esa tarde de febrero en la que su agente desapareció y semanas después su cuerpo fue encontrado mutilado. Los estadounidenses sospechaban del PRI. La frontera se cerró temporalmente, casi de la misma manera en que lo ordenó Nixon décadas atrás. La seguridad se convirtió en el asunto primordial para Estados Unidos.

Antes de todo eso, Camarena no era más que el agente que cerró la brecha entre el pasado y el futuro de David en Estados Unidos. Semanas después, David veía cómo se desenvolvía el drama internacional mientras se preparaba para mudarse a Estados Unidos y hablaba a diario con su amigo estadounidense, cuya vida se volvió un tanto deprimente debido al estrés que experimentaba su familia y el desgaste emocional de su padre, quien seguía la muerte de Camarena muy de cerca. Meses después y con un inglés limitado, David partió con su visa recién expedida a ser el proveedor de su nueva familia y encontrar su lugar en una tierra extraña.

David tenía veintitrés años.

Caminaba sobre las calles de Filadelfia, solicitando trabajo en los restaurantes. David recordaba que en ese entonces no había muchos restaurantes en el centro de la ciudad, veinte a lo mucho. El centro de Filadelfia ofrecía pocas oportunidades. Una destacaba entre las demás: El Metate, que afirmaba vender comida mexicana. Aplicó y consiguió un trabajo como mesero. Poco menos de un año de trabajar ahí, el conocimiento que David mostró sobre la industria restaurantera impresionó tanto al dueño que éste le ofreció una oportunidad de arrendar el lugar.

David salió en busca de dinero; tenía la visión de abrir un restaurante con un menú de alta cocina mexicana. Los clientes puertorriqueños lo contactaron con una corporación de desarrollo comunitario, una organización que "ayudaba a las minorías", le dijeron.

David estaba confundido: "¿Qué demonios es una minoría?", se preguntó.

Para entonces era 1986, la economía colapsaba y el financiamiento público del grupo comenzó a disminuir. Intentó con otra corporación de desarrollo. Miraron al joven mexicano frente a ellos y lo mandaron a freír espárragos. Su suegro, George J. Cipolloni Sr., hijo de inmigrantes italianos, veía cómo se desarrollaba este drama. El señor Cipolloni se las arregló para que David recibiera un préstamo bancario de 85 000 dólares para encargarse del arrendamiento. Su suegro puso la casa familiar como garantía. En un inicio, los banqueros imaginaban un restaurante que revitalizara un oprimido vecindario puertorriqueño, pero mientras más estudiaban el plan de David —un restaurante de alta gama—, más se percataban de que un negocio nuevo y ambicioso podría revitalizar el centro de Filadelfia.

Filadelfia estaba plagada de crack, devastada por el sida y luchaba por recuperarse del asedio del grupo MOVE en 1985, durante el cual la policía de la ciudad arrojó una bomba en un vecindario residencial, dejando un saldo de once muertos, incluidos cinco niños. David miró alrededor del centro y vio una oportunidad. Le inyectaría vida a estas calles donde alguna vez caminaron los aristócratas y las luminarias de Filadelfia, desde Benjamin Franklin hasta Grace Kelly. Éste sería un esfuerzo transfronterizo. Atraería amigos de Cancún, Guadalajara y de todo México para que lo ayudaran. David quería construir el mejor restaurante mexicano al norte de la frontera y no dejar nada al azar. Quería calidad, autenticidad y un servicio fantástico.

Con gran atención a los detalles, David era meticuloso para todo: desde los uniformes de los meseros —se aseguraba de que todos se abrocharan los botones hasta el cuello— hasta la cuidadosa selección de música. Se desvelaba por las noches para grabar casetes caseros que le dieran la ambientación perfecta a su restaurante. David recurrió a otros amigos en Guadalajara para debatir sobre el nombre que debía llevar su nuevo negocio.

—Tequilas —sugirieron—. Más que una bebida, la palabra *tequila* también significa un lugar de trabajo.

Buscó a un codiciado chef mexicano. Olfateó algunas pistas y encontró varios contendientes entre Cancún y Guadalajara. Fue un comienzo difícil. El primer chef, José, creaba platillos tan exquisitos que un contrabandista, que también era un agente aduanal mexicano, lo secuestró para que le preparara sus platillos favoritos. Se hicieron arreglos para negociar su libertad y días después el chef estaba en Filadelfia. Desafortunadamente, ese chef resultó ser un borracho demasiado celoso con sus recetas, y se rehusaba a entrenar a los cocineros, algunos de ellos afroamericanos, en la cocina.

Más allá del chef, desde el primer día el restaurante fue un éxito rotundo. Los críticos gastronómicos hablaban con entusiasmo sobre el excelente servicio y la "nueva" clase de comida mexicana: David ofrecía mucho más que tacos y nachos. Había filas de gente alrededor de la cuadra, con comensales que esperaban casi dos horas para encontrar mesa. Una noche, un hombre rico y bien vestido se acercó a David y le ofreció cincuenta dólares por una mesa. El hombre tenía una cita y quería impresionar a la chica con la que iba.

—No —le dijo David.

—¿Qué tal cien? ¿O doscientos?

David negó con la cabeza, aunque estaba intrigado por la determinación del cliente. Tras ser rechazado, el hombre se marchó en un convertible que manejaba su chofer, y minutos después regresó.

—¿Qué te parecen trescientos? —le preguntó.

—No. Pero mira, trae tu convertible a la vuelta y te serviremos la comida en el asiento trasero.

La chica que salía con el hombre estaba abrumada por la atención.

Se corrió la voz en todos lados. Todos querían ir y ser vistos en Tequilas.

Una noche, una mujer se presentó con una guitarra y le preguntó a David si podía cantar durante los fines de semana a cambio de las propinas.

—Estoy seguro de que cantas bien, pero no tengo espacio —le dijo—. Éste no es el lugar apropiado.

Años después, la celebrada ganadora del Grammy, la cantante Lila Downs, le recordó este rechazo a David.

Todo parecía funcionar a la perfección, excepto aquello que le daba nombre a su restaurante: su selección de tequila. David no podía garantizar su calidad. De hecho, despreciaba su propia selección y nos advirtió a Ken, Primo y a mí que bebiéramos bajo nuestro propio riesgo. Temía que la época de oro del cine mexicano hubiera engañado al público en aquellas películas que mostraban el estereotipo del personaje que bebía un caballito de tequila barato con limón y sal. Figuras icónicas como la estrella de cine Pedro Infante (quien ni siquiera bebía en la vida real) y el escritor Ernest Hemingway no ayudaban a cambiar esta imagen.

—No te lo bebes de golpe como Hemingway —les decía a los clientes—. Lo bebes de a poco, en pequeños sorbos, como cuando le haces el amor a una mujer, muy despacio, como si fuera la última cosa que vas a probar en tu vida. Capta el sabor, el aroma…

Cuando sus clientes se iban, David sacaba sus tequilas favoritos, aquellos que traía de contrabando en sus maletas durante sus viajes frecuentes a México, marcas como Siete Leguas, Tapatío, Tres Magueyes. Rápidamente noté la diferencia. Lo que él vendía, como en el resto de los bares de Estados Unidos, ocasionaba dolores de cabeza persistentes y terribles crudas, porque esos tequilas rara vez eran 100 por ciento de agave. En cambio, la versión barata a menudo contenía sólo 51 por ciento de agave azul y el resto era rellenado con caña de azúcar. Lo que él nos sirvió —100 por ciento de agave— nos animó, no nos causó dolor de cabeza y nos hizo extrañar nuestro hogar aún más. Pero conseguir un buen tequila no era cosa fácil.

—Compramos el peor tequila. La gente no sabe que existe algo mejor —decía.

Algún día él crearía el tequila *perfecto*.

Aquellas largas noches en el bar, David hablaba sobre su infancia, sobre la posibilidad de conducir a los campos de agave y sentirse hipnotizado por la belleza que yacía frente a sus pies. Caminaba por

esos campos con los ancianos, admirando a los corpulentos jimadores, aprendiéndose sus nombres, sus historias y deseando ser uno de
ellos. Tenían su propia parcela de tierra y trabajaban para sí mismos,
hacían su propio tequila y lo vendían localmente. A él le gustaba la
independencia que tenían estos hombres.

A veces Primo y Ken se nos unían y entonces la conversación se
desviaba hacia cuestiones más contemporáneas, lejos de los sueños que
compartíamos. Las polémicas discusiones giraban en torno a la lucha
política y económica de México, así como sus tratados comerciales.
Las consecuencias de los cambios en marcha podían ser horren-
das para México, Primo advertía continuamente, cada vez más preocupado por los encabezados de *The Philadelphia Inquirer*.

David bebía su tequila y declaraba abiertamente su posición anticapitalista, seudocomunista, jurando y perjurando que *su propia fuerza
de voluntad* era clave en cualquier éxito que hubiera obtenido, no el
sueño americano.

Yo nunca dejé de pensar que David se equivocaba, sobre todo
cuando empezaba a sentir los efectos del alcohol. Ken estaba de
acuerdo conmigo. Las oportunidades disponibles en Estados Unidos
eran mucho mayores que en cualquier otro lugar, le decíamos. David
nos acusaba a Ken y a mí de no tener imaginación, de no creer lo
suficiente en nuestro instinto para tomar riesgos, de poner demasiada
fe en la economía estadounidense, su forma de vida, el fallido *statu
quo*. Yo le recordaba los beneficios del capitalismo y cuán lejos habíamos llegado, cómo habíamos logrado cosas que nunca hubiéramos
logrado en México —al menos no sin riqueza o contactos, algo que
ninguno de nosotros tuvo al crecer. México se abría política y ahora
económicamente.

—Los mexicanos, con su ética laboral, construirán un país tan
generoso como éste —yo decía.

Buscábamos la aprobación de Primo.

—México no tiene oportunidad —respondía el sabio de Primo—. Por lo menos no mientras los intereses de Estados Unidos
vengan primero.

—¡Tonterías! —decía yo, sintiendo cómo el efecto del tequila
aumentaba el descaro de mis opiniones—. Míranos: estamos en el
noreste. No estamos en un campo de melones de California lle-
nando cubetas por unos cuantos dólares o pendientes de cualquier

avistamiento de la Patrulla Fronteriza para advertirles a nuestros amigos y familiares que corran a esconderse en alguna zanja o entre la maleza. ¡Estamos en el noreste! *En la vanguardia*. Construimos nuestra propia red, parte de la llamada "Década de lo hispano", entre las personas finas, de sangre azul, de Filadelfia, aunque en ese momento la ciudad parecía derrumbarse a nuestro alrededor. Nosotros la levantaríamos, la arreglaríamos, les dije, le devolveríamos su brillo. ¿Qué no eso es lo que hacemos como inmigrantes? ¿Transformar ciudades? ¿Darles la vuelta? ¿Reconstruirlas con nuestro sudor y sangre? ¿Yo, con la preparatoria trunca? ¿Tú, David, otro desertor escolar? ¿Y tú, Primo, que fuiste a la prestigiosa Universidad de Chicago y El Colegio de México? ¿O tú, Ken, que aunque reprobaste álgebra, de todos modos recibiste tu educación de la Liga Ivy? Un abogado rodeado por el bastión de las escuelas de la Liga Ivy.

—Ey, *chacho* —un diminutivo de *muchacho*— yo saqué puro diez en la universidad —decía Ken, como buen nerd—. Pero tienes razón, sí reprobé álgebra.

Y yo, trabajando para el impresionante *Wall Street Journal* que, aunque no inspiraba mucho, no dejaba de ser increíble.

—El pinche *Wall Street Journal* —me decían en tono de burla, exasperados al notar que había alcanzado mi límite de tequila.

—Lo estamos logrando, ¿no? Estamos aquí ahora, en este momento, juntos —pero no paré ahí—. Imagínense lo que pasará ahora con la amnistía. ¿Quién se quedará en México? Somos muy afortunados de habernos ido —o, en mi caso, de que mis padres me trajeran aquí para tener una vida mejor—. Tú, David, deberías estar contento de que viniste por amor, cabrón —un insulto que implicaba que nos sentíamos cómodos el uno con el otro.

Y luego lo volvía el blanco de mi ataque y le preguntaba, arrastrando mis palabras a causa del exceso de tequila:

—¿Cómo crees que llegamos aquí, a sentarnos en tu restaurante, Tequilas? *Oportunidades. El sueño americano.* Pronuncié las palabras lentamente, dirigidas tanto a David como a mí mismo.

Al final de la noche, trataba de convencerme a mí mismo de mi propia promesa: que de alguna forma las cosas mejorarían, porque con frecuencia sentía que me ahogaba.

Estaba desesperado por creer en lo que me habían dicho sobre el sueño americano, algo que parecía inexistente para las personas que se veían como yo. Por mucho que intentara negarlo, en ese momento mis colegas estaban en la oficina trabajando para subir en la escalera corporativa. Ése no era yo. Yo estaba resguardado en Tequilas, tratando de armarme de valor y de encontrar una bandera blanca para rendirme.

—¿En serio? ¿El sueño americano? —David me preguntaba—. No más Neruda ni tequila para ti.

Luego me sonreía y preguntaba:

—¿Otro? —quizá porque se sentía mal de haberme molestado tanto—. Yo invito —me decía y sacaba un tequila de su escondite secreto.

—Sírvemelo doble —le decía en broma.

Estábamos completamente desorientados en Filadelfia, una ciudad con sus propios problemas: una racha de mala suerte, una bancarrota inminente y un éxodo de los ricos hacia los suburbios. Todos nos sentíamos inquietos y, por lo que se apreciaba en la mesa 21, intranquilos.

Una de las mezclas de música de David contenía casi todo el álbum XXX de Miguel Bosé. El cantante, hijo de un torero español y una actriz y bailarina de ballet italiana, suavizó nuestras diferencias filosóficas.

Podíamos despedazar las letras de Bosé sin ningún desacuerdo, adentrándonos en el significado de sus palabras, escribiéndolas en servilletas y analizando detalladamente su genialidad y a nosotros mismos.

Primo y Ken nos miraban como si fuéramos unos tontos románticos —quizá lo éramos— mientras cerrábamos los ojos y tarareábamos las canciones, flotando lejos:

Falso paraíso yo…
Contradicción, extraña invención
Y al ser vulnerable me vuelvo invencible…

3

Ken, Barbie y Brooks Brothers

A pesar de mi despiste, o quizá a causa de él, Julie —mi colega del *Journal*— y yo nos hicimos muy amigos. En retrospectiva, me doy cuenta de que ella sólo se sentía intrigada por Ken; lo miraba con curiosidad, preguntando a menudo cuál era su secreto. ¿Cómo es que alguien proveniente de un pequeño pueblo en Nuevo México, con una crianza humilde, se había refinado tanto como para encajar a la perfección? Nos resultaba difícil de creer y, al mismo tiempo, ambos sentíamos que de alguna manera Ken tenía la llave de todo esto. Además, estoy casi seguro de que Ken le resultaba atractivo, aunque ella dijo que lo veía más como un primo lejano. Ken parecía no prestarle mucha atención, por lo que ella solía pasear conmigo.

Yo discutía con Julie:

—Ey, míranos a nosotros. ¿Cómo acabamos aquí?

—Pero él no tiene ninguna carga emocional respecto a México —dijo ella—. *Corchadito*, tu clóset está lleno de carga.

Ken estaba separado de México por varias generaciones. Nosotros coqueteábamos con la corriente predominante, mientras que Ken flotaba casualmente sobre ella, abriéndose camino hacia el futuro de la participación política en ese sector. Trabajó duro para llegar a donde estaba. Pero al conocernos, este club incipiente de mexicanos en Filadelfia, Ken se sintió inspirado y decidió investigar sobre sus raíces. Estaba en busca de su propia identidad mexicana y nosotros buscábamos lo opuesto.

Por más que lo intentara, Ken no podía ser más moral y determinado. Era hijo de un predicador protestante en una región coloni- zada por los españoles en 1598, cuando Juan de Oñate estableció un pequeño pueblo en Santa Fe, un lugar que no era ajeno al conflicto. En 1680 los indios del pueblo se rebelaron contra la Iglesia católica de España, que intentaba remplazar su religión tradicional. Mataron a la mayoría de los sacerdotes y expulsaron al resto de los españoles hacia el sur —al menos de momento—. Para 1696 España una vez más controlaba Nuevo México, pero nunca de forma tan legítima como antes.

Una curva llena de árboles en las colinas cercanas al lugar donde creció se llama Trujillo Pass, nombrada en honor a sus ancestros. Podía rastrear su linaje hasta el siglo XVII.

Ken, el único niño entre cuatro hermanas, nació en Española y creció en todo el norte de Nuevo México y en Durango, Colorado. Pasó muchos veranos en la casa de su abuela en Cañones, un minúsculo lugar de cuatro recámaras hecho de adobe sin agua corriente y una letrina al exterior. En el centro había una estufa de leña con chimeneas para mantenerse caliente. Ahí cosechaban vegetales.

A unos cuantos metros de la casa de su abuela había una pequeña iglesia donde el padre de Ken predicaba. Cuando Ken tenía cinco años le dijo a su padre que él también quería predicar durante la misa navideña y su padre accedió. Colocó una silla detrás del púlpito. Ken aún se ríe cuando cuenta la historia.

—Me puse de pie, miré a mi alrededor, me asusté y dije: "Arrepiéntanse, pecadores, y no miren tanto para acá".

Ése fue el primer y último sermón de Ken. Aunque dijo que todos se rieron con gentileza.

Para Ken los cupones de alimentos, el "queso del gobierno" y la crema de cacahuate fueron la materia prima de su infancia. Usó el mismo par de zapatos durante casi toda la preparatoria, por lo que cuando llegó a su último año las suelas estaban casi completamente desgastadas.

Eileen, la madre de Ken, era un ama de casa que creció en Cañones, un pequeño pueblo de Nuevo México cerca de la icónica meseta Cerro Pedernal, donde se hallaban las mismas estribaciones que inspiraron a Georgia O'Keeffe a pintar sus obras maestras: un lugar en donde el paisaje se desplegaba: cielo azul, colinas marrón por un lado, picos nevados por el otro, ranchos de adobe color arcilla en la distancia. Entre más se alejara de ciudades como Albuquerque y Santa Fe, decía Ken, más salvaje se volvía el terreno.

Ésta fue la misma tierra que le cedieron a la familia de Ken a principios del siglo XIX, antes de que la guerra entre Estados Unidos y México dividiera la posesión de tierras y familias, antes de que se separaran las naciones —una dolorosa humillación que algunos aún padecían—. Al final de la guerra mexicoamericana Estados Unidos tomó el control de los actuales estados de California, Nevada, Utah, Nuevo México, Arizona y Colorado, imponiendo el inglés como idioma oficial en esas tierras. El tratado de Guadalupe Hidalgo de 1848 transfirió los territorios a Estados Unidos y confirmó las concesiones de tierra, formalizando la anexión de aproximadamente un millón doscientos noventa y cinco mil kilómetros cuadrados de territorio, la mitad de la tierra más valiosa de México, con todo y puertos marítimos que apuntaban hacia Asia. Hasta cien mil mexicanos permanecieron en esos territorios, incluyendo a la familia de Ken.

En Texas, que ya se había separado de México, el límite al sur estaba marcado a lo largo del Río Grande (Río Bravo para los mexicanos) y hasta California. La cesión de la Alta California incluiría el puerto de San Diego. La apropiación de esta tierra convirtió a Estados Unidos en una superpotencia casi al instante y dejó a México sumido en la humillación y con la inquebrantable sospecha del vecino imperialista del norte. Para ayudar a aliviar cualquier resentimiento permanente, Estados Unidos pagó quince millones de dólares por las tierras —una miseria en ese entonces— y retiró sus tropas de la Ciudad de México.

Estados Unidos pudo haberse apropiado de todo México, ya que los estadounidenses creían que por "voluntad divina" o "destino manifiesto" su país debía absorber al vecino del sur —quizá también Centro y Sudamérica—. Sin embargo, los oponentes se preocupaban por una cuestión fundamental: ¿cómo incorporar a tantos mexicanos, que no son blancos ni hablan inglés, a Estados Unidos, sin cambiar fundamentalmente el carácter del país? El historiador David Gutiérrez en la Universidad de California, San Diego, observó que la anexión de México fue una cuestión de territorio, no de gente. No había forma de absorber a tantos mexicanos. Una movida así ocasionaría un problema racial y los residentes del territorio tenían la opción de ir al sur hacia lo que quedaba de México.

Más aún, los nuevomexicanos siempre sintieron que los intercambios de territorio, desde los tiempos en que España y México gobernaban la región, eran ilegales. Para avivar el fuego, la provisión que mantenía las concesiones de tierra en el tratado de Guadalupe Hidalgo fue revocada más adelante por el Congreso de Estados Unidos.

En la década de 1960 hubo muchos movimientos de concesiones de tierra en Nuevo México liderados por activistas como Reies Tijerina, un predicador texano, carismático y apasionado. Tijerina argumentaba que las concesiones de tierra aún eran válidas y fundó la Alianza Federal de Mercedes para organizar una serie de protestas, por lo general alimentadas por su fervor religioso y la creencia de que Estados Unidos utilizó sus leyes para robar y conspirar contra los pobres propietarios de la tierra que no sabían que tenían derecho sobre esas escrituras. En su entusiasmo profético, se refería a los mexicanos de origen indígena de Nuevo México como "indohispanos".

El 5 de junio de 1967 Tijerina condujo a un grupo de hombres armados a irrumpir en un juzgado en la pequeña comunidad de Tierra Amarilla, Nuevo México, para liberar a los prisioneros previamente arrestados a causa de las disputas por la tierra. En el ataque fallido y el caos que se produjo, un carcelero y un alguacil resultaron heridos. Tijerina fue arrestado y más tarde liberado, lo que lo catapultó a la luz pública nacional. Se le considera uno de los cuatro jinetes del movimiento por los derechos de los chicanos junto a César Chávez, Rodolfo *Corky* Gonzales y José Ángel Gutiérrez. Su determinación por buscar compensaciones para los nuevomexicanos pobres y sin tierra dejó una marca en la región, especialmente en la familia de Ken. Pero el mismo Ken parecía ileso y sin cicatrices.

Ken me reveló esta información después de muchos cigarros y caballitos de tequila. Cuando Ken bebía, solía hacerlo en silencio mientras nos escuchaba a David, a Primo y a mí hablar hasta por los codos, debatir sobre política y molestarnos entre nosotros. Más tarde confesaría que él —el señor de la Liga Ivy— se sentía fuera de su liga, a veces hasta intimidado por nosotros, por nuestro español y nuestra conexión con nuestra cultura. Sin embargo, cuando estaba solo conmigo —quizá porque yo no era tan temerario como David o tan intelectual como Primo— Ken se sinceraba.

Toda su situación me parecía extraña. No podía entender cómo un chico que creció tan cerca de México se sentía tan alejado del país. Para mí, México no era sino una forma de vida, nunca tuve que reconectarme. Pero aunque yo era inmigrante, mi familia y yo no vivimos durante el tratado de Guadalupe Hidalgo, como lo hizo la familia de Ken. Además, la hostilidad hacia los mexicanos en la región no había desaparecido del todo.

En Nuevo México, el padre ministro de Ken no era ningún activista, pero sí creía en pelear por la justicia. En una ocasión Ken lo acompañó al sur de Nuevo México para recoger a unos trabajadores mexicanos indocumentados y ayudarlos a regresar a los campos de San Luis Valley al sur de Colorado. Para su padre, cuyo ingreso anual era de cuatro mil quinientos dólares, era una oportunidad de hacer el bien y ganar dinero extra. Ken nunca olvidó esa lección. Viajaba a todos lados con su padre y a lo largo de esos caminos de terracería o pavimentados desarrolló un profundo interés por ayudar a otros. Se apegó a la filosofía de su padre de que los sueños navegan más alto con el impulso de la educación.

Gene, su padre, les hablaba a todos en español, orgulloso de sus profundas raíces familiares, apuntando a las tierras que los españoles tacharon en su búsqueda de minas de oro, las mismas tierras que ahora eran propiedad de Estados Unidos. Se sentía orgulloso de la vitalidad de que aún gozaba el español, atribuyéndole al lenguaje el poder de las decisiones que se tomaron siglos atrás.

Esto fue mucho antes de que España empezara a colonizar el Nuevo Mundo en 1492, hasta el siglo XIII, cuando el rey español Alfonso X reunió a un grupo de judíos, árabes y cristianos, como apuntó el escritor mexicano Carlos Fuentes en su libro *El espejo enterrado*, para promover el español en un momento en que el latín y el árabe aún tenían influencia en la península ibérica. El padre de Ken se estremecía al ver cómo el lenguaje había sido masacrado con la aparición del *espanglish*, aunque una pizca de sus orígenes permanecía intacta.

A pesar de sentir orgullo por sus raíces, la familia no esperaba mucho de la vida. Pero Ken sí lo hacía. Ningún familiar, maestro u orientador vocacional esperaba mucho de él, pero Ken tenía el deseo irrefrenable de ser exitoso. Y era inteligente —muy inteligente— a pesar de las pocas expectativas que de él se tenían. Un día Ken llegó a casa tras ganar un concurso de ortografía con un ojo morado, pues había hecho enojar a los chicos que se perfilaban como ganadores.

Aprendió ajedrez en el club de chicos y chicas del condado de La Plata y ahí mismo recibió un par de esquís usados. Tomó las clases de ajedrez y ganó un concurso que le permitió conocer a su héroe de la infancia, el mariscal de campo de la Liga Nacional de Futbol Americano Bart Starr. Incapaz de pagar un pase para esquiar, Ken aprendió a hacerlo de forma autodidacta en las colinas detrás de su casa para ganarse un lugar en el legendario equipo de esquí de la escuela preparatoria de Durango. Su profesora de quinto grado, la señora Gore, vio en Ken destellos que los otros pasaron por alto, como el hecho de que leía libros y revistas para aprender a jugar tenis. Un profesor de sexto año le enseñó las bases del golf en el gimnasio de la escuela. De forma inadvertida, Ken alimentaba una mente insaciable mientras aprendía del deporte que se jugaba en los clubes campestres.

Las bajas expectativas no le impidieron convertirse en un lector voraz: devoraba todo, desde Ayn Rand y tomos de historia hasta *The Spook Who Sat by the Door* de Sam Greenlee. Durante sus primeros años de preparatoria, Ken fue un estudiante por debajo del promedio que apenas hojeaba un libro. ¿Por qué lo haría? No planeaba asistir a una escuela competitiva. Asumía que iría a una escuela estatal a la cual no sería muy difícil entrar. Cuando Russell Yates, un abogado de Durango, visitó su salón de clases e instó a otros como él a que estudiaran leyes, Ken tomó el reto en serio. Se unió al equipo del Modelo de Naciones Unidas en su escuela y ganó la competencia estatal como el delegado de Rumania, lo que incitó a uno de sus compañeros de equipo a quejarse y decir: *Ken no es tan inteligente, simplemente es astuto.*

A diferencia mía, Ken descubrió a una edad temprana que su boleto de salida era la educación superior. Se graduó de la preparatoria a los diecisiete años y trabajó durante el verano para poder viajar con un amigo a Europa con una de las tarifas baratas de Laker Airways. Cuando yo aún trabajaba en los campos de California tras abandonar la escuela, Ken aplicaba al Evangel College en Springfield, Misuri, la universidad de artes liberales de la iglesia de su padre, Asambleas de Dios. Mientras llenaba sus solicitudes, la forma W2 de su padre confirmó lo que ya sabía: su padre apenas podía mantener a su familia. Ken tenía que hacerlo mejor, pero no sabía por dónde empezar. Le hizo caso a su instinto.

Más adelante, cuando le pregunté cómo se le ocurrió aplicar a la universidad, Ken me dijo que en realidad no tenía ningún plan o modelo a seguir o a nadie a quien pedirle consejo. Improvisó.

—Todo eso era nuevo para mí. Sólo actué como si perteneciera —me dijo Ken.

En Filadelfia, Julie parecía casi tan cómoda como Ken en el rol de la profesionista experta. Por eso es que, aunque podía abrirle mi corazón a David en Tequilas, de alguna manera me sentía más cerca de Ken. Quería emularlo con desesperación.

Cuando por fin llegó a la universidad, Ken sintió que su mundo cobró vida. Amaba las materias de historia, ciencia política y filosofía. Quería y necesitaba graduarse lo más pronto posible y entonces metió una sobrecarga de materias en Evangel y tomó cursos de verano en Durango. Hizo todo esto mientras trabajaba el turno de medianoche en un asilo de ancianos. Se especializó en ciencia política y le intrigaba la forma en que funcionaba el poder. Consiguió una pasantía en Washington y al terminar la universidad obtuvo su primer trabajo con el senador Pete Domenici de Nuevo México. Rápidamente se deshizo del look de John Travolta, cortándose su larga cabellera y poniéndose al día con las formalidades de la vida en la costa este. La gente de Capitol Hill usaba trajes de Brooks Brothers, camisas Oxford con botones hasta el cuello y mocasines. Él llegó con dos trajes, algunas camisas, un par de pantalones y un nuevo par de zapatos para facilitar su asimilación. Ken ansiaba tener ese look, pero no contaba con el presupuesto para conseguirlo. Logró comprar una económica camisa azul de botones hasta el cuello, pero apenas podía armar un traje presentable. La envidia que había sentido en Evangel por sus amigos ricos no hizo sino aumentar.

Aún planeaba ir a la escuela de derecho, pero la política en Washington era embriagadora. Lo emocionaba más de lo que lo intimidaba, especialmente porque estaba rodeado de chicos universitarios de su edad que parecían estar a cargo de Washington durante el verano. Le sorprendía la belleza de la ciudad, sus estatuas, monumentos y el verdor de su pasto. Pero la desagradable política partidista lo desanimó y, al menos en ese momento, lo hizo descartar cualquier idea de convertirse en otro político obsesionado con reelegirse. Le interesaba más la gobernanza. El encanto de D. C. atrapó a Ken en otra aventura, a tan sólo una clase de graduarse de la universidad.

Además, rápidamente entendió la importancia de tener contactos: uno de sus amigos era el hijo del diácono en una iglesia bautista a donde asistiría el presidente Jimmy Carter. De pronto, Ken se halló frente al líder del mundo libre en Washington. El poder también tenía su atractivo. Llegar ahí no fue cosa fácil. Cuando Ken estaba a punto de aplicar a distintas escuelas de derecho, su padre le pidió que regresara a Colorado. Además de fungir como ministro para los trabajadores migrantes, el padre de Ken tenía un pequeño contrato de entrega de correo para el servicio postal de Estados Unidos. Pero su diabetes lo estaba dejando ciego y no podía desempeñar el único trabajo con el que mantenía a la familia. Así que Ken regresó a Durango para manejar el camión de correo de su papá, mientras enviaba solicitudes a distintas escuelas de derecho.

Como Ken aspiraba a ser abogado, leyó *The Partners: Inside America's Most Powerful Law Firms* escrito por James B. Stewart, un bestseller de no ficción que ofrecía un extraño vistazo al mundo de los despachos de abogados neoyorquinos más prestigiosos en la década de 1970. Las vacaciones eran algo raro, pero la recompensa se ubicaba en los millones de dólares. Ken se sentía cautivado y utilizaba el libro como una especie de biblia, leyéndolo donde podía. Lo dejaba en el asiento del camión de correo mientras hacía sus entregas o en la cama junto a él.

Ken había encontrado su llamado. Se imaginaba un día en el que caminaría por las calles de Nueva York vistiendo un elegante conjunto de traje y corbata, y una cartera rebosante de dólares y tarjetas de crédito. Pasaba las tardes enviando sus solicitudes a distintas escuelas de derecho: de California hasta Wisconsin, de Harvard hasta Penn. Le gustaba la idea de vivir en el noreste y quería reinventarse emulando a esos exclusivos abogados del libro de Stewart.

Quién iba a decir que algún día Stewart se convertiría en el editor de primera plana de *The Wall Street Journal*, revisando parte de mi trabajo, y luego ganó el Pulitzer por su cobertura de la caída del mercado de valores en 1987 y el uso indebido de información privilegiada.

La Escuela de Derecho de la Universidad de Pensilvania lo contactó: lo habían aceptado, la Liga Ivy. Ken no podía creerlo. Tomó un camión Greyhound a Filadelfia con dos maletas, una caja de libros y un refrigerador para el dormitorio de la universidad. Casi todos sus compañeros eran ricos y venían de escuelas preparatorias privadas y la Liga Ivy. Durante su primer año, sólo le alcanzaba para pagar un plan alimenticio de una comida al día. Pero eso no importaba. Ken iba a ser abogado. Llegó a la Escuela de Derecho de Penn en Filadelfia en 1983 con la intención de graduarse y regresar a Colorado para ejercer. Aunque no tenía ni un quinto, rápidamente encajó con la gente: salía con las hijas de los hombres más poderosos de la élite judía y de la comunidad blanca, anglosajona y protestante. Cronometraba sus breves escapadas durante los fines de semana para que nada se interpusiera en el camino de sus ambiciones. Su idea de diversión era pasar el rato con estudiantes de derecho y hacer cosas típicas de un chico de fraternidad como tomar cerveza, jugar squash y ver películas de *Monty Python* y repeticiones en la televisión —cosas que nunca experimentó en el estricto ambiente universitario de Evangel—. Nunca habló español y rara vez mencionó el lugar de donde venía.

Consiguió su primer trabajo como abogado con Schnader, una de las firmas más importantes de la ciudad. Esto cambió el destino de Ken. Aunque incursionó en la inmigración y le dio una oportunidad al derecho corporativo, los casos de inmigración lo agotaban y en ocasiones le parecían demasiado repetitivos y predecibles. Amaba los juicios civiles complejos con un toque de problemas jurisdiccionales y mucho dinero: le parecía más redituable y menos cansado a nivel personal.

Muy pronto Ken comenzó a olvidarse de regresar al suroeste. Para cuando lo conocí, a finales de la década de 1980, ya había conseguido el mayor bono en su firma, que resultó de una demanda contra el Ejército de Salvación por muerte por negligencia. Su trabajo ofrecía múltiples ventajas; por ejemplo, si se quedaba después de las siete de la noche, recibía un subsidio para alimentos de doce dólares y transporte a casa sin costo. Casi invariablemente, trabajaba más allá de las siete de la noche y cenaba en Tequilas.

En un momento en el que a mí apenas me alcanzaba para un sándwich, la asimilación de Ken a la corriente predominante de Estados Unidos estaba casi completa. A diferencia mía, él se sentía cómodo en su propia piel, entrando a Tequilas con impecables bufandas de lana y zapatos Allen Edmonds. Yo solía tomarme un tiempo para estudiar su vestimenta: le preguntaba quién había diseñado cada traje y me quedaba estupefacto al saber cuánto pagaba por ellos. Cada uno costaba más o menos lo mismo que tres viajes redondos a El Paso. Sin embargo, más allá del mundo al que Ken pertenecía, buscaba distintas maneras de conservar sus raíces. Extrañaba a su padre, su familia y el sonido del español. Tenía tanta curiosidad sobre México que Primo y yo lo adoptamos de inmediato, aunque fuera sólo para aumentar nuestra vergonzosa cifra. Además, era generoso: pagaba la mayor parte de la cuenta, que en algunas ocasiones se llevaba al menos una tercera parte de nuestras ganancias semanales. También me ofrecía ropa usada.

—Date una vuelta por mi casa este fin de semana —decía—. Tengo un par de chaquetas deportivas, una de tweed, y algunas camisas y corbatas que te pueden quedar.

Yo le decía que no, gracias, y que no se preocupara por mí.

Me miraba de arriba abajo y me decía sarcásticamente:

—*Chacho*, trabajas en el *WSJ*. Necesitas esta ropa.

Yo era un poco más alto que él, así que intercambiar pantalones era imposible. Además, casi nunca usaba otra cosa que no fueran jeans, pues eran un orgulloso recordatorio de mis días como trabajador agrícola. Pero sí acepté los blazers, agradeciendo con desgano su generosidad.

Julie me adoptó como su proyecto favorito, quizá por lástima o para salvar su propio pellejo. Mi fracaso podía tener implicaciones para ella y muchos otros más adelante. De cualquier forma, yo le estaba agradecido. Mi situación era tan desesperada que necesitaba su ayuda. Como era de esperarse, Julie enroló a Ken.

Julie y Ken, alias *Ann Taylor* y *Brooks Brothers*. Así era como se llamaban el uno al otro, un testimonio de sus aspiraciones. Vadeando por la cultura estadounidense, nadando en sus convencionales aguas sin ser detectados. En contraste, yo tuve problemas para encontrar a otros mexicoamericanos de la misma categoría en Filadelfia. Esta realidad hacía que sus aspiraciones y logros fueran incluso más extraordinarios —que pudieran derribar tantas barreras para llegar a donde estaban—. La presencia de Julie en el *Journal* y el poder de Ken en la corte los convertía en innovadores y pioneros.

Pero para mí, en ese momento, eran más como Barbie y Ken.

Yo sólo soñaba con ser tan fino como Julie o tener al menos una pizca de la elocuencia de Ken. Proféticamente, ambos se hicieron muy amigos al hablar sobre Donald Trump, mejor conocido en aquel entonces como "el Donald", debido a que la gente aún se refería a su padre como "Trump". El Donald era el desarrollador más temerario en la región, empeñado en destrozar la ciudad de Nueva York para construir enormes monumentos en nombre de su juventud, sus privilegios y su egocentrismo. Estaba a pocos años de cumplir cuarenta y ya para entonces su valor neto, de acuerdo con un artículo de *The New York Times*, se estimaba en tres mil millones de dólares. Era reservado y trataba a los medios como si fueran su perro faldero. Encargada de cubrir el ascenso de Donald Trump en Nueva York, Julie estaba hasta el tope de trabajo. Ese año, 1987, el Donald hizo flotar globos de prueba para una candidatura presidencial —si no para el siguiente año, algún tiempo después—. Pagó tres anuncios de noventa y tres mil dólares en periódicos clave: *The New York Times*, *The Boston Globe* y *The Washington Post*. Fue así como promocionó su tenaz política exterior y puso en ridículo a Ronald Reagan: "No hay nada en la política de defensa exterior de Estados Unidos que un poco de carácter no pueda enmendar", rezaba uno de los anuncios.

Trump hablaba sobre el desarme nuclear mientras recorría el mundo. Un artículo en *The New York Times* decía que visitó Moscú ese año y se reunió con el líder soviético Mijaíl Gorbachov. Trump le dijo al *Times* que ambos hablaron sobre el desarrollo de un hotel de lujo en la Unión Soviética.

¿Acaso Trump pensaba lanzarse como presidente? Los editores querían saber. ¿Y qué había de aquellos supuestos vínculos con la mafia? La especulación en torno a una candidatura presidencial creció junto con una visita planeada a Nueva Hampshire ese otoño. El vocero respondió: "No existe ningún plan para lanzarse como alcalde, gobernador o senador de Estados Unidos. No hará ningún comentario respecto a la presidencia".

Aun así, Julie se sintió un tanto decepcionada cuando Trump le llamó personalmente y la invitó a Atlantic City para que viera su más reciente maravilla. El hecho de que Julie le diera largas, como más tarde comprendí, era parte de la estrategia del *Journal* o de cualquier periódico importante. Pronto aprendí que, cuando trabajabas en el *Journal*, casi todo el mundo quería hablar contigo. En teoría, cada invitación debía tratarse con desapego, con un aire de presunción. Hacerte del rogar. Esto iba en contra de todo lo que aprendí en *El Paso*

Herald-Post, donde por lo general estábamos ansiosos por salir de la oficina. Las mejores historias se encontraban en la calle.

Julie contemplaba la idea de cubrir lo que Trump consideraba como "el más grande y bello casino" construido en Atlantic City, a tan sólo una hora en coche desde Filadelfia. Julie habló con Frank, quien pensó que sería del interés de los lectores del *Journal* ver lo que el Donald traía entre manos. Accedió a viajar con él desde Filadelfia hacia Atlantic City en su helicóptero, nombrado en honor a su esposa, Ivana. Más tarde, Julie regresó a Atlantic City y le pidió a Ken que la acompañara a la gran apertura de la más reciente joya de Trump, el Showboat Casino. Su reportaje no salió como esperaba.

—Todo el tiempo trataba de sacarle información para mi historia —me dijo— y ¡nada! No contestó ninguna de mis preguntas. Ni una sola pregunta. Sin importar lo que yo preguntara —cuántas personas se emplearán, cuánto dinero esperas obtener, cosas específicas— se salía por la tangente y empezaba a hablar sobre sí mismo, sobre su "tremendo" conocimiento empresarial. Por Dios, Alfredo, fue exasperante. No pude penetrar su fachada. Qué pérdida de tiempo —recordó—. Pero para Frank, ésa era la historia. Trump no quiere hablar sobre nada que no sea él mismo. Y Frank tiene razón —dijo Julie—. Ésa es la historia. Trump no puede concentrarse. Es un narcisista.

Y, sin embargo, cuando Julie se sentó a escribir la historia, no podía ir más allá de la entradilla. No podía visualizar la historia, a pesar de que los medios tenían una extraña fijación con el Donald. Así que escribió otra historia, una nota ligera sobre un abogado mexicoamericano que jugaba a los bolos vestido de esmoquin en el nuevo casino de Trump. Escribió sobre Ken.

Y ahora nos encontrábamos en Wanamakers buscando trajes, mi último esfuerzo por encajar y guardar las apariencias. Había perdido la autoestima, pues no escribía otra cosa que no fueran historias sobre temas que poco me importaban, como informes de ganancias y adquisiciones hostiles. Traté de escribir artículos de fondo sobre distintos temas; por ejemplo, sobre una supuesta "habitación silenciosa" creada por algunos promotores de conciertos para albergar a los padres de los chicos que asistían a espectáculos de rock: esperaban en silencio o leían mientras sus hijos meneaban sus cabezas al ritmo de la música de Iron Maiden en el escenario. O una historia sobre algunos policías en la Universidad de Penn State que cateaban a los estudiantes no para ver si traían alcohol o armas sino malvaviscos, lo cual podía llevar a una situación pegajosa para los jugadores en el campo. ¿Me explico?

Recuperaba mi autoestima en cuanto entraba a Tequilas. Algo mágico sucedía cuando daba la vuelta por la calle Locust, en esa cuadra, donde volvía a llenarme de confianza como cuando estaba en casa, caminando con el pavoneo del gallo que pensaba que sólo les salía bien a los machos mexicanos y a John Travolta. Con la ayuda de Ken y Julie me compré cuatro trajes medianamente elegantes pero económicos —gris, negro, caqui y azul marino— para ver si de casualidad podía encajar en esta nueva cultura y pasar desapercibido entre inversionistas, ejecutivos corporativos, tipos de Wall Street. Claro, Ken quería que yo comprara trajes caros como los de él, pero yo necesitaba ahorrar mi dinero para Tequilas. Además, no importaba cómo me vistiera, no podía ocultar lo que realmente era: por más que quisiera ser como él, simplemente no podía.

4

Primo, el hombre misterioso

En una ocasión, entre la medianoche y el amanecer, después de uno de esos debates sobre el futuro sombrío de México —del tipo que nos dejaba agotados pero al mismo tiempo con la certeza de que todavía teníamos mucho que decir—, le pedí a David que nos diera un aventón a Primo y a mí. Se hacía tarde y los taxis rara vez pasaban por el centro a esa hora. Él estuvo de acuerdo. Nos dirigimos hacia la que se suponía era nuestra primera parada, el departamento de Primo al oeste de Filadelfia, entre las calles 35 y Baring. Ambos vivíamos a unas cuantas cuadras de distancia.

Sin embargo, en cuanto nos subimos a la camioneta VW color carmín de David, de pronto imaginé un plan más siniestro. Husmearía un poco por el departamento de Primo y buscaría pistas de lo que realmente hacía en Filadelfia. David nunca había entrado a su departamento y la idea ni siquiera le había pasado por la mente a Ken, pero el deseo de hurgar más en la vida de Primo era algo que no podía hacer a un lado.

Sin previo aviso, Primo emprendía viajes sobre los cuales no nos decía nada, para después aparecer en Tequilas y contarnos de las mujeres que había conocido y cómo había bailado sin parar toda la noche, y finalmente despotricar sobre política. A veces también pasaba días enteros tomando fotos de reflejos en espejos, ventanas y charcos.

Primo era el personaje más complejo y misterioso de los cuatro. No podía dejar de preguntarme varias cosas: ¿acaso tendría un teléfono secreto en algún lugar de la casa con acceso directo a un asesor del gobierno en la Ciudad de México? ¿Qué movía a este tipo? ¿Qué hacía en Filadelfia? ¿Pertenecía al partido comunista? De hecho, años atrás, en 1982, mientras estaba en la Universidad de Chicago, Primo fue acusado de trabajar con Rusia por los Chicago Boys, contra los que peleó por apoyar al dictador chileno Augusto Pinochet. Parecía ser tan exitoso, apuesto, noctámbulo, mujeriego, desafiando el arquetipo puritano y cuáquero. ¿Qué había detrás de esa fachada?, me preguntaba a medida que nos acercábamos a su departamento. Tal como lo esperaba, Primo nos invitó a su casa por una caminera, la primera ofrenda de su propio lugar.

Rayos, pensé, Primo bebió demasiado. Estaba bajando la guardia. Por lo general, su departamento parecía ser algo privado —nunca había estado remotamente cerca de invitarnos, una rareza para los mexicanos que suelen extender ese tipo de invitaciones por cortesía—. Aunque no era el caso de Primo. Por lo general, salía discretamente del restaurante porque necesitaba un cigarro, contemplaba el anochecer en Filadelfia y desaparecía.

David y yo nos miramos. Le guiñé un ojo para convencerlo de que entrara.

—Vamos, ¿no? —insistí.

Pero David dijo que lo dejaría para otra ocasión, pues le esperaba un camino largo a casa y quería ver a su hijo Dave por la mañana. Tenía que estar totalmente despierto. El domingo era su mejor día para estar con la familia. No obstante, me devolvió el guiño discretamente, como para decir: ¡ADELANTE! Acepté la oferta de Primo con entusiasmo y entré a su minúsculo departamento.

El lugar se asemejaba a una habitación de hotel, estéril y triste, a pesar de las paredes blancas y el techo azul. Vivía frugalmente, rodeado de libros. Su refrigerador estaba prácticamente vacío: lo único que tenía era pan de caja Wonder, jamón, pavo, rebanadas de queso, cátsup, mayonesa, mostaza y suficiente salsa y jalapeños para alimentar a todo el ejército mexicano. No tenía televisión. No había ningún teléfono especial a la vista más que el de disco rotatorio, el mismo que utilizó para contestar mi llamada hacía varios meses. Tenía una radiocasetera con canciones de salsa que incluían una colección de Rubén Blades. Amaba las canciones "Patrias" y "Buscando América".

—América es un continente y cualquiera que haya nacido en el continente es americano —me recordaba—. Todos estamos atrapados en el mismo barrio, joven Alfredo. Aprovechemos este tiempo en nuestro diverso patio de recreo.

—Claro —decía yo.

Solía dirigirme a Primo de usted.

En ocasiones, cuando se sentía inspirado por esa canción y desesperado por enseñarme a bailar y a relajarme, hacía unos cuantos pasos frente a mí, con el cigarro colgándole de la boca. Ese acto tenía el efecto contrario en mí. Sólo me sentía más intimidado mientras intentaba controlar mi risa. Finalmente, resultó que sí había algo en el departamento que revelaba los pensamientos más profundos e iconoclastas de Primo. Su elección de héroes se hacía patente mediante tres pósteres: el primero, que se encontraba entre la entrada y su habitación, era un retrato en blanco y negro de un sonriente Harold Washington, el primer y único alcalde afroamericano de Chicago; el segundo, en rojo y blanco con un fondo azul, era una versión estilizada de la icónica foto del Che Guevara tomada por el fotógrafo Alberto Korda, y el tercero era el rostro emblemático de la figura religiosa más popular de México y de Estados Unidos: la virgen de Guadalupe.

—¿Qué sucede aquí, Primo? —le pregunté mientras me dirigía a su baño, pensando que tal vez los micrófonos ocultos se encontraban en algún lugar debajo de su excusado—. ¿Eres demócrata, como Harold, un revolucionario idealista a la Che o un militante católico guadalupano? ¿Qué pedo? —le pregunté.

—Admiro a quienes representan anhelos del pueblo y luchan por la justicia —dijo.

Esa noche me introdujo a la música de Billie Holiday y más adelante me confesó que lo hizo en un intento por mantener viva la esperanza.

—Por mucho que critique al gobierno de Estados Unidos y a Wall Street —agregó Primo—, tengo mucho respeto por, digamos, la gente que cambia el rostro de este país para bien. Desde las luchas de pueblos norteamericanos, de mujeres y los chicanos, hasta los movimientos por los derechos civiles, mejor salario a favor de la paz.

—Entonces, ¿por qué su departamento se parece al mío, como si estuvieras listo para marcharse, treparse a un avión en cualquier momento? —insistí—. No tienes nada aquí. Ni recuerdos, ni raíces.

—Sólo espero a que comience la revolución —decía.

Estas palabras me intrigaron aún más.

Me dijo que no planeaba quedarse en Estados Unidos para siempre. Incluso después de tener algunos trabajos temporales en el Medio

Oeste y noreste del país, siempre estaba a una maleta de distancia de la Ciudad de México. Hojeé algunos de sus libros, autobiografías y tomos de historia, y me di cuenta de que él era el más educado del grupo —con un título universitario, una maestría y casi un doctorado de instituciones de prestigio en México y Estados Unidos— y, sin embargo, se aferraba a la pobreza, sin nunca adquirir mucho. Vivía con poca fanfarria. Una vida simple. Quizá, después de todo, sí *era* cuáquero. Primo percibió que yo no tenía ninguna prisa por irme y trajo la botella de tequila a la sala de estar. Luego dijo las palabras mágicas:

—Si quieres, te puedes quedar.

—¿Tiene una almohada? —le pregunté rápidamente antes de que cambiara de parecer—. Puede que tenga razón. No sé si debería caminar a casa a esta hora, además tengo poco efectivo para pagar un taxi y he escuchado que el oeste de Filadelfia es peligroso por la noche —dije, mientras me acomodaba en su pequeño sofá.

—Claro, Alfredo. No quisiera que caminaras por las calles que aún están llenas de nieve y hielo. Podrías caerte y romperte esa inquieta y muy admirada cabeza.

—Gracias por el cumplido, pero no quisiera molestarlo.

—No es ninguna molestia, hermano —me dijo.

Qué bueno, pensé.

Primo me trajo una almohada extra y una cobija.

—Siéntete como en casa, joven galán.

—Gracias, Primo.

Lo que realmente quería era esperar a que Primo se durmiera para poder caminar alrededor del cuarto y comenzar a investigar.

En cambio, me di cuenta de que Primo era mucho más abierto de lo que originalmente pensé. Se sentó frente a mí mientras se fumaba otro cigarro. Él apenas empezaba y no mostraba ningún indicio de cansancio.

—Cuéntame su historia, Primo. Mañana es domingo. Tenemos toda la noche.

La familia de Primo tiene su propia tradición migratoria, simbólica porque fue la primera de cualquiera de nuestras familias a salir al norte. Primo nació y creció en Ixtlán de los Hervores, un pequeño pueblo en el estado occidental de Michoacán que colinda con Jalisco, una región con profundas rutas históricas con Estados Unidos. Su abuelo, don José, trabajaba en una planta en Ohio durante la Primera Guerra Mundial, era parte de la migración al norte impulsada por las fábricas que lideró Henry Ford en la década de 1910 y que continuó después de las dos guerras mundiales hasta los años cuarenta. No era que México enviara a su gente al norte; más bien las fábricas y la agricultura estadounidense atraían a los mexicanos como un gigantesco imán. Estados Unidos estaba ávido de trabajadores.

Durante siete años, don José cosechó campos, fue mesero y cantó en cantinas a lo largo del Medio Oeste, en estados como Kansas, Indiana y Michigan. Luego trabajó en el sector de la construcción en Toledo, Ohio, donde se asentó. Durante ese tiempo ahorró dinero para regresar a México. La economía en Estados Unidos parecía ominosa y don José soñaba con construir una tienda en Ixtlán de los Hervores. También escribía y cantaba canciones para esos bares en Ohio, algo que Primo descubrió más adelante. Grabó algunas de esas canciones y, cuando Primo se enteró, supo que algún día quería encontrarlas para entender mejor a su abuelo.

En la víspera de la Gran Depresión y con un panorama desolador para el futuro de la economía de Estados Unidos, don José temía lo peor. Regresó a Ixtlán de los Hervores por su cuenta. No llegó con las manos vacías, sino en un camión nuevo con suficiente dinero como para construir la tienda de abarrotes de sus sueños. Muchos otros regresaron y cada uno, tanto hombres como mujeres, empezó su propio negocio. Su experiencia y la de decenas de miles de otros trabajadores migrantes inspiraría a muchos cientos de miles más a dirigirse al norte durante generaciones, empezando por la Segunda Guerra Mundial, cuando la voluble nación estadounidense una vez más imploró la ayuda de los mexicanos —en forma de mano de obra— mientras sus hijos peleaban en el extranjero.

El éxodo hacia Estados Unidos nunca terminó, sólo creció. Como muchos antes que él, Primo estaba destinado a irse al norte. Se esperaba que empacara su costal y se despidiera. Y eso fue justamente lo que hizo, aunque tomó un nuevo camino. Él soñaba con viajar, ver el mundo, los volcanes en Japón, las selvas de África; lo único que sabía al respecto se mostraba en la película *Tarzán* que vio en el cine donde su madre trabajaba, el cine que frecuentaba cuando era niño. Sólo quería viajar, por lo que se convirtió en un seminarista con los Misioneros de Guadalupe en la Ciudad de México, quienes organizaban misiones en Japón y Kenia.

Primo inició su aventura en Texas. En 1963, cuando tenía diecinueve años, cuatro jóvenes seminaristas viajaron junto con él a Laredo, donde juntaron todos sus dólares para comprar una camioneta Chevy Pick Up. Inspirados por Alexis de Tocqueville y Jack Kerouac, y guiados por contactos católicos, llegaron a Chicago y a Clearwater, Nebraska, donde vivieron durante tres meses con granjeros de ascendencia alemana y aprendieron a criar gallinas, a sembrar trigo, a hacer mermelada y mantequilla y se convirtieron en personal de mantenimiento como plomeros y obreros. Recordaba que no había otros mexicanos en la zona.

—Éramos la novedad en el pueblo, como marcianos, y todos nos querían invitar a cenar, a dar pláticas en las escuelas sobre México, la virgen de Guadalupe, los toros, el futbol…

Una tarde, Primo y uno de los cuatro jóvenes bailaban el "Jarabe tapatío" —conocido en Estados Unidos como el baile mexicano de los sombreros— frente a una gran multitud de estudiantes dentro de un gimnasio, cuando se supo la noticia: le habían disparado a John F. Kennedy. Un silencio ensordecedor cubrió el lugar y todos se pusieron de rodillas y empezaron a rezar. Algunos minutos después les informaron que el joven presidente católico, que también era idolatrado en todo México, había muerto.

Ese momento, en especial la manera en que la comunidad estadounidense se unió para rezar ante la terrible tragedia, marcó a Primo. Supo que su viaje había llegado a su fin, pero quería regresar. Su amistad con Estados Unidos apenas comenzaba.

—Todos lloramos y rezamos por el país y sus habitantes —dijo—. Había algo hermoso, muy hermoso sobre Estados Unidos… quería regresar. Me sentía intrigado.

Entonces comenzó una serie de visitas más largas a Estados Unidos, viajes patrocinados por los seminarios, travesías que iban más allá de querer entender al vecino del norte. También quería perder la virginidad —o, a la inversa, poner a prueba la voluntad de su abstinencia—. En realidad, ¿qué tan comprometido estaba con su vida de seminarista? ¿Acaso algún día se uniría al sacerdocio? Necesitaba buscar tentaciones en tierras nuevas para conocer esas respuestas.

La familia de uno de los seminaristas, los J. Nevins McBride, vivían en Franklin Lakes, Nueva Jersey. Eran dueños de una compañía constructora y Primo laboró ahí durante tres meses uniéndose a un grupo de afroamericanos, construyendo un campo de golf, paleando tierra, rompiendo roca con barra y pico, trabajando diez horas al día por 2.30 dólares la hora. Los fines de semana tomaba un camión a la ciudad de Nueva York, donde las múltiples capas de culpa católica lentamente se desvanecían.

—Caminaba frente a los bares y temía que, de entrar, me topara con el infierno —decía—. Un día, finalmente me rendí ante la tentación y entré a un bar topless y salí siendo otro hombre. Era el verano de 1965.

Primo sabía que tenía los días contados como seminarista. Regresó dos años después a Franklin Lakes para trabajar, esta vez junto a los puertorriqueños. Sus escapadas a la ciudad de Nueva York continuaron. Conoció a Elya, una dulce y hermosa chica portuguesa-americana que trató de liberar su sensualidad reprimida. Pero Primo aún oponía algo de resistencia y se abstuvo de perder su virginidad esa noche, algo de lo que más tarde se arrepentiría.

—Era un idiota —me dijo—. Tan creído, tan quisquilloso, un completo idiota.

En 1968 Primo trabajaba como voluntario en algunas comunidades pobres de la Ciudad de México como parte de su último año de entrenamiento jesuita. México iba a ser la sede de los Juegos Olímpicos en medio de un movimiento estudiantil que exigía tres cambios democráticos fundamentales en la política mexicana: libertad de expresión, el derecho a reunirse y la rendición de cuentas del gobierno. Primo tenía muchos amigos en el movimiento y se les unió. Ese otoño un levantamiento estudiantil en la Ciudad de México alimentó lo que muchas personas en el país consideran como el principio del fin para el partido en el poder y los primeros pasos hacia un sistema más abierto. El año del 68 terminó sus estudios de teología con los jesuitas.

—El 68 definitivamente me convirtió en un izquierdista, un activista dentro de la Iglesia católica —dijo.

Más tarde se unió al Partido Socialista y comenzó a apoyar causas en ambos lados de la frontera, incluyendo Austin. En 1971, mientras investigaba para la Colección Latinoamericana en la Universidad de Texas, Primo vivió en una comuna chicana. Se volvió adicto a las hamburguesas texanas y el blues —aún le obsesionaba perder la virginidad—. El momento cumbre sucedió en la comuna cuando una chicana lo sedujo, quien lo cautivó no sólo por el sexo sino por ser una mujer que representaba ambos lados de la frontera, que hablaba un español limitado, pero estaba orgullosa de sus raíces mexicanas.

Primo regresó a la Ciudad de México para continuar el doctorado en El Colegio de México, donde tuvo compañeros que destacarían años después, como Carmen Castañeda, Héctor Aguilar Camín, Enrique Krauze, Roberta Lajous y Jaime Serra Puche. Quería ser historiador, un intelectual, y en 1977, sin terminar su tesis, partió hacia la Universidad de Chicago para estudiar con el legendario historiador Friedrich Katz, quien era especialista en la Revolución Mexicana, y John H. Coatsworth, quien años más tarde se convirtió en vicepresidente de la Universidad de Columbia. Se unió a grupos de mujeres y hombres que luchaban por la justicia social, constantemente obsesionado con la migración y lo que veía en Estados Unidos. Lo que captó su atención como activista fue un creciente y valeroso movimiento migrante.

Me mostró una fotografía en la que aparecía vestido de jeans, un suéter negro con cuello de tortuga, una chamarra de piel y una boina, ambas también de color negro. Pensaba que la creciente globalización era cien por ciento impulsada por las corporaciones. Temía que los derechos de los trabajadores fueran ignorados a medida que el mundo se interconectaba. Primo admiraba a los organizadores de los trabajadores agrícolas, como César Chávez y Baldemar Velásquez, y creía que Chávez tenía un buen punto: en su búsqueda de empleo, cualquier empleo, los inmigrantes mexicanos trabajaban por salarios tan bajos que acabaron por sabotearse y dañar su propia causa. También llegó a apreciar las visiones políticas y convicciones de ambos para mejorar las condiciones laborales del trabajador inmigrante, y su capacidad de organizarse en ambos lados de la frontera.

Primo también se unió a diversos movimientos y campañas para apoyar candidatos progresistas, incluso cuando su visa de estudiante se lo impedía. De hecho, se unió al movimiento para elegir a Harold Washington como alcalde en Chicago, tocando puertas en vecindarios mexicanos y puertorriqueños y haciendo un último llamado fuera de las casillas durante el día de la elección. Pasaba tanto tiempo en las calles, que no terminó su tesis.

En 1982 Washington, quien se convirtió en un vínculo entre las comunidades afroamericanas e hispanas, canalizando sus frustraciones en un movimiento político. Como miembro de la Casa de Representantes de Estados Unidos, Washington sirvió en uno de los distritos más pobres y racialmente segregados de Chicago. Él era progresista. Prometió representar a los inmigrantes de Chicago —incluyendo a los "ilegales"— porque se merecían los mismos derechos que los estadounidenses negros o blancos. Washington ganó y se convirtió en el primer alcalde negro de Chicago, acaparando más de noventa por ciento del voto de los negros, cerca de sesenta por ciento de los hispanos y menos de ocho por ciento del voto blanco.

Tras su elección, Washington organizó una conferencia de prensa en la cual reiteró que gobernaría para todos los habitantes de Chicago sin importar su raza, nacionalidad, género o estatus migratorio.

—Chicago —dijo— le pertenece a toda la gente que vive en la ciudad. Todos tienen derecho a un trabajo si están capacitados para el mismo.

Y los medios le preguntaron, desafiantes:

—¿Incluso los *ilegales*?

—Todos los que viven en esta ciudad tienen ese derecho —respondió Washington.

—Usted es el alcalde de Chicago —respondieron los periodistas con molestia—, que tiene un alto porcentaje de población afroamericana sin trabajo. Usted fue elegido en su mayoría por negros que necesitan un trabajo. Usted les prometió empleos y ahora se los ofrece a los ilegales. ¿Qué opina al respecto?

—Yo seguiré peleando por conseguirle un empleo a cada trabajador, cada persona que esté calificada. Fui elegido en su mayoría por votantes afroamericanos, pero soy el alcalde de todos —dijo—. Segundo —continuó—, yo sé que existe una ley que no permite darle trabajo a la gente sin documentos en Estados Unidos. No me importa. Y si lo que hago no le parece al gobierno federal, ya sabe dónde trabajo. Ahí los espero.

En 1985, con la ayuda de Primo, Washington fue invitado a México para recibir una ciudadanía mexicana honoraria por parte del presidente Miguel de la Madrid. Junto con activistas como Carlos Arango, Lupe Lozano, Jesús "Chuy" García y Primo, sintió que éste era sólo el comienzo.

El empoderamiento político de los mexicanos en Estados Unidos había alcanzado una nueva etapa. La política transnacional estaba

a la vuelta de la esquina. A medida que los mexicanos recién legalizados comenzaron a moverse alrededor del país, trajeron a sus familias
de México. Muy a su pesar, México se convertía en una nación sin
fronteras. Las tensiones comenzaron a escalar sutilmente en pueblos
y ciudades lejos del suroeste. El resto del país no era Chicago, una
ciudad acostumbrada a recibir a los recién llegados y transformarlos
en algo más: nuevos norteamericanos.

Más adelante Primo apoyó al representante estadounidense de
Illinois, Paul Simon, quien se postuló al Senado y ganó. Él veía su
rol como algo similar al de muchos inmigrantes que fungían como
agentes de paz o defensores de los derechos humanos y que sentían
la obligación de arrojar luz sobre las equivocadas políticas de Estados
Unidos.

Primo participaba en sesiones nocturnas con inmigrantes mexi-
canos y de otros países para hablar sobre sus derechos en Estados
Unidos, así como de las políticas migratorias que se debatían en el
Congreso. Los migrantes debían unirse y luchar. Ya no estaban en
México, decía. Legales o no, aquí tenían derechos.

Nunca consiguió su título del doctorado, dijo, porque estaba
demasiado ocupado siendo activista. Demasiado ocupado exigiendo
el cambio en compañía de mujeres y hombres de todas las nacionalidades y todos los colores de piel.

Aceptó un trabajo como director nacional en el Programa de la
Frontera Estados Unidos-México en el Comité de Servicio de
los Amigos Americanos como una manera de asumir formalmente los
asuntos relacionados con la inmigración indocumentada en Estados
Unidos. Era un programa que tocaba ambos lados de la frontera y
que tenía interés particular en las fábricas de ensamblaje o maquiladoras, llenas de mujeres que ganaban una miseria. Llegó a Filadelfia
en septiembre de 1985, días antes de que un violento terremoto de
8.1 grados destrozara la Ciudad de México provocando serios daños
y la muerte de aproximadamente diez mil personas. Primo se en-
frentó a las cámaras que le pedían que hablara sobre la devastación
en su tierra nativa. De la noche a la mañana se convirtió en una ce-
lebridad, la persona a quien acudir para discutir cualquier tema relacionado con México.

Establecido en Filadelfia, viajaba regularmente a Washington,
donde, junto con otros defensores de migrantes, se reunía con el

ahora senador Simon y más adelante con el senador Ted Kennedy para hablar sobre la reforma.

—La amnistía no era la panacea que afirmaban algunos activistas o incluso un plan benigno —dijo Primo, mientras abría la botella de tequila.

Me explicó que le preocupaba lo que la amnistía podía significar para las comunidades y la política mexicana. A diferencia de la migración ordenada y legal de su abuelo, mi padre, mi madre, mis hermanos y yo, esta oleada era diferente, más penetrante, intensa y caótica.

Temía que en México se agudizara la pérdida de capital humano y disminuyera en consecuencia la oportunidad de realizar un cambio profundo y democrático.

Cada inmigrante representaba un voto perdido para el cambio. Los mexicanos en el exterior aún no tenían derecho a votar en su país. México carecía de una tradición democrática.

—Por supuesto, los inmigrantes representaban un enorme drenaje de recursos humanos, aunque las remesas enviadas desde el extranjero mantenían a las comunidades mexicanas a flote —le dije.

—Pero las remesas han tenido un costo muy alto —argumentó Primo.

A menudo Primo fantaseaba con regresar a México para visitar algunas de estas comunidades que enviaban a tantos inmigrantes, apropiarse de la plaza de la ciudad con un megáfono y gritar a todo pulmón: "¡Estados Unidos es un mito! Podemos construir el país que queremos aquí!"

Me decía que estaba a favor de construir cercas del lado mexicano para evitar que sus compatriotas se fueran, un muro de casi dos metros de altura para obligar a los mexicanos a crear un país mejor, una nación próspera con rendición de cuentas y Estado de derecho.

—Eso suena tan hipócrita —le dije a Primo—. Entonces ¿qué hacemos aquí? Bebiendo tequila en Filadelfia. ¡Vámonos de regreso a México, con una chingada!

—Como si fuera tan fácil… —dijo.

La inmigración corría por las venas de casi cualquier mexicano; era parte de su herencia, su ADN. Cada mexicano, incluyendo a la propia madre de Primo.

Para cuando Primo alcanzó la mayoría de edad, el más reciente éxodo hacia Estados Unidos desde su pueblo natal estaba casi completo. Prácticamente todos se fueron en algún momento, mas no a su madre. Pero ello estaba a punto de cambiar. Jovita, su mamá, sentía que la única forma de integrarse por completo con sus paisanos de Ixtlán de los Hervores era yéndose también al Norte.

A los treinta y siete años de edad Jovita finalmente cruzó la frontera en la cajuela de un coche desde Reynosa hasta McAllen y tomó un camión Greyhound hacia Dallas. Ahí, gracias a su comadre Ixtlán, consiguió dos trabajos. Durante el día cuidaba a una persona confinada a una silla de ruedas y por la noche limpiaba un edificio de oficinas. Después de un año regresó a Guadalajara, a donde se había mudado años antes con su familia, deseosa de visitar su pueblo para decirles que por fin era como todos ellos. Ahora podía hablar sobre lo que era trabajar en Estados Unidos. Finalmente formaba parte de la fábrica migrante de Ixtlán. Podía contar historias y ser parte de la comunidad. Irónicamente, Jovita sentía que marcharse, embarcarse en la misma aventura que muchos de sus paisanos, sería la única manera de sentirse plenamente en casa.

—¿Puedes creerlo? —dijo Primo—. La inmigración es lo que te forma. Es un rito de iniciación.

—¿Qué no el rito es perder la virginidad? —le pregunté, bostezando.

Se rio y dio por terminada la velada.

—Descansa, hermano. Estás en tu casa.

No podía esperar a cerrar los ojos. Estaba demasiado cansado como para pasearme alrededor de su departamento de una sola recámara. Además, a primera vista, lo que estaba frente a mí probablemente era todo lo que tenía. Salsa, cátsup, jamón y una gran variedad de música. Aunque sí miré debajo del sofá para ver si había micrófonos en alguna parte. Nada. Me acurruqué en su sofá, recosté mi cabeza sobre la almohada, me tapé con la cobija y me dormí arrullado por los aullidos del viento. Quizá no debería ser tan metiche, pensé. Primo, Ken y David eran los únicos amigos que tenía en Filadelfia. Ni siquiera podía imaginar mi vida sin ellos. Había cosas que no necesitaba saber, no cuando mi propia supervivencia estaba en juego.

A la mañana siguiente salí en silencio del departamento de Primo mientras él dormía hasta tarde. Es verdad que conocí a Primo un poco más esa noche, pero siguió siendo un hombre enigmático para mí y mi curiosidad no estaba del todo saciada. Caminé hacia la intersección de las calles 41 y Spruce y luego le marqué a David.

—Fracasé —le dije.

—Déjalo en paz —me contestó, riendo, mientras en el fondo se escuchaba el sonido de su hijo entretenido con sus juguetes.

5

Emerger de las sombras

Antes de que se crearan los sindicatos para los trabajadores del campo en Estados Unidos, Campbell's les pagaba tan poco a sus proveedores de productos agrícolas que los granjeros se veían prácticamente obligados a explotar a sus trabajadores, muchos de los cuales eran mexicanos, en su mayoría contratados y despedidos entre las temporadas de siembra y cosecha. Trabajadores como mis padres.

Fueron las prácticas como ésta, originadas en lo más alto de la cadena alimenticia con marcas famosas como Campbell's, las que promovieron la creación de una fuerza laboral inmigrante masiva y, con el tiempo, indocumentada. Los programas de trabajadores invitados que les ofrecían una pizca de dignidad a los empleados migrantes terminaron dos décadas antes y los supervisores no podían completar la cosecha de la temporada sin mexicanos, empleados flexibles a pesar del sudor que corría por su frente de seis de la mañana a seis de la tarde.

Durante una junta de accionistas de Campbell's, donde me encontraba con otros reporteros de negocios, no pude evitar sentirme un fraude. Pasé mi infancia en los campos de California junto a mis padres y ahora tenía a quienes controlaban y tomaban las decisiones frente a mí. Ésta era mi oportunidad de hacer lo que pensaba que debían hacer los periodistas: profundizar, encontrar algo debajo de la superficie y obligar a los poderosos a rendir cuentas.

Entre el estruendo, le pregunté sin rodeos a un ejecutivo de Campbell's sobre los planes de la compañía para mejorar las condiciones laborales de los recolectores de jitomate en California.

El silencio en la habitación fue ensordecedor.

Frank estaba impresionado de que me atreviera a preguntar cosas tan difíciles, pero ése no era el momento ni el lugar, me aleccionó. Yo estaba ahí para averiguar sobre el pronóstico financiero de la empresa y "parar la oreja" en caso de que existieran futuras historias. Me dio claustrofobia.

Comencé a practicar mi discurso de derrota, en el que hablaba sobre mi fracaso como aspirante a periodista en el noreste, a bordo del camión Septa que iba del oeste de Filadelfia a Central City. Nada parecía funcionar. El llamado del hogar siempre estaba presente, excepto cuando convivía con nuevos amigos, pero la nostalgia tenía un precio y Tequilas era de alta gama. Mi libreta de reportero se convirtió en un diario. Una mañana, tal cual escribí: "Desearía ser más fuerte y decir que he encontrado mi paso firme, pero no es así".

El camión se detuvo en la calle Chestnut cuando escuché la canción "Holding Back Tears" de Simply Red flotar desde una ventana abierta en un local de pizzas llamado Freddy's. Por un instante estuve en dos lugares al mismo tiempo. Cerré los ojos y deseé que la canción nunca terminara, que el camión nunca se moviera. Me di cuenta de que las gotas que caían sobre uno de mis nuevos trajes eran mis propias lágrimas. Me limpié los ojos, preocupado por que alguien me viera, aunque al mismo tiempo deseaba que alguien lo notara y estableciera contacto conmigo. Pero nadie lo hizo. Nadie nunca lo hacía: siempre estaban preocupados por sus propias vidas, leían el periódico o miraban para otro lado.

Tan sólo unos días antes de esto, de nuevo visité la tienda departamental local con Julie, pues pensaba que la ropa me salvaría de mí mismo. Tal vez comprar ropa nueva cambiaría mi perspectiva. La gente, en especial mis colegas, me vería de otra manera, como si perteneciera.

Frank reparó en los cambios de humor, los nuevos trajes baratos, el repentino gusto por los *hoagies*. Dejé de pedir jalapeños para mi sándwich de filete con queso. Una tarde Frank decidió que ya era suficiente. Tomamos un paseo en auto por la región de Brandywine y me señaló las colinas de Pensilvania. Condujimos casi en silencio. Sabía en lo más profundo de mi ser que éste era el final, un viaje de despedida menos de seis meses después de mi llegada. Me sentía avergonzado, aunque aliviado de que la aventura hubiera llegado a su fin.

Regresamos al edificio del *Journal* y Frank, por fin, explotó. Me llamó a su oficina y me regañó por tratar de convertirme en un miembro de la Liga Ivy, por transformarme en alguien del noreste. Por mentirme a mí mismo.

—Te tengo tomada la medida —me dijo.

—No importa cuánto lo intente, no encajo —respondí.

No le dije que también podía ver el esfuerzo que él hacía al llevarme a pasear o marcarme para ver cómo estaba durante los fines de semana e incluso por las tardes. Cuando entraba a Tequilas les decía a todos que si llamaba un estadounidense y pedía por mí, le dijeran que no estaba ahí o que me encontraba en plena entrevista. Luego me enteré de que Frank se impacientaba cada vez más a causa de mis hábitos de consumo. No tenía crédito, por lo que usaba la tarjeta de la compañía para cubrir mis gastos, ya fueran los trajes o las cuentas en Tequilas, y luego pagaba todo lo que debía a final de mes. También me regañó por eso.

—Esto es sólo para los gastos de la compañía —dijo—. Además, ¿cómo sobrevives? Tiras todo tu dinero a la basura.

Yo no sabía nada sobre la cultura de ahorrar dinero, así que sólo lo miré desconcertado.

—Frank, lo siento mucho. Esto no es como yo creía —le confesé.

Aunque lo que en realidad quería decirle era: *guardemos las apariencias y vayamos cada quien por su camino.*

—Dale tiempo —me dijo, luego permaneció en silencio por un largo minuto y continuó—. Yo te recluté porque tu contexto es diferente. Tú ofreces una perspectiva distinta a la historia, las historias que este país necesita conocer. Te fuiste a Utah y escribiste sobre los trabajadores migrantes. Encontraste tu camino. Dale tiempo a esto. Sé tú mismo. Este país cada vez se parece más a ti. ¿No te has dado cuenta? Tú representas el futuro. Siéntete orgulloso y no tengas miedo.

Lo miré inspirado, pero inseguro.

Una mañana, me llamó a su oficina. Tenía una buena noticia que darme:

—Buenas noticias —me dijo.

Además de cubrir la fuente corporativa, quería que me enfocara en escribir historias sobre migración, el proceso de legalizar a millones de inmigrantes indocumentados. La Ley de Reforma y Control de Inmigración ponía de cabeza a diversas industrias desde los campos hasta las fábricas y el *Journal* quería ir más lejos. ¿Qué sucedía en los lugares de trabajo? ¿En dónde vivían todos estos millones de trabajadores? ¿Por qué aún no se manifestaban?

El gobierno de Estados Unidos ofrecía amnistía a los inmigrantes indocumentados que hubieran vivido en el país de forma continua desde 1982. La fecha límite para aplicar, mayo de 1988, se acercaba, pero no había ninguna prisa por inscribirse. La gente se rehusaba a salir de las sombras, pues sospechaba demasiado del gobierno. ¿Acaso la "amnistía" no era más que un ardid para realizar otra deportación masiva?

La oferta de "legalizar" a millones a la vez implicaba "sanciones para los empleadores" de aquellos negocios que contrataran a trabajadores indocumentados. El objetivo era reducir el número de empleos que tentaban a los mexicanos a cruzar la frontera. Pero la Ley de Reforma y Control de Inmigración de 1986 no hizo eso. Las sanciones a los empleadores rara vez se aplicaban. A casi un año de la fecha límite, el éxodo masivo desde las sombras no había sucedido. Pero los críticos se preocupaban de que aquellos a quienes se les otorgara la amnistía trajeran a cinco o diez parientes más.

Si la ley de 1965 cambió el rostro de Estados Unidos en sus ciudades, la Ley de Reforma y Control de Inmigración de 1986 logró que esas modificaciones fueran permanentes y desplazó en grandes cantidades a los inmigrantes, sobre todo a los mexicanos, de California, Texas y el suroeste hacia el centro, noreste y sureste de Estados Unidos. La amnistía, emparejada con más de dos décadas de crecimiento económico estable en Estados Unidos, despertaría una nueva ola de migración mexicana que competiría con cualquiera de las previas.

Para la estupefacción de muchos republicanos, la Ley Simpson-Rodino, el nombre con que en un inicio se conocía la Ley de Reforma y Control de Inmigración, se aprobó con la ayuda de la administración Reagan. En 1986 el senador Alan Simpson, un republicano de Wyoming, no contaba con los votos suficientes para pasar un proyecto de reforma sin comprometerse con la llamada amnistía de una sola vez. El representante demócrata Peter Rodino de Nueva Jersey accedió a negociar: para ser naturalizados, los inmigrantes indocumentados tendrían que demostrar cuatro años seguidos de residencia continua en vez de dos, que era lo que en un principio esperaba Rodino.

A la administración Reagan también le interesaba proteger a los inmigrantes más recientes, no por motivos altruistas sino políticos. Durante la década de 1980 casi un millón de refugiados de El Salvador enviaba alrededor de tres millones de dólares al día a sus parientes que aún se encontraban en el país asolado por la guerra. Estas remesas jugaron un papel clave en apuntalar a un aliado de Estados Unidos que se defendía a sí mismo contra insurgentes marxistas que socavarían las tácticas de la Guerra Fría de Reagan.

La Ley de Reforma y Control de Inmigración de 1986 ofrecía una oportunidad a los millones de inmigrantes indocumentados, sobre todo de Latinoamérica, de legalizarse si cumplían con ciertas condiciones, entre ellas cartas de recomendación de sus empleadores, pruebas de residencia continua y no tener antecedentes penales. Tomó cinco intentos, que incluyeron varias propuestas iniciales durante las administraciones Ford y Carter, antes de que Reagan lograra reunir el apoyo para su reforma.

Muchos escépticos tenían sus dudas. La Ley de Reforma y Control de Inmigración de 1986 era el primer intento legislativo para regular la inmigración ilegal fuera de un programa de trabajadores invitados. El representante Charles "Chuck" Schumer, quien ayudó a fomentar un compromiso que convirtiera el proyecto de reforma en ley, describió la legislación como una "apuesta de casino flotante".

Este tipo de amnistía también aterró a quienes temían una invasión de inmigrantes indeseables. A fin de apaciguar a los conservadores, la Ley de Reforma y Control de Inmigración de 1986 exigía mayor seguridad fronteriza y daba financiamiento para aumentar su aplicación. La ley también imponía sanciones sobre los empleadores que contrataban a inmigrantes no autorizados. Se hacía referencia a esos tres componentes como "el banco de tres patas".

Aunque la aceptación entre los inmigrantes tomó algo de tiempo, en cuanto comenzó a ganar terreno las cosas se hicieron más claras. En primer lugar, los trabajadores que antes estaban atados a sus empleadores debido a su estatus de ilegales podían mudarse a donde quisieran y trabajar en lo que quisieran tras obtener una *green card*; la fuerza laboral que realizaba los trabajos más pesados del país ahora podía aspirar a recibir mayores salarios. En segundo lugar, muchos de los nuevos millones de inmigrantes legales tendrían la oportunidad de patrocinar a sus familiares, lo que impulsó un gran éxodo de esposas, niños y padres desde México y creó un retraso en las cuotas de visado. La ley transformó al antes migrante transnacional en un futuro ciudadano estadounidense y estableció una permanencia que incitó a miembros de la familia extendida a cruzar de forma ilegal para reunirse con sus familias.

Al final, los empleadores que dependían del trabajo barato —que aunque estaba disponible era ilegal— de pronto se vieron en la necesidad de buscar trabajadores o de preocuparse por la nueva documentación requerida por la Ley de Reforma y Control de Inmigración. Muchos propietarios de negocios se preguntaban por qué tendrían que hacerse responsables de aplicarla. Más o menos al mismo tiempo en que se aprobó la Ley de Reforma y Control de Inmigración, el gobierno federal desarrolló un programa piloto que más tarde se transformaría en E-Verify, el sistema en línea que hoy permite a los empleadores corroborar si los números de seguridad social son válidos y si un empleado puede trabajar de forma legal en Estados Unidos. El sistema es voluntario con excepción de los contratos del gobierno federal. En esencia, la Ley de Reforma y Control de Inmigración de 1986 trató de transformar a los millones de empleadores en agentes del Servicio de Inmigración y Naturalización: los dueños de negocios tenían la responsabilidad de confirmar el estatus migratorio de sus empleados.

Por primera vez estaba prohibido contratar a un inmigrante ilegal. Las multas oscilaban entre los quinientos treinta y nueve dólares por trabajador no autorizado por un delito único a más de veintiún mil dólares por trabajador no autorizado por un tercer delito. Muchos empleadores no aceptaron la responsabilidad de buena gana, ni mucho menos la entendieron.

Frank sugirió que yo formara parte de un equipo de reporteros del *Journal* que incluía a Dianne Solís, una inteligente y ambiciosa mujer mexicoamericana del valle de San Joaquín en la oficina de Houston, quien en ese entonces era la mejor reportera de inmigración del país. Yo admiraba el trabajo de Dianne desde que era estudiante y la conocí durante una convención de la Liga de Ciudadanos Latinoamericanos Unidos en El Paso. Ella negoció para que me le uniera y la ayudara como parte del equipo nacional. En el fondo,

Frank sabía que cubrir una historia como la inmigración me mantendría ocupado y me salvaría del fracaso. Me salvaría de mí mismo. Me dijo que me compartiría con otras oficinas para ayudarles a investigar lo que sucedía en otras comunidades de inmigrantes.

Además, yo hablaba español.

¿Por qué no había más inmigrantes que solicitaran la amnistía? ¿Era posible que el gobierno de Estados Unidos exagerara el número de trabajadores indocumentados a lo largo del país? ¿O sólo tenían miedo de salir de las sombras? El *Journal* se comprometía a redoblar esfuerzos y cubrir la historia como ninguna otra compañía mediática lo hacía en ese momento.

—Inicia tu viaje en El Paso —dijo Frank, y yo casi brinqué de la emoción, del alivio—. Quiero que regreses a El Paso y te hagas pasar por un mesero en el restaurante de tus padres. Habla con los clientes, tus amigos, gente de la comunidad y escribe acerca de lo que conoces. Lo que ves. Escribe un relato en primera persona. Explica los matices, las distintas capas de la historia, como sólo tú puedes hacerlo. Piensa, escribe como un fotógrafo. Dame detalles.

A Frank le gustaba retarnos a escribir historias elocuentes que distrajeran a los lectores por la mañana. El objetivo era aguadarles el cereal, es decir, hacerlos perderse tanto en la historia que terminaran por bajar sus cucharas y leer en vez de comer. Revisaba nuestros borradores y nos desafiaba a encontrar ese enunciado extra detallado que dotara de vida a los personajes.

Lo miré, incrédulo. Sorprendido. Emocionado. No encontraba las palabras adecuadas y tampoco quería darle demasiada importancia. Quería ser un tipo alivianado, un profesional. Alguien que tratara esta asignación como cualquier otra, como ir a Massachusetts y reportar sobre los pescadores que contrabandeaban vieiras. Al igual que la historia de las vieiras, ésta también se propondría como un *A-hed*, jerga periodística para el artículo de fondo narrativo y de interés humano que se colocaba justo en medio de la primera plana del *Journal*.

Sentí que recuperaba la chispa otra vez, como cuando trabajaba en *El Paso Herald-Post*, y estaba a punto de salir a cubrir alguna nota para patearle el trasero al periódico rival. Traté de contenerme.

—Gracias, Frank. No te defraudaré.

—Sé que no lo harás —dijo.

Me puse de pie y salí de su oficina, mirando a mis colegas con
un renovado sentido de pertenencia. De pronto sentí que tenía todo
el derecho a estar ahí, que era mucho más que un caso de caridad,
un ejemplo de "diversidad". Sospechaba que así era como me veían
algunos de mis colegas. Me sentía inferior, un tipo que dejó la preparatoria trunca y que estudió en una universidad comunitaria, pero
que no tenía título y que aún no daba todo de sí. Pero ahora tenía
algo que ofrecer, algo que ellos mismos no podían producir.

Caminé directo al baño, donde comencé a bailar despacio como
lo hacía Miguel Bosé en la canción "Que no hay", con lentitud, mientras sacudía los hombros, la cadera, el trasero y levantaba las manos
sobre la cabeza, mientras mis rodillas y pies se movían al ritmo de
la canción que se reproducía en mi mente. Giraba lento y me observaba en el espejo. Estaba extasiado. De pronto la puerta se abrió.
Me petrifiqué: me habían atrapado en el acto. Me sonrojé y traté de
recomponerme, aliviado de ver que era el conserje puertorriqueño
con una expresión de perplejidad en su rostro.

Le sonreí con timidez y de nuevo salí del baño con esa expresión imperturbable —un sentimiento de alegría que me acompañó
durante el resto del día—. Recogí los tradicionales *hoagies* para mis
colegas. A veces el cocinero detrás de la barra me miraba y ponía los
ojos en blanco cuando me veía dudar sobre mis elecciones: pan de
trigo, centeno o blanco; mostaza, rábano picante o regular y chiles
que no picaban nada. Pero en esta ocasión no fue así: los pedí justo
como debía pedirlos, sin dudar. ¡Lo que puede hacer un poco de
confianza en uno mismo!

No podía desviar la mirada del reloj, desesperado por irme a
Tequilas para compartir las buenas noticias. Cuando llegó la hora
de la salida, caminé a lo largo de la calle Broad, le guiñé el ojo a la
estatua de "Billy Penn", quien pareció inclinar su ridículo sombrero
hacia mí. Me dirigí hacia Tequilas mientras imaginaba los rostros de
mis amigos cuando les dijera que me iba a El Paso. Actuaba como
si regresara a casa para siempre con una amplia sonrisa en el rostro.

En Tequilas nos obsesionamos con la amnistía, sobre todo David. Durante una redada migratoria, la mitad de su personal de cocina y meseros fue deportada. Nunca olvidaría la tarde en que me
llamó a la oficina del *Journal* y me preguntó con brusquedad si tenía
los documentos de trabajo adecuados. Sonaba muy serio.

—Claro, pero los dejo en casa —dije con algo de pánico.

Ésta no era la frontera, donde nunca sabías cuándo se aparecerían los agentes del Servicio de Inmigración y Naturalización para interrogarte por desempeñar el papel de inmigrante. Esto era Filadelfia, le expliqué a David, y le dije que por qué me lo preguntaba.

—¿Por qué traería mis documentos a la mano como cuando trabajaba en los campos de California? ¡Chingao! ¡Trabajo en *The Wall Street Journal*! —le reiteré, a punto de caerme de la silla de mi cubículo.

Recordé que unas semanas antes de esto unos agentes migratorios me interrogaron sobre mi ciudadanía en el aeropuerto de El Paso y, sin mis documentos disponibles, saqué mi tarjeta de crédito. Lo único que necesito ahora es mi tarjeta American Express, pensé, de preferencia en la que aparezca el nombre del *Journal*.

—¿Quién quiere saber si tengo los documentos apropiados? —le pregunté—. ¿Quién, cabrón? ¿La migra?

—Relájate —dijo David para tranquilizarme—. Sólo quiero saber si necesitas un segundo trabajo —dijo con mucha seriedad—. El Servicio de Inmigración y Naturalización hizo una redada en mi restaurante. Las propinas son excelentes.

Ahora David creía que la amnistía podía hacer que sus trabajadores salieran de las sombras para que su negocio operara sin mayor problema. No habría más interrupciones por parte de los agentes del Servicio de Inmigración y Naturalización.

Los cuatro amigos teníamos nuestros papeles al corriente. David obtuvo su residencia permanente al casarse y juró que nunca se nacionalizaría, algo en lo que yo coincidía. Esto fue antes de que México permitiera la doble nacionalidad. Pasarían otros doce años —1998— antes de que México permitiera la doble nacionalidad. En 1987 convertirse en un ciudadano estadounidense implicaba renunciar a la nacionalidad mexicana. Hacerlo, decía David, significaría una traición no sólo a México sino también al otro país que idolatraba por enfrentarse al gobierno de Estados Unidos: Cuba. Primo vivía de forma legal en Estados Unidos con una *green card*, pero no tenía ningún interés en quedarse. Su futuro estaba en México. Ken, por supuesto, era de Nuevo México y un ciudadano estadounidense de nacimiento. Yo tenía una *green card*, era un residente permanente, y no había pensado mucho en obtener la ciudadanía estadounidense.

¿Por qué habría de hacerlo? Vivía en la frontera y entrecruzaba ambos lados. Pero ahora que vivía en Filadelfia y que soñaba con regresar a México algún día como corresponsal, Frank quería convencerme de la protección que la ciudadanía estadounidense me brindaría en un país "extranjero", incluso en México. Yo no estaba del todo convencido.

Entré a Tequilas y les dije a los muchachos que me iba de Filadelfia. Ya estaba harto del experimento de Billy Penn, que estaba condenado al fracaso desde un inicio.

David fue quien peor pareció tomar la noticia. Me pidió que me quedara más tiempo, incluso me prometió comida con descuento y tequila de su escondite secreto. Se sintió mal después de que le dijera que las crudas hacían más difícil mi estadía en Filadelfia. Ken y Primo no supieron qué hacer ante la noticia. Le dieron una honda calada a su cigarro, me felicitaron y luego jugaron al abogado del diablo.

—Vas a dejar un trabajo de ensueño —dijo Primo.

—No te apresures —añadió Ken—. Dale más tiempo.

Se veían tan heridos que me sentí mal por mi broma y confesé:

—En realidad no me voy. Sólo lo digo por joder. No me iré por más de una semana, tal vez dos —sus sonrisas regresaron—. Voy a cubrir el tema migratorio.

La historia alrededor del programa de amnistía me ofrecía la libertad de viajar fuera de Filadelfia y no sólo a El Paso sino también quizá a Los Ángeles, Houston, Chicago e incluso a pequeños pueblos en Wisconsin a donde migraron algunos mexicanos. Al igual que esos mexicanos que emergían de las sombras en todo el país, yo por fin encontraba mi propia libertad, lejos de Filadelfia, esta ciudad rancia.

Levanté mi vaso y brindé por la amnistía de Reagan. Se sumaron con renuencia.

II
EL GIGANTESCO DESPERTAR DE
LA LEY DE REFORMA Y CONTROL DE
INMIGRACIÓN DE 1986

6

Freddy's Café

Iba en el vuelo de regreso a El Paso para trabajar en Freddy's Café, no tras fracasar como reportero en Filadelfia sino tras conseguir una nueva oportunidad con *The Wall Street Journal* que me permitiría hacer preguntas sobre temas importantes que requerían respuesta. El viaje se convertiría en una historia de primera plana, un relato en primera persona de por qué la amnistía no era la panacea que prometieron los defensores de los inmigrantes. Me ensuciaría las manos como mesero, una vez más al servicio de mi vocación superior como un influyente periodista de la costa este.

En pocas palabras, el gallo estaba de vuelta.

En el avión soñé con la gran escena: entraría a Freddy's, saludaría a los clientes, portaría mi blazer azul con orgullo, una camisa azul claro con botones hasta el cuello y pantalones color caqui, y escucharía a la gente decir:

—Mira, ése es el hijo de Herlinda. Trabaja para *The Wall Street Journal*, en Filadelfia.

Aunque desconozcan cuán importante es el *Journal*, el simple hecho de que sea un periódico para hombres de negocios y mi visita desde el noreste los impresionará, pensé. Mi madre dice que los clientes me extrañan. Cuando les dice que vivo en Filadelfia, todos comentan:

—Órale, qué bien. Felicidades, doña Linda.

Sueños de grandeza. Puras fantasías.

Cuando me recogieron en el aeropuerto, mis padres me empujaron al interior de la camioneta pick up.

Se alegraban de verme, pero tenían prisa. Era casi la hora de la comida, me recordaron. Necesitaban regresar. Agradecían que los ayudara como mesero en el restaurante. Mi madre me miró a los ojos, llena de alegría, como si hubiera regresado del mundo de los muertos. Les expliqué que podía haber tomado un taxi. El *Journal* lo pagaría, dije con énfasis en las palabras "el *Journal*" y "rembolso". Parecían ofendidos de que siquiera hubiera pensado en un taxi.

—¿A poco un taxi te traería una gordita? —preguntó mi madre al desenvolver una de chile verde recién hecha mientras me subía al asiento del conductor.

—Claro que no —dije y salivé al ver cómo se derramaban los pedazos de carne de res con salsa.

Mi padre se acomodó en el asiento del copiloto. Mi pequeña madre se desplazó sobre el asiento plegable.

El camino desde el aeropuerto nos condujo al sur hacia la autopista I-10. Desde la carretera elevada se podían ver la frontera y la expansión de Ciudad Juárez, que se extendía al sur en dirección al horizonte, donde algunos barrios pobres escalaban las colinas de las montañas de la ciudad mexicana. Algunos fanáticos religiosos pintaron un mensaje sobre la ladera de la montaña en letras tan enormes que podían verse desde El Paso: LA BIBLIA ES LA VERDAD. LÉELA.

Recuerdo haber pensado: ¿qué es esto? Le dije a mi amigo Jacobo, un músico frustrado de Ciudad Juárez que ahora trabajaba como camarógrafo en Tucson, que deberíamos treparnos y pintar sobre el mensaje. Qué ironía, pensé, pedirle a la gente que lea la Biblia cuando en el México de principios de la década de 1980 casi la quinta parte de la población adulta —17 por ciento— era analfabeta. ¿Por qué no pedir que la gente recuperara su país en las urnas?

La carretera se curveaba alrededor de las montañas calvas de Franklin hacia el centro. Al sur, atrapado entre la playa de maniobras de la estación ferroviaria de Union Pacific y la frontera, se encontraba el segundo barrio de El Paso, un vecindario empobrecido que apenas se distinguía desde el barrio de Ciudad Juárez al otro lado. Al norte de la carretera, en la cima de una colina, se ubicaba el vecindario de Kern Place, un área rica de casas señoriales, árboles y pasto de un gran verdor —prácticamente la única zona verde de la ciudad—. Podía ver la frontera y anhelaba estar en ese mundo intermedio. Pero al mismo tiempo me surgió un pensamiento extraño: podía ver las limitaciones de este lugar. Si no tenías mucho dinero, los contactos adecuados o excelentes referencias académicas, la subida era difícil.

Yo no tenía ninguna de esas cosas. ¿Qué sería de mí si no me hubiera ido?

—Come, porque lo vas a necesitar —dijo mi madre mientras me pasaba otra gordita.

Freddy's había estado más lleno que de costumbre. El restaurante era más que un negocio familiar: era una mina de oro para las historias.

Cada mañana, mientras bebían su café, algunos agentes de la Patrulla Fronteriza de Estados Unidos, con sus uniformes verde oscuro, cuchicheaban sobre cómo ahora las compuertas se abrirían para los mexicanos que iban al norte. Aunque no estaban de acuerdo con eso de la amnistía para millones de mexicanos, parecían emocionados con la idea de probar las nuevas motos, armas y botas que recibirían para "vigilar" la zona. Convertirían la frontera en una fortaleza. Me gustaba escucharlos mientras generaba ideas para futuros artículos.

Algunos de los comensales de mi madre, que eran trabajadores ilegales —o sólo "ilegales", como se decían a sí mismos—, procuraban aparecerse por el restaurante sólo cuando los agentes de la Patrulla Fronteriza o de Inmigración no estaban presentes. De igual manera los contrabandistas, que traficaban puros cubanos, guayabas, mangos o vinos argentinos por el norte de la frontera y bajaban al sur con televisiones, refrigeradores y armas y las sirvientas que cruzaban El Paso todos los días para limpiar casas y regresaban cada noche a los barrios bajos en Anapra a las afueras de Ciudad Juárez.

—Hay mucha confusión con respecto a este programa de amnistía —dijo mi madre—. Tal vez tú puedas darnos algunas respuestas.

—Yo sólo soy reportero —le recordé—. Yo hago preguntas.

Mi madre no me preguntó nada sobre mi trabajo. Estaba más preocupada por mi blazer.

—Qué linda chaqueta, pero quítatela. ¿Y por qué traes puesta esa camisa azul tan elegante?

Mi madre vestía sus tradicionales pantalones de poliéster y el delantal preferido por las mayoras mexicanas, las mejores cocineras: uno que cubría su blusa, con bolsillos al frente y botones a lo largo de la espalda. El rosa era su favorito.

—No me puse la camisa que compramos la navidad pasada en JCPenney sino una que encontré con mi amigo Ken en Wanamaker's —le presumí a mi madre.

—Con mayor razón no querrás arriesgarte a ensuciarla con salsa de enchilada, caldo de res o guacamole. No uses esa camisa. Ya deberías saberlo.

—Sí, mamá. Sólo quería impresionarte —le confesé algo apenado. Como siempre, mi padre no dijo nada.

Noté que aún usaba un cambiador de monedas alrededor de su cintura. Ahora manejaba un camión de comida y operaba otros dos, uno con un empleado que no tenía permiso de trabajo y otro con mi hermano David, quien dejó la preparatoria para mantener a su esposa embarazada. Me arrepentí de no haberle hablado sobre anticonceptivos, pero, ¿qué sabía yo? El tema era tabú en nuestra casa.

Mi padre aún extrañaba los días en que manejaba tractores, no camiones de comida, y a veces me decía que vender burritos no era el trabajo más masculino que había, pero le gustaba ser su propio jefe, no tener que rendirle cuentas a nadie.

Sólo no le gusta hablar, me recordé a mí mismo.

Me preguntaba cómo mi madre y él sobrevivían sin hablar entre ellos.

Pero en cuanto nos incorporamos a la autopista, mi padre rompió el silencio y fue directo a la yugular.

—¿El programa de amnistía ayudará a unir a las familias como en 1965? —preguntó—. ¿Cuántas familias son elegibles? ¿Cuántas podrán solicitarla y ser reunidas?

—Las proyecciones apuntan en todas direcciones —respondí—. Hasta el momento no está claro. ¿Crees que es una buena idea reunir a las familias nucleares y dejar a los miembros de la familia extendida atrás? —pregunté, con la esperanza de prolongar esta extraña conversación hasta que llegáramos a la calle South El Paso, a tan sólo cuatro cuadras del puente internacional.

Mis padres tenían un buen sentido de los negocios: pusieron un restaurante mexicano a tan sólo unos cuantos pasos de los peatones hambrientos que cruzaban a Estados Unidos para ir de compras, a trabajar o a visitar a sus familiares.

Quería iniciar una conversación con mi padre que nunca habíamos tenido: ¿se arrepentía de haber migrado? ¿Valió la pena fracturar nuestra propia familia, cercana y lejana?

No todos los hermanos y las hermanas de mi padre solicitaron la residencia permanente o una *green card*. No les importaba trabajar por temporadas, pues no querían desarraigar a sus familias de su amado México para irse al norte. Esas decisiones fueron tomadas y respetadas, pero aunque muchos de nosotros estábamos en el norte, en el fondo éramos una familia dividida que veía a sus familiares sólo en vacaciones o, lo que era peor, en funerales. Nuestro idioma se desvanecía y con mucha frecuencia nos veían como mexicanos blanqueados por las costumbres estadounidenses. Pochos.

—No lo sé —dijo mi padre—. Casi todos mis parientes están muertos o viven en Estados Unidos —respondió y miró a mi madre, algo que a menudo hacía cuando se le acababan las palabras o no sabía qué decir.

—¿Tú qué piensas, Herlinda?

—¿Y yo qué voy a saber? —dijo mi madre—. Te lo preguntó a *ti*.

—Está bien —intervine—. Sólo quería conocer la situación para entender mejor la historia.

Mi madre continuó:

—Ha causado nerviosismo entre muchas familias, porque hay muchos hombres que ya tienen nuevas familias y nuevas esposas en secreto. Muchas mujeres sospechan, pero quién sabe.

Mi madre no se incluyó a sí misma con demasiada obviedad, pero su tono sugería otra cosa.

Mi padre parecía incómodo, incluso molesto.

—¿A ti te atemoriza que se descubra tu vida secreta? —le preguntó a mi padre.

—Y dale otra vez con lo mismo, las mismas acusaciones ridículas —dijo—. Tu hijo está aquí. Deja ir el pasado.

—Papá, gracias por traernos a Estados Unidos y por reunirnos como familia —dije, en un intento por desviar el tema de conversación, algo que acostumbraba hacer cuando era niño.

—No te preocupes, mijo —dijo mi madre tras notar mi tensión—. Tu padre tiene cosas más importantes por las cuales preocuparse en estos días. Ahora tenemos que revisar todos los documentos de los empleados para asegurarnos de que nos dicen la verdad, que sus papeles no son falsos. Eso significa investigar a todos. Preguntarles a nuestras sobrinas, a nuestros sobrinos, a nuestro amigo "el caballero" —el contrabandista—. Imagínate eso, ¡como si no tuviéramos suficientes cosas por las cuales preocuparnos!

Les pregunté sobre nuestra fuerza laboral indocumentada. ¿Qué tan grande era?

Mi madre se rio.

—Eso no lo sabemos de cierto —dijo, una frase utilizada con frecuencia entre los empleadores a lo largo del país, que enfatizaba las palabras "de cierto".

La ley era una farsa. También decía que si los documentos de una persona parecían ser legítimos, es decir, "si se ven genuinos, el empleador debe aceptarlos y no puede ponerlos en tela de juicio o pedir más documentación".

Ésta era la frontera y los documentos falsos abundaban.

—¿Te imaginas a tu padre como agente del Servicio de Inmigración y Naturalización? —preguntó mi madre con ironía.

—Mierda —respondió mi padre—. Ni que estuviera loco. El gobierno ha amenazado con esto desde que yo era niño, incluso más chico que tú. No lo dicen en serio. ¿Qué harían sin nosotros?

Mi padre tenía una educación primaria, un periodo de atención corto y un inglés limitado que no se extendía más allá de las palabras "shit" y "Thank you, mister", aunque su utilización dependía de la situación. Luego de más de veinte años en Estados Unidos, la asimilación lo eludía —no por falta de ganas sino porque tanto mi madre como él se partían el lomo para cumplir con la nómina, pagar impuestos y ahora jugar a ser agentes del Servicio de Inmigración y Naturalización—. Mientras mi madre dirigía la pequeña cocina y el piso en Freddy's, mi padre llevaba las finanzas. Ahora se aseguraba de que sus empleados tuvieran documentos —una tarea imposible, se quejaba, porque muchos de ellos usaban papeles falsos.

Mi padre ya se sentía intimidado por los múltiples formatos y requisitos para verificar la información proporcionada por los nuevos trabajadores que aparecían en la pizarra de fechas límite de aplicación, la cual era muy confusa y cambiaba todo el tiempo. Pocos negocios se sentían bien al respecto, pero la ley era una carga especial para los propietarios de pequeños negocios como mis padres. El papeleo no era el único problema, sino encontrar trabajadores legales dispuestos a hacer trabajos pesados.

Ya desde ahora, dijo mi madre, sus hermanas, ambas contratistas de trabajo en el centro de California, estaban preocupadas por la escasez de mano de obra. Sentían pánico, pues eran incapaces de conseguir trabajadores que recolectaran jitomates o azaran la remolacha azucarera. Las cosechas se pudrían en los campos. Muchos trabajadores, en especial las mujeres, hablaban de irse a la industria de los servicios en estados como Colorado. Los empleadores, entre ellos las hermanas de mi madre, temían contratar a cualquiera que no pudiera comprobar su residencia o nacionalidad sin ninguna sombra de duda. Estados Unidos estaba en problemas y se enfrentaba a una verdad incómoda.

—Estos trabajadores son irremplazables —le dijo mi tía Hermila a mi madre.

Estados Unidos no sólo contrataba a esta gente para pagarle salarios bajos; los empleadores valoraban su ética laboral que derivaba de su sangre, sudor y lágrimas. Estaban dispuestos a dejarlo todo, su fuerza y sus sueños, en los campos y en los pisos de las fábricas. Arriesgarlo todo. Claro, la amnistía impulsaría a algunas personas a salir de las sombras, pero, ¿a costa de qué? Asegurar la frontera ahora formaba parte del discurso público de los políticos. A raíz del asesinato de Camarena, el agente de la DEA, el estado de ánimo en la frontera cambió.

—La gente está nerviosa —explicó mi madre.

ENTRÉ AL CAFÉ detrás de mi madre para asegurarme de que todos notaran esta nueva versión de mí: mi ropa de Wanamaker's, mis zapatos bostonianos y mi nuevo corte de pelo, cortesía de una barbería cerca de Wharton. Mi hermana Mónica, quien tenía apenas diez años de edad, me saludó con una sonrisa mientras tomaba pedidos por teléfono. Vestía su tradicional uniforme: jeans, una playera azul marino y un par de tenis Keds color blanco. Se había sujetado el cabello con cuidado en una tiesa colita de caballo. Era sábado y no estaba en la escuela. Dedicaba los fines de semana a levantar platos, tomar pedidos y llenar de agua los vasos de la gente. Era muy joven para servir café. La abracé con fuerza. Ella no dejaba de sonreír.

En el interior del diminuto restaurante, que tenía capacidad como para cincuenta comensales, las mesas para cuatro personas estaban cubiertas con manteles de hule color verde aguacate y bordeaban las paredes del espacio angosto. Una foto del revolucionario mexicano Pancho Villa y pinturas de comida mexicana, hechas por un artista de El Paso, colgaban de las paredes de madera y los muros blancos. Cada mesa estaba decorada con un jarrón que contenía rosas rojas y gardenias artificiales. Mi madre se aseguraba de que el piso de azulejo marrón siempre estuviera impecable, limpio y brilloso. Había una veladora para san Martín Caballero, el santo patrono de los emprendedores y de la buena suerte, en una repisa detrás de la caja registradora, con un mensaje: "San Martín, dame suerte y dinero". El restaurante se sentía más pequeño de lo que recordaba. Era increíble que estas cuatro paredes pudieran alimentar a nuestra familia y nuestras aspiraciones.

Los clientes que se congregaban a la hora de la comida —había de todo: comensales con sombreros y gorras de beisbol y mujeres bien vestidas, muchas de las cuales eran vendedoras— se enfrascaban en sus conversaciones mientras engullían sus platillos calientes. Escuché sus charlas; los saludos, las bromas, las discusiones sobre política, la gente que compartía información sobre los lugares donde la Patrulla Fronteriza hacía guardia esa mañana y dónde se podía vender mercancía ilegal. Las mañanas eran para planear y las tardes para hacer un balance de pérdidas y ganancias.

Había regresado a la frontera, a Freddy's.

Cuando entré a la cocina, noté que los platos sucios estaban apilados y que el personal los lavaba con rapidez para atender a nuevos clientes; las cuatro hornillas de la estufa estaban encendidas y sobre ellas se hervían el caldo de res y algunos de los platillos emblemáticos de mi madre: chile verde para las gorditas y los burritos, arroz, frijoles y, por supuesto, menudo. Ahora quedaba muy poco, pues la hora del desayuno había terminado y nos preparábamos para la comida. Petrita, nuestra cocinera, dejó de servir flautas, parte del especial de Freddy's para la comida corrida que incluía caldo de res, para decir:

—Freddy, qué guapo —y luego reanudó sus labores al echarle un poco de cilantro a la sopa.

Me preguntaba si decía esto por mi blazer azul, aunque ni siquiera creo que lo haya notado. Ernestina me dio un abrazo de oso y me dijo:

—Mi Freddy hermoso.

Después de los breves saludos, me quité el blazer y metí mi libreta de reportero en el bolsillo trasero de mi pantalón y mi pluma en el bolsillo de mi camisa, con el ego un poco magullado al notar que nadie alzó la vista de su caldo de res cuando hice mi entrada triunfal. Nadie aplaudió o se puso de pie para darme la mano. Nada.

Mi madre me observó con atención. Parecía preocupada.

—Has bajado mucho de peso. ¿Qué la gente de la costa este no come?

—Sigo una dieta especial que se llama sopa Campbell's —bromeé, aunque no con mucho éxito.

Se veía confundida. No traté de explicar mi comentario más a fondo.

Luego mi madre me aconsejó:

—Si vas a entrevistar a nuestros clientes, piensa en ellos como personas, no como personajes de una historia. Algunos de ellos son familia, amigos —añadió mientras yo escribía las palabras "Freddy's Café, 1987" en la parte externa de mi libreta.

—Claro, mamá.

Me recordó que, entre todas las personas que solicitaban la amnistía, había empleados del restaurante y parientes en ambos lados de la frontera. Algunos tenían sus dudas, pues no sabían lo que esto significaría para sus familias que aún se encontraban en sus países de origen.

—No creo que los gringos lo entiendan —observó—. Eso de la reunificación familiar no existe, porque tampoco existe eso de la familia nuclear o extendida. Para ellos ¿qué significa la familia? ¿Cómo los separas? Todos somos familia. Tarde o temprano se reunirán aquí o allá. Todo este asunto de la inmigración es un desastre, una farsa. La mitad de mi familia está en Durango. Casi nunca los veo, pero sólo espero que la amnistía nos ayude a reunirnos otra vez, al menos a los suertudos. Pero lo dudo. La gente tiene sus sospechas.

—¿Por qué? ¿De qué sospechan?

—De la historia —dijo ella—. ¿Cómo puede cualquier mexicano confiar en Estados Unidos? Los estadounidenses podrían levantarse un día y decidirse a deportar a todos, o a apropiarse de otro pedazo de México.

Miré a los clientes, que se dividían en turnos. Para el almuerzo teníamos una mezcla de compradores de Ciudad Juárez que cargaban bolsas grandes y vacías. O los regulares como Tanny Berg, quien pedía huevos rancheros y café negro cada mañana. La clientela de la hora de la comida estaba compuesta por prácticamente puros empleados de las calles aledañas que se daban una vuelta para saborear la comida corrida, que hacía mucho era una de las favoritas del vecindario. Todos sabían que aquella señora, mi madre, cocinaba al más puro estilo Durango con todo y el chile picante.

Me olvidé de Filadelfia, saqué la libreta de reportero de mi bolsillo trasero y empecé a tomar pedidos mesa por mesa. Para el mediodía el menudo, cuya fama se viralizó antes de que existieran las redes sociales, se había terminado luego de haber alimentado a clientes que cruzaban fronteras o venían del norte como Nuevo México e incluso Oklahoma.

—Si te hubieras quedado aquí, pudimos haber promovido el menudo por todo el suroeste —me recordó mi padre cuando le pregunté si mi madre me había guardado un poco.

—¿En serio? —pregunté—. ¿Ya se acabó todo?

—No, claro que te guardé un poco —dijo mi madre tras fulminar a mi padre con la mirada—. Emigramos para ayudarlos a abrir puertas a través de la educación, no al manejar un restaurante.

Influenciado por mi breve estadía en *The Wall Street Journal* y la cultura de cubrir a los capitalistas, defendí a mi padre.

—Mamá, creo que tiene razón. Cubro a todas estas compañías, las gigantescas y las pequeñas, y todo es cuestión de mercadotecnia. Tu menudo podría convertirse en un alimento tan popular como los Tastykakes.

—¿Tastyqué? No importa, ponte a trabajar, porque estás cansado y necesitas llegar a casa y descansar. Tus hermanos tienen muchas ganas de verte. Tenemos una barbacoa preparada para ti más tarde.

Mi rostro dibujó una amplia sonrisa. Sí me extrañaban.

Los clientes frecuentes también estaban contentos de verme y entablaban conversaciones casuales conmigo.

—¿Cómo son las cosas por allá, Freddy? —preguntó Maggie.

Mague para mi madre, Maggie para mí, dirigía un estudio de fotografía al otro lado de la calle.

—Es frío, ¿no? Nunca había experimentado un clima tan frío en mi vida —dije—. Había días en los que ni siquiera sentía las manos.

—Te ves muy bien —dijo ella—. Bajaste algo de peso.

—Extrañaba la comida de mi madre —dije y sonreí con timidez—. Estoy despierto desde las cuatro de la mañana, pero estoy tan feliz que ni siquiera me siento cansado.

Podía haber conversado con Maggie, una mujer hermosa y clienta de toda la vida, durante horas. Pero sabía que ella no buscaba la amnistía, pues era ciudadana estadounidense.

—¿Por qué estás de mesero?

—Extrañaba mi hogar y preparo una historia sobre la amnistía —dije.

—Guau. ¿Vas a escribir sobre El Paso?

—Sí, y en primera plana.

—Sé bueno con nosotros. El Paso siempre tiene muy mala reputación en la prensa. Drogas, ilegales. Una sucia y polvorienta ciudad fronteriza.

—No te preocupes, Maggie, seré justo —dije—. Tal vez hasta incluya un poco de amor no solicitado.

—Oye, Freddy, ¿por qué no intentas en esa mesa? —Maggie había espiado las conversaciones de los otros—. A últimas fechas los he visto por aquí. Están obsesionados con la amnistía. Tal vez te sirvan de algo.

—Gracias —dije.

Al alejarme, hice la pregunta de cajón:

—¿Está bueno el caldo?

—Siempre está excelente, delicioso —dijo ella—. ¿Me podrías traer más limón y salsa?

—Con gusto —respondí.

Si tan sólo David pudiera verme ahora, pensé.

Clavé la mirada en los nuevos clientes. Primero observé a la nueva mesera. María Elia Porras, quien cruzó la frontera como Susana. Ahora esperaba conocer el resultado de su solicitud de amnistía. Para nosotros era Mari; su sonrisa y el guiño gentil de sus ojos eran inconfundibles.

—Hola, Freddy —dijo y luego confirmó que algunos clientes se sentían escépticos sobre solicitar la amnistía—. Sólo sé amable —agregó.

Me presenté como el hijo de Herlinda, expliqué que trabajaba como periodista para un periódico grande del este.

—Yo seré su mesero hoy, pero también soy reportero para *The Wall Street Journal* y tengo algunas preguntas que hacerles, si me lo permiten.

Se mostraron nerviosos cuando les pregunté si podía sacar mi libreta. Algunos me miraron como si estuviera un poco loco. Ahora me arrepentía de haber tratado de convertirme en un estadounidense del noreste. Tal vez la treta funcionaba, porque nadie quería hablar conmigo.

Mi madre asomó su cabeza desde la cocina.

—Es mi hijo —dijo—. Sólo quiere saber qué opinan para escribir sobre ello en un periódico influyente y que la gente sepa lo que ustedes piensan.

Me miraron otra vez con una sonrisa, sin una gota de nerviosismo. Algunos incluso comenzaron a levantar sus manos para que me acercara a entrevistarlos. Muchos hablaron conmigo gracias a la recomendación de mi madre, quien sonreía orgullosa al ver que su hijo era incapaz de embelesar a sus fuentes sin su ayuda.

El comedor retumbaba de curiosidad.

—¿También eres abogado? —me preguntó una mujer.

Algunos querían que yo mismo les explicara la ley.

—Sólo soy reportero —dije—. No soy tan inteligente como para ser abogado.

Algunos no estaban convencidos de que la amnistía en verdad fuera una gran oportunidad: era demasiado buena para ser verdad. Además, tantas reglas por lo general implicaban mayor desconfianza. Un hombre sacó dinero y me lo ofreció a cambio de mi consejo.

—Gracias —le dije—, pero con su opinión me doy por bien servido.

Cuatro hombres que compartían una mesa bebían taza tras taza de café mientras hablaban sobre la ley. Uno portaba una camisa y un sombrero vaqueros; otro, una gorra de beisbol. Ninguno de los dos tenía papeles. Esperaban a que otros fueran los primeros en solicitar la amnistía.

Algunos creían que la ley era una trampa, una manera astuta de reunirlos a todos para deportarlos. Otros temían que sólo los ricos, o aquellos que tenían contacto con los ricos, calificaran para la amnistía.

Elías, un ilegal de Torreón, Coahuila, trataba de convencer a su amigo José de que fuera el primero en probar la ley.

—José —dijo con voz alentadora—, tú tienes una cara honesta.

Pero José, que venía de Gómez Palacio, no estaba convencido.

—Soñé que iba a la oficina de la migra —dijo—. Entraba por la puerta principal y de inmediato era conducido a la puerta trasera, donde me aguardaba una camioneta llena de otros ilegales.

Aun así, Juan Campo Silva, un hombre enjuto y antiguo cliente de Freddy's proveniente de Chihuahua, sugirió:

—Tal vez la migra ya se cansó de perseguirnos.

Sus amigos lo miraron con incredulidad.

—No quieren a los ilegales —intervino otro—. Eso nunca cambiará.

En aquel entonces todos decían "ilegales". Incluso los inmigrantes se llamaban a sí mismos "ilegales". Sólo el término *mojado* era considerado un insulto y los mexicanos, para quitarle su poder, comenzaron a adoptar la palabra para describirse a sí mismos.

Juan continuó:

—No quiero emocionarme para que al final me dejen vestido y alborotado.

Tras varios años de ver la inmigración a Estados Unidos como una "válvula de seguridad económica" —hombres desesperados que, en lugar de unirse al ejército, migraban al norte—, las autoridades en México no acogieron bien esta nueva ley. En mayo de ese año, por ejemplo, la policía en Ciudad Juárez se preparaba para separar a un grupo de manifestantes que se suponía estaba destruyendo un puente internacional que separaba Ciudad Juárez y El Paso. Pero cuando los policías vieron que los manifestantes pintaban el mural de una mujer que era cargada a lo largo del Río Grande sobre la espalda de un hombre, se unieron a la multitud, mientras miraban con aprobación la evolución de la pintura.

Entre todo el grafiti que decoraba el puente, había una pregunta lastimera que aparecía garabateada sobre el concreto y que cuestionaba a Estados Unidos: "¿Están seguros de que ya no nos necesitan?"

VI ESE GRAFITI cuando Billy Calzada y yo nos dirigíamos al sur de la frontera para irnos de pinta. Era como en los viejos tiempos, excepto que Billy se veía incómodo, como si se sintiera nervioso de que yo no fuera el mismo de antes. Tal vez no era el mismo, pero de inmediato abandoné cualquier rastro de la actitud de mandamás que traía conmigo y me ajusté al viejo ritmo de nuestra amistad. No desperdiciamos ni un minuto para emborracharnos.

Fuimos al Noa Noa —la cantina de techos altos con luces neón que Juan Gabriel inmortalizó en su canción del mismo nombre—, mi bar favorito, el Kentucky Club en avenida Juárez, a unas cuantas cuadras del puente. En la barra de caoba del Kentucky el bartender nos sirvió tequila tras tequila y cerveza en lata —casi podía escuchar el regaño de David por beber Cuervo y Sauza (pues eran los tequilas más baratos) y Corona, y mentalmente le pedí que me dejara en paz—. Estaba en mi elemento y lo gozaba. No recuerdo dónde nos quedamos a dormir, si en Ciudad Juárez o en El Paso, pero desaparecí durante cuarenta y ocho horas antes de que Frank me encontrara en la oficina del *Herald-Post*, crudo y enfrascado en una conversación con mi antiguo editor, Ray Chávez, sobre la posibilidad de recuperar mi antiguo trabajo.

Durante dos días seguidos, Frank marcó al teléfono de Freddy's y a la casa de mi madre, pero nadie sabía dónde estaba, me dijo. ¿Qué hice durante dos días? ¿Tenía la historia o no? Ya me habían reprendido por cargar una película para adultos a la tarjeta de la compañía "sin querer" —en verdad estaba así de deprimido y era así de inexperto— cuando el *Journal* me instaló en un hotel al llegar a Filadelfia; ahora desaparecí durante mi primer trabajo como "corresponsal", algo que Frank propuso a los editores de Nueva York con ahínco. Contaba conmigo, me dijo.

Aún no sé cómo no me despidieron esa vez o la anterior. Frank era un santo cuando se trataba de ser paciente conmigo.

Con timidez, le pedí perdón.

DEJÉ DE CURAR MI corazón roto y me puse a trabajar, una vez más inspirado por la ética laboral de mis padres. Logré incorporar todo: la mezcla de colores de la frontera, la diversidad de experiencias, el miedo a lo desconocido, el sentimiento de desesperanza. Sin importar si los inmigrantes eran intrépidos o tímidos, todos eran sujetos al enojo o la benevolencia del gobierno estadounidense. Aquí en la frontera, el sitio al que tantos acudían para compadecerse de sí mismos mientras engullían el abundante caldo de res de mi madre, era donde se comenzaba a formar el corazón de la experiencia migrante. Era el punto de partida desde donde los migrantes se dispersaban a todas partes del país. Se marchaban para trabajar o asimilarse, para tener hijos y construir una vida nueva, con frecuencia llenos de tristeza mientras se reinventaban a sí mismos. Ésta era la línea divisoria donde la gente vivía en medio. Un puente frágil entre culturas, idiomas y mundos a la deriva.

Mi artículo dio justo en el clavo y me redimí a mí mismo, y quizá también a Frank, por habérsela jugado conmigo, por confiar en un chico mexicano que hizo muchas cosas mal hasta que algo le salió bien.

El artículo de Freddy's Café tuvo tan buena recepción —estaba escrito con pasión y elocuencia, dijo el gran editor Norman Pearlstine— que seis meses después los editores de Nueva York le pidieron otro a Frank.

7

Una nación voluble

Cuando redescubrí cómo ser un buen periodista con la ayuda de mi madre en Freddy's, me readapté a la vida en Filadelfia. Esta vez el llamado de mi vocación me impidió recaer en la añoranza del hogar y la depresión. Con la mente aún un tanto confundida, no podía dejar de preguntarme cuánto tiempo pasaría para que el pulso de los problemas de la nación se sintiera primero en El Paso y luego se esparciera por todo el país. El Paso estaba adelantado a su tiempo, anticipaba el problema y todas sus complejidades mientras luchaba contra los demonios del pasado. Me preguntaba cómo le iría al resto del país y deseaba estar más cerca del campo de batalla en vez de a miles de kilómetros de distancia, en Filadelfia. Mientras lidiaba con estos pensamientos, Ken sólo quería cenar en otro lugar que no fuera Tequilas.

A una cuadra se encontraba uno de los chefs más famosos del mundo, un hombre francés recién mudado a la calle Walnut, y el lugar estaba mejor que nunca, con manteles blancos y un ejército de tenedores que flanqueaban los platos, lo suficiente como para hacerme sentir incómodo. Su antiguo restaurante, que se encontraba en la esquina de las calles 16 y Locust, en algún tiempo fue un punto de referencia. Ken y Julie amenazaban con llevarme cuando me pusiera una camisa sin arrugar. Yo sólo les daba largas, preocupado de no saber cómo comportarme o de qué hablar si nos topábamos a alguno de los amigos abogados de Ken. Así que me negué una y otra vez sin explicar por qué.

—Filadelfia es mucho más que Tequilas —me dijo Ken.

—¿De veras? —le pregunté, un poco en broma.

La verdad es que en el fondo no estaba seguro de querer conocer más.

—Me siento más feliz en Tequilas de lo que nunca me sentiré —dije.

La parte desconocida de esta ciudad extranjera no me atraía en lo más mínimo. Pero cuando estaba de buen humor, notaba que empezaba a abrirme al lugar.

Empecé a caminar por la calle Market, a veces por la calle Arch, hasta llegar al Ayuntamiento de Filadelfia con algo de orgullo a la vez que alzaba la mirada para ver la estatua de Billy Penn. La hueca estatua de bronce pesaba poco más de veinticuatro mil kilos y se alzaba a poco más de ciento cincuenta y dos metros por encima del nivel de la calle. Pero lo que me resultaba fascinante era el peso simbólico de la estatua. Para un país en su mayoría compuesto de inmigrantes, aquellos que huían de la persecución en busca de oportunidades, las contradicciones eran muchas y en realidad nunca eran acalladas. Por ejemplo, la pregunta de qué era lo que constituía a un ciudadano. No fue sino hasta 1790, catorce años después de que se redactara la Declaración de Independencia, a tan sólo unas cuadras de donde se encontraba Tequilas, que una ley limitaba el privilegio de la ciudadanía para liberar a los blancos de "buen carácter moral" que habían vivido en Estados Unidos por al menos dos años. Más adelante ese requerimiento cambió a catorce años. Desde un inicio la inmigración fue un tema polémico; algunas personas incluso debatían que los estados, y no el gobierno federal, tenían el derecho de preservar su religión, valores y moral al hacer cumplir sus propias leyes de inmigración.

Con excepción de los pueblos nativoamericanos sobrevivientes y los esclavos africanos, la sociedad estadounidense aún era en su mayoría europea, sobre todo de habla inglesa. En alguna ocasión Benjamin Franklin arremetió contra los alemanes de "piel morena". Había tantos alemanes en Filadelfia que Franklin se preguntó: "¿Por qué Pensilvania, que fue fundada por los ingleses, tendría que convertirse en una colonia de extranjeros quienes dentro de poco serían tan numerosos que podrían germanizarnos en vez de que nosotros los anglifiquemos?"

A pesar de esta franca hostilidad, Estados Unidos estaba conflictuado pues quería tener todo a la vez. En tiempos de crecimiento se necesitaban trabajadores, sobre todo mientras el país se expandía hacia el oeste. Los inmigrantes llegaban en grandes grupos a la isla de Ellis, casi diez mil personas al día. Para finales del siglo xix alrededor de 20 por ciento de los inmigrantes en Estados Unidos provenía de Alemania, quienes huían de la persecución religiosa o las repercusiones de una revolución fallida y buscaban oportunidades económicas —por mucho, el grupo inmigrante más numeroso—.

Antes de 1882 los ancestros estadounidenses sí entraron al país de forma legal porque en ese entonces no existían leyes federales sobre la inmigración. En un esfuerzo por mantener la "anglificación" de Estados Unidos, a partir de 1875 se promulgó una serie de restricciones migratorias. Éstas incluían prohibiciones a los criminales, gente con enfermedades contagiosas, polígamos, anarquistas, pordioseros e importadores de prostitutas. La primera prohibición a una etnicidad específica fue la Ley de Exclusión China de 1882, que buscaba detener la afluencia de trabajadores ferroviarios de origen chino. Más adelante la ley se amplió para frenar la inmigración de la mayoría de los países asiáticos. La Ley de Inmigración de 1917 restringía la inmigración de personas "indeseables" de otros países; éstas incluían: "idiotas, imbéciles, epilépticos, alcohólicos, pobres, criminales, pordioseros, cualquier persona que sufriera ataques de locura…"

Para 1920 la ansiedad crecía en el Estados Unidos protestante. Los inmigrantes acaparaban demasiados trabajos estadounidenses y cambiaban la cultura y la esencia de la nación. Desafiaban la forma de vida existente. Como respuesta, las leyes imponían cuotas numéricas con base en la nacionalidad de los inmigrantes que favorecían a los países del norte y oeste de Europa. Los individuos blancos protestantes conformaban la gran mayoría de los tomadores de decisiones del país y trabajaban para asegurarse de que sólo los protestantes blancos pudieran determinar el curso futuro del mismo.

La Ley de Inmigración de 1924 incluía la creación de una Patrulla Fronteriza de Estados Unidos y establecía cuotas con respecto al número de personas de ciertos países que podían entrar a Estados Unidos de forma legal. En particular restringía la llegada de italianos y judíos de Europa del Este. Detrás de la ley existía un plan vil de asimilación mediante una prohibición de viaje para los inmigrantes de los países asiáticos. En ese momento, cuando la pobreza empujaba a cientos de miles de europeos fuera de sus países, como los italianos después de la Primera Guerra Mundial o los "indeseables", la ley moldearía la política migratoria de Estados Unidos durante casi tres décadas.

A nivel doméstico, el gobierno de Estados Unidos dio la espalda a sus propios ciudadanos más de una vez. En 1942, después del ataque de Japón en Pearl Harbor, el presidente Franklin D. Roosevelt ordenó la encarcelación de hasta ciento veinte mil personas de ascendencia japonesa en campamentos a lo largo del país. Más de 60 por ciento de ellos eran ciudadanos estadounidenses. Muchos años después, Reagan emitió una disculpa a los japoneses estadounidenses.

Desde el principio y justo al otro lado de la frontera se encontraban los mexicanos. Incluso a medida que aparecían letreros por todo el suroeste que decían: "No se aceptan mexicanos", sobre todo en Texas, la pregunta persistía: ¿podían los estadounidenses prescindir de los mexicanos? Históricamente, el gobierno de Estados Unidos no sabía qué hacer con los mexicanos. Era —y con frecuencia aún lo es— una relación amor-odio.

Durante la Gran Depresión, hasta dos millones de mexicanos y mexicoamericanos fueron deportados o expulsados de ciudades y pueblos a lo largo de Estados Unidos y enviados (por barco) a México. De acuerdo con algunas estimaciones, más de la mitad de ellos eran ciudadanos estadounidenses nacidos en Estados Unidos.

Sin embargo, los mexicanos estaban sujetos a un estándar distinto al de otros grupos migratorios, uno que dependía, entonces y ahora, de la demanda laboral. A lo largo de la frontera Estados Unidos-México, los ganaderos anglosajones veían el cruce de mexicanos entre México y Texas, Nuevo México y Arizona como una peregrinación anual bienvenida. Los trabajadores, la mayoría de ellos peones sin tierra, venían en busca de oportunidades. Por ejemplo, primos y tíos en Ciudad Juárez cruzaban hasta el lejano oeste de Texas para recoger algodón y regresar a casa. Y nadie decía nada al respecto.

Trabajaban durante la temporada, desde la siembra hasta la cosecha, y luego regresaban a México para gastar su dinero y visitar a su familia. Éste fue un momento histórico en el que la relación entre ambos países era de beneficio mutuo. Tomaba en cuenta nuestro binacionalismo y el flujo de trabajo económico se movía al ritmo de la oferta y la demanda. Mientras tanto, en México, los mexicanos ganaban un promedio de veinticinco centavos de dólar al día y vivían a la sombra de los propietarios de las grandes haciendas. Decenas de miles se dirigieron hacia California y trabajaron junto a los granjeros chinos y japoneses.

Entre 1915 y 1919 el número de trabajadores mexicanos en los campos de cítricos en California aumentó a más de siete mil. Ganaban un promedio de 1.42 dólares al día, el salario más bajo para cualquier grupo migratorio. Con el ingreso de Estados Unidos a la Primera Guerra Mundial, el país necesitaba mano de obra y muy pronto Estados Unidos promulgó una provisión temporal que permitía la entrada a los trabajadores mexicanos para que ayudaran a varias compañías manufactureras en todo el Medio Oeste, ferrocarriles a lo largo del país, granjas de pollos en Chicago, campos de espárragos en Ohio, astilleros en Virginia y fábricas automotrices en Michigan.

Con el tiempo, los mexicanos se convirtieron en un creciente dolor de cabeza para los protestantes estadounidenses. Muchos negocios estadounidenses creían que se necesitaba una cifra manejable de mexicanos para mantener la economía en marcha y realizar los trabajos industriales y agrícolas pesados que otros estadounidenses se rehusaban a hacer. Pero el número de mexicanos tenía que restringirse y controlarse con cuidado, de otra manera se arriesgarían a cambiar la composición del país para siempre. Quienes se oponían a la inmigración creían que esto conduciría a la caída de Estados Unidos, un destino miserable que los imperios romano y griego sufrieron antes que nosotros.

En tiempos difíciles, los mexicanos se convertían en chivos expiatorios de los políticos y en blancos para la deportación masiva. Los periodos comprendidos entre las décadas de 1930 y 1950 fluctuaron entre deportaciones masivas y la demanda de trabajadores mexicanos.

La volubilidad no tenía fin. Los empleadores de Estados Unidos, sobre todo los ubicados en el suroeste, se oponían a las restricciones contra la migración mexicana.

En los años 50, el congreso norteamericano aprobó una ley que clasifica como un crimen grave a quienes dan refugio o trabajo a migrantes sin estatus legal. Sin embargo, la legislatura Texana aprobó el llamado Provisión de Texas, la cual no reconocía como un crimen serio el dar empleo a migrantes no autorizados. De esta provisión surgió el programa denominado H-2A visa para permitir que trabajadores entraran temporalmente. Y es que los chicos de México trabajaban duro y eran leales, argumentaban los rancheros incluso cuando las acusaciones de maltrato iban en aumento. Cuando Estados Unidos se involucró en la Segunda Guerra Mundial, la solicitud de trabajadores mexicanos aumentó. Los brazos de Estados Unidos una vez más les dieron la bienvenida.

Entre 1942 y 1965 alrededor de cinco millones de contratos fueron otorgados a supuestos braceros, en su mayoría hombres mexicanos que llegaron a Estados Unidos para compensar la pérdida de decenas de miles de hombres que salieron del país para pelear en el extranjero, primero en la Segunda Guerra Mundial, después en la guerra de Corea. Estos profundizaron o crearon nuevos patrones migratorios que se extendieron desde Stockton, California, a Texas y Maine; desde Pittsburgh hasta Colorado y Ohio, Michigan, Indiana e Illinois, con su gigantesca industria de empaquetado de carne. El Programa Bracero duró veintidós años y se convirtió en el programa de mano de obra extranjera más grande en la historia de Estados Unidos. También fue el programa que me trajo a este país.

No obstante, la apertura más dramática vino con la Ley de Inmigración y Nacionalidad de 1965, porque tomó en cuenta a los millones de inmigrantes que no provenían de Europa. Era el cambio que los estadounidenses no habían conseguido desde que los protestantes blancos estuvieran a cargo de crear las políticas públicas. En preparación para este momento, John F. Kennedy tildó las leyes migratorias restrictivas de "casi intolerables". Los mexicanos aguardaban con entusiasmo la creación de leyes que al fin tomaran en cuenta a sus familias y su amor a la patria. La administración cumplió con su promesa y fue el presidente Lyndon Johnson quien llevó la antorcha y firmó la ley de 1965 en la Estatua de la Libertad. Aunque la ley conservó límites migratorios por país, también creó categorías de visas preferenciales que se enfocaban en las habilidades y relaciones de los inmigrantes con ciudadanos o residentes de Estados Unidos. La ley de 1965 cambió el rostro de Estados Unidos de manera inequívoca, como advirtió mi colega Joel Millman en su libro *The Other Americans*.

"Este proyecto de ley sólo dice que de hoy en adelante aquellos que deseen inmigrar a Estados Unidos deberán ser admitidos con base en sus habilidades y la cercanía de sus relaciones con las personas que ya se encuentren aquí. La equidad de este estándar es tan patente que podríamos preguntarnos por qué no se adoptó antes", dijo Johnson.

El proyecto de ley estableció restricciones numéricas a las visas, con un límite de ciento setenta mil al año y una cuota por país de origen. Sin embargo, los familiares inmediatos de los ciudadanos estadounidenses y los inmigrantes "especiales" no tenían ningún tipo de restricción. El proyecto de ley se convirtió en ley en un momento en el que el problema del control fronterizo apenas se mencionaba. En cambio, la reforma surgió de las preocupaciones parroquiales expresadas por los demócratas de las grandes ciudades, un deseo de los líderes del Congreso de lugares como Chicago, Nueva York, Milwaukee, Cleveland y Búfalo para asegurarse de que los refugiados de Europa del Este que llegaran a su distrito recibieran estatus legal como residentes, lo cual les abriría la puerta para conseguir la ciudadanía y con el tiempo votos para mantener en funcionamiento su maquinaria política.

En ese momento cerca de cincuenta mil mexicanos entraban a Estados Unidos cada año como residentes legales permanentes, mientras que otros cientos de miles más, entre ellos los braceros, ingresaban con visas temporales de trabajo.

El rostro cambiante de Estados Unidos enervaba a los senadores conservadores, entre ellos Strom Thurmond de Carolina del Sur, un célebre segregacionista, y Robert Byrd, del oeste de Virginia, un antiguo miembro del Ku Klux Klan. Thurmond alegaba que era imperativo "preservar la propia identidad y la de la nación". Byrd argumentaba que la migración sin restricciones desde Latinoamérica cambiaría la composición de Estados Unidos de manera fundamental. "Se avecina el día en que la explosión de la población en los países latinoamericanos ejercerá grandes presiones en esas personas para emigrar a Estados Unidos", dijo.

Antes de la introducción de la ley de 1965 no se impusieron restricciones numéricas a los inmigrantes latinoamericanos. El número de lugares de entrada disponibles para México y otros países latinoamericanos fue recortado dramáticamente en 1976 a veinte mil visas por año en una enmienda a la ley. Pero la demanda económica y la proximidad no cambiaron. México aún se encontraba convenientemente a lo largo de la frontera sur, con mano de obra capacitada lista para hacer el trabajo. Cuando terminó el Programa Bracero en 1964, cientos de miles de inmigrantes perdieron su estatus legal temporal, pero de todos modos fueron alentados por la entusiasta industria agroalimentaria a cruzar la frontera para ayudarles a cosechar la tierra —una realidad que conocía muy bien como un chico del campo en California—. Con el paso de los años, millones de ellos se convirtieron en "inmigrantes ilegales". Los inmigrantes de Latinoamérica y Asia poco a poco superaron a los de Europa. De hecho, antes de 1965, la demografía de la inmigración era sobre todo europea; se estima que alrededor de 68 por ciento de los inmigrantes legales a Estados Unidos en la década de 1950 vinieron de Europa y Canadá. Sin embargo, entre 1971 y finales de los años ochenta, los inmigrantes de países hispanos y latinoamericanos conformaban cerca de 45 por ciento de los inmigrantes, la mayoría de los cuales provenía de México. La ley hizo mucho más que cambiar la composición étnica de la inmigración. También aumentó el número de inmigrantes de forma considerable. La inmigración constituía 11 por ciento del crecimiento total de la población de Estados Unidos entre 1960 y 1970, 33 por ciento entre 1970 y 1980, y 39 por ciento entre 1980 y 1990.

Yo conocía el comportamiento de estas cifras a raíz de mi vida en la frontera. Sin embargo, al estar en el noreste, a cientos de kilómetros de distancia del epicentro, parecía que los mexicanos aún pasaban desapercibidos fuera del suroeste. Al menos eso era lo que pensaba antes de descubrir la plaza Kennett. Fue ahí cuando supe que no estábamos solos en la región.

Conducía a través de Intercourse, Pensilvania, pues el nombre me intrigó lo suficiente —en inglés *intercourse* significa "tener relaciones sexuales"— como para rentar un auto durante un fin de semana y ver con mis propios ojos lo que la gente hacía en ese lugar. En realidad no sé qué era lo que esperaba, pero me fui de ahí un tanto decepcionado. El pueblo estaba a más de una hora de distancia de Filadelfia, una somnolienta comunidad menonita de granjeros, vagones y mujeres con capós, todos mezclados con molestos turistas como yo. ¿Qué era lo que esperaba ver? ¿Sexo en las calles? El pueblo era pintoresco y aburrido.

Iba de regreso a Filadelfia cuando los divisé en el barrio de la plaza Kennett: hombres parecidos a mí que caminaban a un lado de la calle mientras cargaban leña. Mi corazón comenzó a latir más rápido. En un alto, bajé la ventana y escuché música a todo volumen que salía de un auto aparcado en un estacionamiento en la esquina:

eran Los Bukis que interpretaban "Tu cárcel", una canción que Primo y yo convertimos en una especie de himno.

Una clara evidencia de que eran mexicanos.

Detuve el auto, me bajé y traté de entablar una conversación casual, incluso les ofrecí aventón a su casa. Y aunque fueron cordiales, se rehusaron. La aplicación de los principios de la amnistía de Reagan comenzó a operar en 1987 y ellos parecían sospechar de mí tanto como yo dudaba de ellos. Uno de ellos preguntó si yo formaba parte de la fuerza secreta de la migra que cazaba posibles deportados. Asentí y sonreí, maravillado ante su sentido del humor, aunque la expresión seria en su rostro no cambió. Anduve una parte del camino hacia su casa de remolque con un pequeño grupo, mientras le contaba quién era yo en realidad, un reportero nacido en México.

Se relajaron un poco y me invitaron a una pequeña tienda llamada El Sombrero para comprar cerveza, carne, jalapeños y tortillas. Nos dirigimos hacia sus tráileres y nos sentamos alrededor de una fogata. Conversamos sin esfuerzo. Trabajaban muy cerca en plantas de champiñones. La peste a hongos era tan fuerte que traté de contener la respiración lo más que pude. Hacía frío y había voluntarios que se turnaban para echarle leña a la fogata. Más que la fogata, la música nos mantuvo calientes, aunque me preocupaba que los vecinos se impacientaran y llamaran a la policía o, peor aún, al Servicio de Inmigración y Naturalización. La noche continuó y las preguntas comenzaron.

Tenían curiosidad. ¿Qué era lo que hacían los reporteros?

—Escuchan —dije— y escriben historias.

¿Cómo podía protegerlos? ¿Qué no si escribía mi historia la migra se los llevaría?

Antes de responder, un hombre llamado Juan hizo que todos guardaran silencio.

—Todos saben que estamos aquí. ¿A quién engañamos?

—Yo haré lo que pueda para protegerlos —dije.

La cerveza comenzó a fluir mientras se abrían y compartían historias.

Regresé a Filadelfia muy emocionado. Pero en los días siguientes comencé a dudar de mí mismo. ¿Y si en realidad no los había visto? El recuerdo de los rostros familiares de completos extraños se sentía como un espejismo. El hecho de que dudara de mis propios recuerdos de otros mexicanos era evidencia de qué tan aislado me sentía como mexicano en Filadelfia. El sentimiento era tan fuerte que renté otro auto y regresé a la plaza Kennett.

Al final, le conté a Frank sobre mi hallazgo y, aunque se mostraba escéptico, terminó por sucumbir.

—¿Estás seguro? —preguntó.

—Sí —dije—. Lo comprobé. Estoy muy seguro.

Pensó que había una historia ahí. Investigué más y descubrí que en ese momento la totalidad de la fuerza laboral de la industria champiñonera de Pensilvania estaba compuesta por cientos de hombres mexicanos, hombres que sin hacer mucho ruido remplazaban a los puertorriqueños, quienes años antes remplazaron a los afroamericanos e italianos. Cuando los mexicanos comenzaron a llegar a Estados Unidos a finales de las décadas de 1970 y 1980, los nuevos remplazos consistían en una red de hombres, la mayoría de Guanajuato. Vivían en campamentos de puros hombres, con frecuencia entre el abrumador olor a hongos proveniente de las fábricas de champiñones.

La segunda vez que fui comenzaba el invierno, por la tarde, así que el atardecer sería antes de las cinco. Vi filas y filas de casas victorianas pintadas con colores vivos, nieve y gente blanca. Estacioné el auto y esperé a que cambiara el turno, un dato que me compartió un hombre en una tienda de conveniencia. Dijo que desconocía si los hombres eran mexicanos, pero estaba casi seguro de que eran "latinos".

Esperé un poco más y luego vi a uno, dos… hombres que se veían como yo. Bajé la ventana del auto.

—Oye, ¿dónde puedo encontrar tortillas de harina? —le pregunté a uno de ellos.

El hombre señaló en dirección a la calle donde me encontraba.

—En esta misma calle, la misma tienda.

Cuando volví al restaurante El Sombrero conocí a Humberto Rocha, un mexicoamericano de Horizon City, que era un satélite de El Paso. Nos caímos bien de inmediato. Dirigía la pequeña tienda de comestibles frente a un almacén de bienes mexicanos que les vendía a restaurantes y tienditas alrededor de toda la región. Compraba sus productos en Chicago, una ciudad atestada de almacenes que contenían todo tipo de productos mexicanos.

Le pregunté que cómo terminó al frente de una tienda de productos mexicanos cerca de Intercourse, Pensilvania.

A los empleadores se les acabaron los trabajadores italianos y afroamericanos. Luego descubrieron a los mexicanos y esa fila no tenía fin. Eran sobre todo hombres, dispuestos a buscar trabajo en cualquier parte. Y no necesariamente eran personas; sólo trabajadores. Y al igual que mi familia, también conocían a alguien que conocía a alguien con la valentía suficiente como para intentar algo nuevo. Lo mejor era que había una fuente rápida y constante de mexicanos, cientos de ellos que llegaban sin sus familias y sin planes de echar raíces.

—La demanda por la comida mexicana crece en todos lados —dijo, como si yo estuviera ciego por no verlo.

Las tiendas de conveniencia estaban llenas, sobre todo durante los días de pago. También, cada vez se abrían más taquerías.

—Y ahora con la amnistía, espérate —agregó sonriente y predijo—: también las familias.

Quizá no debería sonreír, pensé. La presencia de demasiados mexicanos podría tener un efecto adverso.

Uno de los hombres preguntó si tenía tiempo de unírmeles en una parrillada. Habían matado un chivo y planeaban hacer tacos de barbacoa esa noche. Acepté su generosa invitación con alegría y de inmediato tomé mi lugar alrededor de la parrilla afuera de la casa remolque y comí tacos con chiles toreados junto a una docena de hombres reunidos sobre el horno. La noche terminó en un salón de baile que alguna vez fuera popular entre los trabajadores italianos, pero ahora estaba lleno de hombres mexicanos; algunos bailaban con las dos o tres mujeres que se encontraban en el lugar, otros lo hacían solos y con torpeza.

Si vivir en Filadelfia se sentía como ser un extranjero en otro país, encontrar y confirmar la existencia de la plaza Kennett parecía como si mi vida diera un giro para bien. Poco a poco me di cuenta de que el campo de batalla ya no era sólo la frontera. La frontera era más como el sonido de la sirena de un faro en un esfuerzo por avisarles a los paisanos que la cosa se iba a poner fea. Empecé a sentirme importante. También comencé a pensar que tal vez ésta era la razón por la que a la "corriente predominante" no le importábamos mucho. Estábamos tan arropados en la profundidad de las sombras que ni siquiera sabían de nuestra presencia. Y detrás de todo ese ruido se hallaba la estática historia estadounidense, un entendimiento de que el inmigrante mexicano no era el ideal que Benjamin Franklin más adelante consideraría el arquetipo norteamericano: un individuo no alemán y protestante. Entonces, si no éramos *eso*, ¿qué éramos?

Los inmigrantes en la plaza Kennett soñaban con Texas, California, estados que se sentían más familiares, más cercanos a casa.

Soñadores que extrañaban su hogar.

Yo empatizaba con ellos.

Al parecer, otros también lo hacían. La historia salió en la primera plana del *Journal*.

8

La reconstrucción de Estados Unidos

Adondequiera que fuera, parecía como si México estuviera más cerca de lo que pensaba. Houston, Phoenix, Chicago, seguidos de pequeños pueblos como Racine y Lake Geneva, Wisconsin.

Empecé en Chicago y, como lo había prometido, Primo me alcanzó ahí. Me hospedé en el Hotel Drake y él se quedó con unos amigos. Quería mostrarme "su versión" de Chicago: donde se partió un diente cuando estudiaba el posgrado en la década de 1970, donde se enamoró y se involucró de lleno en los crecientes movimientos por los derechos chicanos y laborales. Me llevó a Theresa's Lounge, un bar de blues al sur de la ciudad que era hogar de Junior Wells y Buddy Guy. Gracias a Primo, reconocidos eruditos mexicanos como Enrique Semo, Rosa Albina Garavito y Adolfo Gilly, y más tarde figuras políticas como el excandidato a presidente de México, Cuauhtémoc Cárdenas, disfrutaron del inolvidable blues de Chicago en este lugar.

Primo cobraba vida de noche y captaba la atención de activistas y líderes comunitarios afroamericanos, puertorriqueños y mexicanos, quienes se sentaban alrededor de mesas humedecidas por el sudor de la cerveza fría y el tequila derramado en el curso de la reunión. Ésa era la belleza de Primo, la forma en que podía ser a la vez misterioso y carismático, un ciudadano del mundo que se sentía cómodo con gente de distintas nacionalidades o colores de piel. Siempre se aseguraba de llevar a la gente a bailar la noche previa a una junta importante para hacer que bajaran la guardia, porque a final de cuentas todos eran humanos, sin importar si habían nacido en Chicago, Filadelfia o la Ciudad de México.

Las noches eran eternas. Había mucho alcohol, mucho tequila, muchos hombres y mujeres que convivían hasta el amanecer. A veces Primo sacaba a bailar a una de las pocas mujeres presentes en el lugar, como un preludio al romance. Las fiestas, el baile, eran interminables, recordaba Susan Gzesh, una abogada de inmigración en Chicago. Nadie comandaba la pista mejor que Primo.

Primo decía que Chicago era tan mexicano en 1982 como alguna vez fuera polaco. Y no sólo era Chicago sino también otros suburbios cercanos, como Cicero, que en algún momento fue la base de operaciones del mafioso Al Capone. La ironía es que años antes, algunos de los mafiosos de Capone huyeron del área y se escondieron a plena vista en México, en lugares como Guadalajara y Cuernavaca.

Primo pasó gran parte de su tiempo en Pilsen, ubicada en la vibrante y ruidosa calle 18, tratando de integrarse a una comunidad donde había letreros escritos a mano que decían: "Se habla inglés". No había nada mexicano en la arquitectura de esas casas de tres pisos hechas con piedra caliza.

Pero ni la Universidad de Chicago ni su activismo lo harían olvidarse del amor. El día de san Patricio, tras ver el desfile y el río teñido de color verde, Primo y una mujer estadounidense con la que salía, víctimas del alcohol y del amor, decidieron casarse al día siguiente en el Ayuntamiento. El matrimonio sólo duró tres años. Así fue como consiguió una *green card*, lo que le permitía hacer viajes redondos a México sin mayor problema. Cuando le preguntábamos sobre su exesposa Barbara, que nos dijera cómo era, que la describiera, Primo vacilaba. No había forma de corroborar su historia y yo a veces tenía mis dudas, pero así es como él contaba la historia: fue un matrimonio casual que terminó rápida y amigablemente, después de que ella se enamorara de un físico argentino y él de una izquierdista.

—Sentía como si dos versiones de México convergieran en las calles de Chicago: un México enfurecido, pero lleno de esperanza —dijo Primo.

A medida que avanzaba por el Medio Oeste conocí a menos activistas y a más trabajadores. Visité algunas comunidades para tomar su pulso y detectar los cambios de ánimo de la gente local, estupefacta ante la llegada de sus nuevos vecinos, trabajadores a quienes cada vez les costaba más trabajo despedirse de su nuevo entorno. La presencia de mexicanos en los estados remotos de Iowa, Nebraska, Wisconsin y Michigan no era algo nuevo. Mucho antes de que ellos llegaran, otras personas valientes y audaces inauguraron la tradición. La única diferencia era que sus cifras aumentaban con rapidez.

Al final de la Primera Guerra Mundial, escribe el historiador Eduardo Moralez, la escasez de mano de obra incitaba a los representantes de las compañías agrícolas e industriales en la región de los grandes lagos a enviar reclutadores a pueblos y ciudades texanas, donde prometían pagar salarios, alojamiento y comida, así como el costo del transporte para los trabajadores y sus familias. El censo de 1920 reveló que seiscientos ochenta y seis mexicanos vivían en el norte de Indiana. Para 1924 la pequeña corriente de migrantes mexicanos en Indiana creció en cascada, cuando cerca de cuatro mil mexicanos de Michigan que trabajaban en el sector agrícola llegaron a asumir trabajos en las plantas acereras de Gary y el este de Chicago. El censo de 1930 registró que un total de ocho mil setecientas sesenta y nueve personas identificadas como "mexicanas" vivían en esas dos ciudades.

Durante los primeros años de la Gran Depresión, cuando los empleos eran escasos y los trabajadores extranjeros no eran bienvenidos, las deportaciones masivas retiraron a miles de mexicanos del área de los grandes lagos. La Depresión profundizó la sospecha y el resentimiento hacia los mexicanos. Así como en el pasado los inmigrantes irlandeses y alemanes se convirtieron en chivos expiatorios en tiempos de dificultad económica, los mexicanos se enfrentaban a la misma batalla. Al cierre de 1932, oficiales locales y estatales, junto con los negocios privados, "repatriaron" a más de treintaidós mil mexicanos de Illinois, Indiana, Michigan y Ohio.

El tío Eutemio —*Güero* para nosotros por su piel clara— recuerda haber soñado con la oportunidad de irse al norte, a Chicago o a California. Recuerda haber visto a los hombres deportados bajarse de los camiones, tristes y desolados. Aprendió rápido.

—Cuando te vas a Estados Unidos —me dijo— piensa que es algo temporal. Un lugar para trabajar. Entras y te sales.

No obstante, el llamado de los trabajos agrícolas e industriales atrajo a los mexicanos de vuelta al Medio Oeste en las décadas intermedias.

Observé que a estados como Iowa y Wisconsin los cambios que arrasaban con sus comunidades los tomaron por sorpresa. En ese entonces el tamaño de la población de trabajadores indocumentados era de hasta cinco millones. Ahora seguía una peregrinación silenciosa de inmigrantes hacia las profundidades del corazón de Estados Unidos, personas a las que se les llamaba "el gigante dormido", pues tenían el potencial de remodelar a la nación más poderosa del mundo. Los trabajos iban más allá de ordeñar vacas o recolectar manzanas. Wisconsin, con sus resorts junto al lago, hacía tiempo que era un próspero destino de fin de semana para quienes vivían en Chicago. Esto mejoró, en parte, gracias a la visión de William J. Newman, el hijo de un pobre inmigrante irlandés que se volvió millonario.

El padre de Newman emigró del condado de Cork, Irlanda, en 1880. El joven William nació en Montreal y más tarde se mudó a Chicago, donde amasó su fortuna. Empezó como vendedor de periódicos, pero más adelante se cambió a la industria de la construcción y con el tiempo erigió muchos edificios históricos en Chicago, Filadelfia, Nueva York y otra media docena de ciudades estadounidenses. Newman estaba demasiado ocupado como para irse de vacaciones, pero soñaba con escaparse los fines de semana al pintoresco Wisconsin. Al creer que los demás también querían escaparse, eligió una ubicación con una vista perfecta y construyó un refugio. Llevó a ingenieros y trabajadores de Chicago para construir una presa donde el arroyo Dell desembocaba en el Río Wisconsin e inundaba el valle, con lo que crearía una línea costera de poco más de cuatro kilómetros cuadrados. Su resort ofrecería una playa, un campo de golf, rutas de senderismo y equitación, un estanque de truchas y un parque de diversiones, de acuerdo con la Sociedad Histórica de Wisconsin. Pero alguien tenía que limpiar los establos, lavar los trastes y atender la granja que proveía verduras frescas, leche, mantequilla y huevo para los huéspedes del hotel Dell View.

Entonces contrató a inmigrantes irlandeses, polacos y alemanes. Con el tiempo, la fuerza laboral en el área del resort de Wisconsin evolucionó para incluir a inmigrantes mexicanos, muchos de ellos provenientes de la industria ferrocarrilera en busca de nuevas oportunidades. Decidieron probar su suerte en la industria de servicios.

Newman nunca vio realizado su sueño por completo. Fue obligado a ceder la propiedad durante la Gran Depresión y en 1932 el gobierno federal lo persiguió por evasión de impuestos y lo acusó de deber un millón de dólares en impuestos atrasados. El abogado de Newman fue inhabilitado y más tarde condenado por preparar falsas declaraciones de impuestos. Después de la Segunda Guerra Mundial los estadounidenses de nuevo querían disfrutar de sus fines de semana de ocio y tenían el dinero suficiente como para gastar en vacaciones. Pero para entonces Newman ya había vendido su resort a un grupo de inversión que se beneficiaría del creciente turismo en la propiedad junto al lago.

Esto lo sé porque Newman era el bisabuelo de Ángela María Kocherga, una hermosa mujer rubia de ojos verdes que conocí durante uno de mis viajes a El Paso. Una mañana de domingo se encontraba en Freddy's con un grupo de amigos y no pude quitarle los ojos de encima. Traté, sin éxito, de acercarme a ella, pero me rechazó con cortesía. Aun así, no dejé de pensar en ella.

Tomé la carretera en un auto rentado y me dirigí hacia algunos pueblos pequeños de Wisconsin; primero a Kenosha, luego a Madison y de regreso a Lake Geneva y Racine. La industria de lácteos de Madison empleaba a mexicanos; en Racine, éstos trabajaban en la industria de servicios y en el sector agrícola a las afueras del pueblo. El choque cultural que sentía en Filadelfia no se comparaba en nada con el de Racine.

La ciudad de unos ochenta y cinco mil habitantes a las orillas del lago Michigan, a poco más de ciento veinte kilómetros al norte de Chicago, en fechas recientes había experimentado una afluencia de gente morena. En las cifras censales antes de 1960, la información sobre la población hispana de Racine aparece como no disponible o "N/D". Para 1980 los hispanos constituían más de 6 por ciento de los residentes de la ciudad. Ésa no me parecía una cifra muy alta, pero al parecer era suficiente como para preocupar a algunos de los locales, quienes se referían a los recién llegados como "ilegales" o "extraterrestres ilegales". El segundo nombre, prestado del lenguaje gubernamental de Estados Unidos, en verdad me molestaba. ¿Extraterrestres? Caray, si eran mexicanos, no marcianos.

Llegué a mediodía al impoluto centro de Racine, que estaba desierto, para reportar sobre los cambios, las hermosas costas del lago

Michigan en la cercanía. Me detuve en un hotel local del centro, el tipo de lugar que podía ofrecerme una probadita de la zona. Era tarde. Le pedí una habitación al empleado que se encontraba en la recepción, un hombre mayor, blanco y de mejillas rosadas.

—¿De dónde eres? —preguntó, pero no en el típico tono amigable con que un empleado se dirige a un huésped, sino más bien con sospecha.

—Soy de la frontera —le dije.

El hombre alzó las cejas. Okey, pensé, quizá no sabe dónde está la frontera, entonces agregué:

—Vivo en Filadelfia, en donde se elaboró la Constitución de Estados Unidos, hogar de la Campana de la Libertad, Benjamin Franklin —dije, y me percaté de que me esforzaba demasiado.

—¿Tienes tus papeles? —preguntó.

Pensé haberlo escuchado mal.

—¿Qué papeles? —pregunté—. Tengo mi tarjeta de crédito American Express. Trabajo para *The Wall Street Journal.*

—¿Tienes forma de comprobarlo? —preguntó.

Fue en ese momento cuando decidí salirme del hotel, enojado y sorprendido. No sé si fue la primera vez, pero sí lo viví como la primera vez que experimentaba una discriminación tan evidente —de alguien que no fuera un agente de la Patrulla Fronteriza— por ser moreno. Lo maldije en silencio, reuní la poca dignidad que me quedaba y encontré una habitación en otro lugar.

A la mañana siguiente conocí a un joven mexicano y le pregunté cómo era posible que cualquier persona de nuestro país funcionara en pueblos con climas y culturas tan fríos, además de sospechosos. Lo que en realidad quería era hablar sobre la discriminación, pero el clima siempre era un mejor tema para romper el hielo.

—Cuando estás lejos de casa te acostumbras a cualquier cosa —dijo el hombre—: el clima frío, la discriminación, todo. Sí hay mucha discriminación, pero hay buenos trabajos y aquí estamos.

Durante el viaje entrevisté a los residentes sobre sus nuevos vecinos y la tensión era palpable. Algunos no sabían qué esperar de mí. Hablaba inglés, quizá era italiano.

—No soy más que un reportero, señora, señor —les recordaba—. Sólo cuéntenme su historia. ¿Qué piensan de sus nuevos vecinos? ¿De la reforma migratoria? ¿De la amnistía?

Pero entonces las conversaciones tomaban diferentes matices. Su honestidad me incomodaba tanto como a ellos la presencia de "los otros".

Madison, Wisconsin, con sus tendencias de izquierda, fue casi el único lugar que visité que no sólo acogía a los inmigrantes sino que también estaba dispuesto a protegerlos —una de las primeras "ciudades santuario" de la nación—. Los residentes parecían reconocer y agradecer el apoyo otorgado en su mayoría por inmigrantes centroamericanos a la industria de lácteos y en fechas más recientes a la industria de servicios de la ciudad y en los diversos campus universitarios.

Mientras conducía a través de Wisconsin, pensé en George, un hombre blanco a quien conocí en los campos del valle de San Joaquín en California. Nunca supe de dónde era, sólo que era veterano de la guerra de Vietnam que tenía entre cuarenta y muchos o cincuenta y pocos años, un trabajador ocasional del campo que cambió mi perspectiva del mundo. Podía haber sido miembro de la clase trabajadora blanca de Wisconsin sin que yo lo supiera. Durante varias semanas me ayudó a cargar contenedores en tractores a un costado del campo de tomates. En el campo, una enorme y ruidosa máquina agrícola recogía la fruta roja y madura para colocarla sobre una banda transportadora, por encima de la cual se encontraba una plataforma donde algunas mujeres mexicanas ordenaban con dedos hábiles cientos o quizá miles de tomates por hora para meterlos en los contenedores. De vez en cuando una de las máquinas se descomponía, entonces el campo quedaba en completo silencio, y George y yo aprovechábamos para escuchar a Neil Diamond mientras conversábamos. Yo apenas había entrado a la adolescencia y cada palabra que decía dejaba huella. Estaba a punto de abandonar la escuela, el mayor cliché para los hijos de los trabajadores del campo: menos de 40 por ciento se graduaba.

George, un hombre enjuto con una barriga pequeña y ojos tristes, con una gorra de beisbol de los atléticos de Oakland, se convirtió en mi mentor. Durante ese verano me dio respuestas a preguntas que nunca se me ocurrió hacer y que me enviaron a un viaje personal que continúa hasta el día de hoy. En nuestros descansos nos quitábamos los guantes y nos sentábamos sobre los contenedores para disfrutar la repentina calma. Me enseñó canciones conmovedoras como

"Sweet Caroline" y "I Am… I Said", cuyas letras apuntaban a un dolor oculto que no estaba listo para compartir. Neil Diamond era lo más cercano a José Alfredo Jiménez que había escuchado en inglés: tan melancólico, tan melodramático. Algunas veces le pregunté por la guerra, pero nunca quiso abrirse. Decía que no quería contarme estas historias por miedo a que yo también me amargara la vida. En lugar de relatar sus experiencias bélicas, desviaba el tema hacia las mujeres y observaba a las clasificadoras desde la lejanía. Yo me avergonzaba. Miraba a las mujeres —cubiertas de pies a cabeza excepto por los ojos para bloquear el sol, el polvo y la mugre— y me alentaba. Recuerdo que me decía que lo consiguiera mientras pudiera. Y luego se concentraba en mi prima Carmen, quien aún era adolescente.

—Sé que es tu prima, Alfredo, pero esa chica es la mujer más hermosa que he visto en mi vida. Mira esos ojos, sus labios.

—Por Dios, George, es mi prima —yo protestaba.

Él sólo reía.

Bromeaba al decir que las lecciones de vida no eran gratuitas. Me pidió que le enseñara un poco de español, lo básico, porque algún día quería aventurarse hacia el sur y comenzar de nuevo. Tal vez en México encontraría una segunda oportunidad.

—Claro —dije—, pero sólo si puedo acompañarte y mostrarte el México que alguna vez conocí.

Le recordaba que yo no era ciudadano estadounidense y que no tenía la más mínima intención de prometerle lealtad a Estados Unidos. Nunca.

—México es mi hogar —le expliqué.

—Pero entonces no eras más que un crío —respondió—. Un tonto enamorado.

Se rio de mi nostalgia y hablamos sobre la vida. Su visión era que el sexo, la música, el vino y la comida eran las únicas cosas por las que valía la pena vivir —algo que un inexperto quinceañero como yo no estaba acostumbrado a escuchar—. Yo no sabía lo que significaba el sexo, excepto que era lo más cerca que podías estar del paraíso antes de cruzar por las puertas del infierno sin posibilidad de retorno. Podías irte al infierno por hacer algo así, me dijeron en varias ocasiones.

—Alfredo, haz lo que te haga feliz, porque todo puede desaparecer en cuestión de segundos —decía George, quizá por lo que vivió en Vietnam.

Esa reserva que mostraba ante el tema me recordó a mi tío Jesse, quien también peleó en Vietnam y nunca habló al respecto. Él era el contratista de trabajo y conocía a George.

—Sigue tu pasión —decía George.

Llenar contenedores de jitomate no lo hacía feliz, pero era un trabajo temporal que le permitía ganar lo suficiente como para pagar las cuentas.

Recuerdo haberle dicho que yo creía en pelear por la justicia, por la igualdad de derechos para los trabajadores, tal como mi madre lo hizo en los campos. Creía en el poder de la huelga.

—Necesitas resolver las cosas que puedes resolver —dijo George—. La justicia es demasiado complicada y puede dejar cicatrices, corazones rotos.

Luego guardó silencio.

—Estados Unidos no es una nación agradecida —me dijo.

Los estadounidenses ya habían asesinado a dos Kennedy y a Martin Luther King. Me advirtió que yo siempre sería un intruso, aunque los mexicanos no dejaran de venir a Estados Unidos. Las cifras no importaban. Si yo, si mi familia, no nos comprometíamos a ser estadounidenses —no sólo al pagar impuestos sino también al votar y convertirnos en parte del sistema—, siempre permaneceríamos en los campos. Se sentía amargado por el rol que Estados Unidos jugó en Vietnam. Luchó junto a mexicanos y mexicoamericanos, quienes sirvieron en el esfuerzo de guerra de Estados Unidos, pero sus acciones fueron ignoradas.

—Los mexicanos perdonan con facilidad —respondí, como decía mi madre, a quien le gustaba recordarme que la historia nos dio muchas oportunidades de practicar el perdón hacia otros—. En repetidas ocasiones hemos sido humillados por Estados Unidos.

Palabras que nunca olvidé.

Le dije a George que mi madre enfatizaba la importancia de estar disponible para echarles una mano a los blancos, los anglos. Mientras mantuviéramos nuestra dignidad y ellos tuvieran una pizca de humildad, podríamos ser amigos… al menos eso creía mi madre.

—Eso muestra debilidad —George me reprendió—. Los estadounidenses respetan la fuerza, no la debilidad. A los estadounidenses no les gusta sacrificarse. Estoy aquí para juntar un poco de dinero y luego me largo. Me voy. Fin. Los estadounidenses se quejarán y buscarán la siguiente mejor opción, pero no miran al pasado. Los estadounidenses piensan en grandes ideas para el futuro. Ahí es en donde entras tú. Hoy tú construyes el país, pero, ¿a costa de qué? ¿Para mantener tu fe, humildad, integridad y dignidad intactas? Al final los estadounidenses te joderán a menos que te vuelvas estadounidense. Quizá entonces podrás nivelar el campo de juego. No desempeñes un papel secundario para nadie, Alfredo —recuerdo que me dijo—. Este país necesita de tu optimismo, no de tu amargura —concluyó. Sus palabras reverberaron en mi mente durante años.

A veces George no decía mucho. Leía libros. Compartió uno conmigo llamado *El arte de pensar positivo*, que me introdujo a la lectura. Me aficioné a dos libros de Larry McMurtry: *La última película* y *All My Friends Are Going to Be Strangers*, que narra la historia de Danny Deck, un joven y prometedor escritor que viaja entre Texas, su tierra natal, y California en busca de gente a la cual aferrarse.

No vi a George después del verano. Prometió mantenerse en contacto, pero nunca lo hizo. Pasaron los años y yo preguntaba por él, pero nadie sabía nada. Alguien dijo que se fue al sur de la frontera para comenzar de cero bajo un nuevo nombre, el cual nunca fue revelado. Ni siquiera mi tío Jesse sabía dónde estaba y muy pronto se olvidó de él. Todos lo hicieron.

George iba y venía como un fantasma. ¿Cuántos estadounidenses se sentían como George, sobre todo aquí en el Medio Oeste, abandonados por su propio país? Estadounidenses hechos trizas por la guerra, las ilusiones, la desilusión. Estadounidenses en busca de su propia identidad y amenazados por alguien como yo, un hijo de trabajadores agrícolas mexicanos. Pero también estadounidenses que, como George, creían en las segundas oportunidades y en los nuevos comienzos. Estadounidenses que, como George, alentaban a la gente como yo a que no perdiera la esperanza. Más allá de su hastío, George también era un hombre fuerte, determinado, romántico, optimista: un estadounidense hecho y derecho. Y yo anhelaba ser como él.

9

Adiós, Filadelfia

Los vientos cortantes parecían golpear contra un escudo invisible a mi alrededor. Cuando regresé a Filadelfia, ni siquiera me percaté de que era invierno —mi segundo invierno en la ciudad—. Cada vez me familiarizaba más con el entorno; caminaba en zigzag desde mi departamento por todo el campus de la Universidad de Pensilvania, luego recorría la plaza Rittenhouse y más tarde paseaba por la calle Locust. El cambio estaba en todas partes, incluso en mí.

Aceptaba las invitaciones de Ken a las recepciones que organizaba en su departamento, que tenía vista al Río Delaware, y convivía con sus amigos abogados y algunos reporteros, además de Julie y algunos colegas de *The Philadelphia Inquirer*, quienes al parecer ganaban premios Pulitzer cada año. Me sentía incómodo, pero poco a poco aprendí el arte de la conversación casual: sonreía mientras sostenía una copa de vino en la mano y fingía un interés genuino. Usar la ropa prestada de Ken también aumentaba mi seguridad, en especial las corbatas modernas que me regaló. Vestía su chaqueta de tweed y una delgada corbata rosa antes de que se pusieran de moda en sus círculos sociales. Ahora podía mantener una conversación sobre una variedad de temas, desde el último escándalo bursátil hasta las estrategias de mercadotecnia utilizadas para atraer a los consumidores hispanos. Había conocido a Isaac Lasky, el gurú de la mercadotecnia detrás de la publicidad de la sopa Campbell's para el mercado hispano, quien estaba enterado de casi todas las cifras y proyecciones. Isaac era un mexicano judío de Polanco y yo estaba fascinado por saber cómo terminó en Michigan y por qué se interesaba en el grupo minoritario de más rápido crecimiento en Estados Unidos.

—Los números —contestó.

La demografía de Estados Unidos cambiaba de forma sustancial: la población hispana de Estados Unidos se duplicaría con cada década y después se cuadruplicaría.

Isaac me preguntó, con algo de desdén, cómo era posible que un inmigrante mexicano que abandonó la escuela terminara en *The Wall Street Journal*.

—Oportunidad —le respondí con rapidez.

Lo que no dije, aunque quería hacerlo, era que a la élite de la Ciudad de México le costaba mucho trabajo aceptar que un hombre pocho y pobre como yo tuviera éxito, ¿o sí? Bueno, pues Estados Unidos era muy diferente a México, quise decirle.

Mientras Ken me convencía de asistir a sus elegantes cocteles, Primo nos instaba a los tres a que lo acompañáramos al Monte Carlo, un salón de salsa impregnado de humo donde se apoderaba del escenario y bailaba con varias mujeres que lo adoraban, todas en vestidos tan ceñidos que parecían pegados a sus cuerpos. Con cada compañera de baile giraba, movía las caderas, todo mientras daba tres pasos por cada cuatro compases de la música. El lugar estaba atestado de puertorriqueños y otros latinoamericanos: ecuatorianos, uruguayos, colombianos y al menos siempre un mexicano: Primo. Había ritmo en ese cuerpo delgado; sus pies podían moverse al ritmo del son cubano, el chachachá y el mambo. En ocasiones sacaba su pañuelo para secarse el sudor de la frente sin perder un solo paso. Según recuerdo, Ken era el único valiente en unírsele —por supuesto, siempre con su característica seguridad—. Claro que no tenía el pulso, ritmo ni tempo de Primo. Pero ¿quién era yo para criticarlo? Al menos él se atrevía a bailar en la pista.

David y yo nos escondíamos detrás de algunas parejas y de la espesa capa de humo. Golpeábamos el piso con los pies discretamente, mientras esperábamos que nadie nos sacara a bailar y, cuando lo hacían, sonreíamos con cortesía y decíamos que no. Cuando insistían, asentíamos con la cabeza y mirábamos hacia otro lado.

David pensaba que ésta era una mala estrategia.

—Van a pensar que somos pareja —decía.

—Por mí está bien —le respondía—. Me da más pena bailar.

En una ocasión, Primo nos pidió a ambos que bailáramos, pero esto sólo provocó que huyéramos del Monte Carlo. Nos persiguió alrededor del salón de baile hasta que corrimos fuera del lugar. Caminamos por Central City y miramos boquiabiertos todos los cambios a nuestro alrededor. La ciudad se veía más limpia, ordenada y atractiva. Central City estaba en medio de una campaña de revitalización para echar a los traficantes de crack, a las prostitutas y a sus proxenetas. El área estaba tan descuidada que los dueños de los restaurantes de la zona crearon una campaña para limpiar las calles. David se tomó su labor con demasiada seriedad. Una noche salió del restaurante con las ganancias del día y se subió a su camioneta VW para conducir a casa. Cuando salió de ahí se percató de los grupos de prostitutas y sus proxenetas que deambulaban por las calles desiertas, los autos que se desplazaban con lentitud mientras sus conductores buscaban un rapidito. David creía que Central City tenía más que ofrecer que el vicio.

Le llamó a la policía y se quedó dentro de su VW durante una hora hasta que llegó el oficial. Los proxenetas y las prostitutas se acercaron al policía, lo saludaron y se rieron como si fueran viejos amigos. Asqueado y enojado, David se bajó de su VW, caminó hacia el oficial para confrontarlo y le exigió una explicación.

—¿Quién carajos crees que eres para cuestionarme de esta manera? —respondió el policía con molestia.

—Soy el dueño de un negocio que trata de ganarse la vida y de conservar el lugar limpio, de mantener viva la promesa de Estados Unidos.

Entre las recriminaciones y los gritos, el policía amenazó con meter a David a la cárcel.

—Adelante, llévame a tu jefatura —le dijo David.

Y el policía así lo hizo.

David esperaba encontrarse con algunos de los policías honestos que formaban parte del comité vecinal. Para su sorpresa, no había nadie ahí. David fue acusado de conducta violenta, así que lo sacaron de la jefatura y lo metieron a la cárcel. Apenas pasó la prueba del alcoholímetro y fue confinado a una celda. Después de tres horas le permitieron hacer una llamada; le marcó a Annette y le dijo que buscara en su agenda y llamara a algunos de sus clientes más leales del restaurante, entre ellos legisladores estatales, un capitán de policía, un abogado y el concejal de la ciudad, Ángel Ortiz. Antes del amanecer apareció el jefe de policía y enseguida se disculpó con David y dijo que no podía ser procesado en otras quince horas hasta que llegara su turno frente a un juez. David dijo que no saldría de ahí, que quería regresar a su celda, esperar su turno y ser procesado como cualquier ciudadano que cumplía con su deber al reportar la actividad de narcotraficantes, prostitutas y proxenetas, y que por ello terminó en la cárcel mientras la actividad ilícita continuaba en las calles.

—Ésa sería una gran historia que contar a los medios en cuanto me liberen —le dijo al jefe de policía.

Doce horas después David fue liberado y, al ver que un grupo de políticos lo esperaba a la salida, el jefe de policía se disculpó con más ganas.

—Está bien —dijo David—, pero tienes veinticuatro horas para limpiar Central City o de lo contrario haré pública esta información. Y otra cosa, ¿me podrían devolver mi dinero? No sé dónde está.

Esa noche un policía apareció en la puerta de la casa de David con las ganancias que faltaban, se las devolvió y se alejó en su coche.

Las posibilidades de Estados Unidos eran enormes, incluso cuando a la nación le incomodaban las personas que emergían de las sombras. Éstas eran las historias sobre las cuales escribía con mayor frecuencia. Quería saber en qué se convertía Estados Unidos. Mi historia de Freddy's Café resultó ser una manera invaluable de humanizar cifras y proyecciones. Cerca de 3.1 millones de trabajadores indocumentados fueron legalizados bajo la Ley de Reforma y Control de Inmigración de 1986, lo que cimentó una presencia permanente de mexicanos por todo el país con consecuencias un tanto confusas. Una vez más, la reforma migratoria estuvo al servicio de la prioridad política más urgente: corregir los problemas del pasado. Sin embargo, nadie preparaba al país para el futuro.

Estados Unidos atravesaba la llamada Gran Moderación, un periodo de crecimiento económico robusto iniciado a principios de la década de 1980 que duraría más de veinticinco años. En ese entonces, incluso el tamaño de la población inmigrante de México —la fuerza laboral que ayudó a anclar este crecimiento— apenas se mantuvo al día con la economía. En retrospectiva, no logré mirar con la suficiente profundidad como para entender las tensiones y consecuencias que en ese momento eran inimaginables para muchos de nosotros. Éramos extraños los unos para los otros.

En lo más profundo de mi mente, lo que en verdad pensé fue: "¿Dónde has estado toda mi vida?" Estaba tan nervioso que se me agotaron con rapidez los temas de conversación, más allá de decirle cuán honrado me sentía de conocerlo y confesarle que cuando me mudé a Filadelfia me llevé una copia de su artículo sobre Michoacán. Le hablé del impacto que causó en mí, sobre todo al ser un inmigrante mexicano que estudiaba en una universidad ubicada justo en la frontera. Resultaba alentador ver el interés que Estados Unidos mostraba en nosotros y era esclarecedor entender los matices del efecto dominó en ambos países. Dijo que ayudaría a entrenarme y prepararme para escribir historias justo como la de Michoacán. Su oferta me provocó escalofríos. No podía creer que tendría esa oportunidad.

En el fondo, soñaba con convertirme en un corresponsal extranjero y contar historias sobre familias como la mía. Esa semilla fue plantada años atrás por mi consejera escolar, quien me convenció de que la Universidad Comunitaria de El Paso me brindaría la oportunidad de convertirme en algo más que un peluquero, una alternativa que se me ocurrió después de ver la película *Shampoo*. Warren Beatty apenas trabajaba y conseguía a todas las chicas. En retrospectiva, ésta era una idea estúpida, pero buscaba algo a lo que asirme y carecía de modelos a seguir, más allá de los líderes sindicales César Chávez y Dolores Huerta, a quienes mis padres idolatraban. La consejera me dijo que yo mostraba curiosidad por el mundo. Quizá debería considerar una carrera diplomática o convertirme en un corresponsal extranjero, un espía. Podía trabajar en cualquier parte del mundo.

—¿Quieres decir que podría trabajar en México, reconectarme con mis raíces y recibir un sueldo por ello?

—Sí —dijo.

Apenas podía creerlo.

La idea aún me causaba un poco de nerviosismo. Ahora era más pocho, pues hablaba más *espanglish* que español. Quería que el español fluyera de mi lengua otra vez, el mismo idioma que me calmaba cuando era niño y que me alentó a soñar durante mi juventud cuando pasaba mis días en los campos de California.

Quería hablar español con la misma fluidez que la mujer de la que me enamoraba cuando estaba en El Paso. Regresaba a casa con frecuencia, para reportar y con la esperanza de verla. Ángela no quería tener una cita conmigo, pero nunca se negaba a convivir en

Juárez. Tenía una mezcla de herencia ucraniana, irlandesa, inglesa y de Europa del Este, nacida en la Ciudad de México y criada en Guadalajara antes de mudarse a la frontera entre Texas y México.

Al igual que yo, ella también era periodista y se graduó de la Universidad de Texas en Austin.

Pensé que podría convencerla de que nuestros intereses en común crearían una base sólida para algo más... tal vez, si tan sólo me diera una oportunidad.

En una ocasión la llevé al bar Noa Noa en Ciudad Juárez. Dijo que el lugar era cursi, que sus gustos musicales tendían hacia Depeche Mode, U2 y David Bowie. Y, sin embargo, nadie en el Noa Noa bailaba como Ángela. Después de un rato de moverse al ritmo de la música, sudaba con sensualidad.

Ángela creía que Juan Gabriel y David Bowie podían coexistir y, con el tiempo, yo también comencé a pensar que esto era posible. Encontré motivos para ser optimista. Con cada taco, enchilada y fajita que descubrían, los estadounidenses podrían aceptarnos también. Y de igual manera entenderían todo este asunto de la coexistencia. Entonces quizá podría ser como un baile en lugar de una incómoda cena entre extraños.

La buena noticia era que al parecer me iría a Texas de forma definitiva y me reincorporaría al mundo "intermedio". La entrevista en el aeropuerto de Dallas fue todo un éxito y el *Journal* me ofreció un trabajo en Dallas. Me despediría de Filadelfia. Ya no miraría la sombra de Billy Penn sobre una ciudad que apenas comenzaba a sentirse como mi hogar —o, al menos, una ciudad a la que podía pertenecer.

III
LOS HIJOS DE LA MALINCHE

10

Un matrimonio por conveniencia

Durante mi última noche en Filadelfia, algunos colegas de *The Philadelphia Inquirer* organizaron una fiesta en mi honor. Me pidieron que invitara a gente del *Journal* y así lo hice. Frank fue un ratito y me regaló unas espuelas para un par de botas que usaba de vez en cuando; también me dio una gorra de beisbol con las iniciales *WSJ* que aún conservo. Julie traía el cabello esponjado como nunca y Donald el portero vestía un elegante suéter negro de cuello de tortuga. Los acompañaba Trisha del departamento de publicidad, quien parecía estar muy afligida cuando mencioné que me mudaría a Dallas.

—Esto nunca hubiera funcionado. Mi afición por los vaqueros es demasiada —dije en un intento por aligerar el ambiente, algo que sólo pareció empeorar cuando Ken me regaló un jersey de las águilas de Filadelfia.

Planeaba salirme tarde de la fiesta, subirme a un auto rentado y conducir lo más lejos posible en dirección al sureste. Ken, David y Primo eran los más tristes de todos y me retrasaban con múltiples despedidas que se asemejaban más a las de un velorio, como si nunca nos fuéramos a volver a ver. Para cuando encendí el coche eran las dos de la mañana. Manejé hasta algún lugar en Virginia y me detuve en una parada para dormir un poco. Estaba emocionado de llegar a Texas. Me desperté y conduje hasta Nashville. Recostado sobre la cama del hotel, mientras cambiaba los canales con un control remoto del tamaño de un ladrillo, encontré un documental sobre Filadelfia. Sentí un poco de remordimiento, tanto así que le marqué a David al teléfono de Tequilas. Los tres se habían reunido ahí, dijo, y esperaban que yo apareciera en cualquier momento para decirles que ésta no era más que una broma de mal gusto. Una vez más, prometí mantenerme en contacto y los insté a que me visitaran en Texas o, con toda seguridad, en México algún día. Estaba convencido de que tarde o temprano viviría allí. Éste no es el final, dije, en un intento por convencerme a mí mismo más que a nadie.

Cuando divisé la línea estatal de Texas, mientras escuchaba música norteña a todo volumen dentro del auto, sentí que la tristeza me abandonó. Comencé a darle puñetazos al aire y a gritar: "¡Sí! ¡Sí!" Conduje hacia el tráfico de la hora pico en Dallas con una enorme sonrisa en el rostro.

Resultó que, aunque el trabajo en Dallas estaba más cerca de casa, aún implicaba reportar sobre las mismas noticias de negocios. México se sentía tan cerca y tan lejos al mismo tiempo. George Getschow cumplió su promesa. Me ayudó a revelar la noticia de los verdaderos motivos por los que el alcalde de San Antonio, Henry Cisneros, no perseguía un puesto más alto —el hombre casado y padre de tres se había enamorado de otra mujer—. La historia decepcionó a muchos amigos y fuentes que cuestionaban por qué un reportero hispano revelaría información comprometedora sobre un político con raíces comunes.

—Deberías sentirte orgulloso, Alfredo —dijo Getschow—. Provocaste a todos sin que pudieran cuestionar los hechos. Eso es excelente —finalizó con una carcajada.

Poco tiempo después, Getschow se marchó para escribir un libro y yo comencé a ahogarme.

Luego de más de un año de estar ahí me senté con el entonces jefe de la oficina de Dallas para hablar sobre mi futuro. Le dije que mi objetivo aún era trabajar en México y le pregunté si *The Wall Street Journal* estaría abierto a esta posibilidad.

—Sí —me dijo—. Pero esto sucederá dentro de algunos años, calculo que cinco o más. Antes de siquiera considerarte para ello, necesitas más experiencia como reportero y mejorar tu redacción.

No estaba seguro de si su respuesta reflejaba mi propio desempeño en el *Journal* o si sólo era parte de la dinámica de la sala de redacción. Sin embargo, yo era demasiado ambicioso e impaciente como para reflexionar sobre sus palabras o incluso para considerar esperar un minuto más para hacer lo que por tanto tiempo quise hacer. Nunca en la vida me sentí tan convencido de algo, así que extendí mi brazo para darle la mano y le dije que terminaría las historias que había empezado y que, una vez que las terminara, regresaría a la frontera.

Mi mentor, Ray Chávez, ahora editaba la sección de "Ciudad" en *El Paso Herald-Post*. Ray prometió que me daría total libertad para elegir mis historias. Aunque el periódico no era el *Journal* y los recursos eran limitados, mi pasión y mi corazón rechazaban cualquier lógica. Lo intentaría. Además, mi interés por Ángela aumentaba. Éramos los mejores colegas y hablábamos durante horas sobre las distintas maneras de contar historias que resonaran con los lectores y la gente más allá de la frontera. Aunque ella apenas me consideraba un amigo, yo estaba convencido de que el tiempo estaba de mi lado.

Quería estar cerca de mi familia y reencontrarme con mis padres, en especial con mi padre, quien no estaba muy bien de salud. Experimentaba pérdida de la memoria y bebía en exceso. Un día se fue a Ciudad Juárez y desapareció. Pasaron varios días antes de que mi familia lo encontrara en una cárcel. Cuando fueron a recogerlo ni siquiera reconoció a sus propios hijos. Quería pasar más tiempo a su lado.

Mis amigos, liderados por el agitador Moisés Bujanda, aún se empeñaban en transformar El Paso y el restaurante de mi madre era su sala de guerra. Freddy's se convirtió en un foro internacional para el cambio, un imán para los políticos de ambos lados de la frontera a nivel estatal y nacional. Cada dos domingos la gente poderosa de la ciudad se reunía en el pequeño café de mis padres, luego se movía hacia la calle South El Paso, a tan sólo unas cuadras del puente internacional, y más tarde a la calle Alameda, cerca de la preparatoria Bowie. Estos políticos predicaban sobre una visión de inclusión y empoderamiento. Los residentes de la frontera buscaban responder sus propias preguntas con respecto al valor y la supervivencia de la región en un mundo en constante cambio.

Yo quería ser parte de esa respuesta. Al regresar a México podía demostrar que la fuga de cerebros era reversible. Me entusiasmaba darle voz a una comunidad que no conocía fronteras. Y junto a mi amigo Billy Calzada el mundo parecía ser nuestro para descubrir. Las historias que cubriríamos serían ricas, complejas y reveladoras. Por supuesto que tenía mis dudas. En los meses anteriores a mi partida me adentré en las páginas del libro *You Can't Go Home Again* de Thomas

Wolfe, que empecé a leer en el camión SEPTA en Filadelfia. Terminé la novela durante los embotellamientos en la autopista I-30 Norte de Dallas, donde los autos, camionetas pick up y semitráileres gruñían durante largos periodos. Entre más leía, más nervioso me sentía. ¿Acaso regresaba a casa demasiado pronto? ¿Otra vez me mudaba con mis padres sin tener mi propia recámara? ¿Y cómo superaría *The Wall Street Journal*? Cualquier otra cosa parecía un retroceso. Pero necesitaba mi propio lugar. Rompí el código mexicano de que los hijos no se mudan hasta que se casan y les dije a mis padres que conseguiría un departamento propio. Al final esto les importó muy poco, pues sólo se alegraban de que regresara a casa.

Cuando llegué a El Paso la nostalgia desapareció casi de inmediato y la realidad tomó su lugar. Billy y yo nos percatamos de que el periodismo ya estaba en decadencia. Nunca regresaría a México, al menos no con el *Herald-Post*, que reducía costos y no tenía planes de expansión. Pasé menos de tres años en el *Herald-Post*, que no era más que el cascarón de aquel periódico vibrante del que alguna vez formara parte. Cualquier viaje que implicara quedarse en un hotel requería de mucho convencimiento: era como extraer dientes.

Aunque no podía viajar, mis editores creían que mi experiencia en el *Journal* me calificaba para ser columnista. Comencé a escribir una columna semanal sobre libre comercio, un concepto que quería explorar a fondo para entender los cambios históricos que se suscitaban entre nuestros países. Con toda la hipérbole generada por la conversación sobre un Tratado de Libre Comercio de Estados Unidos del Norte (TLCAN) entre Estados Unidos, Canadá y México, parecía que los llamados Chicago Boys —el grupo de expertos en el departamento de economía de la Universidad de Chicago que fueron contra Primo y de algunos colegios de élite en otros destinos— al fin habían encontrado la cura para todos los males económicos en México y la frontera.

Algunas autoridades en el tema y ciertos presidentes afirmaban que el nuevo pacto mejoraría nuestras vidas, pues crearía el bloque comercial más grande del mundo, aumentaría los salarios y reduciría los niveles de pobreza en México, terminaría con la inmigración ilegal, generaría miles de nuevos empleos bien remunerados y nos introduciría de lleno en el siglo XXI. Sin duda eran muchas promesas. ¿Serían factibles o requerirían de un milagro?

Mi visión era la de un chico pueblerino que sabía poco sobre política. No obstante, a los que estábamos en la frontera nos parecía que ya no éramos parte del problema sino de la solución para ambos países. El Paso era una ciudad para la clase trabajadora que no ofrecía ningún tipo de salida, pues tenía pocos trabajos atractivos para los egresados de la universidad. El TLCAN prometió convertir a la urbe en un centro de actividad comercial rebosante de trabajos de cuello blanco en gestión de la cadena de suministro y logística. De no ser aquí, ¿dónde? Los habitantes de El Paso conocían el comercio como nadie. Traían el comercio en la sangre. El intercambio de bienes lícitos con México —y a veces el tráfico de algunos ilícitos— era nuestro pan de cada día. Sólo bastaba con observar el Puente Internacional El Paso del Norte durante una hora para ver esto en acción —el flujo constante de personas y productos de un lado al otro—. También intercambiábamos bebidas, comida, música y amor. Nosotros éramos el TLCAN antes de que el término se convirtiera en algo digno de odio o aceptación.

Me encantaba la idea de ser columnista y ver mi fotografía junto a mi nombre. Sin embargo, algunos lectores pensaban que me tomaba a mí mismo demasiado en serio. Fue más o menos en aquel entonces cuando tanto amigos como enemigos comenzaron a llamarme *Freddy libre comercio*. Parecía que muchos nos habíamos comprado el argumento de venta de los políticos elegantes, incluso cuando sus respuestas eran vagas. Una tarde de camino a casa me detuve en el restaurante Whataburger de la calle Paisano, no muy lejos de mi departamento que daba al centro de El Paso, y pedí la hamburguesa estándar con jalapeños. El tipo de la caja rápida me reconoció de la foto que aparecía junto a mi columna y me pidió que si le firmaba una bolsa de Whataburger a cambio de más jalapeños.

—¡A huevo, compa! —dije.

—¿Es verdad que el libre comercio nos rescatará de estos trabajos de mierda? —preguntó.

Debió pensar que yo era un oráculo, porque me preguntó a qué debería dedicarse en este nuevo mundo.

Me quedé sentado en mi auto para hacer tiempo, pues me sentí desafiado por su pregunta. Reflexioné al respecto y luego me di cuenta de que en realidad no entendía cuál sería el resultado económico o las consecuencias del libre comercio, incluso cuando le tocaría vivirlo a mi propia familia.

Mi tía Chala y tres de sus cuatro hijas alguna vez trabajaron como costureras en El Paso. Durante cuatro décadas la industria proveyó empleos estables que ayudaban a mantener a las familias y aseguraban su estabilidad económica. Mi padre y mi hermano David conducían sus camiones de catering hasta las fábricas y esperaban a que salieran las clientas hambrientas, pues casi todas eran mujeres, para conseguir cada burrito de frijol, chile verde o rojo que mi madre preparaba todas las mañanas.

La tía Chala se retiró en 1980, pero sus hijas trabajaron más de una década después que ella —hasta que la globalización llegó para robarles sus empleos y enviarlas al otro lado de la frontera a Ciudad Juárez, donde los salarios eran de un dólar o dos por hora—. Más de treinta y cinco mil empleos de costura desaparecieron en El Paso gracias al TLCAN.

Sí, por un lado me ilusionaba el TLCAN, un tratado que justificaba nuestra existencia en la frontera. En otro momento tanto Estados Unidos como México nos consideraban traidores en potencia, pues nuestra cercanía con ambos países amenazaba con desviarnos de nuestro camino en cualquier momento. Éramos bilingües y biculturales. La gente de afuera nos veía como pochos de un lado e hispanos del otro. Sin embargo, quienes vivíamos en la frontera nos sentíamos parte de la misma región, la misma familia que compartía los mismos problemas pero también miraba hacia el futuro desde el mismo horizonte. Ahora teníamos el potencial de conducir a nuestros dos países a una nueva era de coexistencia pacífica con la cual prosperaríamos gracias a nuestras diferencias en vez de sufrir a causa de ellas. No supe cómo contestarle al cajero del Whataburger, así que lo único con que contribuí a la conversación fue que las cosas no podían empeorar —o como decimos en México: "Hay que echarle ganas, compa".

—¿Pero las cosas van a mejorar? —persistió.

—Eso espero. Encontraremos las respuestas juntos —comenté al salir del establecimiento en mi Camaro blanco descapotable que mostraba la placa con el logotipo del estado de la estrella solitaria que remplazó a la de California.

En El Paso, las fuentes de información para mi columna iban desde académicos hasta líderes de negocios en la frontera, cuya gran mayoría salivaba ante la enorme recompensa del TLCAN. Me mantuve en contacto con mis amigos de Filadelfia, aunque no habíamos vuelto a reunirnos todos. No obstante, ellos me servían como barómetro para entender los estados de ánimo del país y sus crecientes complejidades. Ken me visitó una vez, a principios de los años noventa, cuando yo estaba metido de lleno en mi rol de *Freddy libre comercio*. Ken quería ver la frontera y descubrir si era como la recordaba cuando su padre y él fueron a recoger "ilegales". Después de cenar en Ciudad Juárez y de tomarse más tequilas de los que acostumbraba, se desesperó al ver las interminables filas que había en el cruce internacional y comenzó a sacar sus documentos legales hasta que le grité desde el asiento del conductor que se sentara de una buena vez.

Necesitaba llamarle a una chica que conoció y con la cual salía de manera intermitente. Miré su expresión de angustia.

—Bienvenido a la frontera. Éste es el verdadero pinche amor —dije con sarcasmo mientras la canción "Careless Whisper" del grupo Wham! cubría la oscuridad de la autopista I-10. De camino a Scenic Drive, desafié a Ken para que encontrara la línea divisoria entre nuestros países. Esto fue antes de que existieran los teléfonos inteligentes, por lo que a Ken lo único que le interesaba era conseguir un teléfono para llamarle a Laura, la chica con la que salía que era licenciada en derecho, aunque fueran las tres de la mañana en donde ella se encontraba.

David, Ken y Primo eran los internacionalistas con sus extravagantes puntos de vista sobre Cuba, Uruguay y México. Yo vivía en la frontera y formaba parte tanto de Estados Unidos como de México. Cuando David y Primo hablaban sobre el hecho de que la nación más rica del mundo despedazaba a los países tercermundistas para mantener su propia forma de vida, yo pensaba en crear oportunidades para quienes nos encontrábamos en la frontera. Nuestra existencia cultural y económica estaba justificada, porque durante años pensamos que no éramos suficiente.

Las placas tectónicas de la economía estadounidense se desplazaron incluso antes de que Reagan fuera presidente. En noviembre de 1979 lanzó su campaña presidencial al compartir su visión de una nueva comunidad estadounidense, un "mercado común" continental entre tres naciones. El exgobernador de California pedía la elaboración de un "acuerdo estadounidense" que creara un ambiente propicio para la libre circulación de gente y bienes. Los líderes mexicanos y canadienses se opusieron a ello, pues temían que la unión acentuara el dominio de Estados Unidos sobre sus vecinos más débiles.

"Quizá la clave para nuestra propia seguridad en el futuro dependa de que México y Canadá se conviertan en países más fuertes de lo que son hoy", dijo el candidato Reagan, quien vestía un traje gris y una corbata color borgoña mientras tocaba un globo terráqueo con la mano y señalaba la región de Norteamérica.

"Ya es momento de dejar de pensar en nuestros vecinos más cercanos como extranjeros [...] Desarrollar una mayor cercanía entre Estados Unidos, México y Canadá serviría para hacerles saber tanto a nuestros aliados como a nuestros enemigos que estamos preparados para un largo recorrido, que miramos al exterior otra vez y confiamos en nuestro futuro; que juntos crearemos empleos para generar nuevas fuentes de riqueza para muchos y dejar un legado para los niños de cada uno de nuestros países."

Al hacer un recuento del pasado y mirar hacia el futuro, Reagan imaginó un momento —quizá dentro de cien años— en el que pudiéramos "soñar con un mapa del mundo que muestre el continente norteamericano como una región en donde el comercio de sus tres países fluya con mayor libertad entre sus actuales fronteras de lo que lo hace hoy en día". Reagan encontró en México un vecino más amistoso que en años anteriores, cuando los líderes mexicanos decían admirar a los enemigos de Estados Unidos como Cuba y Nicaragua. Reagan tenía de aliado a Miguel de la Madrid, un tecnócrata educado en Harvard, quien también soñaba con abrir México al mundo. Durante mucho tiempo México fomentó políticas comerciales proteccionistas que se remontaban a la década de 1930, época de la nacionalización de la industria petrolera encabezada por el presidente Lázaro Cárdenas. El gobierno —siempre dominado por un partido, el PRI— imponía serias restricciones a la inversión extranjera y controlaba el tipo de cambio para proteger al sector industrial del país. Estas prácticas le sirvieron a México, pues entre 1936 y 1973 la economía creció un promedio de 2.7 por ciento, con algunos periodos más alcistas que otros que alcanzaron hasta 6.7 por ciento antes de caer en picada.

A mediados de la década de 1980 una crisis energética mundial paralizó las economías globales y el gobierno mexicano se declaró en bancarrota. La economía mexicana se tambaleaba hacia una posible depresión. Una crisis de la deuda en 1982 hizo que México incumpliera sus obligaciones de deuda externa. De la Madrid, quien entró en funciones en 1982, estaba bajo presión de Estados Unidos. Entonces reescribió la receta para restablecer la salud económica del país: liberalización comercial, más inversión extranjera y menores barreras comerciales. En 1986 México accedió entrar al Acuerdo General sobre Aranceles Aduaneros y Comercio de 1948. El país comenzó a impulsar una mayor integración económica con Estados Unidos y su modelo neoliberal —frases que parecían sugerir la reorganización de la vida humana como la conocíamos.

Los expertos de Estados Unidos hablaban sobre el acuerdo en términos de movimientos incrementales modelados a partir del Mercado Común Europeo, el cual tomó efecto en 1958. Estados Unidos tenía que competir contra la Unión Europea y las poderosas economías emergentes de Asia, y la mejor forma de hacerlo era mediante un mercado común norteamericano. A medida que la fortuna económica de México caía, quienes proponían el libre comercio y una nueva era de liberalismo creían que el país podía seguir el ejemplo de los cuatro tigres asiáticos —Hong Kong, Singapur, Corea del Sur y Taiwán—, quienes desde finales de la década de 1950 se transformaron a nivel económico mediante una rápida industrialización y mantuvieron tasas de crecimiento altas. El TLCAN ofrecía una oportunidad de oro a la industria maquiladora de fábricas de ensamblaje en los estados norteños de México. Las compañías podían pagar a los trabajadores mexicanos una fracción de lo que ganaban los empleados de las fábricas estadounidenses y exportar bienes más baratos con mayor rapidez hacia Estados Unidos. Por abrir su comercio y adoptar políticas monetarias y presupuestales estrictas, Estados Unidos recompensó a México al levantar las barreras comerciales. El TLCAN era el mejor premio de consolación. México aceptó con renuencia, pues su mayor preocupación era ser engullido por su acaudalado vecino del norte.

Algunas de mis fuentes se mostraban escépticas con respecto al TLCAN —nadie más que Primo, a quien llamaba de vez en cuando para sondear lo que se decía de México en Filadelfia—. Cada vez que creía que México estaba a punto de viajar al Primer Mundo, como prometía el presidente Carlos Salinas de Gortari, Primo me pedía precaución y me ponía los pies en la tierra. La frase popular "integración económica" sonaba todavía con más fuerza y sugería que ambos países se dirigían hacia un matrimonio por conveniencia. Era un matrimonio frío y sin amor, basado en el comercio, que se movía a ciegas hacia el futuro. Primo lo llamaba un matrimonio a la fuerza entre Estados Unidos y México.

Era tanta su sospecha sobre el libre comercio que decidió visitarme en El Paso como parte de un recorrido por la frontera. Traté de ocultarle mi apodo *Freddy libre comercio*, aunque no tuve éxito, pues él ya lo había escuchado de un líder sindical en El Paso antes de que nos viéramos.

—¿Freddy libre comercio? —preguntó.

El simple término estremecía a Primo. También tenía un secreto que contarme. Cuando estábamos en Filadelfia recordaba haberlo visto susurrar en el teléfono y después perderse en sus pensamientos por un buen rato, transformado en una chimenea humana mientras le daba largas fumadas a su cigarro. Nunca me contó acerca de sus conversaciones o quién estaba del otro lado de la línea, incluso cuando escuché referencias a Chicago, México, Nebraska, Iowa y el estado mexicano de Querétaro.

—¿Cómo es que sabe tanto? —pregunté—. Soy reportero. Necesito saberlo. Dígame, ¿cuál es su secreto?

—Jaime Serra Puche. Él es con quien he hablado todo este tiempo —dijo Primo después de beber algunas cervezas en el Tap Bar and Restaurant, un antro local que servía unos de los mejores nachos en el centro de El Paso.

No me diga, pensé. Serra Puche era el principal negociador comercial bajo el régimen de Salinas de Gortari y por sólo unas semanas el secretario de Hacienda con el presidente Ernesto Zedillo. También era amigo de la universidad de Primo. De hecho, Serra Puche le llamó a Primo para que lo ayudara a organizar un debate privado entre los principales líderes sindicales de Estados Unidos que se oponían al TLCAN. Como líder del Programa Fronterizo Estados Unidos-México del Comité del Servicio de Amigos Americanos, Primo trabajaba con sindicatos y granjeros a lo largo de la frontera, junto con el activista y después periodista y autor David Brooks de Nueva York. Ellos promovieron algunos de los primeros intercambios entre sindicatos, granjeros, ambientalistas y defensores de los derechos de los inmigrantes de México, Estados Unidos y Canadá a medida que el acuerdo comercial avanzaba y se ponía de moda entre México y Estados Unidos. Todos sentían los efectos de lo que llamaban "la agenda elitista de la integración económica".

Lo que nosotros tratábamos de hacer, en especial Primo, era insistir en que uno se podía involucrar en la crítica de la agenda elitista sin usar a México como chivo expiatorio o convertirlo en el enemigo, recordaba Brooks. Era importante tener una respuesta social, binacional y tri-nacional. Tener un lugar en la mesa de la negociación.

Primo organizaba reuniones clave tras bastidores entre ambos países. Una vez en Washington, Primo reunió a Serra Puche con algunos líderes sindicales clave en el salón de un hotel en donde sólo había un pizarrón. Los sindicalistas trataban de convencer a Serra Puche de que el TLCAN era un mal acuerdo que sólo beneficiaría a las principales empresas trasnacionales que ganarían más millones a expensas de los trabajadores en ambos lados de la frontera. No había forma de que los trabajadores estadounidenses compitieran contra los salarios mexicanos. Serra Puche recuerda que respondió que la región norteamericana se convertiría en la más competitiva del mundo.

Tres horas después, nadie había cedido ni un centímetro, recordó Primo. Sin embargo, todos acordaron que necesitaban comunicarse más y mantener los canales abiertos. Para celebrar este debate civilizado, los tres accedieron a brindar con tequila.

—Le advertí a Jaime que cualquier acuerdo que no incluyera un pacto laboral sería desastroso para los trabajadores en ambos lados de la frontera —recordó Primo.

Pero para ese entonces el TLCAN estaba a punto de aprobarse y era evidente que a México no le importaban los derechos laborales de México. Mucho menos aumentar sus míseros salarios que ascendían a cerca de tres dólares diarios. Los salarios bajos eran la fortaleza de México.

Primo también llevó a tres delegaciones de afroamericanos a la Ciudad de México, que incluían líderes de los derechos civiles, artistas, académicos, empresarios, organizadores laborales y comunitarios y funcionarios electos. Su objetivo era presentar a distintos jugadores y accionistas, gente que podía verse perjudicada o beneficiada por el TLCAN. Con la ayuda de Serra Puche, Primo organizó una reunión con Salinas de Gortari, así como con maestros y estudiantes radicales, lo que ayudó a que los jugadores de ambos lados tuvieran un papel más activo en un acuerdo comercial que por poco ignoró las perspectivas y la participación de la comunidad afroamericana. Como resultado de estas tres delegaciones, en 1993 el jefe de gobierno de la Ciudad de México, Manuel Camacho Solís, invitó a Coretta Scott King y a Andrew Young, exalcalde de Atlanta, a la ceremonia donde se colocaría un monumento dedicado a Martin Luther King Jr. La estatua, situada en la elegante colonia Polanco, se ubicaba frente a otra construida años atrás en honor a Abraham Lincoln.

Un auge de empleos en Estados Unidos atraería a muchos más trabajadores mexicanos hacia el norte, lo que significaba que muchos otros vivirían en las sombras —trabajadores sin derechos, explotados con facilidad, vulnerables a los caprichos de Estados Unidos—. Eso era de lo que se trataba la globalización, me aleccionaba Primo, de hacer dinero a expensas de los pobres.

—Esto es justo lo que sucede ahora —afirmó Primo—. No tengo que decírtelo. Hay señales en ambos lados de la frontera.

Recuerdo cómo se le acentuaban las arrugas de la frente cuando hablábamos sobre el tema en Freddy's. Todo el panorama le parecía preocupante.

—Mamá, papá, él es Primo —dije al presentarlo con mis padres en Freddy's—. Es a él y a otros dos amigos a quienes hay que agradecerles de que haya sobrevivido en Filadelfia.

Primo se presentó con humildad como otro simple inmigrante del estado de Michoacán.

Mi padre tenía una debilidad por Michoacán y sus sombreros de paja.

—Yo conocí a mucha gente de Michoacán en California —le dijo a Primo—. Son buenos trabajadores. No se rinden con facilidad. Son grandes personas. Mis respetos.

Estaban tan agradecidos con él por ayudarme a superar mi nostalgia por el hogar, que mi madre le ofreció una ración extra de flautas y guacamole e insistió en que nos acompañara a comer menudo a la mañana siguiente.

—Con gusto, señora —le respondió a mi madre y poco después se dirigió a mí—. Piensa en aquel momento en que terminó el Programa Bracero, la razón por la que siquiera estás aquí.

El programa terminó, pero no la demanda. En ese entonces el programa de maquiladoras despegó en México a medida que las fábricas de ensamblaje crecían en Ciudad Juárez. Se suponía que debían emplear a todos los mexicanos que regresaban a México después de que terminara el Programa Bracero. Sin embargo, los salarios y las condiciones laborales eran terribles.

—A este paso, todos vamos a recibir salarios de maquila —agregó.

En un inicio desestimé sus palabras, pues consideré que no eran más que las ideas de un liberal de la costa este, la plática de un bienhechor, del tipo que a menudo escuchaba en Filadelfia. En la frontera estábamos ávidos de oportunidades. Casi cualquier hueso que nos arrojaran serviría para liberarnos de los salarios tercermundistas y las condiciones deficientes que caracterizaban la pobreza de nuestra ciudad. En las afueras de El Paso había colonias que carecían de agua o electricidad. Además, queríamos formar parte de la corriente predominante de Estados Unidos. Más negocios transfronterizos tenían que implicar una mejor calidad de vida, ¿no?

Llevé a Primo a pasear por la frontera y le mostré lo que hizo Silvestre Reyes, nuestro jefe de la Patrulla Fronteriza. Le dije que selló la frontera con la Operación Bloqueo, que más tarde cambió de nombre a Operación Mantener la Línea.

—¿Un mexicoamericano hizo esto?

—Sí, con familia en México —dije—. El crimen ha disminuido. La frontera es tan segura que la popularidad de Reyes ha ido en aumento. Quizá se postule para un cargo.

—A la madre —dijo—. Esto está cabrón. La vena nativista explotará. ¡Imagínate lo que haría un estadounidense viril!

—Sí, Pat Buchanan —respondí.

Durante sus campañas, Pat Buchanan se burlaba de las élites republicanas, denunciaba el libre comercio y la globalización, se enemistaba con las minorías y prometía construir "la valla Buchanan" a lo largo de la frontera mexicana. Su nostalgia por la era de un Estados Unidos casi totalmente blanco provocaba divisiones racistas que ardían bajo la superficie. Perdió la nominación republicana en 1992 y se postuló otra vez, convencido de que con el tiempo triunfarían tanto sus furiosos seguidores como sus temas de interés. Alguien tenía que recuperar a su país de la invasión extranjera.

—Vamos directo al choque de las civilizaciones —dijo Primo, en alusión a la teoría de Samuel P. Huntington, un científico político de Harvard.

Huntington provocó un frenesí en el país, primero con su teoría, seguida de sus libros *El choque de civilizaciones y la reconfiguración del orden mundial* y *¿Quiénes somos? Los desafíos a la identidad nacional estadounidense*. Emitió serias advertencias sobre el hecho de que el cambio demográfico en Estados Unidos conduciría a una guerra cultural de civilizaciones entre los anglo-protestantes y los inmigrantes más recientes, en particular los latinos. Católicos. Musulmanes.

"Mientras que los musulmanes suponen un problema para Europa —escribió—, los mexicanos plantean un problema para Estados Unidos."

Huntington amplió sus puntos de vista: denunció la "hispanización" de Estados Unidos y afirmó que muchos mexicoamericanos no se identificaban con Estados Unidos y actuaban "con desprecio hacia la cultura americana".

Postuló que las identidades culturales conformaban los patrones de cohesión, desintegración y conflicto en el mundo después de la Guerra Fría. En otras palabras, la migración mexicana arruinaba a Estados Unidos, pues amenazaba sus orígenes protestantes.

"La gran y continua afluencia de hispanos amenaza la preeminencia de la cultura blanca anglosajona y el lugar del inglés como el único idioma nacional —escribió—. Los movimientos de nacionalismo blanco son una respuesta posible y plausible a estas tendencias."

Primo se sentía desconcertado por el hecho de que el aspirante a sacerdote y activista de los derechos humanos con influencia cuáquera quisiera abrir la comunicación entre gente de dos países que pudiera trascender la religión, la raza y la cultura. Con ese fin, creaba un movimiento laboral poco conocido para ayudar a los trabajadores y agricultores a lo largo de México y Estados Unidos, de modo que pudieran organizarse contra los poderosos intereses corporativos que se consolidaban alrededor del comercio de manera gradual. A Primo le preocupaba que la gente pobre en ambos lados de la frontera se vulnerara cada vez más.

Mientras tanto, las fronteras físicas comenzaron a hacer divisiones entre "nosotros" y "ellos". Los gobiernos de ambos países hablaron mucho sobre construir cercas. En 1915 el gobernador de Sonora, José María Maytorena, ordenó la construcción de una cerca para separar las dos ciudades de Nogales. Cuatro meses después, algunos mexicanos de la localidad derrumbaron esa cerca. La llamada "cortina de tortilla", una andrajosa valla de tela metálica, se colocó a finales de la década de 1970. El gobierno estadounidense acababa de autorizar al Cuerpo de Ingenieros del Ejército de Estados Unidos el remplazo de la valla que dividía Nogales, Sonora, de Nogales, Arizona, con una cerca construida a partir de polvorientas esteras de aterrizaje de las guerras de Vietnam y el Golfo Pérsico.

Tan sólo algunas semanas después de firmar el TLCAN, el presidente Bill Clinton dio luz verde a la construcción de la versión mejorada de la cerca.

—Los residentes de la frontera tenían emociones encontradas con respecto a los Clinton —le dije a Primo.

Mi madre y yo recordábamos que durante la campaña presidencial de Bill Clinton, Hillary Clinton visitó El Paso e incluso hizo una parada en Freddy's Café para comer menudo. Después de que le informaran que el platillo que tenía enfrente era sopa de estómago de vaca con maíz pozolero y chile rojo —el orégano, el limón, las cebollas y el cilantro eran opcionales—, alejó el plato con cortesía y no probó un solo bocado más. Aunque sí dejó muy buena propina.

—¿En serio? —dijo Primo entre carcajadas—. Pues ahí perdió el voto hispano. ¿Cómo aseguras el voto hispano sin comer menudo?

Los rumores en todo Estados Unidos eran líneas de falla que se abrían a lo largo de México, un país acostumbrado a los temblores. Este terremoto era más grande, más potente. El comercio y la amnistía estaban a punto de partir a México en dos. A lo largo y ancho de México, los alcaldes de pequeños pueblos observaban una de las tendencias más preocupantes que habían visto en sus vidas: las mujeres también se iban a Estados Unidos y ya no volvían a casa.

A través de los años, mi ciudad natal de San Luis de Cordero se convirtió en un refugio para hombres y mujeres mayores que sostenían a la comunidad ante las oleadas de migración a Estados Unidos.

—Si las mujeres se van —recuerdo que alguna vez me dijo mi tío Antonio—, estamos acabados. Cerraremos el pueblo y pondremos un letrero que diga: "Perdido a Estados Unidos".

Mi tío, Arcadio Jiménez, que era muy parecido a mi padre, de piel pálida, bajito y robusto, alguna vez fue alcalde del pueblo. Él sabía de lo que hablaba.

—Las mujeres son el ancla y ahora parten para no volver, mijo.

Me llamaba "mijo" y me veía como un futuro patriarca de la familia. Por ello, quería que yo supiera algunas cosas. Desde que los hombres comenzaron a irse al norte bajo el Programa Bracero, siempre existió la expectativa de que regresarían a casa. Siempre volvían para las vacaciones —la migración durante esos días era circular, gracias a las visas de trabajo que ofrecía el Programa Bracero y a los hábiles traficantes, muchos de ellos nuestros vecinos—. Sin embargo, incluso entonces había una mayor esperanza de que algún día, una vez que sus hombres juntaran el dinero suficiente y se labraran un nombre por sí mismos, regresarían a casa para siempre. Quizá serían dueños de un rancho, donde sembrarían maíz y criarían a sus familias y luego verían crecer a sus hijos.

Mi tío siempre tuvo la esperanza de que a México le fuera bastante bien, lo suficiente como para retener a la siguiente generación. Pero empezaba a perder la fe. Primero se fueron los hombres, luego las mujeres, después las familias. El músculo y el alma del pueblo desaparecieron en algún lugar del norte. Tenía un buen punto. Bajo el TLCAN, ¿cómo podían competir las pequeñas granjas mexicanas contra gigantes de los agronegocios de Estados Unidos como Cargill y Archer Daniels Midland, que recibían grandes subsidios? Mi tío temía que las redes humanas se fortalecieran. Toda esta solidez en el norte se haría muchísimo más poderosa. Todo a costa de México.

—¿Ahora sería el alcalde de qué? —preguntó mi tío, un cuestionamiento que le hice a Primo mientras conducíamos a un costado del Río Grande en mi Camaro descapotable hacia el punto donde Paisano Drive casi besa el río.

En la ruta de acceso me metí al estacionamiento del café La Hacienda, un lugar que frecuentaba con Ángela algunos fines de semana y donde alguna vez se encontrara el molino de harina de Simeon Hart, un pionero de El Paso. Un poco después del río se podía ver una serie de casas de techo plano, pintadas de colores vivos, con direcciones mexicanas. Pero también había cuatro marcadores de piedra dispuestos alrededor de una fuente seca, uno de los cuales conmemoraba el sitio donde el conquistador Juan de Oñate vadeó el Río Grande por primera vez en El Paso del Norte, el paso libre de nieve más bajo a través de las montañas Rocallosas. Sin advertirlo, estaba parado sobre el lugar donde comenzaba Texas y terminaba México. Ante mí, justo en el borde del Río Grande, se encontraba la zona de impacto de una herida que se hacía cada vez más profunda entre ambos países: una larga fila de vehículos de la Patrulla Fronteriza a la que a diario se incorporaban más agentes que miraban en dirección a México.

Mientras observaba la belleza y la historia que se concentraban en ese paisaje, Primo arruinó el momento al opinar:

—Éste es un coctel Molotov —en referencia a la extraña ironía del libre comercio y la amnistía.

Aunque el eslogan de la campaña de Reagan, "Hagamos que Estados Unidos vuelva a ser grande", representaba una visión de unir al continente, esto terminó irónicamente por provocar tensiones. Primo y David Brooks concluyeron que los pueblos fabriles del Medio Oeste nunca sobrevivirían mientras existieran mexicanos dispuestos a realizar el mismo trabajo por una octava parte del sueldo.

Como siempre, entre más tiempo pasaba con Primo, más veía las cosas de otra manera. Por la forma en que hablaba, me preguntaba si toda esta integración económica no sería más bien una violación, la sumisión de la clase trabajadora ante los codiciosos capitalistas: la nueva Malinche, una referencia a la indígena nahua que alguna vez fungió como intérprete, consejera y amante del conquistador español Hernán Cortés. Ahora éramos los hijos bastardos de este matrimonio sin amor. Gente atrapada en medio de esta relación. Éramos los descendientes de la Malinche, nuestros orígenes se remontaban a Quetzalcóatl, la mítica serpiente emplumada que se elevaba como símbolo del renacimiento después de la muerte.

Un nuevo amanecer se posaba sobre nosotros; sin embargo, aún lidiábamos con una brecha de cien años, teníamos un pie plantado en el siglo XXI y el otro atrapado en los ideales inconclusos de la Revolución mexicana. Digo, ¿qué opción tenía México cuando el país más poderoso del mundo quería hacer negocios? ¿Decir que no? Estados Unidos reescribía la narrativa y le anunciaba al mundo, en primer lugar a sus cordiales vecinos, Canadá y México, cómo hacer negocios de ahora en adelante. Todos teníamos que superar el proteccionismo y adoptar la globalización.

—Ésa es una forma de verlo —dijo Primo con terror en la mirada—. Esto se va a poner de la fregada, don Alfredo. Escribe eso en tu puta columna.

Yo sabía que lo que decía iba en serio. Aunque utilizaba la palabra "puta" de forma ocasional, rara vez la empleaba cuando se trataba de mí, mucho menos para referirse a mi amada columna que poco a poco se convertía en mi propio obituario. El libre comercio no era un paquete sencillo y ordenado, la cura para todos los males de El Paso y su histórica disparidad económica. Pero como siempre, Primo sonaba como un teórico de la conspiración, seguro de que México estaba a punto de vender lo que le quedaba de su conflictivo territorio a Estados Unidos, el poderoso gigante que lo aplastaría, desarmaría e invadiría con suavidad.

Sin embargo, la monotonía y el aburrimiento no me sonaban nada mal. Implicaban estabilidad, comodidades de primer mundo y un terreno fértil para la prosperidad económica.

—¿Y qué hay de malo en eso? —pregunté—. ¿Qué hay de malo en tener códigos de zonificación y Estado de derecho? Mira lo que ha pasado en ciudades como San Francisco, San Diego, aquellas hermosas ciudades en California o Santa Fe, Nuevo México. ¿Acaso crees que estas ciudades hubieran mantenido su encanto si aún formaran parte de México? ¿O se propagarían nuevas colonias por toda la ciudad, esos interminables barrios bajos como los que se encuentran en la periferia de Ciudad Juárez y Tijuana?

—Alfredo, no sabes mucho de historia. Tienes que leer más. Lee antes de opinar. Piensa.

—¿En qué me equivoco?

—Ningún país, por la virtud de ser rico y poderoso, debería imponer su voluntad sobre los más pobres y débiles —me regañó Primo—. México lo sabe de sobra. Defiende tu país. Lee sobre los niños héroes.

Primo se refería a la leyenda de los jóvenes cadetes que defendieron el castillo de Chapultepec, construido en el siglo XIX, de las fuerzas invasoras de Estados Unidos. Uno de ellos incluso se envolvió en la bandera mexicana y saltó hacia su muerte en lugar de dejarse capturar por los yanquis.

—¿De qué lado estás? ¿Dónde está tu patria?

—Yo diría que depende del momento. Depende de dónde me encuentre.

—¿A quién le vas cuando México y Estados Unidos juegan futbol?

—Al que vaya abajo en el marcador.

Quise desviar la conversación, porque a veces no tenía ni idea de qué contestar.

—Avísame cuando sepas —dijo Primo.

—¿Nuestra amistad depende de ello?

—No. Siempre tendremos Filadelfia.

En el fondo, Primo no estaba de lo más mínimo convencido de esta supuesta integración.

Nunca escribí esa columna sobre la teoría de Primo de que las cosas se iban a poner de la fregada, porque poco después de su visita dejé el *Herald-Post* para irme a *The Dallas Morning News*.

11

Volver a casa

El trayecto desde M Streets hasta Arlington en Dallas se tradujo en una serie de frustrantes retrasos provocados por obras en la vía pública y una lenta inmersión en los temidos suburbios, aunque también en una especie de renovación. Por lo general, nunca me percataba de los embotellamientos mientras cantaba la canción "Linger" de The Cranberries y sentía que, como decía la letra, quien me tenía envuelto alrededor de su dedo era Ángela. Aún éramos sólo amigos, sin embargo, no desistía en mis esfuerzos por ganarme su corazón. Ella estaba en El Paso y yo en Dallas —todavía no vivíamos en la misma ciudad, pero al menos estábamos en el mismo estado—.

Había dejado el *Herald-Post* y aceptado un trabajo como reportero de las llamadas "ciudades medianas" en Arlington para el *Dallas Morning News*, donde cubría reuniones del ayuntamiento todos los martes y la construcción del estadio Ballpark para los rangers de Texas, un equipo que en parte era propiedad de George W. Bush. También me escapaba a las ventas de Foley's Red Apple todos los viernes o por una bola de helado de yogurt en un local frente a la oficina del *News*.

Si bien mi principal objetivo era reportar desde México, ¿qué tenía de malo probar un poco de la vida en el centro de Estados Unidos al cubrir notas sobre beisbol y el melodrama del ayuntamiento? ¿Qué era más estadounidense que eso?

Primo me llamó una tarde en la que me encontraba en mi auto. Salía de Arlington mientras el tráfico rugía por la autopista I-30 y aproveché para cantar a todo pulmón al ritmo de lo que se escuchaba en el radio. Primo me informó que le había pedido un préstamo a David para tomarse lo que en un principio pensó sería un año sabático en México. En vez de eso, me dijo que se había involucrado en algo más grande.

—Necesitas venir a México —me exhortó—. Ahora mismo se gesta una revolución.

Él más que nadie sabría algo al respecto.

Dijo casi con entusiasmo que el TLCAN había reunido a las masas para rebelarse.

David y él presenciaron las semillas de malestar poco tiempo atrás, pero no sabían con exactitud qué se cocinaba en ese momento. Tan sólo unos meses antes de que ocurriera el levantamiento indígena zapatista en el estado meridional de Chiapas, que inició el 1° de enero de 1994 —un día después de que el TLCAN entrara en vigor—, ambos recibieron a líderes mexicanos de izquierda en privado dentro del restaurante Tequilas. David y los meseros usaron manteles para cubrir las ventanas de los curiosos y asegurarse de que las reuniones se mantuvieran en estricta confidencialidad. Ni siquiera a mí me contaron sobre ellas. Los hombres dentro del establecimiento hablaron sobre la creación de un sindicato mundial de trabajadores. Uno de los líderes sindicales resultó ser un antiguo aliado del movimiento zapatista.

Primo y David sentían que estaban en medio de todo, aunque su rol fuera sólo como anfitriones. Ayudaban a concertar reuniones entre representantes sindicales de la Ciudad de México y Estados Unidos. Con respecto al levantamiento zapatista, ninguno de los dos sabía que lo que se discutía en Tequilas pronto se convertiría en una noticia global. La revuelta zapatista era liderada por una de las comunidades más oprimidas en México: el pueblo maya. El representante de su rebelión guerrillera era un hombre con pasamontañas conocido como el subcomandante Marcos, cuyo amigo, el líder sindical, comía y bebía en Tequilas. Se organizaron para protestar contra el nuevo orden económico. Y resultó que tenían un club de fans. Algunos granjeros en Nebraska, amigos de Primo, aplaudían el levantamiento y apoyaban a sus contrapartes más pequeñas y pobres en Chiapas. La sublevación fue la señal que inspiró a Primo a regresar a casa, no sólo por un año sabático sino quizá para siempre. Siempre soñó con una revolución.

—Éste es el momento —me dijo.

La urgencia en su voz me emocionó mientras estaba atorado en el tráfico.

—México es el lugar donde está la acción. Olvídate del concilio de la ciudad. Ven a escribir sobre la revolución. ¿Qué no te sientes inspirado por John Reed?

Primo se refería al periodista estadounidense de Portland, Oregón, que fue sepultado en Moscú y quien escribió *Diez días que estremecieron al mundo,* un libro sobre el levantamiento del pueblo ruso y el ascenso de Lenin.

—¿Qué no viste la película *Rojos* millones de veces? —preguntó, lo cual hizo que me arrepintiera de haberle contado esto durante una de nuestras borracheras nocturnas en Filadelfia.

—Veintitrés, para ser exacto —le recordé—. Te veré pronto. El próximo año en el D. F.

—México no tiene un año —dijo—. Las cosas suceden ahora.

Primo recibió una carta del subcomandante Marcos que se publicó en *La Jornada,* el periódico de izquierda de la Ciudad de México, que también se convirtió en el diario oficial para las diatribas poéticas de Marcos. Me leyó una parte de la misiva en la que Marcos abría con "Señor Primitivo Rodríguez Oceguera" y continuaba con el título "El México que queremos".

Marcos escribía sobre Heriberto, un niño pobre y chimuelo de tres años de edad, y acerca de sus propias pesadillas, una de las cuales era "ser incapaz de encontrar el remedio contra la pobreza" y mirar con impotencia mientras México le pintaba los labios a un puerco. En su propia canción rítmica, escribió que el TLCAN amenazaba todo bajo el sol entre el Río Bravo y el Río Suchiate, en la frontera sur de México.

Y como por arte de magia, Primo hizo que me olvidara de las rebajas en Foley's, el helado de yogurt y la creciente camaradería con la oficina de Arlington. Mi destino no estaba en el norte de Texas sino al sur de la frontera. Después de todo, esto era de lo que habíamos hablado en Filadelfia.

Presioné al *Dallas Morning News* para que cumpliera su promesa de establecerme en la Ciudad de México. Los editores aún se mostraban reacios a hacerlo, por lo que saqué a colación una amenaza velada: *The Arizona Republic* me cortejaba para un puesto. Quizá sólo debería marcharme y ellos me dejarían cubrir México, el TLCAN y la frontera. Eso llamó su atención. El *Morning News* accedió a enviarme al sur como parte de una estrategia de expansión hacia Latinoamérica y un compromiso de cubrir la apertura económica de México. En el país reinaban los asesinatos y la incertidumbre —como la que ocasionaba un candidato presidencial que retaba al PRI desde dentro para estar más abierto a la democracia—. México estaba en crisis. El *Morning News* duplicaría el tamaño de su oficina en la Ciudad de México a dos periodistas y más adelante lo incrementaría a un equipo de casi doce, lo que le daría la oficina más grande de cualquier medio de Estados Unidos en México. El *Morning News* también abrió otra oficina en Monterrey, en el estado norteño de Nuevo León, todas éstas señales de la importancia del TLCAN para Texas.

Para finales de 1994 me mudaba a una colonia histórica hecha a la medida de Frida Kahlo en el corazón de Coyoacán, un silencioso y arbolado vecindario. Sentía que por fin lo había logrado. A mi alrededor tenía coloridas casas coloniales, algunas de ellas de dos pisos, pintadas con tonalidades ricas que parecían haberse inspirado en la carne roja de la sandía, el verde profundo del aguacate, los suaves tonos amarillos de una guayaba y las pieles moradas y aterciopeladas de los higos. Mis residencias favoritas eran de color azul profundo, un tono oscuro que me recordó los cielos del suroeste sobre el paisaje desértico mientras anochecía. Vivía en una casa que parecía una fortaleza, rodeado de vecinos, entre ellos Serra Puche, el viejo amigo de Primo y ahora, al menos por algunas semanas, el nuevo secretario de Hacienda y uno de los arquitectos clave del TLCAN. Pasaba por su mansión de camino a Las Lupitas, mi nuevo lugar favorito para comer, que servía el mejor champurrado —una bebida espesa de chocolate caliente hecha con harina de maíz, cacao, canela y clavo— y quesadillas untadas con frijoles refritos.

Estimaba mucho al dueño, nativo de Chihuahua. Hablábamos sobre política y las posibilidades inexploradas por México. Más adelante en esa misma calle se encontraba una de las residencias de Carlos Salinas de Gortari y de su predecesor, Miguel de la Madrid Hurtado.

Había enormes palmeras que se alzaban por encima de los techos de tejas de arcilla color naranja. Las calles estaban hechas de adoquines antiguos que desembocaban en plazas históricas, donde niños y niñas brincaban sobre los charcos de agua que dejaban los jardineros después de regar las plantas, muchas de las cuales eran las bugambilias que amaba mi madre. Este vecindario era el corazón de la Ciudad de México en el corazón del país mismo. La música del organillo le daba un aire romántico al lugar. Coyoacán fue el escenario de muchos grandes amores, desde Hernán Cortés, el conquistador español, y su amante, la Malinche, hasta el muralista Diego Rivera y su amada Frida Kahlo, así como su amante de una sola vez, León Trotsky. El ruso pasó los últimos años de su vida en Coyoacán y se dedicó a alimentar al conejo que tenía como mascota. Mientras Coyoacán parecía suspendido en el tiempo, en muchas otras partes de México la transformación era drástica, en sintonía con los cambios en las políticas de Estados Unidos que alterarían para siempre a ambas sociedades. El flagelo y las bendiciones de la globalización habían llegado para quedarse.

Mi primera tarea fue cubrir la "revolución" que llamó al levantamiento zapatista. Volé a San Cristóbal de las Casas, en el verde y montañoso estado sureño de Chiapas. No fue un inicio auspicioso: en el abarrotado taxi "comunal", muchos tuvimos que sentarnos encima de los otros de camino a los pequeños pueblos donde el zapatismo tenía su fortaleza. Por desgracia, chocamos en un punto del camino y salí proyectado hacia el parabrisas, cuyos pedazos de vidrio me cortaron la cara. Llegué todo ensangrentado, aturdido y con un diente flojo —la gran cagada del influyente corresponsal antes de siquiera empezar.

Ésta fue una época transformadora. Comía tacos en la calle y hacía mis compras con discreción en el nuevo Wal-Mart durante los fines de semana, temeroso de que los manifestantes nos avergonzaran públicamente a mí y a cientos de otras personas por comprar en una cadena que amenazaba a cientos sino es que a miles de pequeñas tiendas. Una noche compré un set de televisión Fisher, que aún funciona, y le di dinero extra al taxista para que lo escondiera en el vocho —un Beetle de la Volkswagen—, lejos de las turbas alborotadas.

Muchos mexicanos se sorprendieron al ver que su país, que durante mucho tiempo fue un refugio proteccionista y nacionalista contra cualquier cosa gringa, era invadido por extranjeros que atentaban contra su propia forma de vida y empleos. Esas tiendas familiares cedieron ante el capitalismo, que desfiguró su cultura y los obligó a cerrar sus changarros para abrirles paso a las franquicias de comida estadounidense. Los vendedores ambulantes que despachaban tacos se sentían amenazados por McDonald's. Mi señora de la fruta en el mercado de Coyoacán se preocupaba de que sus productos se pudrieran o de que sus clientes dejaran de venir por preferir el espacio moderno de las tiendas Wal-Mart a su humilde puesto en la esquina del mercado.

Pero vivir en México no sólo se trataba de reportar la historia. Después de todo, el país también era *mi* historia. Saboreé el primer momento en que mis padres me visitaron en mi propia casa en la Ciudad de México. Consentí a mi madre en Coyoacán y luego en San Miguel de Allende y Dolores Hidalgo, donde se encontraban los restos del cantautor José Alfredo Jiménez. Plantó hermosas jacarandas y rosas en macetas para decorar mi nuevo hogar —su propia manera de reconectarse con el país que dejó décadas atrás y al que, como yo, prometió regresar—. Ahora sus manos se enterraban en la tierra mexicana por puro placer y estética —no para demostrar su valor ante los rancheros del centro de California sino para disfrutar de su patria—.

Con cada probadita del exuberante mole de Oaxaca, los tamales de plátano y los buñuelos bañados en chocolate, deseaba que mi madre pudiera borrar todos los años durante los cuales se partió el lomo y el corazón en los campos de California y en la cocina de Freddy's Café. Una vez en el restaurante, alguien sin quererlo le derramó sopa hirviendo sobre las piernas, lo que provocó que las mallas se le pegaran y le quemaran la piel. Un cliente la llevó a urgencias, pero no tardó mucho en regresar a la cocina del restaurante. Freddy's no podía mantenerse a flote sin mi madre. Ella *era* Freddy's. Anhelaba ser el hijo que la hiciera sonreír, así que estaba orgulloso de traerla a casa y consentirla con cualquier delicia que se le antojara. Con el tiempo se convirtió en mi cuidadora diaria y cuando la llamaba, me decía:

—Experimento México a través de ti. Ámalo como yo lo hago.

La Ciudad de México se convirtió en un faro para quienes se fueron a Estados Unidos, entre ellos David, que aún se encontraba en Filadelfia. Se moría de ganas de visitarme. Por fin una tarde viajó a la ciudad y se apareció en mi nueva oficina de Coyoacán. Sobre mi escritorio había una fotografía donde aparecíamos jóvenes y delgados, una prueba que mostraba cuánto habíamos subido de peso.

—La comida chatarra es mala para tu salud —me advirtió David, un esnob de la comida.

—¿Ah, sí? Pues también soy adicto a cuanto churro y elote se cruce en mi camino.

—Olvídate de los elotes y los churros. Ésos no son tan malos como lo que se avecina. Esto se va a poner más cabrón con el TLCAN.

David se refería a la proliferación de restaurantes McDonald's, una cadena de comida rápida que detestaba.

—Éstas son las semillas de la diabetes y la obesidad —agregó. Y tenía razón. No pasaría mucho tiempo para que México compitiera con su vecino del norte por el título del país más gordo del mundo, un gran consumidor de refrescos y líder en las tasas de diabetes y obesidad tanto adulta como infantil.

En otra ocasión vino Ken. Sus acciones iban a la alza y quería sacarles provecho a sus raíces binacionales. Sus clientes se extendían desde Filadelfia hasta la Ciudad de México, donde trabajaba por lo menos la mitad del tiempo. La representación del ferrocarril nacional mexicano era la piedra angular de su negocio. También representaba a compañías estadounidenses y mexicanas en sus inevitables disputas y demandas. Salíamos a distintos lugares en la Ciudad de México y todo lo cargábamos a su cuenta de gastos. En pocas palabras: vivíamos a lo grande. Sus clientes lo invitaban a lujosas bodas en Tepoztlán, Cuernavaca y Cancún.

Una noche me despertó para decirme una obviedad:

—Hay tanto dinero aquí, *chacho*. El país está forrado.

—No me digas —le respondí—. Ésa es la razón por la que mucha gente pobre se va. Las disparidades económicas.

Tan sólo 10 por ciento de la población, los más ricos, controlaba México. Había mucha tensión y la oficina crecía con Lonnie como el nuevo trabajador independiente y Javier como nuestro chofer. Las cosas parecían mejorar para el periodismo. En la Ciudad de México se celebraban incluso comidas tipo estadounidense, es decir, de máximo una hora —algo que aplaudía en silencio, pues esas comidas de tres horas mezcladas con tequila acababan por arruinarle todo un día de trabajo a un reportero—. Bien, el estilo de vida estadounidense había llegado aquí, les decía a mis colegas en la oficina de México. Ve directo al grano, les recordaba a quienes me acompañaban mientras practicaba la nueva cultura de la hora de la comida al pedir el primer y segundo platillo al mismo tiempo que la cuenta. A menudo los meseros respondían con una mirada aturdida.

—Ni siquiera pienses en tequila —le recordé a Primo, a quien invité una tarde para hablar sobre su más reciente plan de trabajo: otorgar a los mexicanos en Estados Unidos el derecho a votar durante las elecciones mexicanas.

Mi advertencia lo tomó desprevenido. Después de todo, yo regresé a México, donde los mexicanos trabajaban para vivir, no al revés, me recordó. ¿Qué no quería alejarme de Estados Unidos? Pero, ¿qué no también debíamos traer un poco de nuestro propio estilo de vida para responsabilizar a México, hacerlo más eficiente?, le recordaba.

Tan político como siempre, Primo sólo cambió el tema.

Todo este asunto de ser corresponsal extranjero tenía un dejo de imperialismo, incluso para un mexicano nativo como yo. Aun con el nopal que tenía tatuado en la frente, veía México a través de la lente de un estadounidense. Cuestionaba lo que estaba mal en mi país nativo, su sistema, sus valores y prioridades, y por qué el éxodo hacia el norte parecía no tener fin. Las múltiples capas que se tenían que pelar para llegar a la verdad se asemejaban a un pasillo interminable de trucos y distracciones.

Mi día comenzaba con Radio Red y la voz sonora de José Gutiérrez Vivó, un periodista que clamaba por la verdad y exigía la rendición de cuentas antes de que el término se volviera popular. Cuando estaba en la ciudad, caminaba hacia Lupitas para leer tres o cuatro periódicos que cargaba bajo ambos brazos. Me sentaba en una mesa junto a la ventana y veía cómo algunas estrellas de las telenovelas de Televisa se paseaban por la plaza. O avistaba un expresidente, antiguos secretarios del gabinete, los más ricos entre los ricos, mientras paseaban a sus mascotas. Leía las notas de mayor importancia en el periódico más viejo del país, *El Universal*, el diario de izquierda *La Jornada* y el advenedizo *Reforma*, y buscaba en las palabras de los columnistas cualquier indicio de la elusiva verdad. Un vuelo era lo único que me separaba del último desastre natural en Cancún o Puerto Vallarta o Manzanillo, o de la más reciente tragedia —grupos de mexicanos que morían de cansancio en un atestado camión de dieciocho ruedas—, mientras veía cómo llegaban sus féretros a un minúsculo pueblo de Michoacán.

Por otro lado, no era el único reportero mexicoamericano que vivía en la Ciudad de México. El TLCAN abrió la puerta a docenas de otros corresponsales estadounidenses que tenían preguntas urgentes sobre una nueva y compleja relación a plena vista. Nunca antes había habido tanto interés por México. Nosotros constituíamos una nueva generación de reporteros que conocía ambos países a la perfección y eran expertos en los matices y las sutilezas de cada cultura. Paul de la Garza de *The Chicago Tribune*, Richard Chacón de *The Boston Globe*, Ricardo Sandoval de *The Mercury News* —se habían asimilado tanto que podían olfatear los corchos del vino y preguntar sobre las sequías en las zonas donde se ubicaban los viñedos—. Me sumé a Dianne Solís y más tarde a José de Córdoba, mis antiguos colegas en el *Journal*, con un grupo de reporteros independientes como Sam Quinones y Franc Contreras, y más adelante David Sedeño y Ricardo Chavira. Por supuesto, el fotorreportero Keith Dannemiller y el decano de corresponsales Dudley Althaus, pioneros en el *Houston Chronicle*, nos dieron la bienvenida a todos.

La oportunidad de Ángela para sumarse a la lista de corresponsales extranjeros en la Ciudad de México se avecinaba. Hablábamos cada noche. En ese momento se encontraba en Dallas. Quería caminar por la avenida Francisco Sosa y disfrutar de una comida relajada en el San Ángel Inn, como el resto de quienes movían los hilos en la Ciudad de México, y entrar al lugar de forma casual como si siempre hubiéramos pertenecido ahí. Yo le decía que en los tiempos de globalización todo era posible. Debería volver a casa y hacer de México un país mejor, disfrutar de fines de semana en Tepoztlán o Cuernavaca. Podía contar historias y construir puentes.

Ángela escuchaba ladrar a sus perros Natasha, Nell y Zorro en el fondo, sobre su arbolada calle en Dallas cerca del parque Glencoe. Renunciaría a todo ello en un segundo por estar en Coyoacán, decía. En ocasiones viajaba para visitarme y yo le mostraba en lo que se convertía México, algo que la llenaba de envidia. Cuando en verdad quería atraerla, usaba Jalisco como carnada. No podía negarse, en especial a Guadalajara. Nos maravillábamos ante el glamoroso centro histórico de la ciudad punteado por plazas coloniales y el jardín lleno de familias que paseaban, mariachis en sus trajes de charro que tocaban la trompeta y rasgaban el guitarrón. Pasábamos por amplias avenidas y monumentos como el neoclásico Teatro Degollado, una elegante catedral con dos chapiteles de oro, y el Palacio de Gobierno con sus maravillosos murales pintados por José Clemente Orozco.

Ésta no era cualquier ciudad. Ésta era Guadalajara, el hogar de la infancia de Ángela y el sueño nostálgico de cualquier inmigrante. Como sucede en Estados Unidos, en México muchos estados tienen culturas tan distintas que pueden parecer y sentirse como pequeños países independientes. Jalisco es uno de ellos. El estado colinda al sur con la entidad tropical de Colima y Michoacán, al norte con la meca minera de Zacatecas y posee varios kilómetros de línea costera con el océano Pacífico al oeste. Al igual que California, Jalisco es una potencia cultural y un barómetro político y económico para México. En las tierras altas de la parte central del estado, el tono azul profundo de los campos de agave se extiende por el horizonte como un vasto mar entre los pueblos productores de tequila como Amatitlán, Atotonilco, Los Altos de Jalisco, Arandas y el pueblo cuyo nombre es Tequila, precisamente.

Ángela y yo viajamos al lago de Chapala y Ajijic, lugares que conocía bien de su infancia y que para entonces albergaban a tantos estadounidenses que adopté el hábito de buscar a George de California en cada parque y en cada calle. ¿Acaso estaría aquí también, deseoso de tener ese nuevo comienzo que consumía sus pensamientos en los campos tras soportar los horrores de la guerra? Imaginaba que vivía en algún rincón de un pueblo pesquero a lo largo de la costa del Pacífico, lejos de la gente curiosa como yo, o tal vez en San Miguel de Allende. Quizá ya había muerto, pero aun así lo buscaba en todas partes, con la esperanza de avistarlo. El sueño de George ahora era mi realidad.

Caminamos y condujimos a través de una vertiginosa gama de luces que parpadeaban en numerosas glorietas de Guadalajara, y comimos carnitas en El Abajeño, donde los mariachis le llevaron serenata a Ángela con canciones como "La malagueña" y "Granada". Recordaba haber escuchado estas melodías cuando era niña junto a su hermosa madre, a quien le decían *Bebé* de cariño, y a su elegante abuela apodada *Gaga* por Ángela y sus hermanos. Su abuela se mudó a México con su segundo esposo y la madre de Ángela la siguió poco después. En la avenida Vallarta, a Ángela la invadía una especie de tristeza. Como mis recuerdos de San Luis de Cordero, la infancia idílica de Ángela en Guadalajara le provocaba una nostalgia casi dolorosa. Me explicó que ella no tenía ningún deseo de mirar al pasado más allá de los recuerdos de una infancia feliz y que no le gustaba recordar cómo se sentía haber dejado México atrás.

Cuando era niña, no sabía lo que significaba la discriminación y sobre todo que podía suceder en ambos lados de la frontera. Dejar México durante su niñez fue una de las experiencias más difíciles para Ángela. Sus hermanos y ella estaban emocionados de regresar a Estados Unidos, el país de las muñecas Barbie, las barras de chocolate Milky Way y las caricaturas en inglés de los sábados por la mañana. Gaga dejaba Guadalajara para casarse con un ranchero tejano —quien sería apodado *Gogo* por los nietos que estaban en Guadalajara—, que tenía una vasta propiedad justo en la frontera del condado de Hidalgo. Algunos meses después de la boda, la madre de Ángela decidió que también era momento de volver a Estados Unidos.

Pero la frontera era un lugar confuso para Ángela, pues no era ni Estados Unidos ni México. Los chicos de su escuela hablaban en una mezcla extraña de español e inglés, algo que más tarde descubriría que se llamaba *espanglish*. Algunos se veían mexicanos, aunque no hablaban ni una gota de español. Y sus compañeros de clase no lograban descifrarla. La llamaban "bolilla" en el patio de recreo o en los pasillos. Los únicos bolillos que conocía eran los panes crujientes que untaba de frijoles cuando vivía en Guadalajara. Con el tiempo entendería que "bolilla" era una referencia al pan blanco —es decir, a la gente blanca—. En un principio se sentía ajena a esta extraña frontera, pero más adelante, gracias a su mezcla de culturas, idiomas y gente binacional, se convertiría en lo más cercano a un hogar.

Nuestra amistad se hizo más profunda gracias a las metas en común, el amor por el periodismo y la vida en la frontera. Nos apoyábamos el uno al otro mientras tratábamos de reclamar lo que alguna vez fuera nuestro México. Ángela inició su carrera como reportera de radio pública en una estación comunitaria de El Paso, seguida de un trabajo como reportera en la filial de la misma estación televisiva de CBS que me despidió poco tiempo antes, porque la presentadora no creía en mi futuro como periodista.

Yo le recordaba a Ángela que su crianza le daba una visión insuperable de México.

—Aprovecha quién eres y cuenta historias —le decía.

De vez en cuando la tomaba de la mano durante nuestras caminatas por Guadalajara y la sujetaba con fuerza. A veces ella no me soltaba. En una ocasión, incluso, le robé un beso.

¿En dónde más si no en la frontera pudimos habernos conocido? Nos unieron la geografía y el destino en una región que era mucho más que una frontera que definía a dos países. Ángela tenía un término para nosotros, los que estábamos con un pie en cada país.

—Somos "gente combinada" —me decía—. Una mezcla de dos patrias y culturas, igual de cómodas en ambos lados.

Yo no entendía a lo que se refería, pero pensaba que tal vez era algo parecido a "norteamericano", algo en lo que añoraba convertirme, alguien proveniente de ambos países.

Poco a poco las cosas se acomodaron para ambos. Ángela dio todo de sí y fue recompensada con la oportunidad de trabajar en México. A. H. Belo Corporation, la compañía mediática más antigua en Texas y la empresa que la contrató, crecía y compraba estaciones de televisión por todo Texas y el resto del país. Marty Haag, el visionario que lideraba el imperio de la transmisión mediática, notó que era necesario tener una oficina en México, sobre todo para Texas, donde los vínculos familiares y de negocios eran innegables. Ángela se mudó a la Ciudad de México, donde presentó historias a nivel nacional como jefa de oficina de la división televisiva de Belo. Durante gran parte de ese tiempo trabajó con el videógrafo Ernesto Torres, quien también tenía un deseo enorme de regresar a México, la tierra nativa de sus padres. Ángela y Ernesto compartían oficina con el personal de la filial mexicana del *Dallas Morning News*.

Al fin teníamos una oportunidad, pensé. Ambos habíamos regresado a México. Estados Unidos se encontraba al otro lado de un lodoso río. En realidad no nos dimos cuenta de que nos ubicábamos en el epicentro de un terremoto que sacudiría a ambos países.

12

Medianoche tequilera en Guadalajara

Seguí el humo al interior del bar de tequila en Guadalajara porque sabía que me conduciría a David, Ken y Primo. No fumé. David me enlistó como su catador oficial de tequila y me encontraba en busca del licor perfecto. A menudo hablábamos sobre reunirnos otra vez. Quizá para una boda o un funeral. Éramos igual de mórbidos que optimistas. Pero nadie se murió y nadie se casó. En las fotos en blanco y negro que tomamos esa noche en la cantina, traigo puestos unos jeans y una camisa azul. Ken viste un chaleco. La camisa de David está abierta en la parte de arriba y expone su pecho velludo como el de un oso, y Primo trae su característica boina. Es obvio que lo agarraron desprevenido, pues aparece con las cejas levantadas.

David nos convocó a ese bar, esa noche, para celebrar lo que había sido una búsqueda de por vida. A lo largo de varios meses se reunió con los "dones" del tequila —don Julio y don Felipe— y al fin creía saber dónde encontrar el mejor agave: en Los Altos, las tierras altas de Jalisco, donde el suelo producía un sabor mucho más complejo y amable con el paladar. Contactó a los propietarios de un buen número de campos de agave que creían en preservar las tradiciones —no en vender a las grandes corporaciones que contrataban gente en todo el estado y compraban campos para impulsar su producción industrial de tequila, cuya popularidad iba en aumento.

De forma silenciosa, David siguió su pasión durante los últimos diez años; investigó sobre jimadores, los productores de tequila, y los entrevistó, en especial a aquellos de las tierras altas de Jalisco, todo como parte de su búsqueda por hacer el mejor tequila artesanal. Pensaba que estaba más cerca que nunca de lograrlo.

El tiempo era crucial. La identidad cultural de México se veía cada vez más afectada por la globalización y la entrada de tantos productos de Estados Unidos. La propia investigación de David mostraba que la disrupción en el mercado era un momento oportuno. Conversaba con algunos de los principales expertos en la región. Para el viaje, organizó una serie de reuniones con las principales destilerías de tequila en Guadalajara. Me pidió que lo acompañara para que también conociera a mis ídolos, don Julio González y don Felipe Camarena de El Tesoro de Don Felipe.

Hablaba con pasión sobre su misión de producir su propio lote de tequila, la combinación adecuada, algo entre blanco o reposado o añejo. Estudió las etapas del proceso de maduración del agave tequilero, convencido de que el secreto se hallaba ahí. Lo movía el orgullo por su cultura y la historia del tequila. Estaba casi seguro de que los orígenes del licor no eran del todo conocidos. Entre más estudiaba, más sospechaba que la historia del tequila iba más allá del relato convencional repetido durante generaciones.

Aun así, con el auge de los restaurantes mexicanos y gracias a Jimmy Buffett, así como a la margarita frozen y el tequila sunrise, la demanda explotó, lo que convirtió a José Cuervo y a Sauza en marcas mucho más grandes. Pero luego, en 1989, otros participantes como Patrón y El Tesoro de Don Felipe cambiaron el juego, con lo que comprobaron que los estadounidenses pagarían un precio más alto si de obtener prestigio y botellas finas se trataba. Desde entonces, las importaciones de tequila cien por ciento de agave aumentaron y el mayor salto se dio en la categoría calidad suprema. Las ventas de tequila de gama alta se incrementaron en 700 por ciento en los últimos quince años.

Irlanda tenía su whisky. Francia, España, Italia, Argentina, Chile y Sudáfrica ostentaban buenos vinos. Caray, incluso el ron cubano era llevado de contrabando a Estados Unidos a través de México en un claro desafío al embargo. Entonces ¿por qué se mostraba a los mexicanos como vagabundos borrachos echados bajo la sombra de un cactus, con una botella de tequila medio vacía junto a sus figuras caricaturescas? Esa imagen nos enfurecía en ambos lados de la frontera y relegaba al tequila a las profundidades de una bebida barata que producía extrañas alucinaciones y te hacía cometer estupideces.

David se obstinaba con la autenticidad. Quería entender el presente al indagar en el pasado. Quería hallar los verdaderos orígenes del tequila y reescribir la narrativa de la bebida icónica de México. Creía que el licor estaba envuelto en elegancia, al igual que el mismo México. Sólo teníamos que reescribir la historia a través del tequila. Creía estar muy cerca de lograrlo; perfeccionaba la receta y las técnicas de producción.

—Creo que los consumidores pagarán el precio adecuado si producimos la mejor calidad —dijo.

David estaba convencido de que una clientela más sofisticada y conocedora pagaría más por consumir tequila de calidad. Si los clientes desembolsaban 15 dólares por comerse unas enchiladas, harían lo mismo por beberse un buen tequila.

KEN SUBIRÍA MÁS PELDAÑOS en la escalera del éxito durante su tiempo en el prestigioso despacho legal de Schnader. Ahora usaba trajes Canali, incluso cuando realizaba trabajo pro bono. En una profesión que se medía en horas facturables, Ken aprendió muy rápido que el trabajo duro y las largas jornadas laborales eran recompensadas. En la cúspide de su éxito, aceptó un recorte salarial significativo y se convirtió en un fiscal federal. Aunque le redujeron el presupuesto de forma temporal, Ken disfrutó la oportunidad de convertirse en un verdadero abogado litigante al frente de casos de corrupción, evasión de impuestos y delitos de cuello blanco. Ahora, en 1997, su nombre aparecía en el membrete de Trujillo Rodríguez & Richards, LLC, una firma legal de gama alta con una oficina ubicada en un penthouse de la plaza Rittenhouse; su único socio era un judío estadounidense y excompañero de Penn Law. Estaba en vías de recibir su primer millón tras ganar y resolver una serie de casos grandes de demandantes contra grandes corporaciones, desde compañías tabacaleras hasta automotrices, y pelear por los desvalidos. Se moría de ganas de comprarse su primer Porsche; se transportaría de un lado al otro de Filadelfia, México y Cuba para representar a clientes adinerados.

Me enorgullecía ver que Ken aprendió el arte de beber tequila a un buen ritmo en Filadelfia. Sabía por experiencia que, cuando los cuatro amigos nos juntábamos, las noches eran largas, y pocas serían tan largas como ésta. Se le veía tranquilo y bien vestido, parecía un dandy, un elitista, un híbrido entre la elegante colonia Americana de

Guadalajara y la plaza Rittenhouse. Si el dinero era la vara con que se medía el éxito, David y él se aprovechaban de sus raíces biculturales. En ocasiones presencié las terribles señales de cosas por venir. La competencia entre ellos era palpable. Ken presumía su inteligencia de la Liga Ivy, su educación, su historia de la pobreza a la riqueza. David quería probar que la simple determinación era la clave, sin que nada más importara. Yo era, en el mejor de los casos, un puente tenue entre ellos. Aún no era fácil ser amigo de Ken. En ocasiones parecía que separaba las distintas partes de su vida en pequeños compartimentos. Una de las primeras veces que me visitó en la Ciudad de México me sorprendió al preguntarme si podía ser padrino de su boda, algo que acepté con timidez. Tan sólo unas semanas después de que lo viéramos en Guadalajara, se casaría con Laura Luna, una egresada de la Escuela de Derecho de la Universidad de Nuevo México. Ken la conoció en un viaje a Albuquerque para acompañar a su padre, quien era el siguiente paciente en la lista para recibir un trasplante de riñón. Bill, el tío de Ken, y Ruby, la madre de Laura, les organizaron una cita a ciegas. Bailaron al ritmo de "La bamba" en la versión de Los Lobos, en el American Legion Post 13, y Ken se enamoró perdidamente de ella. El puritano y estirado Ken al fin perdió el control. Nunca lo vi tan sensiblero y vulnerable. Resultaba casi imposible penetrar en la fachada de Ken, pero Laura lo logró y al parecer yo también. Sí, éramos cercanos, pero de los cuatro amigos, Ken parecía el más distante: rara vez bajaba la guardia y se mostraba tal cual era. A pesar de conocer a mucha gente, no parecía tener ninguna relación cercana con nadie. Sin saber qué más decir y halagado por el hecho de que me hubiera elegido como su padrino, acepté. Para celebrar sus próximas nupcias, bebimos hasta el amanecer en mi casa de Coyoacán mientras escuchábamos "Corazón partío" de Alejandro Sanz y bailábamos en bóxers.

Primo aún trabajaba ambos lados de la frontera. Junto con sus amigos de Chicago, Raúl Ross y Chuy García, quería construir una red de norte a sur al modificar la Constitución poco a poco para permitirles a los mexicanos en el extranjero votar en las elecciones presidenciales. Primo regresó con las credenciales binacionales adecuadas. Más de una década de vivir fuera le mostró la importancia de unificar sus dos versiones de México: el de aquí y el de allá, al norte y al sur de la frontera. Conocía los problemas de cerca. Ayudó a liderar

un sindicato de aquellos trabajadores mexicanos de la industria champiñonera que conocí en la plaza Kennett y hasta marchó con ellos
hacia Harrisburg, la capital de Pensilvania. Convenció a David de
que hiciera a un lado el delantal y se involucrara e incluso logró que
Cuauhtémoc Cárdenas, el icono presidencial de izquierda, se solidari-
zara con los trabajadores del champiñón y exigiera mejores condiciones
laborales. Una publicación hispana escribió mal dos palabras: "Pensilvania" y "Zuro" en vez de "Suro". Primo no aparece en la foto.

Para un hombre que estuvo fuera de México durante diecisiete
años y que consiguió organizar a los trabajadores en ambos lados
de la frontera, su recepción fue decepcionante. Al igual que yo, él
se enfrentaba a un país implacable que aún resentía nuestra partida.
Un antiguo amigo de Primo, Sergio Aguayo, de El Colegio de México, lo invitó a ayudarlo con Alianza Cívica, una organización no
gubernamental cuyo objetivo era empoderar a los mexicanos para
fortalecer la sociedad civil al votar. Muy pronto Primo sospechó que
algo más sucedía en el país. El PRI, por más corrupto que fuera, era
sinónimo de estabilidad. ¿Acaso ahora el gobierno de Estados Unidos apoyaba organizaciones como Alianza Cívica para mantener a
la izquierda fuera del poder? ¿Qué rol jugó el gobierno de Estados
Unidos en la apertura democrática de México?

The New York Times y *La Jornada* publicaron historias que, en
esencia, acentuaban las sospechas de Primo. Una de esas historias
fue reportada por David Brooks, antiguo amigo de Primo y ahora
reportero en *La Jornada*. Ésta sugería que la Agencia Central de Inteligencia (CIA), a través de la Fundación Nacional para la Democracia,
trataba de construir en secreto una democracia que se alineara con
los intereses de Estados Unidos en la región. La CIA apoyaba grupos
como Alianza Cívica para influenciar a los votantes mexicanos en
aras de la estabilidad. Imagínense eso: un gobierno extranjero que
influía en un país soberano.

Por ahora, Primo se reservó sus sospechas, pero la semilla ya
estaba plantada.

EL RESTAURANTE ERA UNA típica cantina del centro, con
paredes de ladrillo, muy oscuro y con algunas parejas que bailaban
en la pequeña pista. Nos reunimos alrededor de una mesa larga cuyas
sillas tenían respaldos de piel color marrón. Brindamos por los albores

de la democracia, el empoderamiento político para los mexicanos en ambos lados de la frontera.

Brindamos en honor a David, que estaba a punto de conseguir su sueño tequilero.

Como era de esperarse de David, no estábamos solos esa noche en Guadalajara. Nos acompañaba su séquito de amigos de la infancia y un puñado de estudiantes de la Universidad de las Artes de Filadelfia. Llevar a los fotógrafos a los campos de agave para que captaran imágenes de paisajes deslumbrantes no era el único objetivo de David, sino más bien parte de su estrategia de largo plazo para humanizar a los trabajadores, a México. Cambiar su narrativa y que esa nueva imagen reverberara en ambos lados de la frontera. Los fotógrafos compartieron imágenes de aquel día, tomas de jimadores que cortaban los corazones de maguey del tamaño de una piña que contenían el aguamiel a partir del cual se elaboraría el tequila. La experiencia también despertó su interés por la fotografía.

Entre los fotógrafos se encontraban John Carlano e Hidemi Yokota, un antiguo estudiante que voló desde su hogar en Japón con cámaras y varias gotas para los ojos a fin de mantenerse despierto. Por instantes se quedaba dormido, sólo para despertar ante los desvaríos poéticos de Primo, a quien cautivó una mujer llamada Hilary Parsons Dick. Era una estudiante de posgrado en la Universidad de Pensilvania, quien analizaba los crecientes vínculos de inmigración entre México y Estados Unidos, ya fuera en los campos de agave o muy cerca del estado central de Guanajuato, donde los trabajadores del champiñón iban directo a la plaza Kennett.

Aunque el motivo por el que fuimos convocados era el tequila, con cada trago que bebía Hilary se convertía en la principal atracción. Todos, con excepción de Ken, nos enamoramos un poco. Pero Primo fue quizá quien más rápido perdió la cabeza; superó todos nuestros intentos fallidos por hablar con ella y después de bastante tequila y mucho baile, encontró un lugar junto a ella y comenzó a recitarle un poema improvisado. Empezó a rapear antes de que el rap se convirtiera en algo importante en México.

Fuera de broma: esta escena duró varias horas.

Hilary escuchó con atención, encantada al instante. Primo debía llevarle más de treinta años, pero, ¡caray! Nadie podía negar su carisma y facilidad de palabra.

Terminamos por nombrar ese poema —y a partir de esa noche nos referimos a él como— "Ésta es la noche".

> Una joven nota de arena
> bañó los ávidos ritmos
> de mi piel sedienta
> eras tú,
> tú enigma
> tú inasible torbellino
> mujer merengue salsa espuma.

Yo me sentía intrigado por otros motivos. Hilary encabezaba un estudio innovador sobre los vínculos binacionales que se desarrollaban en la plaza Kennett y la pequeña ciudad de Moroleón en el México rural. Ambos lados de su familia eran originarios de pueblos mineros en Gales y Escocia, y más tarde se mudaron a las colinas mineras de pizarra y carbón de Maryland y el lado oeste de Virginia. La conmovían las traumáticas historias de migración de su propia familia, sobre todo la de su madre, y se concentró en la migración mexicana como su principal tema de interés en la universidad. Ahora se preparaba para realizar trabajo de campo en el estado central de Guanajuato durante un año, donde estudiaría el impacto de la inmigración en el periodo posterior a la amnistía.

El viaje resaltó la advertencia que sus dos mentores, Jorge Durand y Douglas Massey, hacían a ambos países. Esta migración de mexicanos era rápida, furiosa e impredecible, algo que yo observaba de primera mano por todo el campo. Pero lo más preocupante era que el patrón circular natural de la gente que iba de un lado al otro, incluso antes de que existiera el Programa Bracero, parecía haberse trastocado, tal vez para siempre.

Salinas de Gortari hizo la promesa célebre de que, con el TLCAN, serían los bienes y no las personas quienes se exportarían a Estados Unidos. Primo temía que, sin pactos laborales, el éxodo hacia el norte nunca terminara.

Antes de la Ley de Reforma y Control de Inmigración de 1986, los inmigrantes mexicanos no se establecían en Estados Unidos como lo hacían ahora. Entre 1965 y 1986, de acuerdo con estudios de la Universidad de Pensilvania, alrededor de 27.9 millones de mexicanos indocumentados entraron a Estados Unidos y 23.3 millones regresaron a México, una ganancia neta de sólo 4.6 millones de personas, lo que sugiere que la mayoría de los trabajadores seguía los cultivos estacionales, casi siempre con el deseo de regresar a casa.

Yo viajaba por todo México y era testigo del vaciamiento del campo. Veía las historias de dos ciudades en una región de Guanajuato.

Una estaba llena de vida, con mujeres, niños y hombres mayores que deambulaban por las calles y se sentaban en la plaza de la ciudad, con negocios activos gracias a las remesas enviadas por hombres en Canadá empleados bajo un programa de trabajadores invitados. Regresaban cada temporada, tal como lo había hecho mi padre hacía muchos años. A dos o tres kilómetros de distancia, otra ciudad de tamaño similar perecía.

La gente local hablaba sobre los familiares que se fueron no sólo a Illinois, Texas o California, sino a estados que desconocían, con nombres que ni siquiera podían pronunciar. Me mostraron cartas con matasellos de lugares como Nebraska, Iowa, Minnesota, Maine e incluso Vermont. Sí, la disparidad salarial era un enorme factor, pero ésa no era toda la historia. Pocos se veían felices con su decisión, sobre todo porque regresar ya no era tan fácil como antes. A veces cuando empacaban y se despedían, parecía que se dirigían a un funeral.

Me desperté a la mañana siguiente en Guadalajara con una revelación: que otro México crecía dentro de Estados Unidos. Este otro México estaba atrapado en la cúspide de lo desconocido.

A diferencia de nuestra generación, México ahora estaba en el espejo retrovisor.

Y yo desconocía la mitad de la historia.

13

Atrapado en Estados Unidos,
no hay vuelta atrás

Me encontraba dentro de un bar en San Luis Potosí, un estado que se vaciaba de gente que se mudaba a Texas, en particular a la zona de Dallas-Fort Worth. Su población no podía sobrevivir con tres dólares al día, lo cual significaba que su única opción era comer frijoles y tortillas y, de vez en cuando, carne.

Mientras revisaba mi libreta de notas, dos personajes de apariencia sospechosa, mirada penetrante y puntiagudos sombreros de vaquero comenzaron a aplaudir.

—¿Quiénes son? —le pregunté al bartender mientras las imágenes de algunos legisladores en D. C. saturaban la pantalla de la televisión.

—Coyotes —dijo—. Se acaba de duplicar el costo del contrabando de mojados al otro lado de la frontera. ¿Necesitas que te ponga en contacto con ellos?

—No, sólo me dio curiosidad.

Me acerqué a ellos y me presenté.

—¿Puedo hacerles algunas preguntas?

—Claro, sólo no incluyas nuestros nombres.

—¿Qué celebran?

—Entre más difícil es el cruce, más dinero podemos cobrar —dijo uno de ellos.

Para 1996, Clinton firmó una reforma migratoria draconiana que sometía a muchos más inmigrantes indocumentados, entre ellos los residentes legales permanentes, a ser detenidos o deportados. El Congreso también anunció nuevos marcos de referencia para la cooperación entre los gobiernos federal, estatales y locales.

Estos tipos brindaban por los líderes congresales de Estados Unidos, sobre todo el senador Phil Gramm, un republicano de Texas, y las consecuencias involuntarias que desataron al imponer medidas más duras a la inmigración. Ahora los coyotes verían un aumento en sus ganancias. La nueva política sería de gran ayuda para los contrabandistas.

Por supuesto, en Estados Unidos los mexicanos se convirtieron en la más reciente y conveniente piñata política.

La Operación Bloqueo de 1993 en El Paso se extendió a operaciones similares en la costa oeste con la Operación Guardián en San Diego. En Arizona, la Operación Salvaguarda no recibió los recursos necesarios, lo que resultó en la canalización de migrantes desesperados al desierto remoto, donde las temperaturas a menudo se elevan por encima de los 48 °C durante el verano. El número de personas que morían en el trayecto hacia el norte comenzó a crecer.

Los gobernadores de Texas, California e incluso Florida amenazaron con demandar a menos que la administración de Clinton tomara acciones para frenar la inmigración ilegal. Se quejaban de que miles de millones de dólares en fondos estatales de asistencia social se agotaban y aseguraban que los inmigrantes se apropiaban de trabajos y cometían crímenes, se agolpaban en las salas de emergencia de los hospitales y abrumaban a las escuelas públicas con sus "bebés ancla", niños nacidos en Estados Unidos. Hasta las elecciones intermedias de 1994, cuando los demócratas perdieron ambas casas y Clinton fue obligado a negociar con los republicanos, éste en realidad nunca consideró el tema migratorio una prioridad, pero la extendida frustración pública no podía ser ignorada. Por recomendación de su nuevo consejero conservador, Dick Morris, el presidente encontró la manera de acortar la brecha política con sus oponentes mediante la inmigración. Clinton ya se sentía frustrado por el hecho de que muchas de sus iniciativas eran bloqueadas por los republicanos. Entonces concedió las políticas migratorias a sus rivales, quienes no podían esperar la oportunidad de reunir a la opinión pública contra el TLCAN. Éste no era, como Reagan dijo alguna vez, un continente abierto.

En esencia, Clinton cedió ante la presión republicana durante su discurso del Estado de la Unión en 1995, cuando dijo: "Todos los norteamericanos, no sólo en los estados más afectados, sino en cualquier lugar de esta nación, se sienten perturbados con justificación por la gran cantidad de extranjeros ilegales que entran a nuestro país. Los trabajos que ellos ocupan podrían pertenecerles a los ciudadanos o a los inmigrantes legales. Los servicios públicos que utilizan imponen cargas sobre nuestros contribuyentes. Por eso es que nuestra administración se ha movilizado con firmeza para proteger más nuestras fronteras al contratar una cifra récord de nuevos guardias fronterizos, al deportar el doble de criminales extranjeros que nunca, al tomar medidas para acabar con la contratación ilegal y restringir los beneficios de asistencia social para los extranjeros ilegales".

En una aparición posterior en radio, Clinton dijo: "Somos una nación de inmigrantes, pero también somos un país de leyes. Está mal y en última instancia es contraproducente que una nación de inmigrantes permita el abuso que hemos visto en años recientes a nuestras leyes migratorias".

Durante sus ocho años en el poder, Clinton deportó a más de doce millones de personas —más que el presidente Ronald Reagan y George W. Bush y más del doble que los casi cinco millones de individuos deportados más adelante durante la administración del presidente Barack Obama, de acuerdo con el Instituto de Políticas Migratorias—.

Para mediados de la década de 1990 dos terceras partes de la creciente población latina a nivel nacional, que alcanzaban los treintaiún millones, eran de origen mexicano. Las predicciones aseguraban que para 2050, 25 por ciento de los residentes de Estados Unidos se identificarían como hispanos o latinos, por encima de estimaciones previas.

De los 3.1 millones de inmigrantes a quienes se les concedió la amnistía, 85 por ciento eran trabajadores mexicanos que ya se encontraban en el país. Las promesas de bloquear la frontera y prevenir la llegada de nuevas olas de inmigrantes fallaron. En los trece años posteriores a la aprobación de la Ley de Reforma y Control de Inmigración de 1986, el número de mexicanos que se mudaba legal e ilegalmente a Estados Unidos saltó a un promedio de trescientos cuarenta mil al año, por encima de los cien mil previos. Todas éstas eran señales de una economía estadounidense robusta y conflictos económicos en México, a medida que los mexicanos veían el desplome del peso y la decadencia de su sustento. La Ley de Reforma y Control de Inmigración de 1986 empujaba a los inmigrantes a casi cualquier rincón del país.

Las generaciones que llegaban se establecían más rápido, tenían hijos, celebraban bautizos, mandaban a sus hijos a la escuela, organizaban fiestas de quince años para las niñas, luego la universidad, el matrimonio —toda una vida de festejos—. Formaban parte de la enorme transformación demográfica, alimentada por la mayor inyección de sangre nueva desde la avalancha de inmigrantes europeos del siglo pasado.

La tendencia apenas pasó desapercibida. Algunos conductores que daban las noticias por cable se dedicaban a infundir un miedo falso. Se hablaba sobre la inmigración, que siempre era un tema político candente, las veinticuatro horas del día y la conversación era dominada por el presentador convertido en traficante de miedo Lou Dobbs en el programa Moneyline de CNN, quien se manifestaba en contra de los migrantes todas las noches. Tachaba a la inmigración de invasión y pedía a gritos que se instalara una cerca en la frontera para detener el paso de drogas y "extranjeros ilegales", quienes propagaban enfermedades.

Recuerdo estar sentado en mi habitación de hotel en Dallas, donde visitaba a algunos editores para hablar sobre el tema, y ver a los presentadores gritones en las noticias por cable, entre ellos Fox News, mientras vendían historias disfrazadas de periodismo, con poca información real y comprobable, algunas de ellas bastante retorcidas, y tentaban a los televidentes marginados con carne cruda. Lo que era todavía peor: parecía funcionar, porque los ratings estaban por los cielos.

La solicitud de fronteras más sólidas y militarizadas no era en respuesta al terrorismo, sino al tráfico de drogas proveniente de México que buscaba satisfacer la demanda insaciable de Estados Unidos. El desplazamiento de millones de mexicanos tras la implementación del TLCAN hizo que algunos sectores de la economía mexicana cayeran en picada. El tratado que buscaba eliminar las barreras comerciales y generar mucha inversión a lo largo de Norteamérica terminó, en parte, por ahogar a México.

Los propietarios de pequeños negocios en México quebraron debido a la llegada de Wal-Mart, Sam's Club y algunas franquicias de alimentos. La migración masiva que siguió reflejaba el lado más oscuro de la doctrina de Clinton del libre comercio y auge en los empleos. Con la inexistencia de un programa de trabajadores invitados que proveyera una fuente legal de mano de obra mexicana, ésta llegó de todos modos. La construcción de muros, el despliegue de más guardias, además de un mayor patrullaje y la disponibilidad de nuevas tecnologías de vigilancia, buscaban tomar el control de la frontera. La gran contradicción de Estados Unidos se desarrollaba en la frontera.

Les dije a mis editores que en lugar de mantener a los inmigrantes fuera de Estados Unidos, el gobierno estadounidense los retenía de manera involuntaria. Presenté mi caso con éxito y les pedí una reubicación temporal a Estados Unidos, la cual fue aprobada.

—Hijo, creo que esta historia es más grande que una persona —dijo Kerry Gunnels en su tañido texano. Rara vez me llamaba por mi nombre. Quizá era una cosa texana, pero apreciaba su interés y apoyo, y me sentía cómodo con el término familiar que utilizaba para dirigirse a mí. Los demás estuvieron de acuerdo.

Asignaron la historia a un puñado de reporteros a lo largo y ancho de Estados Unidos. El TLCAN y la Ley de Reforma y Control de Inmigración provocaban temblores en ambos lados de la frontera. Se nos dijo que investigáramos el rostro cambiante de Estados Unidos.

Yo empecé por mi familia.

La fuente de recursos humanos ya no estaba limitada entre San Luis de Cordero y Texas o California. Mi familia comenzó a dispersarse a lugares como Oklahoma, Kansas y en especial Colorado. Las mujeres ahora tenían la opción de hacer otra cosa que no fuera el agotador trabajo que mi madre y muchas de nuestras tías realizaron. Los hombres y las mujeres ya no sólo querían irrigar los campos o estar agachados al rayo del sol ardiente del valle de San Joaquín o rezar para que dejara de llover y pudieran seguir cortando la caña azucarera con un azadón.

Colorado ofrecía trabajos en la industria de servicios y hospitalidad, procesamiento, plantas mecanizadas y nuevas oportunidades educativas para los niños. Entre los que huyeron de California estaba mi primo Rubén. Como inmigrante ilegal ganaba más o menos veinte mil dólares al año en una planta de mantenimiento cerca de Mendota. Eso con todo y horas extras, lo cual significa que trabajaba más de sesenta horas a la semana. Cuando se legalizó bajo una provisión de la Ley de Reforma y Control de Inmigración de 1986 conocida como el Programa Especial de los Trabajadores Agrícolas, la suerte de Rubén despegó.

En 1986 solicitó su legalización, pues fue capaz de comprobar que trabajó durante más de noventa días ese año en la cosecha de frutas, verduras y otros cultivos perecederos. Con sus documentos en mano, Rubén se dirigió hacia Commerce City, Colorado, mientras que un nuevo grupo de trabajadores mexicanos lo remplazó casi de inmediato en California, todos indocumentados, algunos incluso amigos y familiares. Ellos también sucumbieron ante las demandas laborales de Estados Unidos.

—California tuvo sus momentos —me dijo una tarde cuando se detuvo en El Paso antes de cruzar la frontera de camino a Durango para las vacaciones anuales de Navidad, acompañado de una avalancha de hombres y mujeres en camiones que cargaban regalos—. California les abrió la puerta a muchos —continuó.

Pero Colorado era más acogedor, por lo menos en términos económicos.

Colorado tenía sentido por cuestiones históricas. En la plaza de San Luis de Cordero colgaba una placa desgastada en conmemoración a aquellos que se fueron al norte con un antiguo mapa de la ruta del Camino Real, mismo que el conquistador español Juan de Oñate tomó y utilizó para cruzar el Río Grande en 1598, desplazándose a través de El Paso hasta Nuevo México y más allá de Colorado.

—Colorado se sintió como el destino —dijo Rubén.

—Yo creo que habrá algo de rechazo —le advertí—. Demasiados mexicanos, demasiado rápido.

—California se ha vuelto poco acogedora y barata. Mira la propuesta 187. Ya no nos quieren. Pero no tomes siempre el papel de reportero y disfruta el tiempo con tu primo —bromeó a medias.

En el fondo, México estaba desconcertado e indignado. La relación con Estados Unidos era más compleja que nunca. Un vecino política y económicamente estable ya no era suficiente. Desde hacía una década, México había hecho todo lo que Estados Unidos le pedía: abrir su economía, adoptar políticas monetarias estables, incluso transitar hacia una democracia abierta y con frecuencia caótica. Un diplomático mexicano advirtió que cuando la economía de Estados Unidos cae en picada, los estadounidenses "culpan a México de todo lo que sale mal allá", en referencia a una reacción adversa en la década de 1990 cuando el miedo a la incertidumbre provocó que algunos estados, entre ellos California, aprobaran leyes duras en contra de los inmigrantes no autorizados.

En 1994 California aprobó la propuesta 187, una amplia ley contra la inmigración conocida como la iniciativa "Salvar nuestro estado". El gobernador Pete Wilson no redactó la medida, ni la puso en la boleta. Pero al enfrentarse a una batalla cuesta arriba para reelegirse y ubicarse veinte puntos por debajo en las encuestas, Wilson se aprovechó de la provocadora iniciativa. Mediante lo que algunos críticos llamaron una campaña racista, el gobernador republicano se valió de los miedos y el fanatismo de los californianos para rescatar su endeble candidatura. Alienó a los votantes latinos y a México al apoyar propuestas cuyo blanco era la acción afirmativa y una gama de servicios gubernamentales como la enseñanza pública para los hijos de inmigrantes ilegales y la educación bilingüe. Sus acciones distanciaron más a los latinos y sus valores conservadores del Partido Republicano. Las controvertidas iniciativas presentes en la boleta sugerían que los votantes blancos se sentían incómodos con los cambios raciales y étnicos que sucedían en el estado.

Algunos republicanos, liderados por el gobernador de Texas, George W. Bush, intentaron salvar al partido. Bush se empeñó en cortejar a los mexicoamericanos por todo California y a menudo les hablaba en español para tratar de distanciar a los republicanos de Wilson.

Las cortes federales terminaron por bloquear la ley al argumentar que California intentaba pasar por encima de la autoridad federal de inmigración. Pero el daño estaba hecho y comprobó que la retórica inflamatoria hacia los inmigrantes podía ser una fórmula ganadora.

México se dio cuenta, al igual que otros grupos de latinos. California, que por sí sola albergaba 50 por ciento de toda la gente nacida fuera de Estados Unidos, respondió con fuerza. La propuesta 187, más la promulgación de nuevas y duras leyes de asistencia social e inmigración, llevó a un nivel récord de inmigrantes a convertirse en ciudadanos para mantener sus beneficios públicos. Casi 1.1 millones de inmigrantes en todo el país se volvieron ciudadanos, lo que rompió el récord impuesto el año anterior, en el cual cuatrocientos cuarenta y cinco mil ochocientos cincuenta y tres fueron naturalizados, convirtiendo al estado casi permanentemente azul y le complicaron la vida a los republicanos. Con el tiempo, California se convertiría en el primer estado grande en entrar al terreno inexplorado del estatus de "mayoría-minoría", lo que significaba que ningún grupo racial o étnico representaba una mayoría de la población. Por primera vez en los ciento cincuenta años de historia de California, la población blanca cayó por debajo del 50 por ciento, impulsada en gran parte por el crecimiento de la población latina en el estado, dada la alta tasa de natalidad dentro de ese grupo.

Líderes latinos de una nueva generación fueron elegidos para distintos cargos liderados por Cruz Bustamante en 1995 como el representante de la asamblea estatal, el primer mexicoamericano en ser elegido para un cargo estatal desde el siglo XIX. El demócrata oriundo del valle central de California, donde yo crecí, ganó por un margen de un millón de votos.

Carlos González Gutiérrez, un diplomático mexicano, se mantuvo al tanto del drama que se desarrollaba en California desde su minúscula y triste oficina en la colonia Polanco de la Ciudad de México, con una computadora IBM y un radio a su lado. Carlos se veía tal como se debía ver un funcionario del gobierno mexicano con traje y corbata, excepto que tenía una sonrisa cautivadora y atractiva. Era sumamente amigable. En silencio tramaba una nueva relación con Estados Unidos mientras miraba con algo de satisfacción el resultado que previó por primera ocasión durante el sexenio de Salinas de Gortari, cuando éste retó a la próxima generación de mexicanos a pensar a nivel global. La idea no era del todo nueva. Cuauhtémoc Cárdenas sentó un nuevo precedente durante la campaña. El hijo del venerado presidente nacionalista Lázaro Cárdenas llevó su campaña a territorio estadounidense. Presionó a los inmigrantes para que votaran por él, ya fuera al regresar a México o al hablar con algunas familias que aún vivían ahí.

La lección no pasó desapercibida para Salinas, quien conversó con su secretario de Relaciones Exteriores, Fernando Solana, y le ordenó que ideara un plan para trabajar con los inmigrantes mexicanos en el extranjero. Incluso se les ocurrió un nombre y lo denominaron Programa para las Comunidades Mexicanas en el Extranjero, que más tarde se convirtió en el Instituto de los Mexicanos en el Exterior, parte fundamental de un cambio en la diplomacia mexicana. Carlos, quien trabajó durante cinco años en el consulado de México en Los

Ángeles, de pronto fue convocado para ayudar a operar el programa. Éste podía ser el puente al que se refería uno de sus profesores en la Universidad del Sur de California, recordó.

Ésta era su oportunidad con Zedillo, el sucesor de Salinas. En Dallas, el presidente Ernesto Zedillo insinuó que se avecinaban cosas más grandes: "Ustedes son mexicanos, mexicanos que viven al norte de la frontera", palabras que escuché cuando me encontraba en Filadelfia, palabras que en ese momento escribí en mi libreta de notas mientras lo observaba, intrigado por el simple reconocimiento de los mexicanos que vivían en Estados Unidos. Por lo general, los líderes mexicanos eran cautelosos porque cualquier mención de la diáspora podía interpretarse como una intromisión de México en los asuntos internos de Estados Unidos.

Ahora, diez años después de que Carlos terminara su tesis de maestría en la Universidad del Sur de California, la vida real se desarrollaba frente a él mientras el radio anunciaba la más reciente historia salida de California. Recordó aquellos días en 1987 como estudiante internacional, gracias a una beca ofrecida por la Universidad del Sur de California. Su profesor, Abraham Lowenthal, lo llamó en su primer día de clases y le dijo que el asunto que tendría el mayor impacto en la relación México-Estados Unidos durante los siguientes cuarenta años no sería la divisa mexicana ni el precio del petróleo. Ésos siempre fluctuarán. El futuro era la diáspora de México en Estados Unidos. La política trasnacional. México necesitaba conformar un grupo de cabildeo político, no muy distinto a las organizaciones americanas de judíos con vínculos en Israel que ayudan a influir en la política exterior de Estados Unidos.

Carlos no sabía mucho sobre los judíos ni sobre los mexicanos en Estados Unidos, más allá del hecho de que los últimos habían migrado legal e ilegalmente a ese país por generaciones. Lowenthal se sentó con su nuevo pupilo y describió un mundo desconocido para Carlos, uno en el que los mexicanos en el extranjero colocaban las vías del tren de una política exterior que apenas se desarrollaba. Le asignó tomos para leer y estudiar y le pidió que analizara el modelo judío. Como México, Israel siempre estaba sujeto al capricho del más reciente residente de la Casa Blanca.

La diáspora era la herramienta más valiosa que tenía México para influenciar un cambio dentro de Estados Unidos, como Israel.

Por supuesto, la diáspora de Israel era como un diamante, mientras que la de México era como una piedra, un trabajo en proceso que necesitaba refinarse.

Carlos conservó su trabajo en el consulado mexicano, una posición que le permitía mirar muy de cerca cómo las dinámicas humanas entre Estados Unidos y México cambiaban a raíz del TLCAN. Miles de inmigrantes crearon incluso más clubes sociales por todo Estados Unidos, tal como lo hicieron sus predecesores de Irlanda, Alemania e Italia —clubes nombrados en honor a las ciudades y los estados natales de los inmigrantes para asegurar que los compatriotas mantuvieran vínculos culturales y económicos con su hogar—. Las nuevas consecuencias iban más allá de enviar remesas y financiar actividades de la Iglesia o fiestas de la ciudad.

Los inmigrantes ahora querían ser actores políticos en México. Esa decisión estuvo acompañada de detractores, quienes los acusaban de tratar de imponer una democracia al estilo estadounidense en México, con todo y transparencia y rendición de cuentas. Recuerdo que visité a un inmigrante del sur de California, quien abrió una cadena de taquerías y luego regresó a su ciudad natal en San Luis Potosí como alcalde. Me asombró ver la fila de personas que esperaban su turno para hablarle sobre sus problemas, en espera de un milagro. Otros veían a los inmigrantes como arrogantes. Pero ellos sabían que su patria podía ser mejor.

Carlos los vio como futuros embajadores. Regresó a México después de un primer periodo de servicio en el consulado de Los Ángeles. Ser testigo del maltrato a los mexicanos en California, a quienes los políticos usaban como sacos de boxeo, lo enfureció. Lo conocí a través de otra fuente y de inmediato congeniamos e incluso nos reunimos para comer quesadillas fritas en Coyoacán, no muy lejos de nuestras respectivas oficinas. Teníamos más o menos la misma edad, ambos éramos tímidos, pero rompimos el hielo cuando me dijo que tenía raíces duranguenses del lado de su padre, quien era del pueblo de Guanaceví, bastante cerca de donde yo nací. Bien, pensé, no era un chilango de la capital. No era un escritorzuelo rubio de Polanco que se enorgullecía de hablar inglés y presumía su acento estadounidense para demostrar que era mejor que el mío.

Hablaba en español y no me corregía cuando destrozaba mis palabras. No obstante, me inquietaba cuando en ocasiones se refería al "inmigrante" como si me describiera a mí. Aquel que se había ido, pero siempre prometía regresar. Aquel que anhelaba regresar cada vez que oía una canción de Javier Solís; que alguna vez recolectó uvas y naranjas al ritmo de la música de Juan Gabriel. Ése soy yo, maldita sea, se me antojó decirle. Pero no lo hice. Después de todo, soy un reportero. Estaba convencido de que él sería la fuente que me ayudaría a navegar entre mis dos mundos que se cerraban tan aprisa. Podía ayudarme a ponerle cara a la integración económica. Y humanizar el TLCAN.

Me habló sobre sus experiencias en el sur de California, pero también sobre sus preocupaciones de lo que podía suceder si el gobierno mexicano no hacía más para ayudar a sus compatriotas que se encontraban en Estados Unidos. Ahora dirigía la oficina para acortar la brecha entre el gobierno mexicano y los mexicoamericanos, quienes ganaban cada vez más poder político, como se comprobó en California. Los llamaba "las voces de la moderación" para templar las relaciones entre Estados Unidos y México. Ahora era el curador de un nuevo proyecto que impactaría a millones de mexicanos en ambos lados de la frontera. Empujó el modelo de asociación de la ciudad natal a nivel nacional. Escribió largos memorandos a su superior, Javier Treviño, con la esperanza de que llegaran a manos del presidente. Y así fue.

En 1997, en un discurso frente al Consejo Nacional de La Raza en Chicago, Zedillo al fin pronunció las palabras que sacudieron a ambos países: "He afirmado con orgullo que la nación mexicana se extiende más allá del territorio cercado por sus fronteras". Tras bambalinas se encontraba nada más y nada menos que Primo, quien ahora trabajaba para Zedillo y había ayudado a escribir el primer borrador del discurso.

Al escuchar esas palabras, Carlos ahora tenía luz verde para acercarse a algunos actores políticos en ascenso en California y por todo Estados Unidos. Ayudó a organizar una junta en Los Pinos, la mansión presidencial de México. Entre los más de veinte oficiales electos de Estados Unidos y líderes comunitarios invitados —todos con vínculos en México— se encontraba Denise Moreno Ducheny, del barrio de Logan en San Diego y senadora estatal que trabajaba en construir lazos binacionales con altos líderes mexicanos.

Carlos me dio el pitazo sobre la próxima reunión histórica en Los Pinos.

Años después, Moreno recordó el día en que se sentó frente a Zedillo.

El grupo venía con una demanda específica: enmendar la Constitución para restaurar la ciudadanía a los mexicoamericanos que juraron lealtad a Estados Unidos y renunciaron a la de cualquier otro país. (Yo estaba entre ellos: Frank, mi editor, me instó a solicitar la ciudadanía americana, la cual obtuve en 1988, y a renunciar a la ciudadanía mexicana.) El esfuerzo facilitaría el registro de votantes mexicanos, quienes aún sentían que traicionaban a su país al participar en el proceso político de Estados Unidos. Ahora Moreno era la primera latina en el comité presupuestal del estado. Sabía que los inmigrantes mexicanos eran vulnerables. Su estatus de asistencia social y la educación de sus hijos estaban en juego en un entorno lleno de odio hacia los inmigrantes. Necesitaban votar. Con la doble nacionalidad, Moreno le dijo a Zedillo, los inmigrantes mexicanos podían convertirse en ciudadanos estadounidenses con mayor facilidad y aun así tener propiedades en México, participar en las elecciones mexicanas e involucrarse en la política estadounidense. Algo no muy diferente a la forma en que vivían los norteamericanos en el extranjero.

El presidente Zedillo miró al grupo de veintitantos líderes, en su mayoría de California, Texas e Illinois. Como nativo de Mexicali y graduado de Yale, conocía a la gente reunida frente a él y reconocía su potencial político. Los llamó "los nietos de México", un término que por poco hizo llorar a Moreno. Experimentó el racismo en carne propia en California, un sentimiento de no pertenecer a ninguno de los dos países, por supuesto no a Estados Unidos durante la campaña de la propuesta 187 de Wilson. En la televisión aparecían anuncios escandalosos que mostraban la "invasión" de los mexicanos que huían de la Patrulla Fronteriza. Claro está que tampoco pertenecía a México ni a su sistema elitista y clasista. Caray, si no fuera ciudadana estadounidense, no estaría sentada frente a Zedillo en ese momento. Seguro trabajaría como sirvienta en algún lugar de México. Rechazada por ambos países a causa de sus orígenes, una madre con raíces en Chihuahua y Durango y un padre con raíces en Minnesota, Virginia e Irlanda, Moreno ahora hablaba cara a cara con el presidente de México y él le decía a ella —a ellos— que el país los necesitaba. Ya no tendrían por qué vivir aislados unos de los otros.

Se sentía mucho más empoderada porque los hispanos experimentaban un despertar político, al menos en California. Sí, a otros latinos les dieron la bienvenida en Los Pinos, pero en ningún otro momento los líderes mexicoamericanos habían entrado al poderoso lugar y mirado al líder mexicano de tú a tú. Zedillo le daba un giro de trescientos sesenta grados a la política exterior de México al decirles que necesitaban protegerse de los ataques de los estadounidenses que con toda seguridad vendrían.

—Fue muy emotivo —recordó Moreno—. El silencio en el salón era tal, que hubiéramos escuchado la caída de un alfiler. Fue algo muy especial. Eso es lo que recuerdo. Entendías que, de alguna manera, éste era un momento seminal en la historia y era importante que nos recibieran de esa manera. El tiempo también fue crucial. Recuerda que crecimos… durante un periodo en el que esa conexión con México no existía… y ahora entendíamos que nuestra fuerza como mexicoamericanos podía consolidarse con la fuerza de México como nación.

Sin embargo, la relación era un arma de doble filo. A medida que los mexicoamericanos despertaban a nivel político, también se hacían menos tolerantes frente a las deficiencias en México, donde reconocían y se manifestaban en contra de la corrupción endémica, el fraude electoral y las políticas equivocadas que mantenían a la gente en la pobreza y obligaban a comunidades enteras a huir hacia Estados Unidos.

Me reuní con Carlos en su restaurante favorito, Los Arcos, para decirle que me iba de México por unos cuantos meses y que necesitaba contactar a algunos representantes inmigrantes. Dijo que tenía un Rolodex en su oficina y que me pondría en contacto con algunos grupos de inmigrantes que se extendían desde Omaha hasta Des Moines. Desde Charlotte hasta Atlanta, había personas que ahora obtenían la doble ciudadanía. Zedillo cumplía su promesa.

Quizá terminemos por convertirnos en norteamericanos, gente de un solo continente, me obsesioné al recordar la idea de Ángela sobre la gente combinada.

Llamé a mis padres después de esa junta y les dije que, gracias a Zedillo y a activistas como Raúl Ross y Carlos Olamendi, ahora podían ser ciudadanos de dos países.

—Mamá, corazón, ha llegado el momento —dije.

—¿Qué pasó? —respondió mi madre, alarmada.

—Ha llegado el momento de que tú y papá se conviertan en ciudadanos de Estados Unidos. De que voten.

—No —dijo—. Vamos a regresar a México. No sé qué hará tu padre, pero yo sé que sí lo haré.

—Pero ya no tienes que hacerlo. No traicionas a nadie, a ninguna nación. Además, nunca sabes cuándo este país te dará la espalda. Protégete. Conviértete en ciudadana estadounidense.

Por mucho tiempo vivimos al margen de Estados Unidos, incluso mientras la familia crecía. A pesar de los pagos mensuales de la hipoteca que hacían mis padres, de alguna manera lograron convencerse de que algún día regresarían a México, con o sin nosotros. Su último hogar era México. En ocasiones, el pago de la hipoteca los hacía sentir culpables. México era en donde debían invertir, me decía mi madre.

—Ya no tienes que sentirte culpable. Ya no tenemos que escoger —dije.

—Bueno —dijo, primero con renuencia y luego emocionada, como si ahora sí pudiera ser una jugadora titular y no quedarse en la banca.

Sobre todo se alegraba por mi padre. Ahora podía sentir que éste era oficialmente su país.

—Sólo espero que durante la entrevista para conseguir la ciudadanía tu padre sepa la diferencia entre el *Mayflower* y *sunflower* —agregó, una broma recurrente en la familia.

Mi madre fungió como su tutora personal. Cuando conducían hacia Ciudad Juárez por la avenida Lincoln, mi madre le dio algunas pistas: piensa en el presidente que liberó a los esclavos, Abraham Lincoln. Cuando comas en Chicos Tacos, frente a la preparatoria Jefferson, piensa en Thomas Jefferson. Para acordarte de Al Gore, piensa en tu debilidad, el alcohol.

IV
VECINOS INQUIETOS

14

Dolor en el corazón de la tierra

Ángela y yo condujimos un auto rentado por todo Estados Unidos para familiarizarnos con un país cambiante. Éramos oficialmente una pareja. Yo pensaba que lo tenía todo descifrado. Durante el año nuevo en Dallas, saqué un anillo que escogí en El Paso. Ella lo miró, sorprendida. No dijo que no, sólo que necesitaba más tiempo. Viajamos a lo largo del Medio Oeste, lo que nos permitió pasar más tiempo juntos y hacer lo que ambos amábamos: periodismo.

Al igual que cuando encontré a un grupo de mexicanos que habitaban en la parte rural de Pensilvania, aún me sorprendía escuchar música de conjunto, en especial el sonido del acordeón, a todo volumen salir de los radios de algunos autos en pueblos "blancos", pero nunca como la primera vez. Nuestra aventura comenzó en Oregón y algunas semanas después reanudamos el viaje en Nebraska, Iowa, Connecticut, la zona rural de Pensilvania, Carolina del Norte, Georgia, Tennessee y, por último, Texas. Los fantasmas de la historia parecían hacer acto de presencia mientras veíamos recordatorios de un pasado tambaleante y pistas de un futuro aún más incierto: los recién llegados ya no eran hombres solteros sino familias enteras que se desplazaban con la intención de echar raíces. Los vendedores ambulantes que ofrecían tortillas y tacos en las verdes carreteras resonaron con mis recuerdos de California.

Le dije a Ángela que Oregón me recordaba al valle de San Joaquín, mientras pasábamos por delante de tienditas y tortillerías. Vimos pequeños cafés que promovían comidas corridas, vestigios de la cultura mexicana que dejaron su marca hasta el norte. Nos topamos con pequeñas versiones de México en construcción. De manera extraoficial, los mexicanos nombraron a la ciudad de Hillsboro, Oregón, "Palomas", en honor a su ciudad natal en Michoacán.

—Es la historia de California otra vez —dijo Ángela.

—Bueno, supongo que sería más exacto llamarla la historia americana, porque se replica a lo largo de cada estado.

Entonces recordé las palabras de mi madre: "Ya no estamos solos. Ya todos están aquí".

Los mexicanos dejaban su marca en pueblos de un solo semáforo: desde los valles de fresa de McMinnville, Oregón, hasta los campos de tabaco de Apex, Carolina del Norte. Pero la integración no fue sencilla. La resistencia frente a los nuevos inmigrantes mexicanos a menudo provenía de otros compañeros inmigrantes, a quienes les preocupaba que su presencia redujera los salarios y reforzara estereotipos negativos sobre su tez morena.

Las tensiones en algunas comunidades eran palpables por otras razones. Tanto a Ángela como a mí nos dio la impresión de que los mexicanos eran tolerados, pero no del todo bienvenidos. Cuidaban de los adultos mayores; se partían el lomo para recolectar frutas y verduras; hacían jardinería; trabajaban duro como cocineros, meseros, lavaplatos en restaurantes —y todo lo hacían con sonrisas dulces y por poco dinero—. Después de todo, éstos eran trabajos que los propios estadounidenses, blancos y negros por igual, despreciaban. Pero el lado oscuro de la inmigración no estaba muy lejos: como las mafias italianas, irlandesas y chinas que las precedieron, las organizaciones criminales mexicanas eran expertas en la explotación de las redes de inmigrantes a nivel nacional para mover mariguana, cocaína colombiana y heroína. La gran mayoría de los inmigrantes mexicanos era gente humilde y trabajadora que sólo trataba de darle una mejor vida a sus familias; esas manzanas podridas exacerbaban las tensiones hacia la integración.

Al final resultó que mi trabajo de corresponsal binacional no era tan elegante como pensaba. Giraba en torno a dos cosas, ambas vinculadas con vicios de larga data para los estadounidenses: su insaciable demanda de drogas y trabajadores indocumentados, y la disponibilidad de mano de obra barata en medio de una economía global cambiante. Los mexicanos eran los facilitadores de la farsa estadounidense.

ALGUNOS PUEBLOS SE SINTIERON obligados a sacar el tapete de bienvenida. En Marshalltown, Iowa, un pueblo establecido por inmigrantes alemanes y holandeses, los mexicanos llevaron sus habilidades a los mataderos, lo que provocó el resurgimiento de una industria agonizante. Pero la gente local también se quejó del aumento en el uso de metanfetaminas y opiáceos, además de actividad pandillera. Un tanto escéptico con respecto a estas acusaciones, le llamé a mi colega Tracey Eaton, quien en ese momento se encontraba en la Ciudad de México. Hacía mucho tiempo que cubría el crimen organizado, que a grandes rasgos comparaba con un cáncer que se apoderaba no sólo del funcionamiento interno del gobierno sino también de su sociedad civil que aún estaba en pañales. Estados Unidos y su demanda estaban en el corazón de la corrupción que permeaba en todo México. Su respuesta me hizo sentir como un idiota.

—Pues claro —dijo—. ¿A dónde creías que se dirigían todas esas drogas, Alfredo? Estados Unidos está lleno de adictos.

Los mexicanos y su corrupción alimentaban al monstruo: satisfacían una demanda insaciable por la mercancía que transportaban a escondidas, en parte, a través de las nuevas rutas de inmigración que se abrían ante ellos. El crimen organizado prospera y se aprovecha de las comunidades inmigrantes. Esta vez se trataba de ciudadanos mexicanos que sin saberlo trabajaban en nombre de los cárteles, cuyo poder se inclinaba de nuevo hacia México con las políticas de liberalización comercial e incluso la amnistía.

Entre más cargamento cruzaba la frontera, mayor era la probabilidad de que hubiera drogas escondidas al interior. Pero ambas partes, Estados Unidos y México, veían para otro lado mientras pregonaban la cooperación binacional. La conversación no iba a ser sobre las drogas ilícitas que permeaban por todo Estados Unidos, a menos que la nueva óptica política requiriera un saco de boxeo. Mientras tanto, se televisaban grandes decomisos de drogas y se escribían artículos al respecto por colegas como Tracey, quien permanecía escéptico.

—La corrupción de las autoridades mexicanas está fuera de control —decía Tracey.

En efecto, algunos estudios mostraban que los cárteles pagaban más de cuatrocientos sesenta millones de dólares anuales en sobornos, por encima de los tres millones de dólares registrados diez años antes, en 1983, previo al TLCAN.

Dos cambios que crearon la narrativa perfecta estaban por suceder. Uno tenía que ver con el hecho de que el gobierno mexicano fue tras "la vieja guardia", figuras legendarias como Miguel Ángel Félix Gallardo, un antiguo policía en Sinaloa, Rafael Caro Quintero y Joaquín *el Chapo* Guzmán. La estrategia era salpicar sus nombres y fechorías en los medios para que todo el mundo los viera, además de comprobar que México, con la cooperación de Estados Unidos, hacía su trabajo y se tomaba en serio el encarcelamiento de los criminales. Pero una nueva generación de hombres más agresivos y violentos —grupos que encabezaban los cárteles de Tijuana y Juárez— comenzó a remplazar a los líderes más calculadores. Una creciente y sofisticada cadena de suministro "de la granja al brazo" muy pronto comenzaría a alimentar el apetito estadounidense por la heroína, lo que ocasionaría que ésta sobrepasara a las metanfetaminas para convertirse en la principal amenaza de drogas por primera vez en la historia.

A medida que la demanda en Estados Unidos crecía, la circulación de heroína —antes una droga tabú que ahora era más fácil de conseguir en algunas ciudades que el crack o la mariguana— también cambiaba. El gobierno de Estados Unidos no había logrado adaptarse al cambio. Tras décadas de luchar con "éxito" contra las organizaciones criminales de Colombia, la DEA apenas empezaba a darse cuenta de que lo que los colombianos habían hecho era subcontratar el tráfico de cocaína a los mexicanos. La idea era que ellos se quitarían un poco de presión de encima y disminuirían el riesgo de extradición. Las organizaciones criminales mexicanas se hicieron cargo de la distribución como verdaderos expertos: la diáspora mexicana era muchísimo más grande, estaba mejor conectada y se extendía a nivel nacional. El tráfico de cocaína comenzó a enriquecer a los mexicanos, quienes se hicieron expertos en aprender a leer lo que el mercado de Estados Unidos quería. Mientras las drogas fluían hacia el norte, el dinero y el armamento de alta potencia fluía hacia el sur.

Tracey me recordó que las organizaciones mexicanas de tráfico de drogas ampliaron su distribución más allá de los antiguos centros de consumo de heroína en las grandes ciudades como Chicago y Nueva York. Ahora apuntaban a lugares improbables como Marshalltown, Iowa. Ciudades medianas del Medio Oeste se convertían en el epicentro del problema de heroína, con un inquietante número de adictos que compraban el producto o sufrían una sobredosis. Los traficantes de crack se extendieron por un paisaje mucho más amplio, lo que los volvió casi invisibles para las fuerzas del orden. Cerraban tratos por celular y portaban el producto en pequeñas cantidades para evitar ser procesados en caso de ser atrapados, algo sobre lo que más adelante reportó a detalle mi colega Sam Quiñones para *Los Angeles Times* y luego en su libro *Dreamland: The True Tale of America's Opiate Epidemic*, una gigantesca ola de adicción que inició con píldoras como el Oxycontin. Esta crisis se precipitó gracias a los vendedores de farmacéuticos y doctores que promovían el Oxycontin como una droga maravillosa sin ningún tipo de riesgo y una emprendedora red de traficantes, provenientes de un pequeño pueblo en México, que llevaba heroína de alquitrán negro a los adictos en ciudades medianas y suburbios a lo largo de Estados Unidos.

Ángela y yo nos dimos cuenta de la creciente ola de resentimiento hacia México. En Filadelfia, algunos de los clientes más leales de Tequilas eran agentes de la DEA que amaban la comida. David también notó la presencia de traficantes de drogas en su restaurante y decidió no arriesgarse. Pedía a los meseros que hicieran redadas en los baños para asegurarse de que el lugar estaba limpio. No quería tener problemas con los federales. Entre más crecían las comunidades de inmigrantes mexicanos, más crecía el resentimiento. Todos esos cambios avivaban el fuego del encendido clima político.

Cubrimos cientos de kilómetros y vi huellas de mi padre en la mirada soñadora de la más reciente generación de inmigrantes. De vez en cuando, los trabajadores eran tan indispensables como la generación de mi padre. La fuerza laboral más leal para los empleadores de Estados Unidos estaba compuesta de mexicanos. ¿Árboles de Navidad en Wisconsin y Oregón? Claro. ¿Hoteles, spas, restaurantes y campos de golf en Colorado y Nevada? ¿Por qué no? ¿Empacar carne en Nebraska y Iowa? ¿Plantas procesadoras de pollo en Illinois? Los mexicanos, por supuesto, harían casi cualquier cosa. Y sus anfitriones amaban su ética laboral.

Pero éstos eran otros tiempos. Estados Unidos no estaba en guerra.

Más bien, el modelo económico del país cambiaba y México experimentaba peores problemas económicos. Los mexicanos ya no veían a Estados Unidos como la única válvula de escape. Algunos cedieron ante la creciente tentación del dinero fácil y sucio al trabajar para los cárteles. Entre más se abría el PRI a nivel político más se derrumbaba, al hacerse viejo e irrelevante. Un caos silencioso se acumulaba, algo que muy pocos tomaron en serio en un inicio. Los secuestros exprés eran una verdadera amenaza en la Ciudad de México. Viajar en coche en el país se volvió cada vez más riesgoso. Los criminales se vestían con uniformes de militares y establecían puestos de control falsos para sacarles dinero a los viajeros —o para eliminar a sus rivales—. El miedo y las sospechas crecieron, porque en realidad era difícil saber quién estaba a cargo en algunas partes de México. Pero a medida que esta oscuridad comenzó a filtrarse por todo el país, todas las miradas estaban puestas en la nueva cooperación entre Estados Unidos y México, y la marcha heroica de México hacia el Primer Mundo, incluso cuando la sospecha latía bajo la superficie.

En buena medida por la debilidad de la economía mexicana y el creciente peligro en su tierra natal, los mexicanos poco a poco echaban raíces en sus nuevas comunidades estadounidenses. Fortalecieron redes incipientes que existían desde hacía mucho tiempo al conectar aún más a las comunidades a través de las fronteras. A los estadounidenses les sorprendía su ética laboral, pero nada más.

Estaba más consciente que nunca sobre cómo era percibido, juzgado o criticado. Sin embargo, miraba a Ángela, en ocasiones con envidia, y notaba cómo ella pertenecía a dos países sin esfuerzo y sin vacilar.

—Las fronteras no nos definen —decía con convicción.

Y no se refería a la frontera física de más de tres mil kilómetros entre Estados Unidos y México, sino a la propia: las cicatrices emocionales y psicológicas que llevamos dentro. Nuestros muros internos.

En una ocasión, cuando estábamos en Lake Geneva, Wisconsin, era viernes de pescado frito en Anthony's, un restaurante legendario. La tradición inició como una observancia religiosa católica, pero fue adoptada casi de inmediato por los habitantes de Wisconsin. Ángela notó que me escondía como un molusco en mi concha y me retiraba, incómodo en torno a la comunidad en su mayoría anglófona y blanca. Esa gente era desconocida para mí, en especial su tío Bill, un republicano conservador, un hombre sofisticado lleno de confianza, seguro de sí mismo y de sus opiniones, con gustos finos como el vino, que vestía un blazer azul marino de Brooks Brothers con un pañuelo de bolsillo.

Tampoco ayudó el hecho de que, en una ocasión, me preguntó si me ganaba la vida como jardinero.

No podía comprender la idea de que su adorada sobrina, una Newman, llevara a un mexicano hasta Lake Geneva para conocer a su tío. Lake Geneva era un lugar donde los mexicanos trabajaban como jardineros en las casas de la gente de clase alta.

—Alguna vez trabajé en el campo, pero eso fue hace muchos años —le respondí.

No sabía qué más decir. Él tenía un sentido del humor seco.

—¿Qué no eres reportero? —me preguntó Ángela, después de que le dijera cuán incómodo me sentía alrededor de su tío y de los otros como él—. Pensé que podías hablar con cualquiera.

—Esto es diferente —respondí, a manera de excusa—. No tengo mi libreta de notas.

—Sólo son personas. Todos lo somos.

Mientras tanto yo buscaba cómo asirme a mi zona de confort, con la esperanza de que David, Ken y Primo se materializaran de repente.

—Derriba tu barrera. Interactúa —me decía—. Finge que son mexicanos. Encántalos.

No tenía ni idea de cómo empezar. Me quedaba callado y advertía que no conocía tanto el mundo como creía. No era tan diferente al hombre que llegó a Filadelfia años atrás. Había vivido sobre todo en El Paso y la Ciudad de México, que no era precisamente una rebanadita de la región central de Estados Unidos. Nuestros mundos aún estaban muy separados.

En Chicago, Ángela y yo paseábamos por la milla magnífica mientras ella recordaba sus paseos por este mismo camino junto a su madre muchos años antes y cómo las hipnotizaron las parpadeantes decoraciones navideñas que se olvidaron del frío.

Yo miraba los edificios cuyos cimientos colocó William, su bisabuelo, con el sudor de los inmigrantes que construyeron ciudades enteras desde cero.

Cuando miraba a Ángela, con su boca en forma de puchero y sus profundos ojos verdes, Estados Unidos no parecía tan aterradora, sobre todo cuando ella guiaba el camino. Tiene razón. Ya nos acostumbraremos a las cosas, me decía a mí mismo cada vez que me ganaba la ansiedad. Tenía un talento excepcional para desviar la conversación hacia el periodismo y el trabajo.

Condujimos por el sureste, que experimentaba el mayor aumento en la migración latina. Acabamos en Dalton, Georgia, "la capital mundial del tapete", donde el vapor se elevaba por encima de las fábricas que se ubicaban junto a las vías del tren. Los mexicanos, la nueva fuerza laboral, habían llegado. Y la afluencia de inmigrantes implicaba que los habitantes del estado de Georgia se enfrentaran a una cultura extranjera que presentaba nuevos retos, como encontrar dinero para una educación bilingüe.

Un excongresista de Estados Unidos, Harlan Erwin Mitchell, lideraba una cruzada para garantizar que todos los niños recibieran educación bilingüe, incluso si eso implicaba traer maestros desde México. Los inmigrantes mexicanos eran los nuevos estadounidenses quienes, como los inmigrantes antes que ellos, forjarían un futuro para sus familias y el país al que llamaban su hogar.

Decía que hacer otra cosa sería contraproducente. Los trabajadores tenían familias y sus hijos eran el futuro.

PERO OTROS NO ERAN tan compasivos ni acogedores, sobre todo en Pensilvania, un estado que se convirtió en parte de mí. El clima era templado y el viento azotaba todo a su alrededor mientras manejaba del aeropuerto de Filadelfia a la plaza Kennett, un lugar que no había pisado en casi una década.

Visité a Jane Perrone, quien inició un movimiento para desalentar a los inmigrantes mexicanos de mudarse a su vecindario. Caminaba por las calles con otros vecinos y colocaba listones amarillos en las perillas de las puertas en señal de solidaridad contra los extranjeros.

Aunque alguna vez fueran tolerantes con los hombres que vivían en las sombras, los residentes ya no aceptaban con tanta facilidad a las nuevas familias que comenzaban a aparecer por todos lados. Tan sólo en el condado de Chester, la Ley de Reforma y Control de Inmigración de 1986 legalizó a unos tres mil inmigrantes, muchos de ellos mexicanos de la plaza Kennett. Y llegaron para quedarse, pues para los hombres y mujeres de Guanajuato y Michoacán la atmósfera pueblerina de la plaza Kennett era lo más cercano a su hogar.

Un sentimiento inquietante invadió a las familias unidas y distinguidas de uno de los pueblos estadounidense con más historia, que también fue fundado por William Penn. Algunos estaban francamente enojados porque estos hombres tenían las agallas de hacer huelga en las fábricas de champiñones para pedir mejores salarios, tal como lo hizo mi madre tantos años atrás en California junto a César Chávez.

Algunas personas que llamaban a los programas locales de radio instaban a los recién llegados a irse. El enojo persistió.

La señora Perrone sentía lo mismo.

Hasta que, horrorizada por haber incitado tal rabia, ese sentimiento se convirtió en culpa. La transformación comenzó ya entrada la noche. Fue entonces que empezó a recordar el pasado.

Sentada a solas en su habitación, se cuestionaba lo que había hecho, lo que había despertado con este movimiento para deshacerse de los mexicanos recién llegados al pueblo. Recordó a su propia familia de origen italiano y se dio cuenta de que la llegada de los mexicanos no era sino otra fase en el eterno ciclo de la inmigración.

Fue por eso que cuando algunos mexicanos se mudaron a un nuevo desarrollo llamado Buena Vista Townhomes, se acercó a sus antiguos vecinos e hizo lo impensable. Ésta era la tierra de Penn —por más imperfecto que fuera, él siempre predicó la tolerancia—. Tenían que aprender a ser tolerantes. Accedieron a darles una oportunidad.

La señora Perrone y los miembros del Four Seasons Garden Club hicieron algo que sacudió a los mexicanos recién llegados. Perrone y sus vecinos les dieron la bienvenida con palas y azadas para ayudarlos a plantar jardines florales. También sembraron un minúsculo árbol de pino para decorarlo con ornamentos. Superaron sus prejuicios y en cambio construyeron un jardín, donde izaron un letrero que decía: "Bienvenidos, nuevos vecinos".

EN FILADELFIA, NUEVAS GENERACIONES de hombres jóvenes del interior de la República remplazaron a los trabajadores de la Ciudad de México y Guadalajara. Los anteriores inmigrantes se fueron en busca de otros proyectos, como abrir sus propios restaurantes o manejar sus propios camiones de comida. Tequilas se convirtió en el imán de los trabajadores de un pequeño pueblo llamado San

Mateo, ubicado a las faldas del volcán activo Popocatépetl. Con cada erupción, el pueblo se cubría de ceniza.

El libre comercio, la reforma migratoria y la creciente urbanización en México destruían una forma de vida en San Mateo Ozolco, un pueblo de alrededor de mil trescientos habitantes. El campo se vaciaba, lo que obligaba a los agricultores del maíz, quienes ya no podían competir con el maíz subsidiado de Estados Unidos, a irse. El TLCAN devastó el campo y dejó sin trabajo a casi dos millones de agricultores, incluso cuando las exportaciones agrícolas a Estados Unidos se triplicaron. El gobierno mexicano carecía de un plan de reentrenamiento o reinvención para ellos. La estrategia era simple: promover los salarios bajos. Muchos hicieron lo que les era natural, lo mismo que habían hecho las generaciones previas. Empacaron sus maletas y se fueron al norte. Tenían que buscar otras oportunidades y, de ser posible, reinventarse. Algunos, como David hacía mucho años, encontraron esta reinvención en las calles de Filadelfia.

En su camino a Nueva Jersey, Efrén, uno de los inmigrantes de San Mateo, vio un letrero que decía "Filadelfia", una palabra que le recordaba a su queso crema favorito en su estado natal de Puebla. Los hombres optaron por lo familiar y cambiaron su itinerario de viaje de Jersey a Filadelfia, y caminaron por las calles hasta que se toparon con el restaurante cuyo letrero decía "Tequilas".

El hombre de Puebla se presentó con David y de inmediato consiguió trabajo. Luego vinieron más hombres. Entre ellos estaba Mario, el primo de Efrén. Mario Pérez recuerda caminar alrededor de Central City con un diccionario español-inglés. Los dueños de los restaurantes y los chefs se asomaban por las ventanas. Mario temía por su vida. Un hombre vestido de chef parecía susurrarles algo; hacía gestos con la mano y movía su cabeza como en señal de que se acercaran.

—Yo no estaba seguro de si quería robarnos algo o llamarle a la Patrulla Fronteriza —recordó Mario.

Pero luego un lavaplatos de República Dominicana se les unió y fungió como traductor.

—¿Son de Ecuador? —preguntó.

—No, somos de México —dijo Mario.

Los ojos del chef se iluminaron.

—¿Puebla? —preguntó.

—Sí —respondió Mario.

El dominicano explicó que el chef, quien era de París, estaba muy emocionado al ver que por fin los poblanos llegaban a Filadelfia. Los poblanos se hicieron de una gran reputación en Nueva York por su sólida ética laboral. El chef no se comportaba de forma grosera, aclaró el dominicano. Sólo quería reclutarlos y a cualquier otro de sus conocidos. El restaurante era Le Bec-Fin, que alguna vez fuera considerado uno de los mejores restaurantes franceses de Estados Unidos. Le dije a Mario que éste era el lugar al que Ken me llevó a comer en 1987, donde no supe qué pedir y mucho menos pude entender un menú con frases en francés. Cada vez más preocupado de que cediera ante la nostalgia por el hogar y de que un día tomara mis cosas y me fuera, Ken creía que necesitaba enfrentar mis miedos. Pasar el rato donde comía la élite.

—Pero ¿un lugar francés? —pregunté.

Apenas sabía cómo ordenar un *hoagie*. Además, los precios me aterraban.

Sin embargo, escuché con intensa fascinación la explicación que hizo Ken de la carta y la forma en que me decía que qué suerte teníamos de estar sentados ahí, porque las reservaciones eran muy difíciles de conseguir. Tenías que conocer a alguien y darle al anfitrión cincuenta o cien dólares para que te recordara la próxima vez. Éste era el lugar al que no llevé mi blazer de JCPenney, sino que lo cambié por uno mejor de Wanamaker's que Ken escogió. Ken me explicó que estábamos en un bistró fundado por Georges Perrier, el también propietario, y uno de los chefs más famosos del mundo. Abrió el lugar en 1970 y lo nombró en honor al coloquialismo francés para "un buen paladar".

Ken pagó la cuenta ese día, a lo que intenté oponerme, incluso cuando sabía que no había manera de que me alcanzara, ni siquiera para cubrir la mitad del monto. No recuerdo si era conejo cremoso o vieiras, le dije a Mario. Lo único que sé es que salí de ahí todavía con hambre y convencido de que quería ser como Ken, tan elegante y seguro de sí mismo.

—Es probable que yo haya sido quien lavó tus platos ese día —bromeó Mario—. Aunque poco tiempo después me fui a Tequilas.

—Bueno, entonces seguro has lavado muchos de mis trastes —bromeé.

Mario, al igual que muchos otros, se sentía cautivado por la historia de David. Un inmigrante mexicano que construía un imperio desde cero. Trabajaba casi toda la semana: conducía una camioneta VW color carmín para recoger fruta, verduras y carne; quemaba discos compactos hasta bien entrada la noche para tener la música más actual y cambiaba el menú con frecuencia para mantenerse por delante de la competencia.

—Todos queremos ser como David. Para nosotros, él no sólo es el sueño americano sino el sueño mexicano —dijo Mario.

Otro poblano que conocí, un amigo de Mario, sólo se identificó como Pedro. Ahora era mesero y no había regresado a México en casi cinco años, luego de optar por soportar los inviernos fríos y los veranos húmedos de Filadelfia por encima de arriesgarse a cruzar la frontera otra vez. Para combatir su soledad, Pedro alentó a cerca de tres docenas de sus amigos de Puebla a unírsele. Casi todos eran agricultores del maíz. Su carro de bienvenida se extendía al equipo de futbol de su ciudad natal, a cuyos integrantes les esperaban trabajos como meseros, mozos y lavaplatos en los restaurantes de moda en Filadelfia —que poco a poco se convertían en el corazón de la economía de Central City—. Estos hombres se movían de un lado al otro, de Boston a Connecticut, Nueva York, Maryland y a la primera capital de la nación. También jugaban futbol todos los domingos.

Cada noche, cuando la ciudad se apagaba, los únicos sonidos que se escuchaban eran los gruñidos de los poblanos mientras cargaban los restos de comida de esa noche para tirarlos en los botes de basura de afuera. Yo los seguí, con pluma y libreta en mano, junto con el fotoperiodista Erich Schlegel. Cuando terminaron su trabajo, Erich los siguió mientras pedaleaban sus bicicletas más allá de Independence Hall, su silueta dibujada antes del amanecer sobre una estatua de George Washington iluminada por la luz de la luna y la Campana de la Libertad, de camino a su modesto departamento que compartían once personas.

—A veces, cuando me subo a mi bicicleta —me dijo Pedro con una tímida sonrisa, pedaleando a toda velocidad para dormir el mayor tiempo posible antes de empezar toda su rutina otra vez—, tengo que pellizcarme para asegurarme de que todo esto es real.

15

La Habana llama, la guitarra de Santana

Viajé todo un mes por Estados Unidos, durante el cual reporté lo que sucedía en diversas partes del país. Mi experiencia fue tan buena que un colega y yo acordamos intercambiar oficinas en nuestros respectivos hogares. Él pasaría algunos meses en mi casa de Coyoacán, donde practicaría su español y aprendería las complejidades de un país en medio de una transformación política y económica. A su vez, yo me quedaría en su departamento de Georgetown, buscaría fuentes de información privilegiada en Washington, caminaría por el parque Rock Creek y tomaría el tren desde Dupont Circle hasta Metro Center para trabajar en la oficina del *News* en Washington.

Me parece un intercambio justo, pensé. Además, esto me permitiría estar más cerca de Filadelfia y pasar los fines de semana con Ken y David.

El crecimiento del número de mexicanos en Estados Unidos aún era mi prioridad, al igual que Cuba. El *Dallas Morning News* cabildeaba con los gobiernos de Cuba y Estados Unidos para que abrieran una oficina en La Habana, y mi cobertura en Washington incluía hablar con expertos en Latinoamérica y creadores de políticas en Capitol Hill, Foggy Bottom y la Casa Blanca.

Mis actividades diarias en la capital de Estados Unidos consistían en acorralar a los asistentes congresales y a sus jefes en los corredores del poder, caminar por el laberinto del Departamento de Estado o tomar un trago con la sonorense Ana María Salazar, del Pentágono, o María Echaveste, una de las principales asesoras del presidente Clinton y con vínculos familiares en Jalisco. Nos reuníamos en el restaurante bar Oval Room, frente a la Casa Blanca, donde trabajaba

213

a unos cuantos metros del presidente. Entonces le hice la pregunta obligada:

—¿Cuál es el estatus del matrimonio entre nuestros dos países?

—¿De manera extraoficial? Fluctúa. De manera oficial, nunca ha estado mejor.

Visité la sede de la CIA para tener una mejor idea de lo que sucedía en la frontera Estados Unidos-México, donde la violencia aumentaba a causa de las drogas.

Algunos días después recibí una visita inesperada de un funcionario de la oficina de interés especial de Cuba en Washington, quien se apareció en la oficina.

—Sólo pasaba por aquí, Corchado —dijo el burócrata.

Siempre me llamaban por mi apellido.

—¿Tienes tiempo para echar un trago?

—Claro —dije, y nos dirigimos hacia el National Press Club para aprovechar la hora feliz.

—El gobierno cubano te expedirá una visa especial —me dijo.

Yo no tenía ni idea de lo que eso implicaba, pero mi anfitrión me dijo que debería ir a La Habana para reportar más desde ahí. En fechas recientes, visité Cuba para cubrir la visita del papa Juan Pablo II. Durante varias semanas me paseé por la isla y me enamoré de su gente. No necesitaba una gran excusa para regresar.

Una vez más me sorprendió lo bien que me trataban los cubanos en sus guayaberas: me darían una visa de largo plazo para evitar el tedioso papeleo requerido para emitir permisos de prensa. Los espías cubanos a menudo me recogían en el aeropuerto como si fuera algún dignatario. Hablaban sobre la necesidad de que los mexicanos y los cubanos se unieran en solidaridad a la lucha contra el imperialismo de Estados Unidos, un país al que responsabilizaban de que los cubanos se murieran de hambre con el embargo, de interferir con las comunicaciones y de preparar una invasión inminente. Se robaron la mitad del territorio de México. Tarde o temprano se llevarían todo —incluso Cuba—.

Su forma de hablar me recordaba a la de Primo y me pregunté si no estaría equivocado después de todo este tiempo. ¿Acaso era Primo un espía cubano? ¿O mexicano? ¿Era Cuba su fuente de información? Quizá era por eso que David y Primo susurraban entre sí. Tal vez eso explicaba la boina de Primo.

O quizá todo era producto de la paranoia, una sensación de inquietud ligada al hecho de ser mexicoamericano, y los cubanos, al igual que los mexicanos, veían eso como un puente entre países, a través de desiertos y del Caribe. La creencia era que podíamos convertirnos en un poderoso bloque político para contrarrestar a los ultraconservadores cubanoamericanos.

—Necesitamos permanecer unidos —dijo el oficial cubano de la misma manera en que Fidel y el Che estrecharon lazos con Lázaro Cárdenas después de que el expresidente recibiera a los exiliados en México como invitados, un gesto que Cuba le agradecería por siempre.

Yo los observaba y no podía creer que fueran tan obvios, que me reclutaran para ser su espía, un agente doble. ¡En verdad no podían pensar que yo sabía tanto como para ser un espía de la CIA!

Trataron de presionarme con mojitos, daiquirís e incluso tequila, pero para aquel entonces yo ya era un esnob como David y casi me caí de la silla cuando me extendieron una botella de Cuervo.

—No quiero parecer malagradecido, pero esa bebida es letal —me quejé—. Eso sin duda debería formar parte del embargo.

Todos se rieron.

Ningún otro detalle fue pasado por alto. En un restaurante, el dueño se acercó para decirme que acababa de sembrar chiles en un pequeño jardín para que cuando el mexicano —o sea, yo— los visitara, pudiera agregarle picante al delicioso pollo que servían.

—Gracias —le dije al dueño.

—Confiamos en ti, Corchado —me dijo el cubano—. Confiamos en que tú también confías en nosotros.

Había fuertes tensiones entre Estados Unidos y Cuba en ese momento. La relación entre ambos países durante la administración de Clinton se complicó aún más, en ocasiones incluso se desgastó con el endurecimiento del embargo y después de que unos aviones MiG cubanos les dispararan y derribaran dos aviones piloteados por miembros del grupo de exiliados cubanoamericano Hermanos al Rescate, lo que dejó un saldo de cuatro personas muertas. Una tarde nos sentamos afuera del patio de El Nacional, donde uno de los cubanos me preguntó con brusquedad si podía compartirles mediante sus emisarios cualquier información que tuviera sobre mis juntas en Washington. ¿O tal vez fotos?

—¿Quieren que sea su espía?

—Queremos que sea nuestro amigo —respondieron—, un amigo que esté a nuestro lado, como lo ha estado México durante todos estos años.

—Cualquier secreto que tenga o confirme, lo publicaré en el periódico. Así es como funciona. Soy reportero, no espía.

No parecieron comprarse esa explicación y me preguntaron por qué pasé tanto tiempo en la CIA y el Departamento de Estado, y con cubanos clave dueños de información privilegiada en Capitol Hill, como el republicano Jeff Flake, R-Arizona.

—Sólo hago mi trabajo —dije, sorprendido de que conocieran tan bien mis actividades—. También me gusta ducharme mucho, sobre todo cuando está húmedo —agregué con sarcasmo—. Es una costumbre que adopté en los campos de California.

—Corchado, no te pongas a la defensiva.

Le pasé esta información a mi editor, Ricardo Chavira, un excorresponsal para la revista *Time* que en algún punto también cubrió Cuba. Se rio.

—Los cubanos son insuperables cuando se trata de cuestiones de inteligencia, sobre todo en construir nuevas redes y acercarse a las viejas. Sólo baila con ellos —me dijo.

Una noche en Filadelfia le conté esta historia a David y él sólo me miró. Dudaba de mí. David aún estaba obsesionado con Cuba.

—Cabrón, dime la verdad. ¿Eres espía para los imperialistas?

—Eso ni siquiera amerita una respuesta —dije—. Vete al carajo.

—¿Tienes secretos?

—Lee el periódico, güey —dije, para interrumpir la conversación y cambiar de tema—. Tanto querían impresionarme, que sacaron una botella de Cuervo. ¿Puedes creerlo? Pinche Cuervo.

Eso al fin captó su atención. David golpeó la mesa 21 con su mano. La simple mención del tequila Cuervo lo hizo sobresaltarse.

—Vamos a Cuba —dijo.

Y eso hicimos, varias veces. A los cubanos les agradó su personalidad afable y sus posturas liberales contra el embargo. Escucharon con fascinación mientras David hablaba sobre las virtudes de un buen tequila y cómo nadie podía ganar una revolución sin los licores apropiados.

—Una mala cruda puede matar cualquier esfuerzo.

Habló durante toda la noche con una nueva amiga, Marta Rojas, autora y amiga personal de Fidel, sobre los peligros de la globalización y de la importancia de defender la cultura mexicana. Marta estaba tan encantada con David que lo incluyó en su futuro libro.

Esa noche Marta nos llevó a un bar de salsa, Café Cantante, al otro lado de la calle del Monumento a la Revolución, que rinde tributo a José Martí, el Che Guevara y Camilo Cienfuegos con la frase: "Vas bien, Fidel".

En otra ocasión, un amigo de Filadelfia nos invitó a una recepción con Fidel y algunos líderes religiosos, pero se nos olvidó llevar la invitación. Nos fuimos en un Chevy convertible de 1957 con un chofer que dudaba incluso de que nos permitieran acercarnos a las rejas de la residencia en donde se llevaba a cabo el evento.

—El comandante está ahí —dijo el chofer e hizo un gesto con la mano para indicar la barba de Fidel—. No podrán acercarse.

Cada vez que un guardaespaldas cubano nos preguntaba quiénes éramos, yo le decía que era reportero y que mi amigo vendía tacos.

—¿Mexicanos? —preguntaba.

—Con nopal en la frente —le respondía.

De algo sirvió haber bebido ron añejado durante siete años y tequila Herradura, una botella que David trajo para regalarle a Marta. Para nuestra sorpresa, el guardia sonrió y nos dejó pasar, luego le ordenó al siguiente grupo que abriera las puertas. El sueño de toda la vida de David, el que compartió durante aquellas noches en Filadelfia cuando romantizaba sobre el socialismo, estaba a punto de cumplirse. De pronto, David y yo nos encontrábamos a unos cuantos metros de Castro. Me preocupaban dos cosas: primero, que los guardaespaldas de Castro nos taclearan y llevaran a la cárcel, y el gobierno de Estados Unidos tuviera que negociar nuestra liberación. Nos pudriríamos en la cárcel. O segundo: David tendría un enorme orgasmo allí mismo. Hasta donde sé, eso no sucedió, pero estuvo a punto.

Le borré la sonrisa del rostro al invitarlo a conocer a Rolando Bezos, un revolucionario que peleó junto a Castro y que afirmaba ser un tío lejano del padrastro de Jeff Bezos, el fundador de Amazon. La familia, como muchos cubanos, estaba desencantada con la revolución y nos invitó a una cena de despedida para un joven amigo que se dirigía a Miami. En el fondo se escuchaba la banda Los Van Van y Carlos Varela mientras tocaban "Como los peces", una hermosa canción sobre la desilusión que se había convertido en un himno nacional para los jóvenes cubanos que se escapaban de las garras de los ideales capitalsocialistas de Fidel. En el auditorio Karl Marx, algunos jóvenes cubanos bailaban al ritmo de la música de metal pesado y hablaban sobre el máximo símbolo de la libertad: McDonald's. David tenía el corazón roto.

A menudo revisitaba *paladares* exitosos, pequeños restaurantes administrados por familias, tan sólo para enterarme de que fueron clausurados por el gobierno o que no sobrevivieron a la más reciente burocracia, que crecía a la menor muestra de éxito.

—Algunos huyen por mar —le dije a David cuando conducíamos por la línea costera conocida como el Malecón, mientras las olas rompían y salpicaban agua, los niños reían, las parejas se tomaban de la mano y se formaban nubes de lluvia en medio de un atardecer rojo—. Otros atraviesan desiertos.

—Cabrón, hay que decirle a Carlos que dé un concierto aquí. Estaría chingón. Imagínate. Crear conciencia de la crisis migratoria a nivel internacional.

—Y dale con Santana.

Carlos Santana era más que un cliente en Tequilas. David y Santana eran amigos. La legión de clientes en Tequilas forjó nuevas amistades. Los mejores amigos de David eran políticos, estrellas de Hollywood como Lily Tomlin, gigantes literarios como el escritor uruguayo Eduardo Galeano, dueños de equipos y grandes figuras deportivas como Franco Harris, el famoso jugador de futbol americano de los Acereros de Pittsburgh, y Fernando Valenzuela, el pícher sonorense de los Dodgers de Los Ángeles, quien se aparecía por ahí de vez en cuando para quedarse durante horas. Los fundadores del Centro de Investigación Pew también se daban la vuelta por ahí. Nadie se hizo más cercano a David que el músico Santana, una amistad que yo observaba con inquietud. A principios de la década de 1990 Santana se convirtió en mi remplazo en la mesa 21.

David y Primo conocieron a Santana en una exposición de arte puertorriqueño en Filadelfia que mostraba las portadas de los discos del músico. David lo invitó al restaurante y él aceptó. Entonces nació una nueva amistad. Santana se convirtió en un cliente frecuente y aparecía cada que visitaba Filadelfia para dar un concierto. Tenían Jalisco y quizá muchas otras cosas en común. Una noche la madre de

David, quien ya vivía en Filadelfia, fue a Tequilas, conoció a Santana y se puso a platicar sobre su estado natal de Jalisco, en específico a rastrear el linaje de su familia. A medida que avanzó la conversación, la madre de David de pronto los miró y dijo:

—Tal vez ustedes dos sean parientes —mientras tomaba nota de nombres y familiares en Jalisco.

Estaban casi convencidos de que eran hermanos separados por el tiempo.

Carlos y yo nos miramos y nos dimos cuenta de que, más allá de la amistad, seguro nos unían muchas más cosas. David recordó la historia de cómo se conocieron.

Tal vez había algo más ahí, pensamos Primo y yo. Santana vio en David al mexicano que nunca conoció en su nativo Jalisco. David vio en Santana al hermano que no sabía que tenía y el mexicano que quería ser o en el que estaba a punto de convertirse, aceptado como un estadounidense. David, un poco a la defensiva, negó cualquiera de estas comparaciones.

—Ni madre —dijo.

—Pero —Primo puntualizó— yo también conocí a Santana y él nunca me invitó a salir. Ahora trato de convencerlo de que toque su música en Cuba —dijo.

—Órale. Genial —respondió David, palabras sin sentido que aprendió de los pomposos mexicanos *súper cool* que decían pendejadas cuando no tenían nada que decir.

Una noche me llamó tan emocionado que por un momento pensé que había desvelado el secreto de su obsesión de toda una vida: encontrar los ingredientes exactos para elaborar su tequila perfecto. ¿Quizá encontró el licor? No. Más bien, acababa de salir de un lujoso hotel que daba a la plaza Rittenhouse, donde Santana se hospedaba. Santana lo invitó por una caminera de tequila. El músico sacó una cinta de prueba que llevaba consigo para su próximo disco. David se sentó a escuchar mientras Santana, el autor de "Black Magic Woman", tocaba su guitarra frente a él e interpretaba canciones aún desconocidas para el público: "María María", "Put Your Lights On" y "Smooth". En particular, David estaba fascinado con "Migra, Migra", una canción de protesta contra la Patrulla Fronteriza, y me recitaba la letra por el teléfono mientras conducía a casa y revivía su velada.

—¿Qué tanto tomaste? —pregunté, un poco como novia celosa y posesiva.

—Demasiado —dijo—. Por eso tengo los vidrios abajo.

David vivía en Merion, una parte de la línea principal de Filadelfia, a unos veinte minutos en auto de Central City.

—Cuídate —le dije—. Hay policías en todas partes y tú encajas con el perfil: un mexicano dentro de una camioneta a la medianoche que cruza el Río Schuylkill. Pero me alegra que hayas encontrado un nuevo amigo —dije, algo malhumorado.

—¿Quién te quiere, cabrón? —me interrumpió mientras gritaba "Migra, Migra, pinche migra, déjame en paz…"

A David le desagradaba la Patrulla Fronteriza, puesto que su negocio dependía, en gran medida, de su formidable fuerza laboral mexicana.

Algunas semanas después, la canción formaba parte del disco *Supernatural*, quince veces acreedor a un disco de platino en Estados Unidos y ocho premios Grammy, entre ellos Álbum del Año, así como premios Grammy Latino, incluyendo Disco del Año. Contenía la canción "Corazón espinado" que Santana grabó con Maná, el grupo más importante de México en ese momento, oriundo de Guadalajara.

—Carlos va a venir a cenar hoy a la casa —me dijo David por el teléfono en otra ocasión—. Viene a dar un concierto en la ciudad, que está agotado, pero tengo un boleto con acceso preferencial para ti. Vamos al concierto primero y luego a cenar. Vente a la casa.

Le obedecí y tomé el tren rumbo al norte para llegar a Filadelfia. Conocí a Santana y a su banda en el hogar de tres pisos de David. David invitó a Santana a la habitación que denominó "la cueva" para echar unos tragos y hacer confesiones de medianoche. Éste era el lugar al que David y yo nos retirábamos después de una noche en Tequilas y donde revelábamos nuestros dolores del alma. Yo tenía mi propia silla. David tenía la suya. De vez en cuando, también hablábamos sobre la Ciudad de México, Guadalajara, el drama cotidiano, Washington y lo que estaba en la mente de todos, la relación amor-odio que se gestaba entre el ranchero texano George W. Bush y el ranchero mexicano Vicente Fox.

Esa noche, después de una cena que incluía flautas y cochinita pibil, un platillo tradicional de Yucatán preparado con cerdo marinado y asado a fuego lento, Santana entró a la casa y de forma despreocupada tomó mi asiento en "la cueva", como si le perteneciera. Hice una mueca, pero mantuve la calma. Le dije cuánto amaba su nuevo disco y cómo antes de convertirme en periodista en realidad lo que quería era ser compositor, para seguir los pasos de Juan Gabriel. No podía separar los paralelos entre la música y la escritura. Él me miró mientras sumergía sus tostadas en el guacamole. De una forma muy silenciosa, casi como un susurro, recalcó lo bendecido que se sentía. Lo guiaba la virgencita de Guadalupe, que siempre estaba cerca de él. No dijo nada más.

—Órale —respondí.

16

Las consecuencias

Ahora vivía en Washington como corresponsal de tiempo completo, donde me dedicaba a acortar la brecha entre México y Estados Unidos por medio de mis historias y entrevistas, mientras presenciaba el crecimiento de la comunidad inmigrante mexicana que cada vez se extendía más hacia Nueva Jersey y Delaware. También era testigo del fin de una amistad.

Poco tiempo después de mudarme a Washington, David y Ken cometieron un grave error: trataron de hacer negocios juntos. Una tarde de camino a Tequilas después del trabajo, Ken tomó la ruta habitual. Al caminar por la calle Locust vio un letrero que decía: "Se vende". Uno de los mejores inmuebles de la plaza Rittenhouse estaba a la venta, en la esquina de las calles Locust y 16.

Ken casi se echó a correr hacia Tequilas. Entró al lugar sin siquiera saludar a los clientes nocturnos. En vez de eso, arrinconó a David.

—¿Quieres formar parte de la corriente predominante de Estados Unidos? Éste es el sitio para hacerlo —razonó Ken—. Ésta es la forma en que dejas una huella en el corazón de Estados Unidos, justo en el lugar donde empezó la nación, en una de las calles más elegantes e históricas del país. Haces una declaración. Ya has superado Tequilas —Ken recuerda haberle dicho a David.

Éste no era cualquier edificio, sino más bien una casa de cuatro pisos construida con piedra caliza de color rojizo y diseñada por un arquitecto cuya obra incluía la iglesia de St. Mark's. Entre los antiguos dueños se encontraban William J. Duane, quien asistía a su padre en la publicación del periódico *Aurora*, y el nieto de Benjamin

Franklin. El *Aurora* era conocido por adoptar las causas de Thomas Jefferson y arremeter contra los federalistas. Duane también era un político que en 1833 sirvió como secretario del Tesoro bajo Andrew Jackson antes de postularse para la presidencia. En la sala de techos altos se encontraba un magnífico candelabro, un Baccarat original que Duane recibió como regalo de José Bonaparte, hermano de Napoleón y antiguo rey de España. El segundo dueño fue William D. Dulles, un prominente abogado de Filadelfia y más tarde pariente de John Foster Dulles, el secretario de Estado bajo Eisenhower.

En fechas más recientes, el edificio albergó varios restaurantes para la multitud habitual de la plaza Rittenhouse: incluidos el Cajun Magnolia Café y antes La Panetière, donde George Perrier se entrenó antes de abrir Le Bec-Fin. El edificio saltó a la fama cuando apareció como la locación principal en la película *El protegido* del año 2000, un thriller escrito, producido y dirigido por M. Night Shyamalan, protagonizada por Bruce Willis y Samuel L. Jackson.

Desde hacía algún tiempo David hablaba sobre la posibilidad de mudarse, pues se quejaba de que ya no podía manejar a la gente. Tequilas ahora era parte del tejido de la ciudad, que estaba a punto de experimentar un renacimiento dramático. Para mantenerse actualizado, a menudo cambiaba el menú de modo que pudiera introducir los últimos platillos de su tierra natal, con descripciones biográficas para educar a la clientela en todos sentidos, desde los orígenes prehispánicos del mole hasta la inmensa variedad de maíz autóctono. A veces me parecía que iba demasiado lejos. En una ocasión pedí nachos, que ya no formaban parte de su menú. Ahora declaraba que veía la comida Tex-Mex como enemiga de la cocina mexicana.

—Ésas son chingaderas Tex-Mex —me regañó cuando ordené los nachos—. No chingues.

No estaba muy seguro de cómo defender eso, pero le recordé que lo Tex-Mex no era tan diferente a lo que nos convertíamos en la mesa 21, algo más que ya no era sólo mexicano. Al final, desistí. La última guerra entre Estados Unidos y México empezó en Texas, y México terminó por perder la mitad de su territorio.

Desde hacía quince años, David arrendaba el espacio original de Tequilas y, como no era de su propiedad, no podía encontrar un banco dispuesto a financiar la compra de un edificio entero que incluía el restaurante. Necesitaba cambiarse a una locación más grande;

sin embargo, el inmueble al que se refería Ken no tenía ningún sentido. Ése no era sólo un restaurante, sino un edificio histórico de cuatro pisos construido con piedra caliza de color rojizo con tres pisos de oficinas en la parte superior. David era sujeto a préstamo bancario para financiar el restaurante, pero no toda la propiedad. Era demasiado costosa. David se mostraba reacio ante esta idea. Necesitaría ayuda financiera.

Ken se ofreció.

—Hagamos esto juntos —propuso.

Y con eso, estábamos perdidos. Mi temor era que la relación entre David y Ken, un inmigrante mexicano reciente y un mexicoamericano alejado por generaciones, no terminara bien.

A Ken en ese momento le iba muy bien económica y personalmente. Laura y él se casaron en una ceremonia que mostró cuán encantados estaban el uno con el otro, en una humilde iglesia presbiteriana en Taos. La boda remató con un saludo irónico a las raíces de Ken de la ciudad de Española, Nuevo México. En vez de limosinas, los nuevos esposos contrataron un desfile de autos estilo *low rider* para transportar a los invitados al salón. No se omitió ningún detalle, excepto por mí: el día de la boda me quedé dormido y se me olvidó llevar las donas matutinas para los invitados. Ken me nombró su padrino, para bien y para mal. Esa tarde viajé en el asiento trasero de un *low rider* convertible Impala 1969 en Española, con una variedad de amigos, entre ellos sus colegas esnob de la escuela de derecho de UPenn, quienes aún se curaban la cruda. Todavía me sentía molesto por haber olvidado las donas ese día. David y Ángela también me chingaron con lo de las donas.

Además, Ken y Laura ya eran padres de una niña de un año, Maya, y Ken ganaba bien, vivía en Society Hill —un área residencial que era tan acaudalada y burguesa como suena— en una casa renovada de tres pisos de 1790. Me dio mi propio juego de llaves, lo que me alentó a visitarlo cada dos fines de semana desde Washington. Tenía mi propia recámara y estaba a tan sólo diez cuadras a pie de Tequilas.

LOS DUEÑOS DEL edificio en la calle Locust no querían tratar con David, pero lo harían con gusto si Ken estaba involucrado. Ken tenía caché, una reputación. El joven hombre de Nuevo México que cambió la pobreza por la prosperidad, el epítome del sueño americano.

Ken pudo haberse ido a cualquier parte: a California, o regresar a Nuevo México, como alguna vez prometió. Sin embargo, eligió quedarse en Filadelfia, expandir su firma legal a Trujillo Rodríguez & Richards, ahora uno de los despachos de más alto perfil en la región. Amaba su vida en la firma, una existencia sacada de las páginas de su libro favorito durante la adolescencia, *The Partners*. Los grandes litigios le otorgaban a Ken un estilo de vida y un nivel de prestigio que hubiera sido inimaginable para su padre e inconcebible en Durango, Colorado. Viajaba a Florida, Nueva Orleans y la costa oeste, y vivía casi seis meses del año, menos los fines de semana, en el Waldorf Astoria de Nueva York. Sin lugar a dudas, ésta era la burguesía.

Él era a quien la clase dirigente de Filadelfia aceptaba. Cuando Ken comenzó a tener algunos avances, David se animó. Entre más pensaba en ello, más le gustaba la idea.

—Esto en verdad podría funcionar —me dijo.

Ambos serían dueños del edificio de casi mil ochocientos sesenta metros cuadrados y Ken compraría entre 5 y 10 por ciento del restaurante. De hecho, fue David quien pidió este arreglo, porque quería que Ken invirtiera en el restaurante. La licencia para la venta de alcohol le pertenecía a Tequilas y la compañía que la mantenía fue nombrada a partir de las iniciales de sus hijos: DEDMA, Inc., por David, Elisa, Daniel y la pequeña hija de Ken, Maya.

El acuerdo fue frágil desde un inicio. El banco le pedía a David una garantía que no tenía —los millones de dólares requeridos por el tamaño de la inversión inmobiliaria—. David ofreció su casa, pero Ken dijo que no lo aceptaría e insistió en que buscaría inversionistas externos. Ese pequeño problema hizo que Annette, la esposa de David, se alterara.

Annette creía que si Ken era un inversionista, necesitaba poner su casa como garantía. Ken sentía que su interés en el restaurante era mínimo y que con un recién nacido no quería arriesgar su hogar.

Desde el punto de vista de Annette, Ken consiguió algo de dinero por fuera cuando ya era demasiado tarde. David tuvo que buscar corredores externos con enormes tasas de interés. David cerró el trato a finales del año 2000 y la construcción inició casi de inmediato.

Nunca firmaron un contrato entre ellos y lo mantuvieron en un plano verbal, con base en su amistad. Ése fue el principio del fin. David era ambicioso. Planeaba cada movimiento con un solo objetivo: llevar México a Filadelfia en todas sus formas y colores. Sus muebles no procederían de cualquier lugar. Quería autenticidad. Cada elemento —taburetes de bar, mesas, sillas, vasos, platos, cubiertos... vamos, incluso la misma barra— provendría de su ciudad natal: Guadalajara. El lugar ya no se llamaría Tequilas sino Los Catrines Restaurant and Tequilas Bar, un nombre con el que jugó durante meses. Pasábamos noche tras noche en Tequilas tratando de ayudarle a encontrar el nombre adecuado. Les daría a los comensales, de todos los orígenes y nacionalidades, la oportunidad de sentirse como si estuvieran en México durante ese mágico fin de semana, con esa margarita o tequila derecho, en su México.

—Si no voy a regresar, quiero traer a México conmigo —explicó.

Casi doce meses después de iniciar el proyecto de renovación, David se impacientaba e inquietaba cada vez más. A menudo, cuando visitaba el lugar para ver los avances, encontraba a los hombres sindicalizados en un receso. En una ocasión, un obrero y sus hombres deambulaban por la habitación cuando uno de los trabajadores rompió un pedazo de candelabro. De inmediato fue a Home Depot para comprar un cristal de remplazo, pero le dijeron que esa pieza era irremplazable.

—Este candelabro es de la década de 1800. Dudo que Home Depot tenga una pieza así —dijo David con sarcasmo.

David salió del edificio muy molesto e ideó un plan B. Quería utilizar a sus propios trabajadores, algo que no fue bien recibido en una ciudad con gran fuerza sindical. De hecho, los mismos sindicatos irrumpieron en el lugar y clausuraron la obra, pues se oponían a emplear a los artesanos no sindicalizados de México. Ken intervino con el poderoso líder sindical y lo convenció de que sólo los trabajadores de Filadelfia realizarían el trabajo.

En la primavera de 2001 David me llamó mientras me encontraba acurrucado en mi departamento cerca de Capitol Hill, una casa de dos pisos construida con piedra caliza, con mis vecinos Wayne y Everina, dos de los enófilos más sabios que había conocido.

Yo vivía a tan sólo diez cuadras de la estación Union, que resultaba una buena ruta de escape hacia el norte de Filadelfia, pues desde allí podías tomar el tren interurbano Amtrak en cualquier momento. Éste era uno de esos momentos.

—El lugar está listo —dijo David—. Ven a ver esta belleza.

—Ahí estaré mañana —dije.

Era un día fresco de primavera, de esos que te revelan que, por fin, el invierno ha pasado: los árboles aún carecían de hojas, pero despedían una especie de vitalidad, de emoción. Llegué en tren un sábado justo antes de la gran inauguración ese lunes y encontré a David reunido con sus meseros y personal de cocina. Parecía faltarles el aliento. Su equipo de trabajo era liderado por Óscar, Manuel, Dino y Silvio de Ecuador.

Los poblanos superaban a todos en número. David me aclaró que la cantidad de poblanos se duplicó, o hasta triplicó, aunque en realidad nadie sabía bien. Algunos decían que eran veinte mil. Otros estimaban la cifra en treinta mil. Sin embargo, la oficina general del consulado de México en Filadelfia decía que hasta la mitad de los trescientos mil mexicanos en la región triestatal del este de Pensilvania, el sur de Nueva Jersey y Delaware provenía de Puebla.

Un terremoto en 1998 sólo pareció aumentar esos números. Claudio, uno de los cocineros de David, y Mario, su asistente, le abrieron camino a una nueva tanda de amigos que huían de San Mateo después de que un terremoto destrozara el antiguo lugar. Ellos llevaron el equipo y los muebles a la nueva ubicación. Al interior, el espíritu de México ya se arraigaba en el nuevo edificio. David contrató a Pascal Architects de la Ciudad de México, cuyo trabajo *avant-garde* y modernista se encontraba detrás de algunos de los edificios más icónicos alrededor del país. Contrató a un pintor, también de la Ciudad de México, quien dedicó tres meses a pintar un mural de piso a techo que parecía representar, a primera vista, un homenaje al Día de Muertos, con calaveras que saltaban del mural para dar la bienvenida a los visitantes.

No obstante, cuando alguien hacía esa comparación, entre ellos yo, David arremetía contra nosotros. Para nada, decía. Eso estaba por debajo de él. El Día de Muertos era una de las celebraciones más adoptadas en Estados Unidos, aunque corrompida por su asociación con el Halloween. Él era más pensativo, sofisticado y nos instaba a mirar con mayor atención. Sí, sólo un ojo entrenado podía entender los mensajes políticos y anticapitalistas ocultos detrás de los personajes esqueléticos de José Guadalupe Posada —mentor de José Clemente Orozco, Diego Rivera y David Alfaro Siqueiros, los tres muralistas mexicanos más famosos del siglo xx.

El muralista de David era el nieto de Orozco, José Clemente Orozco Farías. Yo ofrecí ayudarlo con la mudanza. David me miró y me dijo que no. No puedes.

—Pero yo trabajaba en el campo —le dije.

—Ahora sólo eres un dandy de la Ciudad de México, un fresa.

Quizá sintió pena por mí, al verme allí sin nada que hacer, así que me mandó al antiguo lugar para asegurarme de que nada hubiera quedado atrás. David estaba tan enfocado en reabrir en menos de veinticuatro horas —tan impulsado por el futuro y ocupado con la tarea frente a él—, que no pareció sentir la fuerza de los recuerdos que me azotaron como un tsunami cuando entré al viejo Tequilas.

Mientras sus empleados se movían como una brigada de hormigas de un lado al otro de la cuadra para desmantelar el viejo Tequilas e instalar el nuevo, David se preocupaba por dónde colocar cada cosa. Yo realicé mi trabajo de forma heroica: me senté y encerré con nostalgia. Éste era el sitio donde nos conocimos y alcanzamos la mayoría de edad. Se convirtió en nuestra catedral de confesiones, angustias, momentos de renovación y derrota. Me tomé un momento para contemplar lo que quedaba: las desgastadas escaleras de alfombra roja que conducían a un angosto pasillo, la antigua barra de madera a la entrada y las mesas a lo largo de la pared, y la sección romántica aislada detrás de la barra con cuatro o cinco mesas, entre ellas la número 21. Era como el fin de una era, un botón al pasado que parpadeaba antes de apagarse para siempre. Tantas cosas cambiaron: Estados Unidos, Filadelfia, esta cuadra, nosotros cuatro. Todos ya rozábamos los cuarenta años (o más) y no éramos sino un recuerdo de aquellos hombres jóvenes e inseguros en la cúspide del rechazo o la aceptación, que discutían una y otra vez cada noche en este mismo lugar. Salí de ahí y caminé por la cuadra.

Me asomé a ver el nuevo lugar. Incluso en el desorden, se notaba que iba a ser espectacular. Un día después, David abrió Los Catrines Restaurant and Tequilas Bar en la primavera de 2001. El nombre Tequilas perduró.

Yo planeaba regresar a Washington esa misma noche, pero él no lo aceptó e insistió en que me quedara.

—No todos los días puedes celebrar el hecho de que un mexicano de Guadalajara tenga una propiedad en Central City —dijo. Estaba entusiasmado por lo que le esperaba.

Yo me sentía aterrado por él y preocupado por su amistad con Ken. Sus mentalidades eran muy distintas. Ambos estaban convencidos de que su negocio iba a ser exitoso, aunque había señales de desastre para nuestra amistad.

Tomé el tren de regreso a Washington preocupado porque David, quien ya había comprobado que podía vender platos de enchiladas a veinte dólares cada uno, ahora fuera capaz de llenar un comedor tres veces más grande que el anterior. ¿Acaso Filadelfia trataría a Tequilas como una novedad durante algunos meses para luego olvidarse de él? Y lo que era todavía más importante: ¿sobreviviría la amistad?

Durante esa primavera, todo parecía posible.

V
SIN TECHO

17

El juego de la culpa

A principios de septiembre de 2001, Washington se preparaba para la primera visita de Estado del presidente George W. Bush. Se le extendió una invitación a Vicente Fox, el primer presidente mexicano de oposición en setentaiún años. Ése era el principal motivo de mi reubicación a Washington. Quizá estos dos hombres al fin agitarían la relación por demás predecible entre Estados Unidos y México.

A pesar del gran cambio demográfico que experimentaba Estados Unidos, Fox aspiraba a que la naturaleza de la relación entre Estados Unidos y su vecino del sur se transformara, que fuera más equitativa, de modo que estadounidenses y mexicanos pensaran en su vecindad como una región y no como dos países envueltos en divisiones políticas. Ahora eran un solo destino. Para ese entonces, más de nueve millones de mexicanos vivían en Estados Unidos y un millón de estadounidenses vivían al sur de la frontera.

La historia mostraba que el gobierno de Estados Unidos siempre había determinado el rumbo de la relación. Durante una buena parte de los últimos treinta años, Estados Unidos llevó la batuta y presionó a México mediante la Operación Esto y la Operación Aquello. Esto sucedía sobre todo en el añejo tema del narcotráfico, que era un problema supurante y que se hacía cada vez más urgente desde la perspectiva de Estados Unidos.

Sin embargo, el enfoque unidimensional —combatir el narcotráfico mediante la guerra contra las drogas— ignoraba las otras dos facetas del conflicto. Ninguna administración estadounidense había aceptado que la demanda insaciable de drogas por parte de los estadounidenses era la raíz del problema, junto con la legislación liberal existente en torno a la adquisición de armas: la principal fuente de armamento para los cárteles. El departamento del Tesoro de Estados Unidos agregaba nombres a su lista de capos y congelaba sus bienes constantemente. Pero ni con esa estrategia pudieron rastrear los bienes de los elementos criminales en ambos lados de la frontera: las organizaciones mexicanas de tráfico de drogas reunieron un ejército de "hormigas" que llevaba pequeñas cantidades de dinero —menos de tres mil dólares para evitar su detención— y armas al sur de la frontera.

Desde Nixon hasta Clinton, el objetivo siempre fue la seguridad nacional y la agenda no cambió mucho, excepto por una expansión en el terreno económico con la aprobación del TLCAN. Nixon habló sobre legalizar las drogas, pero terminó por cerrar la frontera durante diecisiete días. En México, la política exterior se enmarcaba en la creencia de que los gobiernos deben mantenerse neutrales frente a otros países, abstenerse de emitir juicios y respetar su soberanía mutua. Era un enfoque pasivo que no les sentaba bien ni a Fox ni a sus asesores.

Fox conocía Estados Unidos mejor que muchos. Fue un gurú de la mercadotecnia y supervisó la división de Coca-Cola en México. Se sentía cómodo con la mentalidad estadounidense. Aparecía cada vez más en las noticias internacionales, donde lo retrataban como el candidato vaquero que era tan arrogante como para pensar que podía derrocar más de setenta años de reinado de un solo partido en México. El PAN ganó cada vez más terreno en las elecciones locales y estatales desde la mitad de la década de 1980.

Sin embargo, la presidencia, hasta aquel 2 de julio de 2000, no era más que un sueño guajiro. Fox tenía un abuelo irlandés que vivía en Ohio. El hombre medía más de 1.80 metros y más tarde emigró a México, donde tenía un rancho de ganado grande en el próspero estado de Guanajuato. A Fox todo lo políticamente correcto le importaba un carajo.

Fox decía lo que pensaba. Tenía muy poco que perder y mucho que ganar, y pronto se convirtió en un defensor del "México de allá" —de todos los mexicanos en casa o que trabajaban en el extranjero—. Comenzó a pelear por su derecho a votar mediante una papeleta de voto ausente. Él apostaba por que muchos de esos emigrantes, que habían estado expuestos a una verdadera democracia funcional en

Estados Unidos, votaran a favor de su desvalido partido de oposición. Era un mensaje descarado y aterraba a las élites mexicanas —en su mayoría vinculadas al PRI, el partido en el poder—. Su experiencia en la política se limitaba a un cargo como diputado, seguido de un puesto como gobernador del estado de Guanajuato. La primera vez que conocí a Fox fue en la ciudad de León, acompañado de mi colega Dianne Solís, donde compartimos unas enchiladas. Él se comparaba a sí mismo con el subcomandante Marcos, quien perdía relevancia a medida que el país se abría a nivel político. Durante su mandato como gobernador, Fox visitó Texas con tanta frecuencia que luego de un tiempo sus visitas no eran ninguna noticia. Sus representantes de relaciones públicas eran texanos, uno nacido en San Miguel de Allende, el otro un experto en publicidad proveniente de Dallas. Ellos imaginaban una sociedad entre Bush y Fox.

Durante los primeros días de su presidencia, Fox viajaba de Los Ángeles a Dallas y ofrecía discursos en los que dejaba sus prioridades muy claras para el público mexicano y estadounidense: quería la reforma migratoria y desmarcarse de la posición histórica de México con respecto a la soberanía total, la neutralidad y la no intervención. Fox insistió en cambiar prioridades. Trataría al gobierno de Estados Unidos de tú a tú, como iguales: esta vez México establecería la agenda, o al menos lo intentaría.

Ahora, en el otoño de 2001, Washington esperaba con ansias la llegada de Fox. Mis quince años como periodista se reducían a este momento: cubrir la visita de Fox a la Casa Blanca y dirigirse a ambas cámaras del Congreso. Yo reporté sobre Filadelfia, la frontera, el suroeste, México y ahora Washington. Ésta era mi historia. Durante días no pude concentrarme en nada más e ignoré las llamadas de David, quien insistió tanto que terminé por contestarle, temeroso de que la amistad entre Ken y él hubiera explotado y yo tuviera que ser el árbitro.

—¿Qué onda?

—Adivina quién ha venido varias veces al restaurante.

—¿Santana?

Me equivocaba. Sus clientes más recientes eran nada más y nada menos que los integrantes del grupo de rock chileno La Ley. El vocalista era una de las personas más fascinantes que había conocido en su vida, dijo. ¿Y adivina qué? Su nuevo disco, *La Ley: MTV Unplugged*, es sensacional.

Por un segundo me sentí intrigado y quise abandonar todo y tomar el tren suburbano Amtrak para dirigirme hacia el norte. La música, las nuevas canciones que David me recomendaba, eran una debilidad para mí. Por poco y me olvidé de Fox.

—Te prometo que lo compraré en cuanto Fox se vaya —dije.

—No, güey —respondió David—. Aquí tengo un CD para ti. Ven, relájate. Washington te ha convertido en alguien muy serio. Ya ni siquiera te reconozco. Creo que te prefería cuando estabas en México.

En el fondo podía escuchar a Beto Cuevas gemir como un animal en una de sus canciones, una melodía nombrada apropiadamente "Animal".

—Suena interesante —dije.

Ken también me llamaba con frecuencia por las noches. Annette, la esposa de David, lo volvía loco, dijo.

—Pensé que haría negocios con David. No, al parecer mi socia es su esposa.

—Perdón, pero ¿podemos hablar otra noche?

Fox visitaría Washington y yo tenía mucho trabajo. Ángela también vendría a visitarme.

Fox llegó a Washington en un hermoso día de otoño con la firme creencia de que tenía mucho terreno que ganar, sobre todo porque Bush se mudó a la Casa Blanca al mismo tiempo que él se estableció en Los Pinos. Se esperaba que ambos presidentes trabajaran de manera estrecha, dado todo lo que tenían en común. Al ser texano, Bush se sentía más cómodo con México que la mayoría de los presidentes; hablaba un poco de español y entendía cómo se manifestaba la inmigración y la política de Estados Unidos en el mundo real. Una no podía vivir sin la otra, o al menos eso decía la retórica. Fox y él fueron criados en el mundo rural y compartían la cultura vaquera; además, Jeb, el hermano de Bush, estaba casado con Columba, una nativa de Guanajuato. Ambos hombres presumían de ser directos.

Fox sería el primer invitado a una cena de Estado de Bush, un honor que incluía toda una ceremonia de guardia de color militar. Era la forma en que Bush le agradecía a Fox el haberlo recibido en su rancho de San Cristóbal, en Guanajuato, meses antes.

Yo no podía esperar a que Ángela llegara. Viajaba a Washington para cubrir la visita del presidente Fox para los televidentes. Nos sentíamos emocionados. Le prometí que cenaríamos en Tequilas y que le compraría un vuelo de regreso desde Filadelfia después de que Fox se fuera. Yo viajaba a la Ciudad de México más o menos cada mes, decidido a hacer que la relación funcionara, aunque fuera a la distancia. Ángela me visitaba tanto como podía.

Nos preparamos para ese momento y planeamos viajar a Toledo. Fox y Bush tenían grandes planes. Organizaron el Tour Amigo, en el corazón de Estados Unidos, una especie de bienvenida a casa para Fox, quien hablaba sobre sus raíces irlandesas estadounidenses. Nos volvimos tan binacionales, tan bilingües, que Fox y Bush encarnaban, por el momento, lo que parecía inevitable.

Estábamos entusiasmados. Caminamos al Smithsonian algunos días antes llenos de energía. Le dije a Ángela que no extrañaba la Ciudad de México tanto como pensaba. El noreste se sentía bien. Tal vez debíamos darle una oportunidad a la región. Repetí una frase de un funcionario del Departamento de Estado en la Ciudad de México: México ahora era un país democrático. ¿Qué era más aburrido que eso? Por otro lado, Estados Unidos se enfrentaba a una explosión demográfica. Esto se podía poner interesante.

—Ya veremos —dijo Ángela—. Yo sólo me acoplo a la Ciudad de México.

Me encontré a Carlos González Gutiérrez en los jardines de la Casa Blanca. En el fondo observé a muchos de los corresponsales tradicionales de la Casa Blanca, quienes por lo general no le daban mucha importancia a este tipo de reuniones: entre un mexicano y un estadounidense. Éste no era un líder de Gran Bretaña, de Israel ni de Rusia. Aun así, no todos los días un presidente estadounidense recibía al líder de un país latinoamericano, como México, para una visita de Estado. Además, Fox generaba rumores. Decía lo que pensaba en un lenguaje sencillo y llano, y una de sus promesas de campaña fue impulsar la reforma migratoria. Éste podía ser el momento adecuado para hacerlo. Un año antes, poco después de su histórica victoria, me concedió su primera entrevista como presidente electo. Yo lo conocía a él y a algunos de sus asesores más cercanos. Yo sentía que pertenecía.

Fox no me decepcionó. Entró al capitolio de Estados Unidos con un séquito de fotógrafos y periodistas que lo seguían muy de cerca.

Vestido con un traje gris oscuro y una corbata de puntitos rojos, alzó su voz en un tono acalorado para dar su discurso al Congreso, en el cual instó a los miembros a "darle una oportunidad a la confianza" y ayudar a ambas naciones a recrear su relación.

"No hay naciones más importantes para la prosperidad inmediata y bienestar conjuntos que México y Estados Unidos", dijo, a lo que siguió una gran ronda de aplausos.

Como Reagan, Fox imaginaba una zona sin fronteras que abarcara desde Canadá hasta México, algo similar a la Unión Europea en donde las personas cruzan fronteras como miembros de la misma región. Pero no todos aplaudieron. Fox creó un escándalo dentro de las élites mediáticas del país y reinició la eterna y voluble obsesión de Estados Unidos: la inmigración. Fox fue la carnada perfecta para los histriónicos presentadores de los noticieros de veinticuatro horas de la televisión por cable.

El punto central de la misión de Fox para conseguir la reforma migratoria en Estados Unidos llegó el 5 de septiembre de 2001, en Washington, en el jardín de rosas de la Casa Blanca. Bush vestía un traje azul claro y saludó a Fox frente a una manada de fotógrafos.

Esperé junto con la prensa de Estados Unidos y México bajo un sol luminoso, con el monumento a Washington que brillaba en el fondo. Me paré cerca de Carlos, el diplomático de la Ciudad de México, y me pregunté por qué estaba tan callado. Traté de leerle la mente y bromeé un poco con él, pero me pidió que me concentrara, y me advirtió:

—Pon atención, cabrón. Esto puede ser muy jugoso para ti.

Bush empezó por presentar a su "amigo" Fox y declaró que Estados Unidos "no tiene ninguna relación tan importante como la que tenemos con México". Incluso utilizó un proverbio mexicano, que pronunció en un marcado acento pero con total formalidad, para transmitir su punto: "Quien tiene un buen vecino, tiene un buen amigo".

Luego invitó a Fox a que dirigiera algunas palabras a la prensa reunida en el jardín. Fox declaró lo siguiente: "Ha llegado el momento de darles a los migrantes y a sus comunidades el lugar que les corresponde en la historia de nuestras relaciones bilaterales; ambos países les debemos mucho [...] Por esta razón, debemos y podemos llegar a un acuerdo migratorio antes de que termine este año, que nos permitirá, antes del término de nuestros respectivos mandatos, asegurarnos de que no existan mexicanos en Estados Unidos que no hayan entrado a este país de forma legal, y que aquellos mexicanos que han llegado a este país lo hagan con los documentos adecuados".

Yo miré a Carlos, quien apenas alzó una de sus cejas. Todos los corresponsales esperábamos que Fox viniera a Washington y hablara sobre la reforma migratoria. Pero que un líder mexicano, no menos que un invitado de Estado, se parara en el jardín de rosas de la Casa Blanca y dictara su agenda, e incluso estableciera un calendario, era muy inusual por no decir inaudito. Esa parte del discurso sorprendió a los creadores de políticas y a la prensa. Las palabras resultaron familiares, como aquellas que Ronald Reagan pronunció en el oeste de Berlín para pedirle a Mijaíl Gorbachov que "derribara este muro".

Ésta era la tan esperada oportunidad de David para enfrentársele a Goliat, de decirle al poderoso gigante cómo manejar sus negocios.

Bush respondió y trató de amortiguar las expectativas un poco. Recordó su conversación con Fox la noche anterior durante la cena de Estado cuando dijo que consideraría alternativas "para que un trabajador invitado consiguiera una *green card*. Y, sin embargo, reconozco que hay mucha gente que se ha formado, que ha dicho: 'Yo cumpliré con las leyes de Estados Unidos'. Y ahora intentamos crear una fórmula que no penalice a la persona que ha elegido la vía legal y, al mismo tiempo, reconozca la contribución que ha hecho el indocumentado".

Hubo un silencio momentáneo entre la multitud, desconcierto. Bush trató de restarle importancia a lo que acababa de suceder. Nosotros, los corresponsales, no. Los funcionarios veteranos de Estados Unidos y los legisladores estaban atónitos. ¿Acaso México le decía a Estados Unidos qué hacer? ¿Qué pasaría con la frontera? Nadie enloqueció tanto como Lou Dobbs, el presentador de CNN. El enemigo al fin tenía un rostro y no sólo era el de esos mexicanos que saltaban cercas o que eran escoltados en camionetas de la Patrulla Fronteriza, sino el de Vicente Fox, quien aparecía casi a diario en el programa de Dobbs.

El shock y los cumplidos —incluso la buena fe— fueron temporales y no duraron más que un fin de semana largo.

Ángela y yo pasamos ese sábado en Filadelfia, donde visitamos a David en Tequilas. Más tarde caminábamos por la calle Broad con renovada vitalidad, en una especie de celebración por nuestra recién descubierta relevancia como reporteros que cubrían la relación binacional entre nuestros dos países.

—¿Quizá podríamos ser pioneros, acuñar la frase "corresponsales binacionales"? —preguntó Ángela.

—¿Por qué no? —dije.

La forma en que entrecruzábamos fronteras era el camino del futuro.

El domingo Ángela regresó a la Ciudad de México. Esa noche tomé el último tren a Washington con una copia del disco *Unplugged* de La Ley. Le prometí a David que escucharía cada palabra y que diseccionaríamos la letra en una próxima reunión en "la cueva".

Dos días después, mientras salía de la estación del metro, no podía despegarme del CD, sin saber que los primeros dos aviones se habían estrellado contra las Torres Gemelas en Nueva York. Algunos minutos después, otro avión se estrelló contra el Pentágono. La esperanza para millones de inmigrantes y la visión de Fox de una comunidad norteamericana perfecta terminaron de forma definitiva.

Esa mañana recuerdo haber caminado hacia el edificio donde se encontraba nuestra oficina, a dos cuadras de la Casa Blanca —las voces de Beto Cuevas de La Ley y Ely Guerra resonaban en mis oídos con la frase "Sin dolor no te haces feliz"—, mientras veía con curiosidad a la gente que tenía clavada la mirada en el cielo azulado. Me encontré a una colega con una expresión de agobio en sus ojos y le pregunté qué sucedía.

—Nos atacan —dijo Michelle Mittelstadt.

Aturdido, entré a toda prisa a la oficina y de inmediato establecí un plan de acción con mis editores. Algunos se fueron a Nueva York. Yo me fui hacia Capitol Hill, porque al parecer otro avión se dirigía hacia allá. Nunca me sentí tan estadounidense como esa mañana mientras corría por la avenida Pensilvania y esquivaba a la gente que caminaba deprisa en la dirección opuesta hacia el metro o para encontrar sus autos y huir en seguida del desastre que con seguridad se dirigía hacia nosotros.

Escuché a una mujer abogada decir: "El que la hace, la paga", una frase que le dicté a mi editor, Carl Leubsdorf, quien sólo dijo: "Ten cuidado allá afuera".

¿En la avenida Pensilvania?, pensé.

No paré de correr y mirar hacia arriba, horrorizado al pensar que el avión podía pasar por encima de mí —o algo peor—. Con la respiración entrecortada después de correr más o menos unas catorce cuadras, divisé a un hombre arrodillado frente al capitolio desierto. Era originario de Polonia y se acababa de mudar a Estados Unidos. Tenía lágrimas en los ojos cuando dijo que Estados Unidos no volvería a ser el mismo. Sabía esto, dijo, porque vivió en partes del mundo donde la sospecha, el rencor y el miedo se volvieron parte del ADN de la nación. Estados Unidos se convertiría en una nación temerosa. El avión nunca llegó y, en vez de eso, se estrelló en un campo remoto al oeste de Pensilvania.

Al final de este terrible día, me encontré a otro colega que entendía las implicaciones inmediatas que esto tendría en la relación Estados Unidos-México, y en un tono algo burlón me dijo:

—Freddy, dile a Vincente que se acabó. Se acabó, Freddy.

"Vincente" era el nombre que Washington le dio a Vicente Fox, el nombre que los noticieros de la televisión por cable adoptaron, seguro porque les salía más natural por su parecido con la versión en inglés "Vincent".

La agenda Estados Unidos-México se vino abajo antes de que cualquiera pudiera aprenderse bien su nombre.

Un mes después, Fox regresó a Washington con la esperanza de compensar a una nación que se preparaba para la guerra. A pocos les importaba lo que tuviera que decir. Las visiones de aprobar una reforma migratoria y vivir en un continente sin fronteras parecían absurdas. Los diecinueve terroristas que entraron a Estados Unidos con visas de estudiante o a través de Canadá —los responsables de derrumbar esas torres— interrumpieron el eterno rito de iniciación mexicano hacia el norte y la demanda de Estados Unidos por su mano de obra en constante crecimiento. La seguridad, como nunca antes la habíamos visto a lo largo de la frontera Estados Unidos-México, dominaría la política exterior de Estados Unidos frente a México aún más.

Aunque muchos funcionarios del sistema de seguridad nacional consideraron los ataques como una falla de inteligencia, otros en la Casa Blanca los percibieron como una falla en la seguridad fronteriza. La década después del 11 de septiembre apenas comenzaba. Justo en la frontera Estados Unidos-México, mi propio patio trasero.

El senador Byron Dorgan, un demócrata de Dakota del Norte, demostró el tenor del discurso público cuando dijo durante una audiencia del Congreso: "Estados Unidos no puede combatir el terrorismo con efectividad si no controla sus fronteras". La frontera Estados Unidos-México se convirtió en una prioridad de seguridad nacional en un momento de miedo y ansiedad generalizados. Durante el año fiscal 2003 el presupuesto para la vigilancia de la frontera se disparó en más de dos mil millones de dólares. Muy pronto Estados Unidos comenzaría a construir más de mil ciento veintiséis kilómetros de malla fronteriza bajo la Ley de Barda Segura 2006, por un valor de 2.8 millones de dólares por cada 1.6 kilómetros.

El presidente Fox trató de ser un buen socio para Estados Unidos, pero fracasó. Después de los ataques, las autoridades mexicanas detuvieron e interrogaron a cientos de personas originarias de Medio Oriente, restringieron la entrada a gente de países de Medio Oriente y Asia Central y compartieron información con sus contrapartes estadounidenses. Fox propuso varias medidas para modificar las prioridades de las políticas de Estados Unidos; no obstante, cualquier esperanza de entablar una amistad más profunda entre ambos países había muerto.

El gobierno mexicano perdió una oportunidad histórica de ayudar a Estados Unidos en su proceso de sanación. El grupo irlandés U2 nos enseñó cómo hacerlo. Tocaron con pasión y dejaron el corazón en el escenario durante el Súper Tazón XXXVI de Nueva Orleans en 2002, cuando proyectaron los nombres de las víctimas del 11 de septiembre en una enorme pantalla mientras cantaban la frase "tear down the walls that hold me inside" (derriba los muros que me aprisionan) de la canción "Where the Streets Have No Name" y los fans ondeaban banderas estadounidenses y algunas irlandesas.

Aunque alguna vez los inmigrantes de Irlanda fueran considerados indignos e incluso odiados, Estados Unidos ya no podía distinguir la diferencia. Al final de su presentación, Bono se abrió la chaqueta y mostró una bandera de Estados Unidos cosida en el forro. Aún había esperanza para los inmigrantes mexicanos, pensé, mientras veía esto desde Filadelfia.

En la década que siguió a los ataques del 11 de septiembre, Estados Unidos gastó alrededor de noventa mil millones de dólares en la protección de la frontera. Muchos contratistas recibieron compensaciones generosas por su trabajo en la frontera del sur. Boeing recibió cerca de ochocientos sesenta millones de dólares para crear SBInet, parte de la Iniciativa Frontera Segura. Al final, la "cerca virtual" fue considerada un fracaso y cancelada. Una subsidiaria de Halliburton llamada Kellogg Brown & Root recibió trescientos ochenta y cinco millones de dólares para construir centros de detención temporal para migrantes.

Semanas después de los ataques, me senté con Carlos. Se veía tan desanimado como la ciudad cuando las flores de los cerezos se caen de los árboles. Lo transferirían a la Ciudad de México. Aceptó un trabajo que ya nadie creía posible, uno que consistía en incursionar en las principales organizaciones latinas a fin de procurar un aterrizaje político suave de Estados Unidos para México. Ayudó a establecer el premio Ohtil, un reconocimiento de la Secretaría de Relaciones Exteriores por contribuir al empoderamiento de los mexicanos en el extranjero. Más tarde Ken ganaría ese reconocimiento. Dos años después Carlos unía las piezas desde la Ciudad de México.

Vi el destino de Carlos como el propio. La binacionalidad, la idea de tener dos patrias, no tenía cabida en Estados Unidos. O eras estadounidense, o no lo eras. Muy pronto, estaba convencido de ello, yo también me iría al sur.

—Estoy seguro de que nos veremos en la Ciudad de México —dije—. Ahora todo se trata de la seguridad. Todas esas discusiones sobre la integración de ambos país suena hueca, vacía.

Los presentadores escandalosos en los noticieros televisivos aumentaban la presión con su retórica, que sonaba cada vez más desagradable, sobre todo cuando México expidió carnets de identidad, haciendo eco de lo que decían algunos líderes congresistas como el representante de Estados Unidos, Tom Tancredo, quien más tarde calificó los reportajes de mi colega Ricardo Sandoval como "notas de opinión" y no como "artículos".

Visité a Primo en la Ciudad de México. Durante varios meses trató de acercarse a la administración de Fox, con la esperanza de que hubiera un puesto que le permitiera retomar sus raíces al interior de una organización, unirse a los migrantes mexicanos en Estados Unidos para hacer un último intento de impulsar el voto ausente en México y organizar a la gente indocumentada para negociar la reforma. La euforia de Fox se desvanecía y el presidente vio el voto en el extranjero como la manera de cimentar su único legado con los inmigrantes. No obtendría la reforma migratoria, pero la iniciativa del voto le ayudaría a mostrar que cumplía lo que prometía. El voto en el extranjero se hizo realidad en 2005, hacia el final de la presidencia de Fox. Sin embargo, en la primera elección presidencial donde los mexicanos en el extranjero pudieron votar, la participación fue miserable.

Tequilas experimentó problemas después de que el 11 de septiembre cambiara el ánimo del país. La clientela del restaurante de alguna manera se mantenía estable, pero la amistad de David y Ken sufría, se desgastaba.

David sobre todo se sentía molesto cuando los comensales llegaban y le exigían un lugar codiciado aquí o allá, y mencionaban el nombre de Ken para conseguirlo.

—Soy amigo del dueño, Ken Trujillo.

—Lo siento, *señor*, pero tiene que esperar.

Entonces el comensal le llamaba a Ken, quien después se disculpaba con David. Sin embargo, el daño ya estaba hecho.

—Éstas son tonterías —me decía David—. He trabajado durante toda mi vida y no dejaré que me traten como el lacayo de alguien. Ken nunca puso un peso como garantía. Yo soy el que asume todo el riesgo.

Su arreglo se tambaleaba. Algunas semanas después del 11 de septiembre, entre amenazas de ataques de ántrax, engaños y miedo a los terroristas, yo trataba de evadir la realidad viendo al comediante Jay Leno en la televisión. En realidad, planeaba mi regreso a México. Ken decía que no quería romper el acuerdo, pero sentía que David tenía que revisar todo con Annette. Él quería salirse. Yo lo escuché y traté de razonar con él.

—¿Quieres que hable con David o Annette?

—No, eso me hará parecer débil.

David era malhumorado y necio, sobre todo cuando estaba enojado. Ken era más relajado, calculador.

Ambos solían marcarme con frecuencia. Nuestras llamadas duraban hasta bien entrada la noche y siempre giraban en torno a las quejas de ambos. Empecé a ir y venir de Filadelfia para verlos a los dos, por separado, para tratar de suavizar las cosas. La diplomacia del Amtrak.

Un día llegué a mi límite. Traté de convencer a Ken de que desistiera.

—Cabrón, esto nunca iba a funcionar. Ustedes son demasiado diferentes. Los amigos no pueden ser socios comerciales, al menos no ustedes dos.

—Sí, ya sé. Yo soy de Nuevo México y él de México —dijo en tono de burla.

—No se trata de ser mexicano o nuevomexicano, Ken. Es sólo que ustedes son muy parecidos. Son perfeccionistas, más parecidos que diferentes. Acostumbrados a sus modos. Ambos buscan respeto, más de lo que crees.

Intentaba buscar las palabras adecuadas para no herir sus sentimientos. A ambos los movía la ambición y el dinero, excepto que David era noble al respecto, Ken no.

Por favor no me hagas escoger, pensé. Por favor.

—Alguien tiene que tragarse su orgullo —le dije a Ken—. Esto es una cuestión de amistad, nuestra amistad. Quizá a ti no te importe, pero a mí sí.

Esa noche Ken y yo hablamos durante horas por teléfono. Lo insté a que cediera, tirara la toalla, fuera el mejor hombre.

—Haz lo correcto. Piensa en tu familia. Su decencia, su sentido del perdón. Tu familia perdonó a quienes les robaron sus tierras. Déjalo ir —argumenté.

Después de insistirle mucho, Ken por fin cedió, aunque con poco entusiasmo.

—De acuerdo. Me echaré para atrás, pero nada volverá a ser igual que antes —me dijo—. Hago esto porque tú me lo pediste.

Ken sonaba como la víctima, sin embargo, todos estábamos a punto de ser víctimas, sobre todo David. Había puesto su casa como garantía y su tasa de interés mensual lo hundía.

—No —respondí—, lo haces porque te importa nuestra amistad.

David le pagó treinta mil dólares a Ken para que cada uno siguiera su propio camino.

—Nada volverá a ser igual —dijo Ken.

Y no lo fue. Algo parecido a una frontera se dibujó entre nosotros.

18

El espíritu inusual de la hermana Guadalupe

En 2003 me despedí de mis amigos en Filadelfia y fui en busca de la siguiente gran historia, de nuevo a la Ciudad de México. Los ataques terroristas le pusieron fin a mi idilio con Washington. La frontera ahora era la zona cero para el odio y el miedo. Tenía poco tiempo para detenerme en las diferencias entre Ken y David.

Además, David tenía otras preocupaciones. Estaba al borde del colapso nervioso. La vida con Annette estaba por terminar. Su matrimonio, que llevaba mucho tiempo con problemas a causa de la distancia y sus diferencias, se derrumbaba. Ella quería que él fuera un padre más dedicado, que bajara el ritmo un poco, que pasara más tiempo en casa. David era cariñoso con sus hijos, pero a menudo llegaba tarde y el único que lo esperaba era su perro, Cholo. Se sintió cada vez más solo, al igual que Annette. Prácticamente tenían vidas separadas. Ella pasaba tiempo en el restaurante por las mañanas, él durante las tardes y noches. Rara vez se veían. Con el tiempo, se divorciarían.

El restaurante no era lo único que mantenía a David ocupado sino también el tequila. Su búsqueda por ese tequila mágico lo consumía. Pasaba más tiempo en Guadalajara, donde se topaba con obstáculos que durante años juró que no existían. Sí, Estados Unidos era la tierra de la oportunidad, pero David siempre aseguró que podía tener éxito en cualquier lado. México desafió esa creencia hasta lo más profundo de su ser. Había tratado de emular el estilo de sus ídolos, los maestros tequileros don Julio y don Felipe. Pero el sistema rígido y burocrático de México, conformado por hombres duros y familias ricas, donde tu nombre importaba infinitamente más que tus ganas de trabajar, lo detuvo antes de siquiera empezar. Se ahogaba en la burocracia creada por los licenciados y la cultura de "lo que pasa es que…", un eufemismo para decir "para nada, tal vez mañana, pero hoy no…" Todas estas frustraciones, junto con las comidas de tres o cuatro horas que nunca llegaban a ningún lado, estropearon los esfuerzos de David. Ni siquiera pudo registrar su marca. Y cuando lo hizo, un amigo de la infancia convertido en abogado le robó el nombre y provocó una disputa legal que duraría una década. David ya se sentía traicionado por Ken; ahora se trataba de otro viejo amigo.

A veces creía que David renunciaría tanto al tequila como a México. Entendía su decepción, su desilusión, pero eso no me impedía molestarlo.

—¿No que México era una tierra de oportunidades? —le dije—. ¿Acaso éste es el México donde todo es posible o el lugar donde la gente ni siquiera tiene la oportunidad de soñar?

A menos que un poderoso senador se enamore de una de esas reinas de belleza de Los Altos de Jalisco, donde las mujeres son hermosas y todos se jactan de trazar su linaje a España y Francia. Entonces y sólo entonces se construirán nuevos caminos en tiempo récord, como sucedió con el senador Diego Fernández de Cevallos, cuya saga de amor con una mujer mucho más joven derivó en la construcción de una nueva autopista y la publicación de un artículo en la primera plana de *The Dallas Morning News*.

—México duele —dijo—. ¡Pinche México!

Ahora, con la autopista, sólo necesitaba el tequila perfecto.

David fue meticuloso en su investigación. Leyó sobre los cristeros en la década de 1920 y cómo cientos de rebeldes leales a la Iglesia católica fueron perseguidos y asesinados. Muchos de ellos vivían en las tierras altas de Jalisco, donde David quería cultivar sus agaves.

Averiguó que algunas monjas y sacerdotes huyeron a Estados Unidos. Se preguntaba si alguno de ellos emigraría a Filadelfia, pues sabía de la fuerte presencia católica en la ciudad. Se sorprendió al descubrir que una de las monjas originales vivía a menos de dos kilómetros de distancia de su casa en Merion. La hermana Guadalupe Teresa Rizo, de noventa y tres años de edad, originaria de Arandas, Jalisco.

Una noche David, quien aún luchaba con la agitación continua de su vida personal, fue a tocar a la puerta del convento. Cuando apareció una monja, evaluó a David con la mirada y dijo:

—Buscas a la hermana Guadalupe, ¿verdad?

—Sí —respondió.

De pronto, una mujer diminuta apareció y le preguntó en español:

—¿Habla español?

Sin duda nos habíamos equivocado. No éramos los únicos mexicanos que vivíamos en Filadelfia durante todo este tiempo. La hermana Guadalupe llevaba más de sesenta años dentro del convento ubicado en la línea principal de Filadelfia, donde rezaba, pintaba y trataba de olvidar otro país, su gente, lugar y espacio. Ambos congeniaron de inmediato y se reunían cada semana, a veces más seguido.

David necesitaba un catador; la hermana Guadalupe era de Jalisco. Resultó que le encantaba el tequila. Fue una unión espiritual. David comenzó a meter botellas de contrabando al convento para conocer su opinión.

Él le ayudó a construir una red de amigos, entre ellos yo. Una noche, David me llamó y me platicó sobre ella. Como siempre, me mostré escéptico ante su invitación. Ir a Tequilas ahora resultaba extraño. Me gustaba mucho el nuevo lugar, pero extrañaba a Ken. Él aún se aparecía de vez en cuando, pero se le notaba incómodo.

—Ven. Tienes que conocerla. Es de película.

¿No sería ésta su estrategia más reciente para atraerme al bar? ¿Una monja que bebía tequila? Nos vemos luego.

Tomé el tren hacia Filadelfia para conocer a la monja. Lo que encontré fue a una mujer bajita e ingeniosa que tenía un intelecto agudo, una memoria vívida y una curiosidad inquebrantable sobre lo que sucedía en México en ese momento. También poseía una amplia y cautivadora sonrisa que desaparecía en cuanto le preguntaba sobre su pasado. Todo eso me atrajo de inmediato. Se convirtió en mi guía espiritual lejos de "la cueva", para las confesiones más profundas y dolorosas sobre una tierra nativa a punto del colapso.

Una tarde me presenté en el convento para visitar a la hermana Guadalupe y me quedé varias horas. Le conté lo que alguna vez les prometí a mis padres, en particular a mi padre, a quien le preocupaba mi seguridad: que nunca cubriría a los narcotraficantes. Pero ¿qué opción tenía? Tan pronto como regresé a la Ciudad de México me enviaron a la frontera, a Ciudad Juárez y Nuevo Laredo, para cubrir el crimen en aumento. Estados Unidos estaba en guerra contra el terrorismo, pero también México, sólo que el país nunca declaró la guerra oficialmente o, lo que era mucho peor, nunca se preparó para ella.

—¿Son terroristas? —me preguntó.

—Llámelos como quiera —respondí—. Destruyen a México y el gobierno no puede hacer nada al respecto porque están involucrados.

—Creo que he visto esta historia antes —respondió, en una clara insinuación a su pasado.

La guerra contra las drogas en México se extendió, pues la válvula de escape del país hacia Estados Unidos se cerró. Le dije que Ciudad Juárez se caía a pedazos y que una nueva era de seguridad fronteriza se convirtió en el centro de atención. La gran historia binacional parecía vetusta. De pronto advertía que huía por mi vida. Al menos tenía mi pasaporte de Estados Unidos y, por ende, una forma de protegerme y escapar de un momento a otro. Mis colegas mexicanos eran asesinados sin consecuencias. Yo trataba de entender el bajo mundo de México.

—Veo que México no ha cambiado mucho —me dijo, con lágrimas en los ojos.

Pero se contuvo y, en cambio, me preguntó por mi familia. Le dije que mi madre planeaba visitar a mi hermana Linda, que estudiaba en Swarthmore, una pequeña universidad de artes liberales a las afueras de Filadelfia, establecida en un inicio por cuáqueros. Me sentiría honrado si la hermana Guadalupe y mi madre se conocieran.

Al igual que yo, mi hermana quería tener una carrera periodística, pero luego fijó su mirada en algo mucho más importante. Quería salirse del margen y decir cosas que yo sólo soñaba con decir, gritarle al mundo lo que yo sólo podía escribir en mis libretas de notas y publicar en artículos. Por más que yo presumiera ser de la frontera, Linda era la única de todos nosotros que de hecho nació ahí. Tras recibir una beca completa a Swarthmore, se sintió indignada al ver que mucha gente en la costa este desconocía lo que sucedía en Ciudad Juárez. Así que organizó una conferencia sobre los feminicidios, el término asociado a la práctica de asesinar mujeres en Ciudad Juárez.

Más adelante canalizaría esa pasión al crear un programa de tutoría en Swarthmore para los niños migrantes de la plaza Kennett, después de que experimentara los mismos episodios de nostalgia por el hogar que yo. Pero esta vez desde uno de los códigos postales más ricos de Estados Unidos, donde se ubicaba Swarthmore. Todos la acompañamos durante la conferencia, incluso mis padres. Mi madre y la hermana Guadalupe se conocieron y hablaron sobre su devoción hacia Dios. Parecían hermanas separadas por el tiempo. Mi madre la invitó a cenar con nosotros en Tequilas, una oferta que rechazó por su estatus de enclaustramiento. Ambas se rieron. En Filadelfia caminamos por las calles donde alcancé la mayoría de edad como reportero. En la noche llevaba a mis padres a Tequilas. Mi madre parecía incómoda, asombrada por Tequilas mientras caminaba junto a una barra de caoba que se extendía a lo largo de la pared izquierda.

—¿Éste es un restaurante mexicano?

—Sí —dije.

—Esto era lo que yo quería para Freddy's, hacerlo elegante. Pero nunca tuvimos el dinero suficiente. Nunca tuvimos la oportunidad.

Los ojos se le llenaron de lágrimas.

—Lo sé, mamá, pero nos las arreglamos. Gracias a tu sudor, tus sueños, el trabajo duro de mi padre y su confianza en este país, yo tuve éxito aquí. Linda va a la escuela en Swarthmore. Mónica estaba en la Universidad de Texas en El Paso y ahora en la Universidad de Pittsburgh. Casi todos tus hijos recibieron una educación. ¡Gracias!

Tocó las sillas, los servilleteros, los platos.

—Todo es de Guadalajara —dije, en un intento por calmar sus miedos sobre la novedad, los mismos miedos que yo sentí casi dos décadas antes. Quería que se sintiera cómoda tan lejos de casa en el que alguna vez fuera el hogar de una de las familias más antiguas de Filadelfia.

—Reconozco todo —dijo—. Nuestro México.

Regresó al convento para despedirse de la hermana Guadalupe. Tal como lo predije, las habilidades de conversación de mi madre ayudaron a abrir las heridas que la hermana Guadalupe cargó durante décadas. A menudo veo a mi madre como la reportera más natural de todas, una cuentista que puede entrelazar una narrativa de principio a fin sin escatimar detalles y de igual manera hacer que otros se abran para contar sus historias. Con habilidad y sin saberlo, mi madre comenzó por contar su historia de cuando emigró de Durango. Los arrepentimientos y la nostalgia.

Mi padre estaba de pie junto a ella, sin saber qué hacer frente a una monja. La hermana Guadalupe de pronto se sinceró y compartió su propia historia. Lo hizo poco a poco, con bastantes pausas dentro de su relato.

Nacida en octubre de 1910, era descendiente de padres italianos, quienes emigraron a México un mes antes de que se desatara la Revolución mexicana. Sus padres tuvieron once hijos, incluyéndola a ella. Allá por 1917, afloraron tensiones con la introducción de la nueva Constitución que imponía severas restricciones a la Iglesia: los miembros del clero tenían prohibido criticar al gobierno, sólo los mexicanos podían ordenarse como clérigos y la Iglesia no podía tener propiedades ni administrar escuelas privadas.

Durante la guerra civil de México y en la década de 1920, más de noventa mil rebeldes leales a la Iglesia católica, conocidos como cristeros, fueron perseguidos y asesinados. Hacía mucho tiempo que el gobierno mexicano veía a los católicos con creciente desconfianza, ya que percibía que le eran más leales a Roma que a la Ciudad de México. El conflicto escaló cuando el gobierno comenzó a aplicar leyes que prohibían la expresión religiosa, lo que derivó en una cacería sangrienta.

El conflicto llegó a un pueblo cerca de Jesús María, la ciudad natal de la hermana Guadalupe, escondido en las tierras altas de Jalisco, donde un mar de plantas de agave azul, que se utilizan para la elaboración del tequila, crece durante todo el año.

Su padre, José Trinidad, era el alcalde de la ciudad y uno de sus líderes religiosos. Durante la Navidad de 1917 un grupo de asesinos llegó al lugar. Poco después inició la masacre. Los hombres eran el principal blanco —o cualquiera que se interpusiera en su camino—. Los asesinatos se llevaron a cabo en un día frío y triste en la plaza del pueblo frente a la iglesia, que estaba abarrotada de mujeres y niños desconcertados. Ella observó la masacre en silencio, aturdida. Corrió hacia la ventana y vio lo que más tarde describió como el lado más horrible y feo de la humanidad. Los asesinos se llevaron a los hombres uno por uno y los colgaron en la plaza. Y para asegurarse de que estuvieran muertos, los apuñalaban, les arrancaban el corazón o les cortaban la garganta. Entre los asesinados se encontraban sus tíos, vecinos y, con el tiempo, su padre, quien murió después a causa de las heridas que recibió de manos de sus captores.

Años después, en pleno apogeo de la rebelión en 1929, su hermano Roberto confrontó al ejército cuando el gobierno quiso evitar que los jóvenes católicos rindieran culto a la santa patrona del país, la virgen de Guadalupe, afuera de la plaza principal en Guadalajara. Murió de un disparo. Tenía veintiún años. Y ella terminó en Filadelfia.

—Otra masacre se desarrolla en México —dijo mi madre—. Y mi hijo está en medio de ella. Por favor, bendícelo.

La hermana Guadalupe alzó su mano para hacer el signo de la cruz. Yo me encorvé para sostener sus frágiles manos, temblando.

19

El intermediario, incremento de la siembra

Entre más nos alejábamos de Central City, Filadelfia, más incómodo me sentía. Engañaba a David, a Tequilas, y los cambiaba por la comida francesa. Comencé a preocuparme cuando noté que la señal de mi celular era cada vez peor. Seguro se debía al gran número de árboles que rodeaba todas esas mansiones. Quería marcarle a David, avisarle que estaba bien y que después de todo no podría ir a Tequilas esa noche. Pero Ken tenía otros planes en mente. Quería llevarme a un nuevo restaurante, cualquier cosa que no fuera Tequilas. Nos dirigíamos hacia un bistró francés llamado París, donde las porciones seguro serían pequeñas, tan diminutas que lo más probable era que después se me antojara una botana. Además, parecíamos estar en medio de la nada.

Ken se burló de mí y dijo que me preocupaba demasiado.

—No engañas a David —comentó.

Me leyó la mente.

—Esto es una locura —dije—. Pierdo el rumbo.

—Relájate —respondió.

En el fondo, extrañaba mucho la vieja casa de Ken en el área residencial Society Hill de Filadelfia y mi caminata nocturna a Tequilas. Pero aquí, en Chestnut Hill, me sentía atrapado.

Nos incorporamos al bulevar escénico Franklin Parkway, después del Museo de Arte de Filadelfia, donde el icónico personaje de Rocky corría escaleras arriba al ritmo de la inspiradora canción "Eye of the Tiger". Condujimos despacio, serpenteando por el sitio

histórico de Boathouse Row, y el sinuoso y frondoso parque Fair-
mount, con el Río Schuylkill a un costado.

Ahora Ken vivía rodeado de personas que no sólo eran sus vecinos, sino también posibles donantes de grandes cantidades de dinero
para su campaña política, algo de lo que hablaba con mucha más
frecuencia. ¿Se postularía para el Senado de Estados Unidos? ¿Para
fiscal general? Vamos, incluso para alcalde. Pasamos frente al Club
de Cricket de Filadelfia, el club campestre más antiguo de Estados
Unidos, fundado en 1854.

—Ahora soy miembro —dijo, y añadió que durante los fines de
semana llevaba a su hija de siete años, Maya, a practicar su *swing* de golf
entre sus vacaciones de un mes en Hawái, donde la pequeña surfeaba
la rompiente de Pipeline.

—¿Crees que algún día me llevarás a tu elegante club de cricket?
—le pregunté.

—Sin ofender… Por supuesto que no —respondió, entre risas—.
Necesitas una chaqueta para eso y un buen par de pantalones, y no
tienes ninguna de las dos cosas.

—Será para la próxima —dije, aliviado.

—Es lindo, ¿no crees? —comentó, al señalar los inmaculados y
podados pastos verdes en el campo de golf y la majestuosa mansión
que albergaba la casa club.

—Estupendo —dije—. Impresionante. En verdad lo has logrado.

Era 2006 y yo vivía en la era posterior a la disputa entre David y
Ken. Aprendía a balancear la vida sin ellos juntos, lo cual no era cosa
fácil. Claro, algunas veces nos reuníamos, cenábamos, tomábamos
un tequila, platicábamos de forma casual. Ambos trataban de mantener el semblante de lo que alguna vez representamos: cuatro soli-
tarios hombres reunidos en una fría noche en Filadelfia, respetuosos
del hecho de que el éxito de uno jugaba una parte en el éxito de los
otros, aunque quizá aún no sabíamos cuánto. Ken y David parecían
relajados, corteses el uno con el otro, cordiales. Pero por lo general
nuestras reuniones sucedían sólo cuando yo estaba cerca y yo trataba
de evitar cualquier incomodidad, consciente de las tensiones que
existían entre ellos. No los obligaba a reunirnos y a menudo prefería
verlos por separado.

La riña era tiempo perdido, pensé. Todos necesitábamos ma-
durar, les decía, porque llegará el día en que nos inclinaremos sobre

los ataúdes de cada uno de nosotros para rendir nuestro último homenaje.

—No seas tan dramático —me decía Ken—. Deja de ver esas telenovelas mexicanas.

Me encontraba dentro de su auto Mercedes Benz Clase-E E 550, que aún olía a nuevo, camino a su casa recién comprada en algún lugar de los confines más lejanos del noroeste de Filadelfia, la zona rica de Chestnut Hill. Ken alardeaba sobre sus nuevos vecinos, que incluían una variedad de presidentes de compañías, los dueños de Comcast y Urban Outfitters, y prestigiosos abogados que pasaban los fines de semana largos en Montauk, Long Island. En la década de 1800 éste era el sitio al que los industrialistas gravitaban porque los veranos en Central City eran demasiado bochornosos.

Aunque adoptaba las formas de la élite del noreste, no abandonó sus raíces del todo. A medida que escalaba posiciones, también dedicaba su tiempo a la comunidad hispana, por lo que se unió a la junta directiva del Congreso de Latinos Unidos, una incipiente ONG en problemas. En cuestión de pocos meses tuvo que despedir al director ejecutivo en medio de acusaciones de irregularidades. A partir de entonces iniciaron las décadas de Ken como su presidente. También encabezaba la Barra Nacional de Abogados Hispanos y pertenecía a la junta directiva de Servicios Legales Comunitarios de Filadelfia. Más allá de la atracción por la práctica privada, quería hacer servicio público. Parecía que siempre buscaba el equilibrio.

En ocasiones sentía que era parte del malabarismo que Ken realizaba para evitar que dos mundos se alejaran. Digo, él era abogado y yo periodista, rico y pobre, uno buscaba ocultar los secretos de sus clientes y el otro estaba al acecho de información. Pero Ken no dejaba que nuestras profesiones, estatus social, riqueza, o falta de ella se interpusieran en el camino de nuestra amistad. Incluso cuando me sentía incómodo con su nuevo entorno, inseguro sobre sus nuevos amigos o convencido de que nuestra amistad había terminado, Ken me sorprendía al contactarme.

Comencé a vivir en este mundo de alta gama a través de él. En un mes de diciembre, nuestros caminos se cruzaron en el Club 21 de Nueva York. Ken me pidió que nos viéramos en el Waldorf Astoria, un lugar en el que la élite empresarial y política de Pensilvania tenía una tradición desde hacía cien años: codearse con sus respectivas familias y beber martinis secos y ginebra con agua tónica mientras escuchaban villancicos. Y eso hice, pero me petrifiqué alrededor de sus amigos, quienes parecían amables, aunque engreídos. En retrospectiva, quizá no eran ellos sino yo: no confiaba en mí mismo y me sentía inseguro.

Sin embargo, algo cambiaba poco a poco entre nosotros, para bien. Había encontrado mi lugar, adoptado mi rol como corresponsal extranjero y ahora me mudaba de Coyoacán a la colonia Condesa —una mejoría, pensé, a un cosmopolita vecindario *art déco* que atraía a muchos de los diplomáticos extranjeros, periodistas, escritores, actores y actrices de la Ciudad de México, quienes paseaban a sus perros alrededor de pequeños parques—.

Apoyé a Ken en todas las situaciones que experimentó durante esos años: el matrimonio, la muerte, los ascensos laborales. Pero por lo general teníamos que alejarnos de todo, de todos, para que se relajara. Viajamos a La Habana juntos y vi una versión distinta de Ken, aquella que no favorecía la ambición sino la curiosidad de saber por qué los cubanos educados vivían en la pobreza. La humanidad era importante y, además, eran las personas más encantadoras del mundo, decía. No obstante, las libertades básicas también importaban y los cubanos tenían poco menos que nada. La humanidad no podía funcionar sin libertad. Nos subimos en el asiento trasero de un convertible y condujimos por el malecón, disfrutando de hermosos atardeceres y las diatribas de los cubanos. Ken fumaba un puro y ambos bebíamos mojitos hasta bien entrada la noche, mientras debatíamos con cubanos, jóvenes y viejos, sobre nuestro modelo capitalista y sobre cómo una isla que estaba a tan sólo ciento cuarenta y cinco kilómetros de Florida sobrevivió por tanto tiempo, cuatro décadas para ser exactos, en lo que a nosotros nos parecía un aislamiento total.

Tal vez David tuvo razón durante todo este tiempo, le dije, al menos con respecto al hecho de que la voluntad personal, la determinación pura, es fundamental para sobrevivir.

Pienso que Ken estaba de acuerdo con David, pero la pelea entre ellos se imponía en todo y él se veía conflictuado.

Donde mejor la pasábamos era en nuestras ciudades natales. La vida entre los ricos lo hacía extrañar sus raíces. Me visitaba en El Paso, convivía con mi familia, comía en nuestro restaurante y nos enviaba tarjetas de Navidad. En unas vacaciones me pidió que lo acompañara a Nuevo México y al sur de Colorado como parte del peregrinaje obligado que realizaba para reconectar con sus raíces ancestrales. Me sentí maravillado ante la belleza de los atardeceres sobre Española y Taos a principios del invierno, lo que despertó un eterno debate dentro de mí. ¿Por qué México cedió esta tierra por un pobre rendimiento financiero? Valía la pena luchar por la belleza que nos rodeaba. Ken no tenía una respuesta a mi pregunta, ni le importaba dar su opinión. Esa pelea se arregló hacía cientos de años. En vez de eso, quería señalar la belleza de todo este territorio. Condujimos hacia el norte.

Laura lo mantenía enraizado en Nuevo México.

No todo fueron risas o éxitos a lo largo de los años. Una mañana Ken me llamó, devastado. Iba camino a Colorado. Su papá, dijo, perdió su larga batalla contra la diabetes. Esperé a que se soltara a llorar, pero se mantuvo estoico. No era el mayor de su familia y, sin embargo, cargaba con la responsabilidad que su padre le confirió. Se escuchaba tan triste que acordamos reunirnos en La Habana o Costa Rica. Yo prefería ir a cualquier otro lugar en México, sin embargo, como visitar Costa Rica ahora estaba de moda entre los ricos, Ken no podía quedarse atrás. A donde tú quieras, le dije, y supe que Ken reprimiría sus sentimientos, como lo hacía con todo lo demás. De todos modos, traté de presionarlo para que hablara, recordara, para que no se guardara sus emociones.

El simple hecho de que me llamara era evidencia de su soledad.

Fuimos a Costa Rica. Nos sentamos en un largo tramo de playa, donde las gaviotas se congregaban encima de nosotros y las tortugas se arrastraban sobre la arena, en silencio. Nos echamos en hamacas y bebimos cerveza, sin decir mucho, mientras mirábamos los cielos azulados antes de que las nubes se aproximaran. Lo dejé ser.

Luego, la mañana rompió junto con el dique de emociones que Ken guardaba en su interior. Enterró su rostro en sus manos. No pude ver si lloró, pero comenzó a contarme todo lo que su padre significaba para él: inspiración, motivación, integridad —todo—. Yo sólo lo escuché, aliviado de que se expresara.

No tuvo mucho tiempo para guardarle luto.

Ken regresó a Filadelfia y dejó su trabajo bien remunerado, volvió al servicio público y se convirtió en el abogado de la ciudad de

Filadelfia. Como tal, dirigió el Departamento de Leyes de Filadelfia, conformado por ciento cincuenta abogados. Durante su primer
año le tocó negociar transacciones de los estadios de beisbol de los
Phillies y las Águilas de Filadelfia. Demandó a fabricantes de pisto-
las, ayudó a planear la Convención Nacional Republicana y resolvió
un caso de sobrepoblación en una prisión que llevaba por lo menos
una década en aprietos. Mientras tanto, tenía un asunto importante
del cual encargarse: resolver el caso de MOVE, el movimiento radical
cuyo recinto en la avenida Osage al oeste de Filadelfia fue bombardeado por policías de la ciudad en 1985. La saga explotó literalmente
cuando Ken pasó a su tercer año en la escuela de leyes, poco más de
un año antes de que yo llegara a Filadelfia como un joven e inexperto
reportero para el *Journal*. La bomba destruyó sesentaiún casas, que
más adelante fueron reconstruidas por el gobierno de la ciudad. Pero
debido a una mano de obra deficiente y un contratista corrupto, para
el año 2000 las casas se convirtieron en un peligro, con sistemas de
calefacción que liberaban niveles dañinos de monóxido de carbono.
La ciudad estuvo en una especie de litigio durante quince años. Ken
propuso una solución elegante, si no es que práctica: pagarles a los
dueños de las casas ciento cincuenta mil dólares, es decir, el doble
de su valor, y costos de mudanza. Por supuesto, esa cantidad era menor que lo que costaría el interminable litigio. El alcalde accedió, al
igual que la mayoría de los propietarios de las casas. El acuerdo fue
noticia de primera plana en *The Philadelphia Inquirer* y otros medios
de comunicación, y logró ponerle fin a un capítulo desafortunado en
la historia de Filadelfia.

Su labor como el principal abogado de la ciudad vigorizó a
Ken. Más adelante me confesaría que esos dos años fueron "la mejor
década" de su carrera, por todo el tiempo que trabajó. El servicio
público era su llamado. La ciudad era mucho más diversa a nivel
cultural, vibrante. Quería ser uno de los jugadores, dirigir el futuro
de Filadelfia más de cerca. Ahora podía verlo: el senador Trujillo, el
alcalde Trujillo. Yo lo molestaba y él, como todo buen político, esquivaba mis burlas.

—Tal vez algún día —decía—. Ahora mismo estoy demasiado
ocupado.

Sin embargo, estaba seguro de que si algún día se postulaba, no
lo haría como un candidato "hispano". Por sí mismo, su apellido

promovía su herencia. Necesitaba convencer a los votantes blancos y afroamericanos.

—Hablar un poco de español puede resultar útil —le dije.

—Creo que eso es obvio —me respondió.

Cada decisión que Ken tomaba parecía calculada, como si fuera parte de un plan para conseguir la grandeza, e hizo sacrificios emocionales en la búsqueda de un objetivo que debió parecerles improbable a todos menos a él. Cada paso que daba no sólo era para vivir su vida sino para cumplir un destino. Incluso tenía un pastor inglés llamado Tango. En el fondo no entendía lo que yo le ofrecía. Ken ponía barreras muy altas y rara vez dejaba que alguien viera al humilde aunque hambriento hombre de Nuevo México.

Nos sentamos en el restaurante París y bebimos vino tinto, lo cual sólo me hizo sentir más culpable.

—Éste no es un Malbec, *chach*. Éste es mucho mejor —dijo, y se burló de mí con una botella de Bordeaux.

—Sólo me gustaría que David estuviera aquí.

—*Chach*, tú te sientes culpable por todo. Yo por eso no soy católico.

Esto no tiene nada que ver con ser católico, pensé. Sólo extraño que David esté aquí con nosotros. Pero no dije nada de eso. Sólo alcé mi copa y brindé por su nueva vida.

A MILES DE KILÓMETROS DE DISTANCIA, David por fin logró lo que se propuso: crear el tequila perfecto. Después de casi veinte años, tenía su propio tequila. Y también un nombre: Siembra Azul, con un subtítulo: "El futuro de la tradición". David quería un nombre que rindiera homenaje al pasado, pero que mirara con firmeza al futuro. Quería una botella que reflejara su compromiso con la transparencia en la producción de tequila. Las etiquetas de sus botellas explicaban a detalle cada aspecto del proceso de producción. Incluso hizo que su tequila fuera kosher, lo que implicaba que un rabino de Guadalajara visitara la planta para ofrecer una bendición en hebreo. El tequila tenía otra distinción: sólo se producía durante el invierno, cuando el proceso de fermentación es más lento y permite crear sabores más complejos. Una vez visité la planta donde se producía el Siembra Azul en hornos tradicionales de arcilla, con trabajadores que limpiaban con cuidado los hornos a cada tostado para eliminar el residuo ceroso más de una vez a la semana, que es el estándar para los tequilas de gama baja.

Visité su fábrica en Jalisco y me maravillé ante lo que logró. Observé los hornos desde una cornisa en lo alto, impactado por el sonido de la música clásica, una práctica utilizada por los franceses para elaborar vino y champaña. Mozart y Vivaldi tocaban sin parar para reducir el estrés ambiental mediante las ondas musicales e inspirar a las levaduras a que hicieran su magia en los contenedores abiertos y llenos de jugo burbujeante.

Después de tanto esperar, Siembra Azul estaba en el horno. En la primavera de 2005 David tenía su primer lote de tequila Siembra Azul en un barril listo para debutar en el mundo. Le sugerí que se alejara de las comodidades de la hermana Guadalupe y encontrara catadores nuevos y entusiastas, periodistas y camineros —un grupo especial de periodistas que se reunía cada año en el espíritu de "la cueva" para brindar en nombre de la amistad—. David entró al camino de acceso de una hacienda en la icónica colonia Coyoacán de la Ciudad de México. Nuestro amigo en común, el corresponsal extranjero Ricardo Sandoval-Palos, vivía en una enorme casa que poseía un invernadero de cristal de dos pisos y doscientos setenta y nueve metros cuadrados de pasto y jardín. El invernadero se utilizaba como un recinto para albergar recepciones y estaba conectado con la casa de estuco que tenía anchas columnas de madera en su interior. En el centro del jardín había un patio color terracota bajo un enorme árbol de olmo.

Decidimos organizar una fiesta para celebrar el nacimiento del tequila de David y presumirlo al mundo. Invitamos a todos los corresponsales extranjeros, periodistas mexicanos y otros amigos. Como era de esperarse, todos se presentaron y trajeron a un amigo. David y Ricardo calcularon que unos ciento treinta invitados asistieron al evento. Por fortuna, David venía preparado. Esa primera destilación de ciento sesenta litros estaba contenida en un hermoso barril de roble que fue transportado en una camioneta desde Guadalajara.

David trajo consigo a un "sommelier experto en tequila" para que cultivara a la multitud sobre el intrincado proceso de destilación: el cultivo del agave azul, los antiguos métodos utilizados para cocinar y luego aplastar el centro de la raíz del agave, la piña. Continuó con la explicación de la cuidadosa fermentación en tanques de acero y el añejamiento en antiguos barriles de roble norteamericano virgen que le daban al reposado su tono dorado.

Esta información hubiera resultado útil e interesante para todos, si no hubiéramos estado tan borrachos.

Los corresponsales, una ruidosa amalgama de grandes bebedores gringos, británicos, irlandeses y escritorzuelos mexicanos, orinaban en el jardín delantero y derramaban el preciado tequila de David como si fuera cerveza Modelo. Primo bailó durante toda la noche con su nuevo y eterno amor, Yolanda, una especialista en tráfico humano de la Universidad Nacional Autónoma de México. Ángela, que traía puesto un rebozo en color rosa mexicano y un vestido floreado, caminaba con elegancia por el terreno mientras sostenía una copa de balón con tequila en la mano. Conservaría en mi escritorio una fotografía de ella de aquella noche, en la cual se veía tan hermosa como siempre, durante años.

Incluso mientras salía el sol, un grupo de periodistas que quería seguir la fiesta insistió en que nos metiéramos en una caravana de coches y manejáramos a Jalisco para pasar más tiempo con el tequila de David —en el lugar de origen—. Después de todo, Carlos Santana y Maná organizaron una fiesta privada para David en Guadalajara. Dijimos que muchas gracias, pero no iríamos.

La hermana Guadalupe nos hizo contarle esta historia algunos meses después y todos reímos a carcajadas.

El único que faltó esa noche fue Ken, quien dijo que tenía muchísimo trabajo. Eso probablemente era cierto. No obstante, sentimos su ausencia.

20

Endurecer la línea

No estoy seguro de cuándo se impuso la pérdida de la inocencia —el momento en que cuestioné mi eterna búsqueda por pertenecer a México, y sólo a México, y comencé a anhelar el otro lado, al sentirme mucho más rechazado por ambos lados—.

Ya no quería saber nada de México y estaba entusiasmado por enmendar las cosas con Estados Unidos. La violencia en México explotaba, primero en Nuevo Laredo y ahora se extendía hacia Ciudad Juárez, ambas señales de que la restructuración de los cárteles derivaba en una mayor brutalidad que sólo parecía enfatizar los motivos por los que se necesitaba más seguridad en la frontera. Hacer de Estados Unidos un lugar seguro. El telón de fondo de la era posterior al 11 de septiembre era un país en flujos y reflujos.

La gente aún tenía directorios telefónicos. El término "redes sociales" ni siquiera existía. Facebook apenas comenzaba a apoderarse de los estudiantes universitarios a lo largo del país, pero aún no consumía nuestro tiempo libre. Los teléfonos inteligentes no existían y tan sólo unos años antes George W. Bush se paró bajo un cartel en un portaaviones que decía: "Misión cumplida".

En ese momento yo reportaba sobre el creciente número de personas que moría a medida que la interacción entre el narcotráfico y la demanda de droga en Estados Unidos comenzaba a cambiar en ambos países, para mal. Cubría la extraña saga de un informante estadounidense atrapado en una situación complicada. Las autoridades mexicanas descubrieron los cuerpos de doce narcotraficantes en el patio trasero de un vecindario clasemediero en Ciudad Juárez. Una serie de documentos obtenidos a través de las autoridades estadounidenses revelaron que los asesinatos fueron supervisados o parcialmente cometidos por un informante pagado por ese país, quien cruzó la frontera a pie con una grabación del más reciente asesinato y se sentó con los agentes del Servicio de Inmigración y Control de Aduanas para transcribir los gritos y la agonía de la última víctima antes de ser enterrada seis pies bajo la casa.

¿Por qué el gobierno de Estados Unidos dejaría que esto sucediera sin armar un escándalo?

Volé a Washington para ser entrevistado por investigadores del Congreso de Estados Unidos, quienes seguían mis historias y estaban interesados en celebrar audiencias, pero a final de cuentas ninguna de las dos cosas sucedió. En realidad no se hizo nada. No hubo rendición de cuentas, más allá de algunos chivos expiatorios que perdieron sus trabajos. Me sentía hipócrita y mis amigos en Filadelfia me criticaron con dureza.

Traté de cambiar el tema y felicité a David por el reconocimiento que *The New York Times* le dio a Siembra Azul como uno de los mejores tequilas disponibles en el mercado. Sin embargo, eso no pareció emocionarlo. Lo único de lo que hablaba era de cuán mala se ponía la situación en México. Las cosas que en algún momento pasamos por alto —la corrupción y la falta de aplicación de la ley— ahora permeaban el país. Parecía que todos estaban listos para tomar lo que se les antojara. Los residentes se volvían cada vez más temerosos de siquiera salir de sus propias casas.

—¿Y tú quieres que yo reporte sobre esto? —pregunté—. Estos secretos son los que matan a México. Mírame. Yo también me hice de la vista gorda, traté de ocultar el sol con un dedo, pero es imposible.

—¿Cuándo toca fondo todo esto? —preguntó David—. Esto va de mal en peor.

—Yo estoy en medio del asunto y ni siquiera lo puedo ver —contesté.

—Entonces, ¿para qué arriesgas tu vida al cubrir estas historias si en realidad nada cambia? —dijo—. A la sociedad de Estados Unidos no parece importarle lo suficiente como para frenar su demanda.

—No sólo se trata de Estados Unidos —contraataqué—. Nosotros también podemos ser un país mejor. Trazar nuestro propio camino y nuestro propio destino. Pero, como diría Primo, los inmigrantes mexicanos deben ser parte de la respuesta.

—Eso lo entiendo, pero ten cuidado. Tienes familia, amigos. Tal vez debas contemplar mudarte de regreso a Filadelfia.

—¿Y qué, hacer negocios contigo? —le pregunté, un poco en broma.

—Sólo da un paso atrás —me instó.

No tenía que decirme eso. Me di cuenta de que, cada vez que podía, huía de México en busca de consuelo y respuestas en el patio trasero de mis padres. Éramos presa fácil para los políticos.

Una cálida tarde de primavera David me llamó. Se escuchaba arrepentido y triste. El sonido de su corazón roto se coló en su voz.

—Había querido decirte —comenzó—. Pero sé cuán ocupado estás y no quería hacerte sentir peor. Ella nos ha dejado.

—¿La hermana Guadalupe? ¿Está muerta? —pregunté.

Había estado enferma y yo hacía tiempo que quería visitarla.

—Sí, murió ayer por la noche. Se fue despacio, en paz. Me dijo que la despidiera de ti y de Ángela. Que se cuidaran. Cuán feliz había sido al conocerlos. Cuánto iba a extrañar platicar contigo. Escuchar tus historias, compartir tu optimismo cauteloso.

No quería escuchar más y sólo me maldije por no haber hecho el tiempo para verla. Siempre corriendo, con prisa. Me subí a mi Toyota 4Runner y posé mi rostro sobre el volante, luego puse una copia de un CD que le grabé a la hermana Guadalupe con boleros que le gustaban y le subí al volumen a la canción "Noche de ronda" de Agustín Lara de 1937. Luego me alejé en el auto. A pesar de sus achaques crónicos y su edad avanzada, la noticia me cayó como un balde de agua helada. Ella se convirtió en más que una amiga. Guardaba una llave espiritual para mí que no encontré en ninguna otra parte, incluso en la Iglesia católica bajo la cual fui educado. En su compañía, después de horas de conversación y confesiones de mi parte, sentía que estaba en presencia de una persona piadosa. Rezó por mí y mantuvo en perspectiva la violencia que se desarrollaba en Ciudad Juárez.

La hermana Guadalupe solía decir:

—Alfredo, ¿cómo está México?

Y yo le contestaba que, por desgracia, había habido una nueva masacre.

—Muchísimas más personas murieron en Los Altos, en la Cristiada —me respondía, no para minimizar la violencia sino para recordarle a alguien como yo lo que México vivió antes. De lo que eran capaces los mexicanos—. Lo importante del asunto es que esta violencia no tiene sentido. Mi familia luchó y murió peleando por lo que creía, el derecho a practicar nuestra religión ante la violenta opresión del gobierno. ¿Por qué pelean estos hombres y mujeres? ¿Por qué dan la vida?

—Para hacer felices a los estadounidenses y mantenerlos satisfechos con suficientes drogas como para arruinar su propio país —le decía, y culpaba a México.

—Se trata de una falta de valores, de una sociedad perdida —dijo ella—. Y aunque me da tristeza admitirlo, nuestros valores en México no son motivo de orgullo. México necesita la oración.

—No —le decía con respeto—. Necesitamos más que la oración. Tenemos que poner en evidencia, avergonzar a quienes están en el poder, obligarlos a que nos rindan cuentas. Necesitamos una revolución, una sin derramamiento de sangre.

—La oración es poderosa —dijo ella—. Deberías darle una oportunidad.

No estaba de humor para rezar mientras los ojos se me llenaban de lágrimas. Conduje por Paisano Drive en El Paso y divisé más camionetas de color blanco y verde de la Patrulla Fronteriza que pasaban por una cerca recién construida de entre cuatro y cinco metros. Los agentes que se encontraban al interior de los vehículos parecían aburridos mientras protegían al país más poderoso del mundo de posibles terroristas, pero sobre todo de los mexicanos. Las camionetas estaban estacionadas junto a la cerca oxidada que divide a dos vecinos, una línea de sangre, con largas tensiones históricas, protegiendo el comercio en alza que estaba a punto de alcanzar cerca de un millón de dólares por minuto, o 1.4 mil millones de dólares por día. El matrimonio entre Estados Unidos y México, del que alguna vez platicara Primo, estaba tan desgastado que se había reducido a buscar culpables, señalar con el dedo. Algo estaba mal.

Abrí el quemacocos para ver un helicóptero que golpeteaba sobre mí, por encima de la zanja de concreto donde fluye la pequeña corriente de agua que queda del Río Grande y que divide El Paso de Ciudad Juárez. De no ser por la zanja, ambas ciudades podrían parecer una sola expansión urbana que cubre un valle entre dos desoladas cadenas montañosas. La frontera se distinguía con claridad sólo cuando me dirigía al oeste, una línea recta y marrón que se adentraba hacia el desierto de matorrales. Podía ver una cerca de metal que dividía mis dos países.

Las camionetas bloqueaban la vista del Monumento Nacional de El Chamizal, que alguna vez fuera un símbolo de amistad, establecido por un tratado imaginado por el presidente John F. Kennedy y su contraparte mexicana, Adolfo López Mateos. En ese entonces, cuando JFK visitó México en 1962, advirtió que tres millones de residentes en Estados Unidos tenían raíces mexicanas. Ahora ese número superaría los treinta y cinco millones durante los próximos diez años.

¿Cómo es que Estados Unidos se convirtió en esto? En busca de una respuesta, miré al cielo, un mar azul salpicado de helicópteros militares. Debajo de mí, en dirección al horizonte, vi camionetas blancas. Estaba rodeado de más agentes, la Patrulla Fronteriza y guardias nacionales, quienes trataban de sellar la que alguna vez fuera llamada "la puerta abierta" y aparentaban un nuevo orden en la frontera, algo que el país ansiaba ver en la era posterior al 11 de septiembre. Irónicamente, el endurecimiento de la frontera tuvo consecuencias involuntarias. Sí, menos inmigrantes indocumentados cruzaban la frontera, pero una vez que lo lograban, se quedaban en sus nuevos hogares durante más tiempo, forzados a echar raíces y despedirse a regañadientes de su sueño mexicano. Las plazas Kennett de Pensilvania no paraban de crecer.

Los ingresos por el narcotráfico se calculaban en entre diez mil y cuarenta mil millones de dólares y aumentaban cada año. Los nuevos capos, que eran más letales que sus predecesores, le apuntaron a México con su débil sociedad civil, un Estado de derecho que rara vez se aplicaba, sus leyes constitucionales que sólo existían en los libros de texto y sus legisladores codiciosos que cedían ante la tentación con demasiada facilidad y se escondían detrás de la inmunidad legal. Los mexicanos con la mano en la cintura dicen que Estados Unidos crea la demanda, provee las armas y lava el dinero. Los mexicanos sufren las consecuencias: acumulan cuerpos, sufren las muertes. Pero la culpa es compartida.

En busca de respuestas en ambos lados de la frontera, mi corazón se desgarraba. La llamada cortina de tortilla ahora estaba hecha de acero.

VI
PATRIAS

21

Muros

Frontera entre Austria y Hungría
Marzo de 2016

Abandonamos el campo de refugiados justo cuando el sol del atardecer, envuelto en un brillo rosado, se ponía sobre Viena. Cuando tomamos la carretera, la noche era tan oscura como las sombras. Froté mis manos una contra la otra mientras la calefacción del coche descongelaba mis dedos.

Nuestro conductor y guía, Ignác Nagy, aceleró por la autopista de cuatro carriles mientras escuchaba extasiado una mezcla de música creada por su hermana que vivía en Nueva York. La voz gruesa de Glady's Knight llenó el auto. "Midnight Train to Georgia" era la canción perfecta para este momento, un hombre que partía en un tren de medianoche en busca de un lugar y un tiempo más simples.

Nos encontrábamos en un trayecto de dos horas y media entre Austria y Hungría, el cual formaba parte de la llamada zona Schengen, un área que permitía viajar sin necesidad de visa por toda la Unión Europea. Me esforcé por ver una línea invisible entre los dos países. Aquí, cruzar las fronteras internacionales era tan fácil como viajar de Pensilvania a Nueva Jersey. La "frontera" sólo consistía de un puesto de control electrónico, sin muro, sin cerca, sin guardias, nada que se pareciera a la línea fronteriza militarizada entre Texas y México que tanto me atormentaba.

En la frontera entre Hungría y Austria no había nadie que me preguntara sobre mi nacionalidad —los guardias no acarreaban armas como en la frontera de Serbia o en la de El Paso y Ciudad Juárez—. No había helicópteros del Servicio de Inmigración y Control de

Aduanas o aviones que zumbaran encima del valle cerca de mi casa en las montañas Shadow de la zona oeste de El Paso. No había agentes de la Patrulla Fronteriza en camionetas que acorralaran a sus presas y expulsaran a las masas del Tercer Mundo cuando el Primer Mundo había terminado de explotarlas.

Desde que se estableció la Unión Europea, algunos líderes hicieron lo que muchos de nosotros sólo soñábamos: crearon un mundo pragmático de coexistencia. Iba en el asiento del copiloto junto a Ignác (que se pronuncia como "Ignás") con tres estudiantes de la Escuela de Periodismo Walter Cronkite de la Universidad Estatal de Arizona en el asiento trasero.

Eran las vacaciones de primavera.

Había abandonado el periodismo y probaba mi suerte como maestro, como mentor de algunos estudiantes a través de Hungría, a lo largo de la frontera serbia y por Austria, donde hablábamos con refugiados en zonas de viaje libre cerca de dos hileras de rejas con alambre de púas. Torres de vigilancia de alta tecnología equipadas con reflectores, sensores de movimiento, cámaras y altavoces. Las escenas resonaron en mi interior. También estaba aquí para entender mi pedazo del mundo en la frontera Estados Unidos-México.

Luego de más de veinticinco años como periodista, quería probar si abandonar mi forma de vida era tan difícil como temía.

¿Acaso estaba listo para una nueva aventura?

Dos de las estudiantes, Celeste y Sarah, se estaban quedando dormidas, cansadas y drenadas después de un largo día de reportar sobre la crisis de refugiados. La oscuridad de la noche hizo que una refinería de petróleo pareciera una ciudad mágica en penumbra mientras sus luces industriales brillaban en el cielo. Más adelante algunas granjas eólicas con luces parpadeantes simulaban estrellas rojas que titilaban, naves espaciales que se preparaban para despegar, parecidas a los molinos que pisaban ambos lados de la frontera entre California y Arizona.

Estos molinos producían energía para la Unión Europea, un conglomerado de veintiocho naciones que ahora se derrumbaba bajo el peso de la migración. La marea de refugiados que llegaba a sus fronteras y costas amenazaba con deshacer varias décadas de políticas de fronteras abiertas y poner en riesgo a una región con una tasa de natalidad en declive.

Ignác le dio una fumada a un cigarrillo.

Era de constitución pequeña, apuesto, de aspecto tosco, y no se había afeitado la barba durante tres o cuatro días. Era un intelectual, con una opinión sobre casi cualquier tema o persona. Ignác aspiraba a convertirse en abogado —accedió a ser nuestro conductor para hacerle un favor a una amiga en común, Dora Beszterczey— y se enorgullecía de su inglés estadounidense casi perfecto, producto de algunos años de estudiar en Nueva York cuando era niño y muchos años de sumergirse en la televisión, el cine y la música estadounidense, además de trabajar en un Starbucks en Washington Heights.

Estados Unidos le parecía fascinante y no paraba de preguntarme sobre el clima político actual y lo que significaba ser mexicoamericano, algo que no tenía el menor interés de recordar en ese momento.

Cambié el tema de conversación.

¿Qué no era ésta la razón de venir aquí? ¿Alejarme de la violencia, de las amenazas de muerte que me sumieron en una gran depresión y que me desataron un conflicto interno al cuestionar muchas de mis creencias?

El tráfico se detuvo un poco cuando nos acercamos a Hungría, un país que derribó las cercas de sus fronteras al unirse a la Unión Europea en 2004 para demostrar que se deshacía de su historia aislacionista y comunista —una muestra de su apertura al mundo—. Hungría fue el primero de los antiguos estados satélite de la Unión Soviética en quitar su reja de alambre de púas en su frontera con Austria, con lo que abrió una ventana durante los meses previos a la caída del muro de Berlín para que los alemanes del este se escaparan hacia Alemania Occidental a través de Hungría y Austria.

La actual crisis se desató por un éxodo masivo de personas que escapaban a conflictos violentos o crisis económicas, quienes ahora viajaban a través de Europa, algunos como viajeros que navegaban con la ayuda de las estrellas y los celulares. Las escenas ya eran familiares: hordas de migrantes desesperados y asolados por la guerra provenientes de Siria, Afganistán, Irak y África, con un crecimiento demográfico equivalente al doble de la tasa de crecimiento de los países europeos, así como terroristas domésticos que lanzaban ataques mortíferos en algunas capitales europeas. El Estado húngaro fue el primero en volver a colocar una cerca con Serbia y Croacia en un intento por dejar fuera a la mayor ola de refugiados desde la Segunda Guerra Mundial y preservar su forma de vida.

El primer ministro Viktor Orbán fue el arquitecto de la nueva política. Él se autoproclamaba el único líder europeo dispuesto a defender a los cristianos del continente; argumentaba que los musulmanes amenazaban la identidad cristiana de Europa, definiendo así el problema como un choque de civilizaciones.

Aunque estas acciones fueron condenadas en un inicio, Hungría desató una reacción en cadena a lo largo de Europa a medida que los países buscaban soluciones individuales por encima de la agenda común de la Unión Europea, para lidiar con el interminable flujo de inmigrantes.

Por el momento, la zona Schengen parecía ideal, aunque la realidad estaba a poco tiempo de llegar. Los viajes sin fronteras parecían tener los días contados, aquí y en todos lados.

Ahora se colocaban cercas fronterizas en Austria, Serbia, Eslovenia y Croacia. El concepto mismo de viajes sin fronteras sobre el cual se fundó la Unión Europea era probado a medida que otros países seguían estos pasos. Reino Unido, Noruega, Suecia, Eslovenia, Austria, Alemania, Bélgica, Francia y Dinamarca cuestionaban ahora la política de fronteras abiertas de la Unión Europea.

En ocasiones, decenas de miles de migrantes desesperados y en busca de asilo inundaban Europa. Las similitudes con México y Estados Unidos estaban en todas partes. Trenes abarrotados de migrantes, muchos al parecer en busca de refugio en Alemania, eran detenidos en la frontera entre Hungría y Austria durante horas. Había mucha confusión con respecto a qué tan al oeste llegarían los trenes y si a todos sus pasajeros les sería permitido continuar el viaje.

Estos refugiados me recordaban a las personas que venían de Tenosique, en la frontera entre Guatemala y México, en busca de asilo en la Ciudad de México. Se sujetaban con fuerza al techo de un tren conocido como La Bestia mientras cruzaban el puente de Boca del Río. Muchos de ellos eran jóvenes que viajaban solos, al igual que aquellos que entraban a Texas provenientes de Centroamérica, una región devastada por la violencia del narcotráfico, la pobreza y los conflictos apoyados por Estados Unidos. Los mismos inmigrantes que probaban la tolerancia de México hacia los foráneos. Conduje junto a la ruta del tren La Bestia para entrevistar hombres, mujeres y algunos de los niños que fueron abandonados en refugios para migrantes. Hablaron sobre los chantajes, las violaciones, la pérdida de una extremidad, de los amigos que nunca llegaron, víctimas de los insensibles coyotes. Entrevisté a otros más en el refugio Annunciation House en El Paso. Todos se aferraban a cualquier señal de esperanza.

Arriesgaron su vida sobre el techo de La Bestia y se enfrentaron a los peligros de la violación en cada rincón desconocido del mundo que los conducía a Estados Unidos. En una parada, en la frontera entre Veracruz y Morelos, vi que un grupo de personas ubicadas a un costado de las vías del tren les regalaban burritos, gorditas y agua a los viajeros agotados que se dirigían hacia la tierra de las oportunidades. Se dirigían hacia Estados Unidos, donde la gente protestaba con tan sólo verlos.

Hungría, como muchos de sus vecinos, era un país que envejecía con una tasa de natalidad en declive al que un poco de sangre nueva podía inyectarle vitalidad. Esto se evidenció a través de una serie de campañas que incluían la promoción de bailes para que la gente joven se conociera, se enamorara y comenzara una familia. Pero, aunque los refugiados no estaban muy interesados en quedarse en un país cuya economía les ofrecía tan poco, el gobierno húngaro, para justificar su rigor y sus nuevas cercas, difundió propaganda para infundir miedo en los residentes respecto a los extranjeros que se encontraban entre ellos, con el fin de inspirarlos a recuperar el control, a deleitarse con la nostalgia y a convertirse en una nación fuerte otra vez, algo que a muchos les resultó lo suficientemente atractivo como para mantener a Orbán en el poder.

La mezcla musical de Ignác ahora reproducía la versión de Michael Bublé de la canción "Feeling Good". Mientras sus compañeras de la Universidad Estatal de Arizona dormían, Courtney Pedroza se emocionaba cada vez más, experimentaba una transformación, pues por primera vez imaginaba su futuro como corresponsal extranjera.

Su entusiasmo también me hizo darme cuenta de cuánto extrañaba reportar en ese momento, luego de un día lleno de adrenalina en el cual nada salió como planeamos, pero durante el cual nosotros, los periodistas de guerrilla (un término que acuñé aquel día cuando tuvimos que improvisar), encontramos maneras de reunirnos con algunos refugiados para compartir sus historias con un mundo falto de empatía.

Courtney compartió la historia del romance secreto de su bisabuelo, un fotógrafo estadounidense con dos familias, una a cada lado
de la frontera entre Estados Unidos y México. Ella tenía parientes que
nunca había conocido, un país y un idioma ajenos, una cultura que ansiaba conocer y una curiosidad que fue despertada por la novedad que
la rodeaba y el creciente odio hacia los mexicanos en Estados Unidos.
Aunque escuché su relato, me obsesionaban las turbinas eólicas,
por lo que me dediqué a contarlas en silencio. La escena que se desenvolvía frente a mí me recordaba la épica batalla de don Quijote
con un campo de molinos, una pelea que no era más que producto
de su imaginación. En la oscuridad, el paisaje se veía tan surreal como
el sueño del Quijote.

Miré los molinos fijamente y no pude escapar a nuestras propias
batallas internas con los llamados *otros*. Ignác llamaba a este tiempo
y lugar la frontera entre Hungría y Austria, el fin de Occidente.
A medida que la globalización se agotaba, ésta era remplazada por el
miedo y la ansiedad.

Sin embargo, tras dejar "la frontera" atrás y dirigirnos hacia
Budapest, Ignác confesó en voz baja que sentía como si su cinismo
hubiera sido "exorcizado". Le pregunté a qué se refería.

—Quizá fue durante las entrevistas hoy en la tarde —dijo.

Hablamos con varios refugiados, individuos que no tenían nada
más que su fe ciega en que les esperaba una vida mejor. Si ellos podían creer tanto en la esperanza y la hermandad humana, ¿cómo no
hacerlo él? ¿Cómo no hacerlo *nosotros*?

Éstas eran personas que no dejaban de esforzarse, que no se detenían ante nada, que buscaban cualquier rastro de humanidad y se
aferraban a cualquier muestra de amabilidad —gente que aún creía en
un mundo mejor—. Su objetivo era llegar a Alemania. Algunos también hablaban sobre terminar en Michigan, Minnesota, Nebraska o
Arizona en algún momento.

Ignác dijo que la inagotable esperanza de esta gente lo inspiró,
mientras le daba una larga fumada a su cigarro y jugueteaba con la
música.

Le contesté que pensaba lo mismo y sonreí.

Todos necesitábamos creer.

Éstas son fronteras distintas, separadas por continentes, pero todas tienen el corazón roto.

Los migrantes son universales —no muy distintos de los hombres, mujeres y niños de Hungría que huyeron hacia Cleveland, Chicago, Nueva York y Filadelfia tras las revoluciones de 1848 y 1956 o que escaparon de la hambruna a finales del siglo xix—. O aquellos como mis padres, quienes a lo largo del último siglo huyeron de México por motivos de pobreza, reencuentro familiar, violencia: en busca de una mejor vida en un país que esperaban los acogiera.

A pesar de lo abrumador de nuestro viaje, de pronto nos invadió una esperanza infantil que nos hizo reír a carcajadas mientras Ignác bajaba la ventana y sacaba más humo de su último cigarro.

Para entonces ya había perdido la cuenta de los molinos de viento. Por primera vez en años, Ignác confesó, sabía que incluso aunque el mundo no fuera el lugar que había imaginado en su infancia, cuando se sentaba en la sala de la casa de su abuela, algún día llegaría a serlo. Volteó y me miró por un largo rato y, en un tono grave y serio, hizo la pregunta que temí durante todo este tiempo.

—¿Qué va a pasar con las elecciones presidenciales de Estados Unidos? Como mexicano, ¿te preocupa este multimillonario?

No estaba preparado para imaginar la respuesta o discutirla a profundidad, temeroso de arruinar el momento. En vez de eso, observé las parpadeantes luces amarillas de Budapest frente a nosotros, casi al final de nuestra travesía.

Cambié el tema al hacerle preguntas rápidas sobre su selección musical. ¿Bublé? ¿Música country?, dije con ambigüedad, deseando no tener pasado, sólo un nuevo comienzo. Yo formaba parte de esa zona Schengen que, por el momento, parecía ideal incluso a medida que la realidad se aproximaba, con recordatorios de cercas que se levantaban.

Ignác me miraba y esperaba una respuesta con impaciencia.

Okey, escupí después de un rato para romper el silencio incómodo. Sí, pensaba que era una broma cruel, algo gracioso. Sin embargo, en cuanto dije eso, los recuerdos me envolvieron y me dieron un puñetazo en las entrañas. Esas palabras hirientes hicieron que me retorciera en el asiento delantero del auto mientras le relataba a Ignác con pelos y señales el momento en que me bajé del avión en el Aeropuerto Internacional Sky Harbor de Phoenix.

Buscaba a Ángela, pues ambos teníamos entrevistas de trabajo ahí para ocupar puestos en la escuela de periodismo en la Universidad

Estatal de Arizona. El rector Chris Callahan quería que aceptara un puesto como presidente becado de la Iniciativa Borderlands. Ángela fungiría como la directora de Borderlands para Cronkite News, donde les enseñaría a los estudiantes de periodismo televisivo a cubrir temas fronterizos. En vez de eso me encontré a Trump, quien anunciaba su candidatura a la presidencia.

Esto no puede ser posible, pensé. ¿Los mexicanos son violadores? ¿Asesinos? ¿Capos de la droga? ¿Y quizá algunos sean buenas personas?

¿Qué chingados?

Quería volver a subirme al avión y regresar a la Ciudad de México. Ni siquiera hubiera considerado Arizona de no ser por Ángela. Arizona aún tenía la ley SB 1070 sobre el papel. Aprobada en 2010, la ley permitía a la policía utilizar los semáforos para checar el estatus migratorio de los conductores y algunos defensores decían que imperaba el perfilamiento racial. Otra parte de la ley, rechazada por la Suprema Corte de Estados Unidos, les prohibía a los jornaleros pararse en las calles de la ciudad e inscribirse para trabajar con equipos de construcción. Otros estados de tradición racista —Alabama, Georgia, Carolina del Sur— aprobaron leyes similares.

Ángela y yo logramos mantener una relación a distancia durante más de veinte años. Buscábamos un nuevo inicio, de la misma manera en que México buscaba una nueva narrativa, alejada de la violencia que nos marcaba.

La Universidad Estatal de Arizona nos dio la oportunidad de vivir bajo el mismo techo por primera vez en una década y preparar a una nueva generación de periodistas para cubrir la frontera, para hacer lo que amábamos. No estábamos seguros de poder dejar atrás nuestros trabajos actuales, yo como jefe de la oficina de *The Dallas Morning News* en la Ciudad de México y Ángela como jefa de la oficina de un grupo de estaciones televisivas. La cambiaron de la Ciudad de México a la frontera y ahora estaba en El Paso, una ciudad que amaba porque no tenía que explicarle a nadie quién era en una región binacional, bicultural y bilingüe.

Decirle que no a Cronkite también significaba decirnos que no.

Además, el periodismo se sentía como un sumidero.

Ángela enfrentaba recortes presupuestales y un menor interés por las historias sobre la frontera por parte de su empleador, quien en fechas recientes vendió su división televisiva a Gannett, el mayor propietario de periódicos en la nación y una gran potencia en la transmisión que tenía estaciones de televisión por todo el país. La compañía era conocida por ser implacable con respecto a su balance final. La permanencia de Ángela en esa oficina era sólo una de las preocupaciones. También le preocupaba tener la libertad de reportar sobre las historias que en realidad le importaban y poder contar cada una en menos de un minuto y quince segundos, algo que se convirtió en la norma en toda la industria.

En *The Dallas Morning News* las historias eran cada vez más locales y la compañía se enfrentaba a una creciente presión financiera, por lo que todo el tiempo buscaba maneras de disminuir costos. La oficina de la Ciudad de México era una de las más grandes de cualquier empresa de medios en Norteamérica, pero el negocio cambió. La compra de la compañía parecía lo correcto.

Entonces observé, en el aeropuerto, los rostros de la gente que se congregaba a mi alrededor, quienes tenían la mirada clavada en las pantallas planas donde veían al más reciente candidato presidencial vilipendiar a los mexicanos. Parecía pedir un linchamiento a gritos.

Trump jugó con la idea de postularse para la presidencia desde la década de 1980, cuando trabajaba en el *Journal* en Filadelfia —seguro fue un ensayo, pensé, como aquellos globos de prueba que se tronaron en el aire en cuanto los dejó ir—.

Tenía que ser una táctica para impulsar los ratings de su programa de televisión. La tradicional búsqueda de chivos expiatorios, atizar las llamas del miedo y México, una vez más, encajaba con la narrativa.

Pero sacrificar a México y a su gente de forma tan descarada, aquellos que vivían con y sin papeles en Estados Unidos, no tenía sentido.

Las palabras del candidato reverberaron en todo el aeropuerto como el presagio de una pesadilla.

Mientras buscaba a Ángela, quise creer que yo era uno de los mexicanos decentes.

DESCARGUÉ TODO esto sobre Ignác.

En un principio con el deseo de dejar el pasado atrás, pero con tantas emociones contradictorias que lo único que pude hacer fue compartir sin ofrecer mucho más: ninguna explicación, ningún pensamiento iluminador. Todo estaba sin depurar.

Budapest se alzaba frente a nosotros y todos guardamos silencio.

Bajé la ventana un poco y saqué la mano para sentir el aire helado. Ese momento me transportó a otro tiempo, a otro lugar: esa noche en Filadelfia, en 1987, cuando descubrí Tequilas por primera vez con Primo, Ken y David.

El Danubio, el río más extenso en la Unión Europea, apareció a la vista. Las serpenteantes aguas del río alcanzaban el puente de las cadenas, que fue bombardeado durante el sitio de Budapest en 1945 por los alemanes que emprendían la retirada. En el horizonte, mis ojos se encendieron al ver el castillo de Buda y el edificio del Parlamento húngaro.

A veces, le dije a Ignác, me siento como un puente desvencijado y roto, pero aun así un puente. Desde este rincón del mundo puedo ver con claridad que Estados Unidos en algún momento les abrió los brazos a miles de personas como nosotros, inmigrantes de todo el orbe. Una nación de inmigrantes. Bueno, pues ahora ese país parecía distinto, extraño y fuera de alcance.

Cuando el viaje llegó a su fin, con cansancio y tristeza regresé a casa, tendiendo un puente sobre un país envuelto en la bruma.

22

El papa en una tierra nativista

Con frecuencia me invadía la nostalgia cuando pensaba en el chico que era en California, aquel que escuchaba a George mientras llenaba camiones con contenedores de jitomate. Como veterano de la guerra de Vietnam, él se sentía abandonado por su propio país. Era un tipo más al que mandaron a pelear nuestras guerras, pero cuyo futuro a nadie le importó —dónde trabajaría, cuál sería su nueva identidad—. Era un hombre roto en tiempos violentos. A principios de la década de 1970, cuando lo conocí, George ya había perdido la fe en Estados Unidos a la vez que hundía las manos en su tierra. Por ser un nuevo inmigrante, yo tenía la esperanza de que lo mejor aún estaba por venir. No me sentía desesperado, sólo entusiasmado por el mañana. Incluso como reportero que cubría los horrores en México y la injusticia en Estados Unidos, trataba de mantenerme optimista.

Y, sin embargo, no podía sacudirme a George, no podía escapar de su recuerdo. Esta nueva voz de Estados Unidos que se sentía enojada y abandonada era una voz antigua. Sonaba como George, excepto que él no era racista. O, para ser más exactos, no temía a lo desconocido.

Adopté la expresión más formal que pude en un mitin republicano en Phoenix. Ignác estaba de visita en la ciudad para una reunión y no podía de la emoción porque su visita coincidía con la del candidato Trump, el fenómeno en persona. Lo invité a que se uniera a un grupo de reporteros de Cronkite, incluida Courtney, en Veterans Hall para que viera al hombre en vivo. Sonrió y se paró de un brinco de su silla para encender un cigarro.

Como siempre, a Courtney le obsesionaba capturar la escena. No estaba de humor para diatribas intelectuales ni ideológicas, pero dijo que su abuela mexicana tenía curiosidad de saber si su nieta favorita, nacida en California y criada en el estado rojo de Arizona, estaba a favor de Trump.

¿Acaso le lavaron el cerebro tanto como al resto del país?, se preguntaba su abuela.

—Ella me preguntó: "Mija, ¿qué piensas sobre él?" —recordó Courtney—. Y yo respondí: "Pienso que es terrible, abuela", y ella me dijo: "Gracias a Dios. Si él gana, me va a deportar. Y entonces, ¿a dónde iré? México ya me deportó. Me quedaré sin país".

Su abuela fue deportada por su propio gobierno cuando después de mudarse a México con su familia descubrió a la otra familia de su padre allí. Los familiares se quedaron más tiempo del permitido por su visa, lo que inspiró al gobierno a deportarlos. Y así lo hizo.

—Pero le dije que ella siempre me tendría a mí —afirmó Courtney.

Courtney observó con cautela a la enfurecida multitud y permaneció cerca de Ignác. Por extraño que pareciera, no tomaba fotos. Por el contrario, miró a su alrededor e inspeccionó a la gente, cuyos cánticos fluctuaban entre un deseo ardiente por un muro y un odio hirviente por los medios.

—Váyanse al carajo. Váyanse al carajo. Ustedes no, Fox News. Con ustedes no tenemos problema —gritaban y luego señalaban al resto de nosotros mientras el coro continuaba—: Váyanse al carajo.

—Esto está muy jodido —dijo Courtney, quien recurría a las groserías cuando se sentía incómoda—. ¿Quiénes son estas pinches personas?

—Tus vecinos —respondí.

—No, tu generación —se quejó—. No la mía. Mi generación es más tolerante.

—Sólo toma fotos —le dije.

La vi desaparecer, con la cara oculta detrás de su cámara Canon, con los labios fruncidos.

Escogí a dos hombres entre la multitud, quienes esperaban con ansias la entrada de Trump. Al menos no querían insultarme. Encendí mi grabadora.

De hecho, fueron bastante respetuosos cuando les dije que era reportero.

Comenté que sólo me interesaba la fascinación por Trump. En mi cabeza, estaba dolorosamente consciente de que nunca antes tuve que utilizar estos atributos para describir a un entrevistado. Ahora sentía que tenía que hacerlos sentir lo suficientemente cómodos como para estar cerca de mí. Sentía que tenían que saber cuáles eran mis intenciones. No estaba ahí para crucificarlos o humillarlos, sino para entenderlos.

Les dije que daba clases de periodismo a tan sólo unas cuadras de allí y que en ocasiones también escribía artículos para *The Dallas Morning News*, con la esperanza de que el nombre Dallas sugiriera un bastión de conservadurismo, aunque éste poco a poco se desvanecía.

Pareció surtir el efecto deseado.

—¿Qué les gusta de Trump?

—Tiene los huevos de decir las cosas como son —dijo uno.

—Es rico, así que sabe lo que se necesita para conseguirlo. No necesita hacer esto, pero tiene confianza en este país y un plan para engrandecerlo.

—¿Ah, sí? ¿Cuál es el plan?

—En realidad no estamos seguros, aunque cumplirá su promesa. De eso estoy seguro. Es un hombre de palabra. Es multimillonario, no político. No necesita el dinero. Sólo quiere servir a su país.

Insistí en que me diera más detalles, pero otro hombre que acechaba en el fondo se acercó y me pidió ver mi acreditación de prensa, luego me ordenó que me retirara.

—¿En dónde naciste?

—México —le dije.

—Entonces, ¿por qué finges entender lo que dice el señor Trump? Seguro ni siquiera te agrada el hombre o lo que representa, como construir un muro y hacer que tu país pague por él.

—Señor, soy ciudadano de Estados Unidos y un simple reportero que quiere entender sus posturas. Quiero entender el fenómeno.

—Éste es el fenómeno y lo estás viendo. Ya no hablaremos más contigo.

—Gracias por su tiempo —les dije a los otros dos hombres, padre e hijo, quienes hacía un minuto fueron amables y abiertos, y de pronto eran distantes mientras articulaban algo sobre construir un muro.

—¡Construye el muro! ¡Construye el muro! —decía el escalofriante y cruel coro, la voz de una turba de linchamiento, con simpatizantes gritando al unísono. Ellos eran el muro. Las divisiones se formaron. Tal era la rabia de los seguidores de Trump que si les hubiera propuesto construir un muro con Canadá, seguro le hubieran ofrecido su apoyo a gritos.

Uno de los hombres, el padre, sonrió, casi a modo de disculpa por el comportamiento grosero. Me acerqué a ambos para darles la mano y me quedé parado junto a ellos por algunos segundos, quizá un minuto, pero era obvio que todos parecían incómodos, así que regresé al escenario con el resto de los reporteros oprimidos y tomé mi lugar, al tiempo que cuestionaba mi rol de toda una vida: ser un reportero objetivo al margen. Como si no tuviera sentimientos. Estaba encabronado y muerto de miedo.

Varios políticos locales ofrecieron discursos cortos en los que denunciaban las fronteras abiertas.

—¡No podemos ser un país si no tenemos fronteras! —gritaban—. Los ilegales, los terroristas, entran todo el tiempo y en grandes cantidades.

Eso es incorrecto, pensé.

Ya había emprendido varias búsquedas inútiles en el pasado.

En una ocasión crucé al pueblo fronterizo mexicano de Ojinaga en busca de armamento químico, luego de que una fuente y un documento de Estados Unidos revelaran que algunos terroristas planeaban contrabandear las armas a través del Parque Nacional Big Bend. Aunque la información se basaba en inteligencia cruda y sin comprobar, *The Dallas Morning News* nos asignó a mí y a un colega la tarea de investigar durante varias semanas todo lo relacionado con esta afirmación.

Más allá de un alguacil que afirmaba cosas extravagantes, como que halló un Corán dentro de un motel, no encontré nada. Cuando lo presioné para que me diera algo de evidencia, ni siquiera pudo encontrar el Corán, sólo una fotografía.

En otra ocasión, Ángela y yo pasamos todo un día tras la pista de operativos del Estado Islámico a lo largo del Río Grande en Anapra, un vecindario pobre a las afueras de Ciudad Juárez, siguiendo un reporte que apareció en *Judicial Watch*, un sitio web conservador que afirmaba que el grupo terrorista estableció un campo de entrenamiento ahí. Hablamos con docenas de fuentes de inteligencia de Estados Unidos y México, así como con la gente local, incluido un hombre de

Chihuahua que juraba que podía detectar si los visitantes eran de Zacatecas, Durango o Coahuila sólo por sus acentos. Los árabes y los extranjeros no tienen ninguna oportunidad aquí.

—Nosotros te cubrimos la espalda —dijo, después de llamarle a su familia en El Paso al otro lado del río ese día.

Una vez más, fue una pista falsa.

—Muchos ilegales se apropian de sus trabajos —dijo otro de los políticos.

Eso no es cierto, quería gritarle. La falta de empleo era real. El cruce de migrantes indocumentados disminuía dramáticamente.

—Y ni siquiera pagan impuestos.

Eso tampoco es cierto, pensé otra vez.

Caminé alrededor del lugar y me topé con una vista extraña: diversidad.

Sí, la mayoría de la gente era blanca, pero también había algunas personas de color. Afroamericanos. Los inmigrantes hispanos e italianos salpicaban la multitud. Un iraquí y muchas mujeres blancas. Eran mujeres de todas las edades, tamaños y niveles económicos. Dos de ellas sostenían letreros que decían: "Hagamos que Estados Unidos vuelva a ser grande".

Mientras escaneaba a los seguidores de Trump, mi incomodidad se profundizó.

Tal vez todos éramos racistas. ¿Acaso todos teníamos miedo y resentíamos lo desconocido?

Algunas semanas después, un conductor afroamericano de Uber en Cleveland me dejó una impresión duradera cuando me compartió una reflexión sobre la raza en Estados Unidos.

—Trump es como el Obama blanco —dijo—. Lo único que necesitábamos era que Obama se postulara para emocionarnos, levantar el trasero de nuestros asientos e ir a votar. Trump inspira a todos los racistas a votar y a dar su opinión. Los hace sentir lo suficientemente cómodos como para ser ellos mismos. Hombre, esto no se trata de los empleos. Ninguno de nosotros puede encontrar un buen trabajo. Hoy la automatización mata a la humanidad. Se trata de raza, inmigración. Miedo a nosotros. ¿Me entiendes?

Recordaba esa noche tan bien: el GPS del Uber no funcionaba, pero el taxista no quería detenerse en una gasolinera para pedirle direcciones a otra persona. Sólo quería que regresara la señal a su celular. Aunque somos muy buenos para identificar problemas en nuestra sociedad, somos muy malos para crear soluciones.

Tal vez esta versión de Estados Unidos no se parecía en nada a la de George, pensé. Él me acogió con los brazos abiertos, compartió sus sentimientos conmigo, me trató igual que cualquier otro hermano que laboraba en los campos de Estados Unidos.

Pero esto no era igual ni se sentía igual. Este país estaba atascado en el pasado.

La decepción de George en la década de 1970 se convirtió en enojo y miedo en 2016.

¿Qué se supone que debíamos hacer con tanta emoción?

La revolución digital, la automatización en las fábricas, las máquinas de pago automático en los supermercados y los teléfonos inteligentes están a punto de eliminarnos. Los empleos en la economía de la década de 1980, incluso en la de 1990, se evaporaron. Pensé en la agencia de viajes en Filadelfia donde reservé mis boletos para El Paso.

Ya no existía.

Pero no puedes sentir rabia hacia una máquina, una computadora, un teléfono inteligente.

Entonces la gente comenzó a sentir rabia hacia los otros. De preferencia alguien que no se pareciera a ellos. Mexicanos, musulmanes, asiáticos, afroamericanos.

Ese mismo arcoíris de la humanidad me envolvió durante la visita del papa Francisco a Filadelfia, cuando los fieles caminaban, celebraban y vitoreaban al primer papa de Latinoamérica. Se presentó ante Estados Unidos como "el hijo de una familia inmigrante" y como "un invitado de este país, que estaba compuesto, en su mayoría, por familias de este tipo".

Los fieles provenían de todas partes del mundo, sobre todo de Latinoamérica, México. Traían consigo a sus hijos, quienes, en nombre de sus padres, pedían un milagro: la reforma migratoria para mantenerlos unidos como familia en tiempos de incertidumbre. Recuerdo haber caminado por el bulevar Benjamin Franklin, en busca de gente a quien entrevistar.

El miedo a compartir su nombre era palpable. Noté que había trabajadores de la industria restaurantera. Aunque todos me saludaban, en cuanto les pedía su opinión me ignoraban.

—La cosa está caliente —dijo un mesero que trabajaba en un restaurante de pescados y mariscos y que, como la mayoría, también era de Puebla.

Vi a una pareja que conocía de antes, Reyna Trinidad Morales y su esposo, Camilo Hernández, ambos de Puebla. Trabajaban en el mercado italiano en la calle 9; sus clientes incluían a David, a quien le gustaba su cosecha de flor de calabaza. La pareja también vendía duraznos, tomatillos y chile jalapeño que cosechaban en el patio trasero de su casa en Camden, Nueva Jersey, tal como lo hacían cuando vivían en Puebla.

No habían visitado México en más de veinte años. No eran legales. Hablaban con un sentido de urgencia. Algunos miembros de la familia nacieron en Estados Unidos. Temían ser separados.

Ese día la pareja marchó durante casi una hora con unos sesenta mexicanos desde Camden, a través del puente Benjamin Franklin y más tarde cerca de Independence Hall. Vinieron a orar por la protección de la máquina de deportación del presidente Obama.

Reyna lloró cuando el papa se encontraba de pie fuera de Independence Hall junto a una estatua de George Washington y pidió tolerancia hacia los inmigrantes de Estados Unidos.

—Nunca deberían avergonzarse de sus tradiciones —le dijo a la multitud.

Yo observaba lo que sucedía y tomaba notas para escribir un artículo en *The Dallas Morning News*, fascinado al ver que el papa latinoamericano hablaba en español frente al edificio donde los padres fundadores firmaron la constitución de Estados Unidos.

—No olviden las lecciones que aprendieron de sus mayores, que son algo que pueden traer para enriquecer la vida de esta tierra americana —dijo—. Repito, no se avergüencen de lo que forma parte de ustedes, su alma.

Francisco exhortaba a los recién llegados a ser "ciudadanos responsables y a contribuir de manera fructífera a la vida de las comunidades en donde viven […] Al contribuir con sus regalos, no sólo encontrarán un lugar aquí, sino que además ayudarán a renovar a la sociedad desde dentro…"

Los estadounidenses, agregó, olvidaban que los refugiados más famosos en toda la humanidad eran Moisés y Jesús. Olvidaban los cimientos de su propio país.

—No olviden lo que sucedió aquí hace más de dos siglos —dijo—. No olviden esa declaración que decía que todos los hombres y todas las mujeres fueron creados iguales.

A la mañana siguiente, David y yo nos asomamos por su ventana y observamos multitudes de fieles, niños que caminaban con sus padres, con letreros que pedían la amnistía, la reunión familiar y el fin a las deportaciones.

Salí a toda prisa y conocí a una familia mexicana que viajaba desde Carolina del Norte, cuyos integrantes aseguraban creer en los milagros y no necesariamente en votar. No tenían los "documentos legales" para votar.

Los examiné con la mirada y pensé en el potencial sin explotar que tenía frente a mí.

Cuán frágiles e indefensos estaban.

No deberían haber viajado hasta aquí, pensé. En vez de eso, deberían ponerse a ahorrar para regresar a México. Porque los deportarán.

—Nuestro hogar está en México —dijo el padre—. Sólo estamos aquí para trabajar, criar a nuestra familia, pero uno de estos años regresaremos a México.

Hay tantos católicos, tantos mexicanos, pensé —tantos que creen en los milagros—, pero pocos que de verdad hacen las pequeñas cosas, como votar, para mejorar sus vidas. Anoté sus nombres y les prometí que algún día los buscaría en su pueblo de Guanajuato.

Detrás de mí había filas de monjas que caminaban una a una, sus manos en forma de cruz. Me detuve y las miré a detalle, con la esperanza de que la hermana Guadalupe de alguna forma hubiera conseguido un pase libre del cielo ese día para regresar a la Tierra. La extrañaba tanto y deseaba que siguiera entre nosotros, al menos este día.

23

Treinta aniversario, la celebración

El taxi amarillo se orilló junto a la acera empapada por la lluvia en la plaza Rittenhouse de Filadelfia. Me incliné muy cerca de la ventana y miré los árboles sin hojas, aún atormentado por los recuerdos de mis antiguos terrenos.

Estaba tan perdido en mis propios pensamientos que olvidé la presencia del taxista, quien ahora giraba la cabeza para asegurarse de que su pasajero sabía lo que hacía. Ya había cambiado mi ruta y le pedí que me dejara en la esquina de la plaza. Me dijo que éste era el primer día frío en el año y que mi destino, Tequilas, todavía estaba a dos cuadras de distancia.

Caía una lluvia helada y yo no traía paraguas. El conductor parecía más preocupado que molesto ante mi insistencia de dejarme allí. Abrí la puerta y de inmediato sentí el frío y la lluvia, pequeños recordatorios del clima al que me enfrenté en este lugar hace tantos años.

—Déjame llevarte hasta la puerta, hermano —ofreció el taxista.

—No, gracias —dije, y luego pagué la tarifa—. Caminaré a partir de aquí.

La verdad era que necesitaba estar aquí, en esta plaza, en este momento.

Tenía un apego romántico al parque con sus árboles imponentes, sus veredas curveadas y sus coloridos restaurantes y condominios que bordeaban las calles circundantes. Extrañaba esas caminatas nocturnas, silenciosas y relajantes, cuando el cielo adoptaba un color gris cuáquero.

Había otra razón por la cual no me importaba tener que arrastrar mi equipaje de mano color negro durante varias cuadras bajo la

lluvia: me sentía nostálgico y quería saborear la caminata hacia Tequilas por mi cuenta, recordar la primera vez que encontré el lugar,
Filadelfia, mi refugio de cualquier tormenta. Esta plaza también era
el sitio donde a lo largo de los años venía a pensar y a maravillarme
ante la anticuada belleza y la historia de la ciudad.

Jalé mi blazer por encima de mi cabeza y caminé contra la lluvia.

Si en algún momento necesité de la amistad, de Tequilas, de un
poco de amor cuáquero, era ahora.

Rodé mi equipaje de mano por viejos y nuevos monumentos a
través de la calle Walnut y me crucé hacia la calle Locust, reanimado
por los recuerdos de Le Bec-Fin, que ya no se encontraba aquí, pues
fue víctima del envejecimiento demográfico que condenó al original
a un estatus de reliquia. En este momento me dirigía a Los Catrines
Restaurant and Tequilas Bar, Tequilas para mí, ahora uno de los restaurantes más viejos en Central City y parte de la dinastía de comida
mexicana que se duplicó desde la década de 1990.

Era 29 de septiembre de 2016, el treinta aniversario de la inauguración de Tequilas.

Yo quería recordar qué se sentía ser un reportero de regreso en
Filadelfia, sobre todo cuando ya no me sentía como tal, y esa ausencia creaba un profundo vacío dentro de mí. Aún estaba en duelo
por la pérdida de Juan Gabriel. Algunas semanas antes manejaba de
un lado al otro de las calles Locust y Walnut, tan sólo unos minutos
después del anuncio de su muerte, mientras escuchaba su versión de
la canción "Have You Ever Seen the Rain" de Creedence Clearwater
Revival a todo volumen, y conducía sin rumbo.

—¿Es Creedence Clearwater Revival? —me preguntó un músico en la esquina de Walnut y 12.

Negué con la cabeza.

—¿Fogerty? —preguntó de nuevo, cada vez más perplejo por
el sonido.

—No, es Juan Gabriel —dije.

—¿Quién?

—Juan Gabriel. Era un cantante mexicano cuya música no conocía fronteras. Falleció hoy.

Me despedí de él y sonreí. Era la única canción estadounidense que Juan Gabriel cantó en su vida, al menos hasta donde
yo recordaba. Claro que lo hizo en español. Manejé durante más

tiempo y busqué "Para qué me haces llorar" en mi teléfono inteligente.

De camino a Tequilas me encontré a varios mexicanos de Puebla: meseros y lavaplatos a quienes conocí a lo largo de los años en Filadelfia. Sólo los conocía por sus apodos. Uno de ellos era *el Gordo*, un mesero veterano de Puebla. Tantos poblanos vivían en Filadelfia que sus amigos y él organizaban el festival anual "Puebladelfia", un desfile para celebrar el 5 de mayo en un viejo mercado italiano y para promover las tradiciones mexicanas entre las generaciones más jóvenes.

—¿Nos vas a acompañar este año? —preguntó *el Gordo*.

—Cuenta con ello —dije, y reanudé el paso.

Otro mesero era *el Rojo*. Aún portaba las cicatrices emocionales de un viaje traumático hacia el norte: caminó durante días por el desierto de Arizona y luego estuvo encerrado casi cuatro horas en la cajuela de un auto con otros cinco o seis hombres entre Nogales y Phoenix, en pleno verano caluroso. Una vez que llegó a Phoenix, pasó los siguientes tres días en la celda de un coyote, a la espera de sus documentos —no sabía si falsos o prestados— y un boleto de avión a Filadelfia para reunirse con sus amigos de San Mateo. Ellos le prestaron los tres mil quinientos dólares, dinero que más adelante les pagaría.

Su historia era la norma. Éstos eran los hijos y las hijas rebeldes de México —meseros, lavaplatos, cocineros a lo largo de California y Nueva Jersey—, quienes se volverían adultos de la noche a la mañana y que sólo podían soñar con alguna vez volver a ver a sus padres o caminar por las calles de su ciudad natal.

—¿Qué es lo que recuerdas? —le pregunté.

—No era más que un niño —dijo el Rojo—. En realidad no sabía lo que pasaría. Pensé que nunca lograría atravesar el desierto, mucho menos en la cajuela de un coche.

Desvió la mirada y contempló a la distancia. Conocía al Rojo desde hacía casi diez años, cuando aún era capaz de asombrarse y tenía una sonrisa fácil. De complexión pequeña y cabello rizado, ahora estaba un poco rechoncho, el brillo de sus ojos se había opacado y su rostro parecía agotado y algo pálido.

En un principio vino en busca de aventuras, para juntar algo de dinero y regresar a casa. Con mucho entusiasmo y ganas de trabajar duro, aunque ahora ya no estaba tan seguro.

—A veces no sé en dónde está mi hogar —dijo en voz baja—.
A veces, cuando camino por Filadelfia, cierro los ojos e imagino que
estoy de vuelta en San Mateo y es fácil porque muchos de mis amigos
están aquí. Así es como sobrevivo el día a día.

No tiene planes de regresar a México. Quizá mañana, pero ahora no.

—Me siento nostálgico —dijo—. Extraño a mi familia, mi pueblo. Sin embargo, no puedo imaginar lo que sería ganar tres o cuatro
dólares al día y depender del tipo de cambio entre el peso y el dólar.
Ése era el salario promedio diario en México. Más de treinta años
después del TLCAN, los salarios mexicanos permanecían casi iguales.

Me acerqué a Tequilas. Afuera de la casa construida con piedra
caliza, cuatro meseros trepados en varias escaleras le daban los últimos retoques a un letrero de aniversario que decía: "Nos sentimos
honrados de haber tenido la oportunidad de servirles durante treinta
años. Acompáñennos a celebrar el pasado, el presente y a continuar
hacia el futuro".

Treinta años. Tequilas sobrevivió, prosperó y superó tres generaciones, desde los *boomers* hasta la generación *X*, los *millennials* y
ahora apuntaba a la generación *Z*. Por encima del edificio, una bandera estadounidense y otra mexicana se agitaban en la brisa lluviosa.
Un letrero colgaba debajo de las banderas: "Tequilas, Alta Cocina,
Est. 1986".

Muy apropiado, pensé.

En estos momentos de incertidumbre, en una era nativista, Tequilas era un recordatorio del espíritu inclusivo de Billy Penn.

El logro de David no llegó sin momentos agridulces para todos
en ambos lados de la frontera. Efrén, el primer poblano en Filadelfia,
murió. La nostalgia se apoderó de él y comenzó a beber de forma
desenfrenada. Después de algunos años de vivir en Estados Unidos,
su hígado le falló. Lo enterraron en San Mateo.

Pensé en Efrén cuando empujé la puerta principal de Tequilas,
donde las tenues luces denotaban calidez y casi podía saborear el pastel de mousse de chocolate, oler el chile habanero y sentir la quema-
zón del tequila blanco en mi garganta mientras arrastraba mi equipaje
de mano a través de la puerta.

Busqué a David y noté que se apresuraba detrás de la barra y las
sillas, mientras les mostraba a los clientes sus asientos y les decía cuán
feliz estaba de servirles. Sonreí al ver su última interacción y recordé

a Ken. Alguna vez me dijo que Tequilas era el lugar que nos permitiría aferrarnos a nuestra parte latina que poco a poco se erosionaba. Afuera, la gente caminaba cabizbaja contra el clima y luchaba contra una lluvia renovada. Entre ellos divisé a Ken. Estaba pegado a su celular y buscaba un lugar dónde estacionarse. Me sentí aliviado al ver que nos acompañaría. La brecha entre David y él parecía permanente, pero se aseguró de estar aquí esta noche. Nada volvió a ser igual entre ellos. Mientras no habláramos sobre el trato que salió mal, estaríamos bien.

Escuché la voz de David, con su marcado acento mexicano aún intacto, interrumpir mi inspección de los murales.

—Buenas tardes, señor. ¿Mesa para uno o le gustaría sentarse en la barra?

—No mames, güey —le respondí—. ¿Qué pedo, güey? Soy yo, cabrón.

David se rio. Por supuesto que sabía que era yo y sólo lo hacía por chingar.

—Güey —dijo, para burlarse de los años y las tonalidades de gris visibles en mi cabello—. No te reconocí. Veo que envejeces bien y que incluso te vuelves más sabio. Pero, aun así, llegas dos horas tarde.

Él estaba aún más canoso y casi no tenía pelo; hasta su bigote color sal y pimienta se veía más delgado. No obstante, portaba ese bigote con distinción. Queríamos creer que teníamos más encanto para compensar nuestra apariencia en declive. Aún podía hacerme confesar asuntos del corazón con tan sólo una sonrisa astuta.

David me dio una copa no solicitada de tequila Siembra Azul Blanco, ahora disponible por toda la costa este y desde Texas o Illinois hasta California e incluso Australia. En su treinta aniversario, Tequilas lanzaba su más reciente tequila: Siembra Valles Ancestral. Los licores Siembra ya no se limitaban a las tierras altas de Jalisco, sino también a las tierras bajas, una zona denominada "El Valle del Tequila". Ahora también producía mezcal, Métl, con lo que reunió a la familia de los licores de agave. Por mucho tiempo perdido bajo la sombra del tequila, durante siglos el mezcal fue mal visto por la sociedad, incluso más que el tequila, pues era considerado una bebida de los campesinos mexicanos.

David creó el Tequila Interchange Project (TIP) con un grupo de bartenders y académicos a nivel nacional, a fin de negociar con la industria para promover la sostenibilidad y las mejores prácticas e incrementar el conocimiento de los consumidores con respecto al proceso de elaboración del tequila y el mezcal. El objetivo era hacer lo imposible: reescribir su narrativa y contar la verdadera historia. Con el mezcal tenían una oportunidad. Llevó a los miembros del TIP de viaje a Jalisco, Oaxaca y Michoacán, y les contó la historia. Hasta hacía muy poco, el contacto del mezcal con el mundo exterior podía describirse como nefario. Por mucho tiempo, quienes visitaban México lo veían como un recuerdito kitsch: una bebida con un gusano dentro, del tipo que escondías en la alacena de la cocina después de unas vacaciones en la playa. No obstante, el mezcal era una bebida mucho más sofisticada que el tequila, les dijo.

No estaba de acuerdo con esto, pero, ¿qué sabía yo?

El socio comercial más reciente de David era la familia de don Emilio Vieyra, un antiguo bracero, y su hijo Emilio Jr., quien nació en Houston y ahora vivía en Michoacán. Durante años, la familia vendió mezcal de contrabando. Ahora que el apetito estadounidense despegaba, la familia se asoció con David. En 2016 las exportaciones de mezcal se triplicaron para alcanzar los dos millones de litros, con 63 por ciento de esas exportaciones destinado a Estados Unidos.

—Deberías probar el mezcal —insistió.

—Me gusta mi tequilita. Es mucho más suave.

—Alfredo, ¿cuántas putas veces tengo que repetirlo?

Mierda, pensé, lo hice de nuevo. David, como Primo, rara vez utilizaba ese lenguaje.

—No me gusta que uses esas palabras tan estúpidas, "más suave". No existe tal cosa como un tequila suave. Lo único que haces es degradar la integridad de un licor que está lleno de sabores y aromas complejos extraídos del suelo, del corazón de la tierra divina de México. Los agaves pueden pasar hasta una década expuestos a los elementos, absorber los nutrientes, los sabores, recibir la energía del sol.

Rayos, aquí viene: la historia de los murciélagos.

—Las plantas de agave han evolucionado durante millones de años en coexistencia con uno de los polinizadores más efectivos del mundo: los murciélagos —dijo—. Sí, escuchaste bien, los murciélagos.

Durante los últimos veinte años, David trabajó en un proyecto sobre murciélagos con Rodrigo Medellín, quien es considerado el mayor experto en la conservación de estos animales a nivel mundial.

—Este tequila es auténtico, el mero mole. No es suave —dijo, mientras le daba un buen trago—. Al carajo con eso.

Algunas veces, como esta noche, sentía nostalgia por el viejo lugar, aquella época en la que David no sermoneaba tanto y yo aún podía decir estupideces. El Tequilas original ahora era un pub irlandés. Extrañaba la bienvenida del altar a la virgen de Guadalupe y las fotos de los líderes revolucionarios de izquierda.

El nuevo lugar aún conservaba el espíritu del anterior, en los murales que representaban un mensaje de izquierda, anticapitalista y antiglobalización. Pero era demasiado sofisticado para mí, tan grandioso y elegante que era necesario estudiar las pinturas para captar su significado. La obra de arte del nieto de Orozco cautivaba a los comensales cada noche, aunque, como me sucedió años antes, pocos entendían las sutilezas políticas.

Las calaveras en las paredes de Tequilas eran caricaturas de la Revolución mexicana que bailaban, despotricaban, deliraban —una perversa sátira política y cultural—. El estilo revelaba el desdén que David sentía por la élite política de México, la corrupción dentro de un gobierno insidioso y las luchas de la clase trabajadora.

El mural proyectaba esas imágenes tradicionales y otras: mexicanos que marchaban hacia el norte en busca de una mejor vida, un nuevo comienzo; neoliberales en limosinas que hipotecaban el futuro del país y lo que restaba de su soberanía con la firma del TLCAN; dos expresidentes, el mexicano Carlos Salinas de Gortari y el estadounidense George H. W. Bush, que arrojaban a los pobres a los buitres del capitalismo. Otra pared mostraba una iglesia con san Miguel, quien pisaba la garganta de una serpiente emplumada, el dios precolombino conocido como Quetzalcóatl. En otras palabras, era un reclamo al catolicismo por destruir las religiones precolombinas.

Me senté en la barra y contemplé los murales mientras esperaba a Ken. De pronto vi a Luis Tuz, uno de mis meseros favoritos, y lo esperé animado. Luis era un artista de origen maya y un antiguo trapecista de circo en Yucatán. Por lo general, silenciaba el lugar con estilo. Caminaba de forma casual por las mesas con una charola de margaritas sobre su cabeza. Con un giro sutil de la cabeza, hacía que las margaritas dieran vueltas y vueltas. Los clientes aplaudían. Luis giraba otra vez. Y otra. Y otra. Amaba la atención y aceptaba los aplausos con una sonrisa.

Para el estándar mexicano, Luis nació en una hacienda acaudalada en Yucatán, con sirvientas y trabajadores en las instalaciones. Su padre era un terrateniente que se ganaba la vida con la venta de semillas de calabaza y la cría de gallinas, pavos y conejos. Todos los días, los trabajadores secaban chiles, maíz, frijoles y calabaza para extraer sus semillas. Por las noches, a medida que el sol se metía, las vendedoras —pues todas eran mujeres— llegaban para comprar bolsas y venderlas en el mercado al aire libre al día siguiente. A pesar de la rentabilidad del negocio, Luis sentía curiosidad por el mundo. Se unió a un circo que era propiedad de un amigo de la familia y viajó a lo largo de Latinoamérica. Entre cada temporada trabajaba como mesero en Cancún junto a su amigo Óscar Serrano, oriundo de Chiapas, donde se familiarizó con los hábitos de los estadounidenses y aprendió suficiente inglés como para arreglárselas por su cuenta. Como un cazatalentos consumado, David supo por su antiguo jefe en Cancún que Óscar tenía una gran ética laboral. Óscar estaba casado con una mujer de Filadelfia, lo que facilitaba el reclutamiento de David. Desde que llegó a Tequilas, David admiró su liderazgo y encontró similitudes en su educación chapada a la antigua, su creencia de que el cliente siempre era primero. Le caía tan bien que más tarde lo ascendió al puesto de director general, su mano derecha, mientras David le dedicaba más tiempo a sus licores Siembra.

Luis recordó que Óscar lo llamó un día para decirle:

—¿Quieres trabajar en Filadelfia? Podríamos utilizar tu talento aquí.

—Sí —dijo Luis—, pero no quiero irme ilegalmente.

A los siete años, una serpiente lo mordió en la oreja izquierda y le dejó un bulto que requirió de cirugía plástica para removerlo. Ya le habían operado la nariz luego de que su hermano se la rebanara por accidente con un machete. Aún tenía cicatrices. Ahora temía una muerte agonizante, atrapado dentro de la cajuela de un auto o un sobrecalentado camión de dieciocho ruedas. No había manera.

Luis tenía un trabajo en Cancún. Podía darse el lujo de esperar.

Durante tres años esperó una visa de trabajo que Tequilas pagó y patrocinó. Llegó a Filadelfia tres meses antes del 11 de septiembre.

Extrañaba tanto su hogar que gastó miles de dólares para trasladar a su propia familia, que incluía a su esposa, cuñada, hermano y sobrino, para que se le unieran en Filadelfia.

Como la mayoría de los migrantes, no esperó a que Estados Unidos acogiera a su familia. Con la fortuna de vivir en Filadelfia, los llevó a los monumentos nacionales, les compró un diccionario español-inglés y fue su guía de turistas en las raras ocasiones en que tenía días libres.

Durante los fines de semana madrugaba para ir a trabajar con su cuñada en un carrito de comida, cuya especialidad eran los tacos de barbacoa. Su cuñada, experta en barbacoa, era la dueña del negocio junto con su esposo, Benjamin Miller. El puesto de comida atrajo a muchos seguidores y se volvió de culto entre sus clientes, quienes viajaban desde lugares lejanos del país como Connecticut, Nueva Jersey, Delaware y los alrededores de Filadelfia. Incluso en pleno invierno, algunos clientes que portaban camisetas, gorros y bufandas de las Águilas de Filadelfia se formaban para comprar un taco. La humilde operación fue tan exitosa que la familia pronto abrió un restaurante y recibió aún más atención. La revista *Bon Appétit* nombró a South Philly Barbacoa como el sexto mejor restaurante en Estados Unidos en 2016.

—Todos estamos muy orgullosos del reconocimiento —dijo—. No fue fácil. Pero este lugar —señaló los murales que yo observaba hacía algunos momentos— ha puesto el ejemplo. Ha puesto la vara muy alta.

Filadelfia era tan buena con él que ahora ahorraba para comprar propiedades al sur de la ciudad, cerca de las cinco cuadras ocupadas por el mercado italiano, por mucho tiempo el imán para conseguir productos frescos y restaurantes con sabor a Italia, ahora dominado por locales de comida asiática y mexicana. En la calle 9 los más recientes emprendedores vendían pizza rellena de salsa de mole y picadillo. El lugar no estaba lejos de Geno's Steaks, cuyo dueño alguna vez amenazó con negarle la entrada a cualquiera que no hablara inglés. El letrero que decía: "Esto es Estados Unidos. Cuando pida algo, 'hágalo en inglés' ": fue lo único que sobrevivió a su muerte.

Ken por fin entró al bar y David y yo le hicimos señas para que se acercara. El bartender, Vincent Martínez, o Vinny, le dio la bienvenida con una copa de vino. Ken puso una cara valiente. Su ambición política de toda una vida terminó de forma prematura y el estrés de dirigir una campaña por la alcaldía tuvo sus consecuencias. Fue una experiencia dura, pero entendible. Tuvo que abandonar la campaña para cuidar a su madre enferma. Según reportó *The Philadelphia Inquirer*, Ken dedicó dos años a la planeación de su campaña a la alcaldía. Su candidatura era una anomalía. Un latino que contrató al director de campaña de Bill de Blasio, el alcalde de Nueva York, y un antiguo fiscal federal que exigía que la policía portara cámaras corporales… Ken no podía ser encasillado con facilidad.

Por otro lado, a veces parecía ser alguien que pertenecía al círculo interno de Estados Unidos, pero que en realidad no conectaba con nadie, según me dijeron algunos estrategas políticos. ¿Acaso superó tanto sus raíces pobres de la clase trabajadora? *The Philadelphia Business Journal* lo promovía como el candidato empresarial y, al mismo tiempo, los diarios alababan su plataforma progresista.

Ken no veía la ironía de todo esto.

Su visión era que te podía ir bien y que podías hacer el bien. De hecho, si te iba bien, más te valía hacer el bien. Ken era un candidato primerizo que sorprendía a la gente con sus seguidores, como el gobernador Ed Rendell, quien le ayudaba a recaudar más dinero para su postulación que cualquier otro candidato y a robustecer las arcas de su campaña.

Cinco meses antes de la elección primaria, parecía que su campaña podía despegar. A final de cuentas, toda una vida de ambición política terminó de forma prematura.

Pasó gran parte de los siguientes meses al cuidado de su madre enferma en su casa de Colorado. Eileen Trujillo fue diagnosticada con cáncer renal y dentro de poco moriría. Al final, vivió casi un año con Ken, Laura y Maya mientras se sometía a la quimioterapia y algunas cirugías en la Universidad de Pensilvania.

Ken también luchaba contra la diabetes desde hacía mucho tiempo y era muy cuidadoso con todo lo que comía y bebía. La diabetes se llevó a su padre de forma anticipada y él juró que vencería la enfermedad que tanto aqueja a los hispanos.

Lo miré mientras se abría camino entre la multitud y luego lo abracé.

—Me da gusto que hayas venido —dije.

—No me lo hubiera perdido por nada del mundo —respondió.

David nos pidió una ronda de bebidas para iniciar la noche.

Un servidor, David, Ken, Hillary, Dick, John Carlano —la gente de *Ésta-es-la-noche* en Guadalajara— todos llegaron. Raúl García, uno de los pioneros mexicanos en 1972; Steve Larson, un médico que fundó Puentes de Salud, una organización que durante tres décadas brindó servicios de salud para los inmigrantes. Todos estaban allí, excepto Primo.

Nadie sabía nada de Primo desde hacía varios meses, desde que nos dijo que le prohibieron volver a pisar Estados Unidos. Primo puso toda su fe en el cambio en México —un cambio que se dio lenta y dolorosamente y que por desgracia fue incompleto—. Tenía tanta confianza en el futuro de México que un día fue a la embajada de Estados Unidos para devolver su *green card*. Los oficiales estadounidenses estaban anonadados: no podían entender por qué tomaría una medida tan drástica.

¿Qué no estaba ahí para renovar su *green card*?

Primo insistió en que ya no la necesitaría, pues tenía más de sesenta años y no pensaba regresar a vivir en los Estados Unidos. Uno de los agentes lo miró y le dijo:

—¿Sabe, señor Rodríguez? La gente muere para conseguir esta *green card*, ¿y usted quiere devolvérnosla?

—Lo sé. Yo dirigí un programa sobre la frontera sur estadounidense donde han muerto miles de migrantes.

Luego agregaron:

—Señor, por no haber tenido *green card* le daremos una visa de Estados Unidos. ¿Lo sabe, verdad?

Al final Primo les dijo que estaba ahí para mandar un mensaje: quería ser una minoría dentro de una minoría —aquellos que devolvían sus *green cards*—. Salió de ahí satisfecho de haber recibido algo de atención, sobre todo cuando les mostró que también existía un sueño mexicano.

Algunas semanas después, Primo regresó a la embajada y esta vez, en un tono más humilde, solicitó una visa para viajar a Estados Unidos. Se dio cuenta de que el México que en realidad anhelaba se encontraba al norte, no sólo al sur de la frontera.

Pero Primo también formaba parte de otra minoría especial en el campo de los medios. Durante la campaña presidencial de 1994, junto con Ulises Beltrán, su amigo en la Universidad de Chicago, fueron los protagonistas de un reportaje en primera plana —con todo y sus fotografías— en *The Wall Street Journal* sobre el cambio democrático en México. Años después, Primo ganó la "Frase del día" en *The New York Times*. "Es fantástico. Es lo mejor que puede pasarles a los migrantes y a México", dijo en referencia a la promesa del presidente George W. Bush de extender el muro en la frontera entre Estados Unidos y México. Para darle un poco de contexto a ese comentario, Primo le explicó a Ginger Thompson, la corresponsal del *Times*, que una frontera semicerrada provocaba "niveles sin precedentes de muerte, abuso y crimen organizado" y exacerbaba la explotación de los migrantes indocumentados. A pesar de las explicaciones, algunos activistas migrantes lo criticaron por haber dicho algo así sobre el muro estadounidense.

Había otro problema que complicaba la vida de Primo. Sucumbió ante su teoría sobre la interferencia extranjera y escribió una columna para el influyente periódico de izquierda de México, *La Jornada*, donde denunciaba que el gobierno norteamericano, a través de la controvertida Fundación Nacional para la Democracia (NED), financiaba y manipulaba a importantes ONG, particularmente a la llamada Alianza Cívica. Señaló directamente a la cabeza de la organización, su amigo universitario Sergio Aguayo, quien se convirtió entre los más grandes promotores de la democracia. Aguayo no se cruzó de brazos ante esta crítica. Lo demandó por difamación en una corte mexicana y ganó. Primo recibió la orden de pagarle cuatrocientos mil pesos, una fortuna que no tenía. Al final, Aguayo sospechaba que Primo era un hombre amargado que nunca tuvo el éxito que creyó en México. Primo hizo caso omiso a la crítica de Aguayo y argumentó que la demanda estaba basada en una mentira. No obstante, terminó por pagarle a Aguayo con un préstamo de su hermano.

La batalla legal aún persigue a Primo y como terco que es, Primo ha seguido criticando a la NED y a ONG mexicanas de derechos humanos que reciben ayuda financiera. En los últimos años una de las prioridades de Primo ha sido demandar, junto con activistas de California e Illinois, el fin a lo que ellos llaman la devastadora e inútil guerra contra las drogas y la migración indocumentada que financia Washington a través de la Iniciativa Mérida.

Éste era un tema sensible, uno del que hablábamos muy poco, sobre todo en esta noche de celebración.

—Salud —dijo por teléfono—. Adelante, jóvenes y galanes. Por otros treinta años.

Alzamos nuestras copas.

Caminamos y entramos en un cuarto trasero de Tequilas, lo bastante grande como para acomodar a la gran multitud que se presentó y que no parecía tener ninguna prisa por irse. Era una mezcla ecléctica, con los abogados, contadores y doctores parados junto a los inmigrantes, algunos sin papeles. Todos estaban felices de presenciar un hito. David se puso de pie y agradeció a la multitud. Uno a uno, los clientes contaron historias sobre su primera vez en Tequilas y por qué seguían yendo allí para festejar aniversarios o cumpleaños o sólo para saludar a David. David le dio las gracias a su familia y presentó a las nuevas generaciones, Dave y Luca, su nieto. Guardó unas palabras de elogio para Ken: sin él, no podríamos disfrutar de esta velada en el edificio de las calles 16 y Locust. Ken no esperaba estas palabras de aprecio.

—David fue muy gentil —dijo después—. Demostró mucha clase.

Más tarde David se acercó a nosotros y nos dio un largo abrazo. Por un momento, las viejas heridas sanaron, aunque la ausencia de Primo hacía que la noche se sintiera incompleta, una página en blanco en una amistad que ahora abarcaba casi treinta años.

24

El legado de Arcadio

Intentábamos ganarle al atardecer mientras conducíamos a través del desierto. Las sombras avanzaban sobre las laderas de las montañas, cuyo verdor sugería una buena temporada de lluvias. Los ríos se notaban plenos. Los árboles, ocotillos, se veían verdes. Erguidos. Manejaba con mis padres y mi hermano hacia San Luis de Cordero. Yedsmin, la esposa mexicana de Juan, también nos acompañaba. Él no había vuelto en años. De hecho, no podía recordar la última vez que visitó el lugar. Mi madre pensó que traerlo al pueblo para celebrar el Día de Muertos sería algo bueno para Juan, lo haría revivir viejos recuerdos, lo ayudaría a entender de dónde venía y qué tan lejos había llegado.

Juan, que era contador, disfrutaba del paseo, aunque se cubría el rostro con la mano para tapar la luz del sol abrasador que se filtraba por la ventana. A él también le preocupaba que atardeciera en medio de un paisaje vasto y solitario que nos hacía sentir mucho más vulnerables ante la inminente llegada de la oscuridad. Con El Chapo en la cárcel y el orden que alguna vez presidió el caos, los chapitos ahora corrían como locos por todos lados, extorsionaban a la gente y pedían dinero para protegerse sin repercusiones de los superiores. En un país con instituciones judiciales débiles, a veces el mejor hombre de leyes es el mismo criminal, pero El Chapo estaba tras las rejas en una prisión federal de Ciudad Juárez. Pasamos a toda prisa por ahí algunas horas antes.

Por el momento, mis padres tenían cosas más importantes de las cuales preocuparse. Éste era el momento perfecto para alejar a mis padres del tóxico ambiente político que los mantenía despiertos y pegados al televisor por las noches. A medida que nos acercábamos a nuestro lugar de nacimiento, noté que el estado de ánimo de mis padres cambió: se preguntaban si dejar México fue lo correcto.

—¿Valió la pena? —preguntó mi madre.

Después de tantos años, ahora cuestionaban su propio sacrificio. Yo minimicé sus preocupaciones y le subí el volumen a la canción que teníamos puesta en el auto: "Siempre en mi mente", de Juan Gabriel. La música de Juan Gabriel siempre lograba ponernos de buenas. Pero no esta tarde.

Los escándalos que siguieron a raíz de la muerte de Juan Gabriel, sobre todo aquellos en torno que engendró varios hijos que supuestamente se rehusó a reconocer y que abandonó sin ningún tipo de protección, irritaron a mi madre. Cayó de su gracia. Quité a Juan Gabriel y puse unos boleros de Javier Solís. Sin embargo, mi madre comenzó a hablar por encima de la música.

No tuve más remedio que enfrentarme a sus inseguridades y preguntas.

Verán, ésta no fue la primera opción de mi madre. O la segunda, o la tercera. Convertirnos en migrantes y mudarnos a Estados Unidos implicó más que abandonar todo lo que conocía, porque dejar México también significó traicionar a su padre, Arcadio.

Mi madre tenía tan sólo once años cuando la prolongada sequía en San Luis de Cordero, Durango, descarriló todo. La sequía duró tanto tiempo que la gente local ni siquiera recordaba con exactitud cuándo empezó: en 1950, 1951 o algún tiempo después. Pero recordaban las oscuras nubes que casi rozaban la tierra y se arremolinaban como por arte de magia, llenas de promesas que no cumplían. Las nubes amenazaban con liberar su lluvia, lo que desataba un frenesí de esperanza y oración entre las familias que vivían en las granjas y los ranchos aledaños, para luego desaparecer, dejándolos decepcionados, pateando el polvo y reflexionando sobre su futuro.

Las tierras cultivables se transformaron en un desierto que parecía extenderse hasta el infinito. Los ríos se convirtieron en polvo. El ganado tenía problemas para alimentarse. Arcadio Jiménez se preocupaba por más o menos unas cien cabezas de ganado que forrajeaban entre San Luis de Cordero y Piedras. Se morían de hambre, pues carecían de lugares para pastar. Estaba tan desesperado por alimentarlos que se dio a la tarea de atarse un tanque de gasolina alrededor de la cintura y rociar su contenido sobre los nopales que existían en el terreno para quemar las espinas —como lo hace un chef cuando prepara *crème brûlée*— y hacerlas comestibles para su ganado. Un día a media mañana, la manguera se rompió y lo empapó de gasolina tan rápido que comenzó a incendiarse. Su hijo de trece años, Chey, vio cómo su padre gritaba de angustia. El adolescente asustado le echó tierra encima para apagar las llamas. Luego se lo llevaron a casa en un burro. Arcadio puso buena cara y ordenó a sus hijos que dejaran de llorar mientras bebía sotol y tequila para aliviar el dolor. De allí a una clínica en Gómez Palacio a más de ciento sesenta kilómetros de distancia. Pero las quemaduras de Arcadio eran tan terribles que los doctores le dijeron que se fuera a casa y muriera con su familia. Murió un día después, a una hora de llegar a su casa. Una banda asistió a su funeral y tocó su vals favorito, "Recuerdo", mientras lo enterraban junto a su madre. Su hija mayor, Herlinda, lideró la procesión fúnebre.

—Aquí viene Arcadio Jiménez —gritó, mientras las lágrimas le rodaban por las mejillas.

Yo nací en el cumpleaños de mi abuelo. Debí haber llevado su nombre, Alfredo Arcadio, pero la familia prefirió Alfredo a secas —era más moderno y un recordatorio menos de esos oscuros días que sellaron nuestro destino—. Mi abuelo era un hombre fornido de cabello rubio, tez clara, ojos verdes, barba partida y bigote poblado. Irradiaba seguridad, con un profundo orgullo nacionalista y una creencia inquebrantable en la Revolución mexicana. Dos de sus hermanos, Manuel y José, pelearon junto a Pancho Villa, quien se decía enterró muchos tesoros en el área. Al día de hoy, la gente local no ha desistido en su búsqueda.

Su muerte cambió todo y el destino de todos. La lección que Arcadio quiso darles a sus tres hijos e hijas durante toda su vida fue probada.

Nunca se vayan a Estados Unidos, les decía. Ningún programa de trabajadores invitados era suficientemente bueno para ellos. Ningún trabajo que les prometieran al norte del Río Bravo les daría satisfacción. Estados Unidos hace que trabajes hasta la muerte y luego te deporta cuando ya no te necesita. Ningún poderoso dólar valía tanto como para separar a la familia. Quizá seamos pobres, decía a sus hijos, pero siempre nos alcanzará la comida. Si se esfuerzan lo suficiente, México proveerá. México tenía oportunidades ilimitadas. Estados Unidos estaba por debajo de su dignidad. México era su hogar.

Con su muerte llegó la cruda realidad.

—Él era todo —decía mi mamá— y nosotros lo éramos todo para él. Cuando murió, nos quedamos solos para enfrentar la sequía y la pobreza. Mi madre, Herlinda, se dedicó a vender pan, ladrillos y dulces que hacían a mano en casa. Intentó irse a Estados Unidos pero no pudo pasar. Finalmente, aceptó un trabajo como criada para una familia clase media en Gómez Palacio y vendía marranitos durante los fines de semana en San Luis de Cordero. Mis tíos se hicieron cargo del negocio de ganado, pero la sequía también los derrotó. Con el tiempo, comenzaría el éxodo hacia el norte.

Esperanza y Hermila, las hijas de Arcadio y mis tías, fueron las pioneras. A Esperanza se la "robó" Antonio, su novio en ese entonces, un bracero que la atrajo a Ciudad Juárez, donde se casaron. Luego se dirigieron hacia los campos de California. Ella tenía tan sólo diecisiete años y extrañaba tanto su hogar que instó a su hermana más chica, Hermila, a que la acompañara. Hermila dejó su trabajo como ama de casa en El Paso y con la ayuda de una visa de estudiante se dirigió hacia Dos Palos, California, para unírsele a Esperanza. Planeaba reconfortar a su hermana mayor y regresar a casa. Pero una vez en California, conoció a su futuro esposo, Jesse, el veterano de la guerra de Vietnam convertido en contratista de trabajo y el primer mexicoamericano en casarse con un miembro de la familia. Luego comenzó a trabajar en el negocio con su esposo, donde reclutaba a trabajadores de México, en especial de su ciudad natal. Esperanza y Antonio también lo hicieron. Juntas, las hermanas siguieron los campos y contribuyeron a vaciar San Luis de Cordero.

La resistencia de mi madre terminó cuando su primera hija, Lupita, con tan sólo dos años de edad, se ahogó un día antes de la primavera de 1964. Mamá estaba inconsolable. El duelo por la muerte de su padre continuaba y luego perdió a su única hija. Herlinda tenía una voz que todo el pueblo recordaba; con las tragedias, dejó de cantar. Ahora ansiaba un nuevo comienzo, una oportunidad de reunirse con su marido ausente, Juan Pablo, quien también era bracero. Era el tipo de hombre contra el que peleaba mi abuelo: el traidor que no le daba una oportunidad a México. Sin embargo, los dólares que mi padre ganaba y que enviaba a casa nos daban una buena vida en el pueblo —una pequeña tienda que mi madre dirigía abastecida con telas y juguetes— y siempre teníamos suficiente alimento.

—¿Hicimos lo correcto? —preguntó mi madre mientras miraba el camino frente a nosotros—. Al sacrificar todo lo que conocíamos. ¿Realmente valió la pena?

Éste era un eco de la misma pregunta que David, Ken, Primo y yo nos hicimos durante años. La pregunta que me consumió desde que me fui de El Paso hacía tantos años: ¿valió la pena el sacrificio? Nos acercábamos a nuestra ciudad natal, ahora justo por encima de las colinas. San Luis era un antiguo pueblo minero que en un inicio fue influenciado por los españoles, los franceses e incluso algunos suecos durante el auge minero a finales de 1800 y principios de 1900. Los locales que permanecieron ahí sobrevivieron gracias al cultivo del maíz y a la crianza del ganado.

Podía ver destellos de una línea de pequeñas casas con nuevas capas de pintura, en colores pastel, algunas señales de vida, aunque de todos modos estos sitios parecían pueblos fantasma. Los niños corrían de un lado al otro sobre las calles pavimentadas. Los burros se desviaban y dejaban sus cagadas por delante, mientras los vecinos los veían con desprecio y se tapaban la nariz con los dedos. Algunos se reían. Había nuevas casas en construcción, hogares que los inmigrantes que partieron hacía mucho tiempo ordenaron que se construyeran y a los cuales ahora, a medida que envejecían, querían regresar. Esta vez parecía que iba en serio.

Las cosas en el norte ya no se veían tan prometedoras. Te querían cuando eras joven, saludable, cuando tu espalda aguantaba para recoger los cultivos, lavar los trastes, hacer las camas, cuidar a los ancianos, a sus hijos. Ahora envejecían, algunos más que otros, y se sentían inquietos, pues le temían cada vez más a esta llamada nación de inmigrantes. Había más casas en construcción. A la distancia, los gallos cantaban.

Mi madre dijo que ya había tenido suficiente de los gallos. Ya había tenido suficiente de Trump, a quien comparaba con un gallo color naranja. Todos nos reímos, excepto mi padre.

Cruzamos un arroyo que en algún tiempo fue un exuberante río. Eso fue antes de que la sequía se lo llevara todo, antes de todas esas discusiones elevadas sobre el Estado de derecho, cuando México parecía tener un plan para el desarrollo económico, para crear empleos y no depender tanto del veleidoso vecino del norte. Pasamos ganado, campos de maíz. Justo del otro lado del arroyo, dijo mi madre, estaba un rancho que le pertenecía a mi padre. Criaba ganado allí. Había higueras por toda la zona. El maíz de nuestros campos se tostaba en el resplandor de la tarde, las minas nos rodeaban. A veces caían algunas gotas de lluvia. Aún tenemos una foto en la que mi tío Delfino sujetaba a sus minúsculos sobrinos —yo salgo en esa foto junto al arroyo—, mientras mi padre recogía algodón en Texas y enviaba dinero cada dos semanas, sin falta.

—En retrospectiva, todo era maravilloso —le dije a mi madre.

—Oh, lo era —respondió—. En verdad lo era. Sin duda.

Le di el beneficio de la duda.

Mi madre volteó a ver a mi padre y le volvió a hacer la pregunta para la cual quizá no había una sola respuesta, pues tenía implicaciones más profundas de las que podíamos entender en aquel momento.

—¿Valió la pena? —preguntó otra vez—. ¿Valió la pena vender nuestro hogar? ¿Renunciar a todo?

Mi padre no quería enfrentar estas preguntas contundentes. Sólo quería algo de comer.

Para darle un poco de consuelo, Juan admitió que era demasiado pronto en el viaje como para responder a tales preguntas. Quería caminar por las calles de su ciudad natal, vivir el momento antes que reflexionar al respecto. Mi madre no estaba satisfecha. Se dirigió a mí.

—Sí, mamá. Gracias a ti y a mi padre por tomar esa decisión.

Una vez más enumeré los logros de todos mis hermanos, sus hijos, nietos y bisnietos.

—Nada de eso hubiera sucedido sin ti —dije, y luego le pregunté—. ¿Valió la pena para ti?

El silencio entre nosotros se extendió como la creciente distancia, el enorme abismo entre Estados Unidos y México, la astilla de río que supuestamente debía unirnos, no separarnos con tal vastedad entre un lado y otro. No respondió de inmediato; tenía los ojos anclados en el pasado a medida que San Luis de Cordero se acercaba a nosotros.

—Nos fuimos sólo con nuestros recuerdos del pasado y la esperanza de un mejor futuro —dijo.

Me pidió que pusiera una canción de Juan Gabriel, una que hablara sobre su dolor, su nostalgia y nadie —sin importar lo que Juan

Gabriel hubiera o no hecho— podía hacerlo mejor que Juanga. Fui directo a la yugular: "Amor eterno", la versión en vivo. Nos quedamos en silencio cuando de pronto San Luis apareció frente a nosotros. Dos niños en shorts correteaban una pelota.

—Ésos eran Juan y tú —dijo— cuando eran niños, antes de que nuestras vidas fueran interrumpidas.

Volteé a ver a mi madre, tenía lágrimas en los ojos.

—¿Valió la pena, mamá? ¿Tu sacrificio?

No respondió. En vez de eso, mi padre habló por ella.

—No me gusta que la hagas llorar. Apaga esa canción. Pon algo alegre. Una canción norteña.

—No —dijo mi madre—. Quiero escuchar la canción. Freddy siempre sabe qué ponerme —luego continuó—. Cuando eres joven dejas todo atrás. Piensas que hay algo mejor allá arriba. Olvidas todo aquello en lo que creías, con lo que creciste, y no haces preguntas. Trabajas de sol a sol mientras te limpias el sudor de la frente. ¿Y para qué? Ahora estoy de regreso y me pregunto: ¿y si nos hubiéramos quedado aquí? ¿Si hubiéramos puesto todo ese sudor, todo ese esfuerzo, aquí en mi San Luis, y hecho todo lo posible por mejorarlo? En vez de eso, este lugar parece olvidado, perdido, abandonado.

Quería decirle que lo más probable era que no hubiéramos logrado mucho. Tal vez yo me hubiera vuelto comerciante y con el tiempo me hubiera visto obligado a pagar un soborno a algún grupo criminal, formar parte de la economía informal que ahora representaba más de la mitad de la economía de más de medio billón de dólares. O en el mejor escenario, podía haber ahorrado el suficiente dinero como para irme al norte y encontrar un trabajo como mesero o mozo en Filadelfia, donde las propinas eran generosas, pensé.

Pero, ¿qué caso tenía romperle más el corazón?

En vez de eso, yo también comencé a llorar y deseé poder reconfortarla.

Conduje despacio, con cuidado de no atropellar a ningún burro o chico que corriera tras una pelota. Estiré mi brazo hacia el asiento de atrás para tomarla de la mano y jugué con sus dedos, tal como lo hacía cuando era niño y probaba todos los trucos para separarme de California y regresar a estas solitarias calles, donde los chicos pateaban una pelota despreocupadamente y corrían como Juan y yo lo hicimos tantos años atrás. En ese entonces mi madre juntaba las remesas que mi padre le enviaba e iba a Gómez Palacio a comprar lino para que mi abuela paterna, mamá Rosa, pudiera coser nuevas camisas y shorts con nuestras iniciales bordadas al interior. Teníamos una muy buena vida cuando éramos niños en México. Caminábamos por las polvosas calles de San Luis de Cordero, Durango, como si nos pertenecieran.

—Ya llegamos —dije.

Pasamos por la casa de mi abuela, donde nací, a la sombra del campanario de una iglesia que mi madre alguna vez limpió.

—Nunca lo olvidamos.

—Ustedes no lo olvidarán, pero la siguiente generación sí. ¿Y a costa de qué?

Mientras se ponía el sol, llegamos a la casa del tío Toño, no muy lejos del cementerio donde mi abuelo Arcadio, junto con Nina, mamá Rosa, mi hermana Lupita y otros estaban enterrados.

UN DÍA DESPUÉS DE LLEGAR, condujimos en autos separados para visitar el restaurante del primo Toño en el pueblo de Nazas, a poco más de treinta kilómetros de distancia. Mi madre y Yedsmin se fueron en un coche con Lucy y Alfredo, la sobrina de mi madre y su esposo. Alguna vez trabajaron en California y Chicago. Mis primos iban en otro auto. Yo iba con Juan y mi padre. En ese momento pasábamos por San Juan de la Boquilla, un pequeño pueblo sin drenaje, a unos cuantos kilómetros de San Luis de Cordero.

—Ahí es donde nací —dijo mi padre.

Unos cincuenta años después de dejar esta tierra, mi padre estaba en el extraño ánimo de reflexionar, de romper su silencio. Su pasado lo había alcanzado. Estaba animado y con ganas de hablar. Dijo que soñaba con ser baterista hasta que California y los dólares fáciles se cruzaron en su camino. Tocaba casi en todas las fiestas de quince años y bodas que podía, incluso durante sus visitas periódicas a Durango. El grupo se llamaba Los Pajaritos, un quinteto compuesto por los cinco hermanos: Alfonso, Edmundo, Ardolio, Delfino, Eutemio y él, Juan Pablo. Era el mejor baterista en cualquier lado, aunque le gustaba más el ritmo de la música dance. A veces mi tío Mundo tocaba el saxofón de forma tan apasionada que mi padre dejaba la batería y sacaba a la chica más bonita a bailar, algo que enfurecía a sus hermanos, quienes necesitaban el sonido de la batería. A él le importaba un bledo. Amaba las mujeres, el alcohol y la música. Ahorró el dinero suficiente para comprarse una radiocasetera que llevaba en la parte trasera de una camioneta pick up mientras conducía con sus amigos y compañeros braceros, Chuy Banda e Isidro Borrego, escuchando música norteña —Los Alegres de Terán, Los Cadetes de Linares, Los Relámpagos del Norte— a todo volumen hasta el amanecer.

La banda se separó porque todos se fueron al norte. Con excepción de dos de sus hermanos, todos los demás trabajaron y murieron en Estados Unidos.

—Ésos probablemente fueron los días más felices de mi vida —dijo.

Le puse "Un puño de tierra" de Antonio Aguilar, una canción sobre un hombre errante que desea que sus restos sean devueltos a su tierra algún día.

Sus ojos parecían bailar. Comenzó a contar una historia. Se animó.

—Tu madre y tú piensan que llamarle gallo a ese cabrón es chistoso —dijo.

Se refería a Trump.

—No —lo corregí—. No cualquier gallo, sino un gallo color mango con cara de monstruo. Ésas son las palabras de mamá.

—A veces los gallos viejos son los animales más peligrosos e impredecibles con los que te encontrarás —explicó mi padre.

Señaló una cicatriz que tenía en la frente. El movimiento de su mano exigía atención.

Cada noche, a medida que el sol se ponía sobre las colinas mineras de La Boquilla, mi padre, quien en ese entonces tenía doce años, se encargaba de reunir a las cabras, el burro, los gallos y las gallinas de la familia. Luego tenía que asegurarse de que todas las criaturas estuvieran dentro de la jaula de alambre para protegerlos de los coyotes que rondaban por allí.

En la mañana revisaba si las gallinas habían puesto huevos y se movía con cuidado alrededor del gallo, que una vez le dio un picotazo cuando mi padre no lo veía. El gallo era viejo y necio. Cada noche se le escapaba de las manos y batía sus alas como para provocarlo. Por lo general mi padre dejaba ir al gallo y esperaba a que éste regresara con sus gallinas. Una tarde el gallo no regresó. Mi padre, cansado de esperar, se fue para pasar el rato con sus amigos e hizo lo que los chicos hacían en ese entonces: lanzar piedras, chiflarles a las chicas que caminaban por ahí, tratar de mantenerse alejado de los problemas. Cuando se trataba de dar nalgadas, su madre, mamá Rosa, era conocida por tener una mano firme, aunque rara vez la usaba con su niño consentido, el más pequeño. Un chico apareció y le dijo que escuchó a un gallo cantar, solo en una cornisa, sentado sobre una roca.

—Ése es tu gallo, Juanito —dijo el chico.

Juanito fue en busca del gallo, pues temía que a mamá Rosa no le pareciera muy bien que lo hubiera perdido.

El gallo estaba en el borde de una saliente de roca.

Juanito se dio cuenta de que la única manera de alcanzarlo sería brincar por encima de una roca. No quería decepcionar a su madre ni despertar la ira de sus hermanos, quienes con toda seguridad nunca lo dejarían olvidar que el amado gallo de oro había muerto mientras él lo cuidaba. Juanito saltó lo más lejos que pudo y cayó muy cerca del gallo. Aterrizó con la frente y sangró profusamente. Pero se puso de pie y cargó al gallo. Los chicos se rieron cuando vieron a Juanito caminar de regreso acunando al gallo.

—Por poco y me mata el gallo viejo —dijo ahora—. Pensé que lo tenía arrinconado y me superó. Por eso es que los gallos me ponen nervioso. Son demasiado ensimismados.

De regreso a San Luis me fui con mi primo Alfredo, un abogado subsecretario de Agricultura del estado. Hay tantos Alfredos que le decimos "Alfredín". Estaba ansioso por mostrarme que éste era un México diferente, un lugar de oportunidades. Su esposa, Mónica, bromeaba al decir que el pueblo recolectaba dinero y lo ponía en un cochinito para romperlo más tarde y ayudar a Estados Unidos a pagar por el muro de Trump para que se mearan sobre él en ambos lados de la frontera.

—Déjalos construir el muro —intervino Alfredín—. Sólo no quites el comercio, la integración económica y cultural. ¿Será posible esa separación?

—Está cabrón —respondí.

—Más de un millón de cabezas de ganado mexicano se exportaban a Estados Unidos —explicó mi primo cuando pasamos por una nueva planta de procesamiento de ganado.

"No, los salarios no eran altos —dijo—. No obstante, las generaciones venideras sentirían el impacto.

"A diferencia de tu generación, primo, los chicos ya no crecen pensando que Estados Unidos es su única opción —dijo—. La gente sólo quiere oportunidades, algo lo bastante bueno como para quedarse en su país."

Simple y llanamente, más mexicanos preferían caminar por una calle o manejar cerca de dos kilómetros hacia un trabajo que emprender un viaje impredecible. Donde los grupos criminales los chantajeaban. Donde los estadounidenses los despreciaban y todo el tiempo amenazaban con deportarlos. Además, después de la recesión en Estados Unidos, no había tantos trabajos. Y ahora el principal candidato presidencial estadounidense promovía el odio hacia ellos.

Docenas, sino es que cientos de mexicanos, regresaban a San Luis de Cordero para reclamar una tierra cansada y sedienta. Algunos se querían retirar aquí. Otros sólo se hartaron de Estados Unidos. A nuestro alrededor había varios letreros que apuntaban hacia algunas casas en construcción. Dos de ellas pertenecían a unos primos en California y Colorado, ambos descendientes de Arcadio y Nina. La casa de Rubén estaba a medio construir. Creyó que muchos más mexicanos lo seguirían al sur, por lo que incluso pensó en abrir un negocio de venta de bloques de concreto, convencido de que el éxodo desde Estados Unidos estaba a punto de explotar.

—Lo que ha cambiado —señaló Alfredín— es que los adolescentes no planean su futuro con base en los deseos y necesidades de Estados Unidos.

Alfredín era uno de cuatro hermanos, el más chico, con aspiraciones políticas. Sus padres, Lucy y Alfredo, operaban un mercado de carne y criaban ganado. Como muchos mexicanos, su familia estaba dividida entre dos países. Todas sus hijas vivían en Colorado. Noemí daba clases en una escuela primaria en Longmont.

Noemí contradecía a su propio hermano con respecto a su visión de un México en crecimiento. Ella nació en Chicago, aunque vivió en México durante más tiempo que en cualquier otro lugar, por supuesto mucho más que en Colorado. Veía a México como un lugar para visitar a la familia y pasar las vacaciones, pero nada más.

Cada vez que pensaba en la razón por la que dejamos México, recordaba sus palabras.

—México —me dijo en una ocasión en la que cenamos en Longmont— es un hermoso, precioso capullo de rosa. Sólo que nunca se abrió para nosotros.

Ahora su hermano pequeño hablaba sobre una nueva nación. Sonaba tan determinado y comprometido con su país como su bisabuelo y Toño, su abuelo.

—No podemos renunciar a México —dijo.

México, una nación de más de ciento veinte millones de personas, representaba la decimocuarta economía más grande del mundo y la segunda en Latinoamérica, después de Brasil. Sin embargo, la corrupción era endémica. Los crímenes sin castigo aún rebasaban 95 por ciento. Más de la mitad de la población vivía en la pobreza y más de doscientas mil personas fueron asesinadas en una guerra contra las drogas que no parecía tener fin visible. Debido a las altas tasas de inflación en México, los salarios en el país eran más bajos ahora en términos reales que cuando entró en vigor el TLCAN. Entre 2001 y 2015 los salarios mexicanos por hora en dólares estadounidenses crecieron sólo 9 por ciento, menos que en Estados Unidos y muy por debajo del aumento de 120 por ciento en Brasil, de acuerdo con un reporte de Moody's. El salario mínimo todavía era aproximadamente de tres dólares al día. Para llegar a fin de mes, la mayoría de los mexicanos tenían un segundo trabajo, muchos de ellos en la economía informal.

Alfredín sabía todo eso. Conocía las cifras. No necesitaba que yo lo repitiera.

—Estados Unidos nunca me ha gustado —afirmó Alfredín—. Para mí, es un lugar para visitar, no para vivir. Éste es mi hogar y nosotros somos la respuesta —me dijo una noche mientras su orgulloso abuelo nos observaba, quejándose de debilidad en las piernas, algo natural en un hombre de ochenta y cinco años.

El tío Toño no estaba bien de salud.

Su hija Mary llegó dos días antes tras dejar su trabajo como ama de casa de algunos adultos mayores en Longmont. Tomó dos camiones para llegar aquí, uno en Denver y otro desde Ciudad Juárez. Viajó casi veinte horas para ver a su padre.

—Ambos países envejecen —me dijo mientras comíamos semitas y escuchábamos el sonido de un burro al otro lado de la calle.

El cielo estaba iluminado con una variedad de estrellas que parecían colgar muy bajo desde el cielo. Un viento helado se arremolinó en un pueblo lleno de inmigrantes que honraban a sus amigos y familiares difuntos durante las festividades del Día de Muertos. Los clientes de Mary en Colorado, todos entrados en años, le llamaban sin parar. La extrañaban tanto que ahora mismo juntaban dinero para convencerla de regresar y asegurarse de que se quedara durante la Navidad. Nadie quería estar solo en vacaciones. Ni ellos, ni su padre. Ella no sabía qué hacer; estaba en un dilema.

Esa noche, su hija Gris le llamó para decirle que el cáncer le había regresado. Mary rompió a llorar frente a su padre y le dijo que tenía que regresar.

—Perdón, pero tengo una vida en ambos lados de la frontera —le explicó.

Mi tío Toño me miró y dijo que lo que más temía ahora era una realidad. Las mujeres se fueron y dejaron solos a los viejos como él.

—Todos orbitan alrededor de su madre —dijo—. Tú lo hacías. En cuanto las madres se van, la comunidad muere.

Yo lo escuché mientras veía el séptimo juego entre los Cachorros de Chicago y los Indios de Cleveland de la Serie Mundial de Beisbol con una débil señal de la antena. Él lo vio conmigo antes de quedarse dormido. Sus ronquidos interrumpían el partido, que se fue a varias entradas extra. Cuando terminó el juego, un grito de júbilo del pueblo interrumpió el silencio de la noche estrellada, un recordatorio de los lazos con Estados Unidos y, sobre todo esta noche, con Chicago.

25

Lecciones desde Israel

El Mar Mediterráneo se alzó al amanecer, brillando desde un recubrimiento de tierra casi completamente cubierto por aguas que se extienden desde el océano Atlántico y separan Europa de Asia: los mares que alguna vez navegaran los viajeros y comerciantes en la antigüedad.

En un vuelo de madrugada desde Nueva York, la vista aérea de Tel Aviv inspiraba asombro y emoción.

Había venido aquí en busca de mis raíces ancestrales, si es que éstas existían.

Durante mucho tiempo, David y yo nos obsesionamos con saber si teníamos algún vínculo con el Medio Oriente. Ken también estaba interesado, pero por otros motivos.

Varios años atrás me sugirió que fuera a Israel para entender la negociación política de los expatriados en el extranjero. Roberta Jacobson y John Feeley, dos altos funcionarios del Departamento de Estado y observadores cercanos de la experiencia y diáspora mexicoamericana, también me sugirieron estudiar el modelo. Roberta no apreció sus raíces hasta que vivió en Argentina, donde no sólo descubrió su historia familiar sino también la clave para el empoderamiento político. No, los mexicoamericanos no eran tan homogéneos como los judíos estadounidenses, Roberta me advirtió, ni eran cubanoamericanos, feroces y unidos en su oposición a Fidel Castro. Ni se asimilaban tan rápido y con tanta facilidad como los ancestros irlandeses e italianos de John. Sin embargo, los mexicoamericanos representaban un potencial de voto sin explotar con un asombroso empoderamiento político e Israel, el modelo judío, ofrecía lecciones valiosas.

Fue mientras trabajaba en Argentina que Roberta llegó a entender sus raíces judías, tras conocer a varios sobrevivientes del Holocausto.

—Para mí lo judío no es una nacionalidad sino una religión —dijo—. Quizá seamos sionistas, pero no somos israelíes, y ésa es la raíz que compartimos en cualquier parte del mundo.

—Ese sentido de la raíz —le dije— no existe en la comunidad mexicoamericana.

Los estadounidenses con raíces en México son un grupo tan vasto —sus cifras sobrepasaban los treinta y cinco millones—, que es más difícil para ellos conformar un sentido de la comunidad, ser parte de un grupo central.

Durante años estuve obsesionado con los orígenes de mi familia. Corchado. Jiménez, el apellido de mi abuelo Arcadio. ¿En dónde se originaron esos nombres? En una ocasión viajé por toda España en busca de información sobre la familia, rastreando pistas desde Madrid hasta Sevilla, donde por primera vez descubrí que los judíos sefarditas, muchos con el apellido Jiménez, huyeron de la Inquisición Española. La gente que conocí me reclamó como suyo con gentileza, sin embargo, las respuestas eran incompletas. Luego de un tiempo me olvidé de la búsqueda y dejé que el viaje tomara el papel protagónico.

Pensé que Israel me indicaría el camino o me ofrecería respuestas sobre mis raíces judías sefarditas. Pero en realidad también estaba allí para entender el creciente odio hacia "los otros" y dar sentido a las matanzas inspiradas por la religión. Yo no predicaba ninguna religión.

Todas aquellas veladas que pasé con la hermana Guadalupe me sirvieron para aprender sobre mi propia y misteriosa espiritualidad, preguntas que se encontraban en lo más profundo de mi ser. En realidad no me podía identificar con ninguna institución creada por el hombre, gobernada por la tradición y el hábito. Aun así, me sentía espiritual a mi manera. ¿Por qué otra razón pasaría tantas noches dentro del convento cuando todas las demás monjas se habían acostado?

Más allá de esos momentos con ella, no podía ubicarme en el reino espiritual. No había ninguna respuesta, ninguna aparición durante un estado de iluminación. Siempre fue un diálogo privado con alguien allá afuera, en alguna parte.

Así que supongo que lo que en verdad deseaba era reconectarme con un manantial infinito de esperanza para renovar mis reservas agotadas. Encontrar respuestas.

Viajamos a través de la diminuta franja de tierra que albergaba a unos ocho millones de habitantes por el maravilloso Mediterráneo y el Mar Muerto, una región que no era ajena a la escena internacional ni al conflicto antiguo. No obstante, la visita a Israel sólo subrayó las complejidades del conflicto y planteó preguntas. Teníamos prohibido visitar Palestina. Varios de nosotros pedimos hacer el viaje, pero los organizadores se negaron al argumentar que no podían garantizar nuestra seguridad. Además, el objetivo del viaje era darnos un entendimiento exhaustivo y más profundo de Israel, no sobre su conflicto con Palestina. Para algunos de nosotros, el recorrido se sintió incompleto. En 1948, un mandato de las Naciones Unidas pedía que la tierra palestina que estaba bajo control británico se dividiera entre Israel y Palestina, lo cual dio lugar a una disputa sobre el territorio que continúa hasta el día de hoy. La situación nos recordaba a las tierras que nuestros propios ancestros perdieron después de la guerra de 1848 entre Estados Unidos y México bajo otras circunstancias. Los ochenta mil mexicanos que vivían bajo la bandera mexicana en territorios que se extendían desde Texas hasta California no fueron desplazados de su tierra como sucedió con los palestinos, aunque el paralelo existía. Los mexicanos vivían junto a un poderoso vecino que se amurallaba para mantener a los mexicanos fuera y garantizar la seguridad de los estadounidenses. Trump prometía construir un muro mucho más grande y, de ser elegido, seguiría el ejemplo de Israel, un país que además de tener un muro, posee guardias armados con órdenes de dispararle a cualquiera que perciban como una amenaza.

Caminamos por el Museo del Holocausto en Jerusalén con Aharon Erich como nuestro guía. Era un hombre bajito que se quedaba calvo, aunque todavía conservaba unos mechones de cabello blanco. Se paró frente a una pantalla de televisión que proyectaba imágenes en blanco y negro. Era 1938 y Hitler desfilaba por las calles flanqueadas por multitudes que lo vitoreaban. Aharon nos contó cómo a la gente judía se le prohibió trabajar en los servicios públicos y estudiar en las universidades. Nos habló sobre las ciento ochenta y cuatro calorías racionadas por día que les daban a los judíos en 1940 para hacer que se murieran de hambre.

También habló sobre cómo el museo estaba compuesto por documentos oficiales de los nazis. Documentaban todo, dijo, lo que me hizo recordar la importancia del periodismo, de contar historias. Tantas historias de horror y esperanza tan bien preservadas. Por generaciones, los jóvenes y los viejos experimentaron o escucharon estas historias de primera mano, dijo. El museo servía como una advertencia ante el creciente odio alrededor del mundo, agregó Aharon.

Antes de que nos fuéramos del museo, Aharon nos pidió un favor: que recordáramos a una de las víctimas, una niña de menos de un año de edad.

La noche se tornó más oscura y el motivo por el que estábamos en Israel se hizo más evidente. La elección presidencial de 2016 y el nefario rol de Rusia.

Al abordar el camión nos recibió Avi, nuestro guía, quien de inmediato sospeché era un espía. Tejía una red de conspiraciones que por lo general involucraban a Hillary Clinton. Hillary Clinton era alcohólica. Los rusos tenían pruebas de ello. Hillary esto, Hillary aquello —y también defendía la idea de que Trump era el salvador de Estados Unidos—. En ese momento teníamos muy poca paciencia. Sentí cómo la ira crecía en mi interior y en el de los demás, como Macarena Hernández, una antigua editorialista en *The Dallas Morning News*. Comenzamos a enfrentarlo; nuestras voces se alzaron.

—Avi, acabamos de salir del Museo del Holocausto —dijo Macarena—. ¿Sabes lo que dijo Trump sobre los mexicanos, nosotros, las personas con las que quieres crear una alianza? Dijo que éramos violadores, asesinos, narcotraficantes y tal vez alguna persona buena.

Miré a Avi, encendí mi grabadora y agregué:

—¿Éste es el hombre que quieres que dirija Estados Unidos? ¿El hombre que ofende a la gente con la que te quieres alinear? ¿Por qué no adoptar una postura, mostrar solidaridad por el bien común de la humanidad? Invitas a un grupo de mexicoamericanos a recorrer Israel y ni siquiera sabes lo que Trump ha dicho. No sabes quiénes somos. Consigues un traductor al español, a quien por cierto adoramos, pero el punto es que la mitad de nosotros ni siquiera habla o entiende bien el español.

Avi parecía sorprendido, un poco apenado.

Era claro que Israel entendía las estadísticas, es decir, en cuanto al crecimiento demográfico de los latinos. Pero Avi demostraba que, al menos este grupo del gobierno israelí, entendía muy poco sobre nosotros. En el camión reinaba el silencio. Todos estábamos emocionalmente drenados. A medida que la noche caía sobre Israel, cenamos con una mujer llamada Hanna, que era la jefa de Avi.

Le comenté a Hanna sobre cómo el museo me hizo cuestionarme las cosas de una manera distinta, y activó alarmas y miedos sobre los mexicanos. Ella estuvo de acuerdo conmigo y subrayó la importancia de aprender de la historia, del Holocausto.

—El odio puede destruir civilizaciones enteras —dijo—. Yo perdí a casi toda mi familia y sesenta años después el dolor aún me carcome el alma. Estarán bien si aprenden las lecciones del Holocausto.

Estuve despierto toda esa noche, hasta las primeras horas de la mañana, mientras veía CNN a la vez que visualizaba un desenlace apocalíptico. Deportaciones en masa. Cánticos de "¡Construye ese muro!" Las vívidas y gráficas imágenes del Museo del Holocausto aún estaban frescas en mi mente, entonces pensé en las palabras que acababa de leer, pronunciadas por Martin Niemöller, un prominente pastor protestante que emergió como un crítico público de Hitler, que se mostraban en el muro del museo.

A lo largo de los años estas palabras han causado controversia, pues se han publicado distintas versiones que hacen referencia a grupos diversos como católicos, testigos de Jehová, judíos, sindicalistas o comunistas. Sin embargo, su punto era que los alemanes —él creía que sobre todo los líderes de la Iglesia protestante— fueron cómplices de los nazis al guardar silencio sobre el encarcelamiento, la persecución y el asesinato de millones de personas.

Yo también escuché esas palabras antes, pero nunca de forma tan poderosa, en un lugar donde el pasado parecía estar demasiado presente. Apagué la televisión, me metí en la cama y traté de traer esas palabras a mi mente; luego comencé a articularlas despacio, con la esperanza de que se convirtieran en parte de mi vocabulario.

Primero vinieron por los socialistas y yo guardé silencio, porque no era socialista.
Luego vinieron por los sindicalistas y yo guardé silencio, porque no era sindicalista.
Luego vinieron por los judíos y yo guardé silencio, porque no era judío.
Luego vinieron por mí y no quedó nadie para hablar por mí.

¿Acaso cometíamos los mismos errores?

EL PRESENTADOR DEL REALITY SHOW aparecía como una peligrosa amenaza con ecos a un pasado que pensábamos ya estaba enterrado.

Ahora buscaba más que raíces. Necesitaba un entendimiento más profundo del empoderamiento político.

A lo largo de varias generaciones, Israel alimentó lazos con los judíos en el extranjero. Durante los últimos veinte años Birthright Israel y un sinnúmero de otros programas trajeron a medio millón de jóvenes judíos estadounidenses en viajes gratuitos de verano a Israel para un curso intensivo de adoctrinamiento. También trajeron a varios atletas, músicos, actores y escritores —incluso escritores hispanos como nosotros, gracias a cientos de millones de dólares otorgados por el gobierno israelí y caridades de todo el mundo, sobre todo de Estados Unidos.

La expectativa es que todos ellos regresen a sus hogares como embajadores de Israel —o, mejor aún, en el caso de los israelíes estadounidenses, devotos que emigrarán para ayudar en una guerra demográfica contra los palestinos, una estrategia que las generaciones más jóvenes de judíos cuestionan cada vez más.

Se espera que sean israelíes como Bracha Katsof, nuestra joven guía estadounidense, cuyo padre tiene una organización en Nueva York y Filadelfia que ayudó a financiar este viaje.

Escuché su historia y su búsqueda por fusionar sus dos mundos durante muchas horas. Hasta donde recordaba, dijo, vivía una vida separada entre dos océanos y no imaginaba ser sólo estadounidense o israelí.

Tenía que ser ambas cosas, sobre todo en un mundo que parecía encogerse frente a las fuerzas crecientes.

Su búsqueda, dijo, era una forma de mantenerse cerca de sus dos países. Esperaba encontrar el amor, un esposo judío, de preferencia en Tierra Santa, para mantener intactos su cultura, su idioma y su religión.

Podía imaginarme a decenas de miles de jóvenes mexicoamericanos que regresaban a México. Sin embargo, los esfuerzos de divulgación eran risibles, lamentables y limitados al Instituto de los Mexicanos en el Extranjero, con tan sólo unas cuatrocientas visitas de líderes comunitarios y académicos, una cifra que iba a la baja.

A LO LARGO DE MI TRAVESÍA EN Israel, recuerdo haber pensado una, dos, tres veces en cumplirle una promesa a mi madre. Ella quería que me bautizaran en Israel.

Frente a mí se encontraba el Río Jordán y una mujer afroamericana que cantaba en su lengua nativa mientras un sacerdote me pedía que me acercara al centro del agua.

Me puse una bata blanca y dejé una maleta con mis zapatos, calcetines, pantalones y camisa adentro.

No sabía nadar, pero me arriesgué y seguí al sacerdote de África, mientras la mujer cantaba a la orilla del río en una tarde calurosa.

El sacerdote me empujó la cabeza hacia atrás y yo empujé de vuelta. Lo intentó una y otra vez, y yo lo empujé de nuevo.

—Ten fe —dijo—. Déjate ir.

—No sé nadar y no soy un hombre de fe —dije.

Mientras el sol brillaba por encima de mi cabeza, el sacerdote africano posó sus manos sobre mí.

—Estás aquí —dijo—. Eso significa que ya debes creer. De otra forma, no estarías aquí.

No, si no quisiera creer, no me encontraría a un costado del Río Jordán con una bata blanca en busca de una oportunidad para renacer y una oración en contra del creciente nativismo.

Lo miré, sonreí y asentí. Estiré mi cabeza y esperé a que me empujara hacia atrás. Eso hizo y me sentí ligero en cuanto el agua me sostuvo.

No experimenté una descarga iluminadora. No sentí la cabeza adormecida por una corona de luz infinita. No, no fue nada así. Salí de allí tambaleándome, sin sentirme diferente excepto por el hecho de que me permití creer, incluso cuando crecía mi miedo a lo desconocido.

26

La sabiduría de doña Lidia

—Mi madre decía que todos somos pájaros que un día regresan a sus nidos —comentó David mientras me conducía hacia la que sería mi habitación, la cual tenía un baño y una vista espectacular, y se ubicaba en el tercer piso de su nuevo departamento en Guadalajara—. Estados Unidos ya no se siente como mi hogar —agregó.

Volvía a casa. En verdad lo hacía. Luego de todas esas conversaciones en Filadelfia sobre pertenecer, que no eran más que pura fantasía, ahora al fin se encontraba aquí, adaptándose a su vieja vida en Guadalajara.

David no invitó a toda la colonia a su fiesta de bienvenida, pero sí fueron muchos de sus amigos, entre ellos algunos bartenders de Estados Unidos. Todos se reunieron para brindar por David y Marité, tan sólo unas semanas después de su boda, con barbacoa, guacamole fresco y quesadillas. El departamento de tres pisos también servía como la oficina internacional de los licores Siembra.

Recuerdo que David me compartió aquella frase hacía varios años cuando su madre, doña Lidia Piñera, yacía muriendo de cáncer de páncreas en la sala de su hogar en Merion. Ella dijo que no éramos más que pájaros migratorios y que el viaje de David a Estados Unidos era uno que tarde o temprano lo traería de vuelta a casa.

Ahora más que nunca creía en estas palabras. Su padre había muerto, aunque desconocía los detalles; no sabía ni cuándo, ni cómo.

—¿En verdad es tan fácil regresar a casa? —pregunté.

—¿Cuántos tequilas llevas?

—No he tomado ni una puta cosa excepto agua mineral Topo Chico.

—Poco a poco vuelvo a casa. Eso es todo —dijo—. En este momento se siente bien. Tú también deberías hacerlo.

Estados Unidos, el país que conocíamos cuando éramos jóvenes en Filadelfia, había sido una farsa.

Primo también pensaba que Guadalajara era ideal. Su madre había muerto y él viajaba con regularidad para cuidar su casa en "la perla tapatía". Se veía en buena condición, quizá un poco triste, aunque esto no le impedía ir a bailar salsa dos veces a la semana, los viernes y los sábados. Aún era adicto a la fotografía y básicamente se dedicaba a disfrutar de Yolanda, y a nutrir junto con ella su compromiso con la dignidad de los inmigrantes y de las víctimas de trata de personas.

Cada domingo, decía, comían juntos y veían una película con el hijo de Yolanda, Leo, y su novia Jessica. Es una buena vida; una vida simple.

Ken también estaba allí. Aún se recuperaba de la sorpresa de que Pensilvania se volviera roja durante la elección presidencial, pero iba cada vez mejor. Sonaba esperanzado otra vez. Era momento de darle la vuelta a la página, plantar una nueva semilla —bromeaba que literalmente—. Ken me dijo que quería solicitar una licencia para cultivar y vender mariguana medicinal en Pensilvania.

No estaba seguro de qué decir, más allá de señalar que muy cerca de ahí había un bar donde solía reunirme con un investigador de Estados Unidos, un veterano agente del FBI llamado Arturo Fontes.

Una noche nos bebimos toda una botella de tequila en ese lugar, le dije a Ken, mientras Fontes predecía con sequedad que la masacre ocasionada por la guerra contra las drogas en México sería eterna.

A medida que recordaba todo esto también pensaba en la falsedad y la duplicidad del asunto. Los agentes de Estados Unidos con la mano en la cintura culpaban a México por las drogas y la violencia, y rara vez, si es que alguna vez, reconocían el rol de la demanda, la ejecución y la red de engaño. Pensé en Marco Antonio Delgado, mi compañero en la Universidad de Texas en El Paso. Trabajaba como abogado en El Paso, luego se convirtió en un informante confidencial para Estados Unidos y más tarde fue acusado de conspirar en el lavado de hasta 600 millones de dólares para un cártel mexicano mediante múltiples métodos, como crear una beca en la Universidad Carnegie Mellon, donde era uno de los fideicomisarios. Una vez

Marco me invitó a conocer a su amigo, ahora el presidente mexicano
Enrique Peña Nieto. Llegué tarde a la reunión y perdí mi oportunidad. Cuando las autoridades estadounidenses lo capturaron, la oficina de Peña Nieto negó cualquier conexión con Delgado. Marco
ahora se pudría en la cárcel y se enfrentaba a veinte años en prisión
por fraude electrónico y lavado de dinero.

Le conté a Ken sobre una serie de historias en las que trabajé con
un colega, Kevin Krause, durante casi un año sobre cómo algunos
agentes de Estados Unidos se enredaron con criminales y desencade-
naron violencia masiva en toda una región al dividir a Los Zetas y el
Cártel del Golfo. Esto gracias a un acuerdo de súplica que el gobierno
estadounidense hizo con el principal líder del Cártel del Golfo, Osiel
Cárdenas Guillén. Aceptó declararse culpable de narcotráfico, lavado
de dinero y el intento de asesinato de agentes de Estados Unidos en
la corte federal. Además prometió devolver cincuenta millones de
dólares. Recibió una sentencia relativamente leve de veinticinco años
en prisión. Una vez que Los Zetas se dieron cuenta de que había un
soplón entre sus filas, es decir, un informante para Estados Unidos, se
desató el infierno. Cientos de personas murieron. El abogado personal de Cárdenas fue baleado en un centro comercial de Southlake,
Texas. Con su muerte, se revelaron muchos secretos.

Toda esta información, dije, la conseguí gracias a una fuente,
Gary *Rusty* Fleming, quien alguna vez trabajó como agente encubierto para el FBI e infiltró una boda organizada por los principales
líderes de Los Zetas. Se hizo pasar por un fotógrafo y tomó imágenes de la familia Treviño Morales, de los hermanos Miguel y José
mientras posaban.

Durante varias semanas Rusty me llamó para decirme que tenía
algunas "delicias" que compartir. Nos vimos en un bar del centro de
Dallas y no soltaba la caja que traía consigo. Después de ponernos al
día y conversar casualmente, dijo:

—Fredo —un término que utilizaba porque nunca podía decir
Alfredo—, creo que querrás tener esto.

—Mientras no haya una cabeza humana adentro —dije, tomando la caja.

—Creo que la lectura podría parecerte interesante, Fredo —añadió—. Para entender por qué tantas personas mueren o huyen de México en masa.

La caja estaba pesada, llena de documentos que mostraban que el gobierno de Estados Unidos sabía muy bien cuáles serían las consecuencias de sus decisiones. Sí, recibió información que conduciría a un gran arresto, pero sus acciones resultarían en una masacre masiva en México. ¿Acaso la DEA podía haber hecho más para proteger a sus informantes y sus familias? El gobierno estadounidense tenía las manos ensangrentadas. Sin embargo, de todas las historias que escribí sobre la violencia en México, de todas las veces que mis fuentes mexicanas me imploraban que revelara el nombre del responsable de Estados Unidos en la narcoguerra de México, ésta era la primera ocasión en que lo tenía todo por escrito: documentos del gobierno de Estados Unidos apenas sanitizados para borrar información confidencial o sensible que probaban exactamente lo que hacían los agentes estadounidenses.

A la publicación de estas historias le siguió un juicio federal. Todos se declararon culpables. No se revelaron secretos, con excepción de los que nosotros publicamos. Después de esto, Rusty trató de contactarme en varias ocasiones.

Justo ahora pensaba en esa reunión que nunca tuve con Rusty. Me llamó algunas semanas antes para decirme que necesitaba hablar. Era urgente. El día de nuestra cita, mientras me preparaba para salir hacia el aeropuerto, su esposa me marcó para informarme que Rusty había muerto, días después de que su coche se saliera de la carretera y se estrellara, justo en medio de la autopista, de camino a El Paso.

—¿Sospechas que haya sido provocado?

—No —dijo—, no lo creo.

Alguna vez me dijo que estaba muy estresado. Que no dormía bien. Que a veces se sentía un poco paranoico. También vivía su vida en el carril de alta velocidad. Conocía las noches de insomnio, de beber en exceso y ahora temía pagar por ello.

Mientras Ken y yo bebíamos tequila, le dije que la pobreza ya no era el factor dominante que empujaba a la gente hacia el norte. Era el miedo a la creciente inseguridad la que movía a la gente de ciudades como Guadalajara. Eran nuevos inmigrantes.

Y ahora, después de cientos, miles, decenas de miles de muertes, los estadounidenses querían legalizar su mariguana.

—Lo siento —le dije—. No te culpo a ti, o a la mariguana, la cocaína, las metanfetaminas, la heroína.

Existe y siempre existirá algo más, algo nuevo que las organizaciones criminales podrán controlar mientras México sea un país con un Estado de derecho débil y Estados Unidos mantenga este nivel de demanda.

La mariguana era el pan de cada día para los cárteles mexicanos, pero un producto con un bajo margen de ganancia. La legalización en Estados Unidos se comía una parte de sus ingresos, por lo que se volcaron más al negocio de la heroína y las metanfetaminas. La demanda de heroína en Estados Unidos se disparó, gracias al abuso generalizado de los opioides prescritos, mientras que la producción de metanfetaminas era económica y más fácil de transportar a través de puertos de entrada legal. Mientras Ken hablaba sobre las nuevas oportunidades de negocio con la mariguana legal, yo lo escuchaba y me estremecía.

—Sólo pienso en los muertos, en las víctimas sin rostro —le dije.

Presencié las consecuencias humanas de la guerra contra el narco en México muy de cerca. Desde hacía muchos años observaba la situación con horror.

Me sentía tan mal por creer que Estados Unidos servía como el mejor ejemplo para México. El horror se extendía a lo largo y ancho de México. A medida que los mexicanos vieron que su mercado se endurecía a causa de la legalización, voltearon su mirada hacia dentro, el negocio doméstico, y abrieron un nuevo, creciente y sangriento mercado. La violencia a causa del narcotráfico en México se disparó. Y a nadie le importaba un carajo. Sólo eran mexicanos que se mataban los unos a los otros, le dije a Ken.

Después de nuestra plática, fui en busca de David, con la expectativa de tener una conversación menos perturbadora acerca de los regresos a casa. Ansiaba volver a México y a mi antiguo trabajo. A pesar de sus problemas, México se sentía más esperanzador que Estados Unidos. Era una extraña ironía que en México, con su infinidad de problemas y dificultades diarias, los mexicanos parecían menos temerosos del futuro que los estadounidenses en Estados Unidos.

NO HABÍA FORMA de hablar sobre un regreso a México sin abordar las elecciones, el combustible que nos animó a todos a contemplar la decisión de dejar Estados Unidos. Le dije a David cómo desperté el 9 de noviembre en Arizona con la televisión aún encendida. Ángela y yo estábamos en Nogales para cubrir las elecciones con un grupo de estudiantes de la Universidad Estatal de Arizona, a quienes les entusiasmaba aprender sobre la frontera, el voto latino y el proceso político. La noticia del triunfo de Trump resonaba, un agudo recordatorio de que "el gran gigante dormido" de los votantes hispanos aún no tenía la capacidad de detener a alguien como él. Ángela y yo extrañábamos estar en la línea de frente como reporteros. En cambio estábamos detrás de cámaras, desde donde ayudábamos a los nuevos periodistas a encontrar su camino. Sin embargo, la noticia era tan grande que esa mañana nos miramos y nos preguntamos qué demonios hacíamos. ¿Por qué nos alejamos del periodismo? Nos miré a ambos en ese momento. Nos distanciamos, la presencia del otro nos irritaba con facilidad y nos volvimos geniudos. Éramos miserables. Ansiábamos regresar a nuestra antigua vida como periodistas, nuestra antigua sociedad que hallaba tanto romance en el trabajo que hacíamos juntos.

Cuando se preparaba para marcharse, sorprendí a Ángela al decirle:

—Empaca tus maletas, güerita —mi expresión de cariño para ella.

Ella me miró, perpleja.

—¿Qué haces? Pensé que nos quedaríamos un día más.

—¿Qué te parece si cruzamos la frontera y retomamos nuestros antiguos trabajos? —le dije.

—Me encantaría, pero tengo una entrega —dijo, y explicó que uno de sus estudiantes tuvo un colapso nervioso—. Tengo que irme. Pero me gusta tu forma de pensar en este momento.

Los presentadores de noticias en la televisión, los facilitadores, hablaban sin parar en sus tonos de voz entre conmocionados y asombrados. Sus expresiones por lo general robóticas de pronto se volvieron humanas, mostraban emoción: sorpresa y júbilo en Fox, shock y consternación en MSNBC y CNN. Me arrepentí de haber dejado prendida la televisión, por lo que quité el sonido y comencé a caminar de un lado al otro de la habitación, mientras evaluaba mis opciones y pensaba en mi familia. Les llamé a mis padres. Mi madre dijo que ella y mi padre estaban sentados en la cocina en El Paso, esperando mi llamada, para recibir algunas palabras de consuelo.

—¿Cómo están? —les pregunté.

Mi madre hizo una pausa y en su voz más triste me preguntó cuándo volvería a casa.

Ella continuó:

—Sentimos como si hubiéramos sufrido una pérdida. No sabemos qué decir, ni qué hacer, sólo nos miramos entre nosotros, contemplamos vender todo y mudarnos de regreso a México. Pensamos en los amigos y parientes que se enfrentan a ser deportados a una tierra de la cual conocen muy poco.

—¿Cómo está papá?

—Está enojado por la poca participación de los hispanos. Se siente traicionado. ¿Qué pasó?

—No tengo idea —dije.

Ni siquiera podía consolarme a mí mismo. ¿Cómo podía consolar a mi madre? ¿Y con qué objeto? ¿Por qué mentir? ¿Decirle que los principales culpables eran la baja participación de los votantes, la ansiedad económica o los sentimientos racistas enterrados bajo nosotros?

¿Que la política era tan divisiva que podía llevarnos a otra guerra civil, con suerte sin derramar sangre, porque algunos asuntos entre los negros y los blancos aún permanecían latentes y se complicarían aún más con tantos musulmanes, asiáticos y, sobre todo, latinos? Eso sólo conseguiría asustarla más. En vez de eso, me reservé mis opiniones.

Quise decirle que sólo quería irme a casa, acurrucarme con ellos para ver telenovelas y *A casa por vacaciones*, escuchar a Nat King Cole. Pero eso mostraría debilidad. Ella necesitaba que yo fuera fuerte.

—No sé qué decir, mamá.

—Supongo que tendré que ver a Jorge Ramos para saber qué sucedió —dijo.

Tomé esto como una indirecta. Cada vez que quería molestarme, mi madre utilizaba a Jorge Ramos, el principal presentador de Univisión, sobre todo ahora que Jorge Ramos bailaba la línea entre el periodismo y el activismo. Sabía que eso me llegaría profundo, en especial ahora que ya no era periodista. ¿Por qué no podía expresar mi enojo en este momento? ¿Qué me detenía?, preguntarían mi madre y mi hermana. Respeto demasiado la profesión, contestaría yo, aunque en ocasiones esto sonaba como una mera excusa.

—Además, tengo curiosidad de saber por qué "ellos" —los seguidores de Trump— nos odian. ¿Cómo pasamos de estar en las sombras a tener reflectores sobre nosotros?

¿Cuándo dejamos de ser una novedad y pasamos a ser una amenaza?

—Ahí me avisas qué dice Jorge —le respondí en un tono sarcástico—. Quizá él tampoco sepa qué decir.

Univisión destinó millones de dólares para promover el voto hispano. En 2015, sesenta y siete por ciento de los residentes legales permanentes que tenían la posibilidad de convertirse en ciudadanos estadounidenses lo hizo, el nivel más alto en dos décadas y un aumento de veinte puntos porcentuales desde 1995. La población de ciudadanos estadounidenses naturalizados alcanzó los 19.8 millones en 2015, un máximo histórico que reflejaba tanto un aumento en la población de inmigrantes elegibles como una mayor probabilidad de que aquellos que podían solicitar la ciudadanía de hecho lo hicieran. Sin embargo, cuando se trataba de votar, eran como osos en hibernación. No había señales de vida.

Revisé las redes sociales y de pronto detesté todo acerca de ellas, los "me gusta", el adictivo concurso de popularidad, las extravagantes y venenosas mentiras que se esparcían sin ningún tipo de responsabilidad. Las redes sociales cambiaron nuestras vidas y no siempre para bien. Nuestros teléfonos inteligentes se convirtieron en rastreadores humanos que emitían secretos de lo que leíamos, comíamos, amábamos y odiábamos. Nos convirtieron en guerreros con ideas afines y una falsa impresión de mayor compañía o validación de quienes somos en realidad. Como nunca antes, estábamos más conectados en internet y menos en la vida real. Nuestro lenguaje se volvía cada vez más grosero, directo y limitado a arrebatos de ciento cuarenta caracteres. Trump era un maestro del foro. Y los reporteros, bueno, pues a veces sólo teníamos treinta segundos para reaccionar, un reflejo de la conversación estadounidense hoy. Estábamos inundados de hashtags, gente que chillaba por encima de la otra y echaba culpas, además de colapsos nerviosos capturados en vivo como noticias de última hora. Todo era noticia de última hora. Y si todo era considerado una noticia, si todo era importante, entonces nada era importante. Tal vez era la intensidad del ciclo de noticias lo que agotaba a todos y hacía que mucha gente se diera por vencida y se quedara en casa en vez de ir a votar. Nuestra democracia había sido envenenada.

—Nosotros defendemos la democracia todos los días —diría más adelante nuestro editor, Jim Moroney.

Pero ¿acaso todavía importaba la democracia? En verdad me lo preguntaba.

El periodismo se volvió un arma utilizada por robots que hablaban para dividir aún más los estados rojos y azules. Pronto saldrían a la luz detalles sobre cómo Rusia se valió de noticias falsas, promovidas por escritorzuelos en Macedonia, para esparcir mentiras e influir en el resultado de la elección. Al parecer el resultado que querían los rusos era una administración a cargo de Trump.

Las compañías de medios luchaban por responsabilizar a la gente en el poder, lo que dejaba a las comunidades sin los controles y el equilibrio necesarios. Al igual que otros medios, *The Dallas Morning News*, que alguna vez fuera el ejemplo estelar de la cobertura de la frontera y de México, estaba en proceso de reinvención. Trataba de mantenerse a flote económicamente y transitar hacia lo digital a medida que Facebook, Yahoo! y otros se quedaban con los dólares de la publicidad. Esto provocó despidos perpetuos, recortes y compras por parte de otras empresas, lo que disminuía el tamaño de nuestras salas de redacción. Tal vez era demasiado tarde para mí.

Pero con la cara de Trump pegada en la televisión, esa mañana escuché el llamado con mayor fuerza. Extrañaba el periodismo y me preguntaba si mi profesión me perdonaría por dudar de ella, por pensar que podía abandonarla. ¿Acaso no era yo quien creía que el periodismo era una enfermedad incurable?

Ahora, dentro del hotel en Nogales, extrañaba mi pluma y mi libreta de notas. Extrañaba México. Saqué mi BlackBerry y busqué un correo electrónico que le envié a Ángela cuando estaba en Hungría y lo releí.

—La enseñanza no es para mí —escribí—. Estuve en el campo hoy y extrañé tanto ser reportero. Me alegra poder ayudar a estos jóvenes colegas, pero su curiosidad y entusiasmo sólo me han inspirado de formas inimaginables. Lo único que ha hecho este trabajo es subrayar quién soy en realidad, cómo en esencia me gusta contar historias… cuánto amo ser reportero. Cuánto extraño trabajar en historias. Tenemos que regresar a nuestra antigua vida como periodistas…

Me metí en la cama otra vez y esperé quedarme dormido de nuevo. No funcionó. Todo parecía más claro, como si las nubes se hubieran evaporado. Me sentía valiente otra vez, cansado de la farsa. Tenía un departamento en México por el que apenas pagaba. Siempre sirvió como mi plan de contingencia. Una amiga y colega, Kathy Corcoran, compartía la renta conmigo. Habíamos hablado sobre salirnos del departamento al final del año. Ya no le veía el sentido, pues no visitaba México con tanta frecuencia como quería. De pronto, reconsideré esa decisión y le llamé a Kathy.

—¿Todavía estás interesada en quedarte con el departamento en la Ciudad de México? —le pregunté—. Quiero regresar.

—Tal vez —dijo—. Eso suena tentador. Hablemos sobre ello.

De nuevo tomé el teléfono y le llamé a mi antiguo editor, Keith Campbell, un hombre alto, larguirucho y directo de Nueva York con una sonrisa fácil y un punto débil por Bruce Springsteen. Fui directo al grano.

—Estoy listo para dejar de bailar —le dije—. ¿Y tú?

—Sara dice que no soy muy buen bailarín —respondió, en referencia a su esposa—. ¿Qué tienes en mente?

—Quiero volver. Estoy listo para ser reportero otra vez, Keith.

Aún había muchos detalles que arreglar, pero su respuesta me animó.

—Bienvenido de nuevo, Freddy.

Me sentí honrado y agradecido de tener una segunda oportunidad.

27

El funeral del tío Alejo

Condujimos bajo la lluvia de California, la precipitación que al fin dio un respiro a cinco años de sequía. El clima armonizaba con la tristeza de mi madre, quien lloraba por su hermano que nunca regresó a su adorado pueblo de Piedras, donde vagaba con su padre, Arcadio, cuando era niño para ayudarlo a mantener junto al ganado.

Alejo murió en California. También Chalio, el primo de mi padre, esa misma semana. Alejo y Chalio eran contemporáneos de mi padre, destinados a convertirse en braceros, hasta que los estadounidenses se volvieron políticamente temerosos de tantos mexicanos. Así que mis tíos terminaron por trabajar de forma ilegal, acogidos por los cultivadores con mucho gusto. Los campos de California necesitaban ser mimados, el estado necesitaba preservar su grandeza y no podía hacerlo solo. Como yo, sus hijos fueron parte de la generación de los *baby boomers* de Estados Unidos —aquellos hombres y mujeres nacidos después de la Segunda Guerra Mundial y antes de 1965—, los impulsores de la fuerza laboral de la nación.

Observé a mi padre en el espejo retrovisor y lo único que vi fue el cascarón del hombre que alguna vez fue, un hombre orgulloso. Tenía ochenta años y no bebía alcohol desde hacía veinte años. Era un inmigrante hecho y derecho: aún joven de corazón con un espíritu infranqueable de renovación. También noté una sorprendente similitud física entre nosotros. Mucha gente dice que me parezco a mi madre, pero, mientras lo observaba, pensé: entre más envejezco más me parezco a mi padre, con todo y la creciente calvicie. También éramos igual de imperfectos, quería decirle. Relájate, papá. No somos tan diferentes. Alcanzamos la mayoría de edad aquí.

Se volvió bracero en 1957. Era un hombre engreído y tenía motivos para serlo: podía hacerlo todo, todos los trabajos que los estadounidenses no querían hacer —recoger algodón, manejar los tractores, operar el enorme Caterpillar—. Los empleadores estadounidenses tampoco podían decirle que no. Comenzó por trabajar en los campos de algodón de Texas. Cuando amenazó con volver a su tierra nativa, a Durango, para casarse y no regresar, su empleador le consiguió un estatus especial que le permitía entrar de forma legal cuando quisiera. Para mostrar su amabilidad, el ranchero lo ayudó a convertirse en un trabajador invitado permanente. Pero el ranchero hizo aún más atractiva la oferta. Legaliza a la familia entera, tráelos a Estados Unidos y no regreses a México, le dijo. Cada vez que Juan Pablo se iba, le confesó su jefe, se sentía nervioso de que mi padre no regresara. Una *green card* para cada miembro de la familia garantizaba su estabilidad, una presencia permanente.

Mi padre accedió y trabajó más de un año sin parar para el hombre al que llamaba Joe y su jefe, Arturo, mientras nosotros esperábamos nuestras propias *green cards*. Una vez que mi padre se legalizó, mis tíos Eutemio y Edmundo lo instaron a que se mudara a California. Pagaban mejor. Mi padre se fue de mala gana y nunca regresó, aunque prometió que algún día viviría en El Paso, justo enfrente de México. Joe no lo perdió ante México, pero no podía competir con California.

Mis padres dejaron su sudor en estos campos por los que ahora pasábamos. Recordé aquellas madrugadas en las que, cuando el rocío aún se aferraba a la remolacha azucarera, esperaba que un hombre mayor afilara mi azada. Entonces buscaba a mi mamá, quien se encontraba de pie y en silencio junto a docenas de otros hombres y mujeres, todos de México. Algunos se recargaban sobre sus azadas, bostezaban y esperaban dormir una breve siesta. Otros alzaban sus azadas y las inspeccionaban con cuidado para asegurarse de que estuvieran lo suficientemente afiladas como para cumplir con la tarea que tenían por delante. Se preparaban para soportar el largo, arduo y caluroso día al cubrirse la cara con pañuelos que los protegieran del polvo y los pesticidas. Se ajustaban sus sombreros de paja, gorras de beisbol y guantes desgastados. Sus playeras estaban desfajadas, sus jeans rotos, sus tenis sucios del día anterior. Muy cerca de allí, el tractor de mi padre rugía y levantaba polvo, mientras él sostenía su sombrero blanco de vaquero. De pronto, con el primer vistazo del amanecer, el silencio de estos hombres y mujeres se rompía. El sonido rítmico del *shhhh, shhhh, shhhh* podía escucharse por todo el campo mientras las largas azadas desyerbaban filas y filas de remolacha azucarera que parecían no tener fin. Éramos sombras al amanecer.

Nos dirigimos hacia el embalse de San Luis, rodeado de hermosas colinas doradas a lo largo de Pacheco Pass. Mi madre nunca quiso que nos acostumbráramos a la belleza que había aquí. Nunca fuimos a Disneylandia, sin importar cuánto le rogáramos, porque no podíamos costearlo y estábamos demasiado ocupados con nuestros estudios, aprendiendo inglés, a leer y matemáticas.

No obstante, la asimilación estaba en camino, aunque fluctuaba. En general, a la segunda generación —mis hermanos y yo, los hijos de mis tíos— le iba más o menos bien. Un estudio de la Universidad de California en Los Ángeles, que durante mucho tiempo midió la integración de los mexicoamericanos, encontró que las segundas, terceras y cuartas generaciones hablaban inglés con fluidez, preferían la música estadounidense, se inclinaban cada vez más por el protestantismo e incluso votaban por gobiernos republicanos. Se asimilaban a nivel lingüístico, como lo hicieron las oleadas previas de inmigrantes, pero, a diferencia de los alemanes o los irlandeses, la asimilación política de los mexicoamericanos a nivel general no era tan sencilla. Los mexicoamericanos de segunda generación tenían tres veces más probabilidades de obtener una licenciatura que sus padres. Sin embargo, las terceras y cuartas generaciones no lograban superar el nivel educativo de la segunda generación y de alguna manera se quedaban atrás. Lo que es más, los niveles educativos de todos los mexicoamericanos aún estaban por debajo del promedio nacional y los niveles de pobreza eran casi el doble del promedio nacional. Este rezago tenía que ver con las barreras institucionales a las que históricamente se enfrentaban, la discriminación y las políticas represivas de inmigración, y el exceso de competencia de la mano de obra mexicana que dificultaba más la integración.

Como cualquier familia, en la nuestra también había excepciones. Algunos se convirtieron en educadores, técnicos médicos, trabajadores sociales, oficiales de policía, administradores de empresas y artistas.

Mientras manejaba, contemplé la lluvia que ahora formaba charcos en aquellos campos que se encontraban frente a nosotros. Servían de inspiración o como recordatorios de dónde veníamos. Como alguna vez me dijo mi primo Geno, quien daba clases a estudiantes de sexto de primaria en Merced:

—Nuestros padres construyeron los caminos, nosotros los pavimentamos.

Mi prima Gisel Ruiz excedió todas las expectativas. Ella también creció con nosotros en los campos, donde cortaba algodón y trabajaba encima de las máquinas de jitomate para su padre Pilar y su madre Martha. Ambos tenían poca o nula educación y eran contratistas de trabajo, quienes arrendaban la tierra donde mi familia, junto con Gisel y su hermana, trabajaban. Gisel era porrista y jugaba tenis en la escuela preparatoria de Dos Palos, y sus padres le exigían que buscara una educación superior. No había de otra, le dijeron. Terminó en la Universidad de Santa Clara, donde estudió mercadotecnia y completó el programa de gestión de bienes raíces en la universidad. Una de sus clases involucraba desarmar la filosofía de Walmart. Más tarde fue reclutada para hacer sus prácticas profesionales en gestión de tiendas. Había permanecido allí durante más de veinticinco años, escalando posiciones hasta llegar a ser vicepresidenta ejecutiva de la división de gente internacional de Walmart. Ahora era vicepresidenta ejecutiva de operaciones en la división de Sam's Club. Gisel también logró figurar en la lista de Fortune de las mujeres más poderosas del país.

—Mi determinación y tenacidad provienen de mis raíces humildes, de mi comunidad de Dos Palos, que siempre me ha mantenido con los pies en la tierra. Pero, más que nada, esto es un reflejo de mis padres y su confianza en nosotros —dijo Gisel, en referencia a su hermana Elda—. Para ellos, el único obstáculo frente a nosotros era lo que creara nuestra imaginación.

Volví a mirar a mi padre, quien aún observaba la lluvia que caía con más fuerza. Yo tampoco recordaba que mi padre se quejara sobre los obstáculos históricos frente a nosotros. Con diligencia, él nos llevaba a mi hermano Juan y a mí, y nos dejaba para que esperáramos a los camiones que nos llevarían a la escuela primaria. Por las tardes, el camión nos dejaba cerca de un extenso campo. Pateábamos el polvo y las rocas y a veces llorábamos hasta que papá llegaba y nos recogía, sentándonos junto a él mientras conducíamos a casa. No hablábamos mucho. Cuando protestábamos por esperar tanto junto a esos campos de melón o remolacha azucarera, donde temíamos ser atacados por ratas o ratones, nos aleccionaba sobre la necesidad de recibir una educación y no terminar en los campos como él.

Muchos años después entendí por qué la frustración lo llevó a aventarme hielo cuando abandoné la preparatoria. Traté de poner excusas, legitimarme, pensé, como el hecho de que de pronto me sentí inferior frente a mis compañeros. Yo solía acompañar a los mejores estudiantes cada año en un viaje a San Francisco, un reflejo de nuestras buenas calificaciones. Un día, de forma inesperada, me sacaron de clase para recibir otras instrucciones, todas en español, por el simple hecho de ser inmigrante. La escuela nunca volvió a ser la misma. Yo no era estadounidense, sino otra cosa. Alguna vez me sentí a gusto por ser ambas cosas y ahora no era ninguna de ellas. A mi padre no podía haberle importado menos. Estudien y trabajen duro, nos decía. Ustedes hablan inglés, ¿no? Reciben una educación, ¿no? No tienen excusa para que les vaya mejor. Él veía la extraordinaria posibilidad en nosotros. Quería que nosotros, sus hijos, nos integráramos y formáramos parte del tejido social de un país que admiraba. Le gustaba vivir en un país tolerante lleno de oportunidades. No conocía musulmanes o judíos, pero les presumía a sus amigos en México que vivía en un país donde mientras conducía pasaba sinagogas, mezquitas, iglesias católicas —todas ellas muestras de esa tolerancia—. Ahora visualizaba campos de internamiento y deportaciones masivas. Muchos de los braceros de su generación ahora tenían entre setenta, ochenta y noventa años. Algunos eran incluso mayores. Son hombres y mujeres olvidados que construyeron las presas, los ferrocarriles, los caminos, las minas y las plantas de ensamblaje de Estados Unidos, se unieron a sus fuerzas militares y pelearon junto a los estadounidenses, levantaron vecindarios desde los escombros, recolectaron los productos agrícolas de Estados Unidos de los campos que ahora se llenaban de agua de lluvia.

Atravesamos esta zona a toda velocidad de camino hacia el corazón del valle de San Joaquín californiano, en Dos Palos, para asistir a un funeral. Salimos de la autopista 101 para conectarnos con la ruta estatal 152, que une Gilroy con Los Baños, y tomamos la 33 a la derecha en dirección a Dos Palos.

Aunque California es un estado típicamente azul, su corazón agrícola late por el color rojo. Esto cambia poco a poco, a medida que el valle se diversifica y se urbaniza, y los trabajadores hispanos se ganan el voto. Pero como muchas otras zonas con dificultades en la parte rural de Estados Unidos, el voto decisivo de la región fue republicano. Dos Palos y Los Baños, que se encuentra muy cerca, eran bastiones del conservadurismo. Así que no me sorprendió ver panfletos y pósteres de la campaña de Trump mientras conducíamos para asistir al funeral del tío Alejo. La región había soportado una larga sequía y sus miedos se apaciguaron un poco después de que el candidato presidencial visitó el área y les prometió reducir las regulaciones para facilitar el flujo de agua hacia sus campos.

—¿Quién va a levantar la fruta, las naranjas, la uva? —preguntó mi padre en voz alta, aún perturbado por el triunfo de Trump—. Los campos se quedarán sin trabajadores. La fruta sin recolectar. Entonces, ¿qué comerán?

Con esto se refería a los estadounidenses, algo en lo que, sin saberlo, se había convertido. Aquellos que no harían el trabajo que él hacía.

Mi padre estaba lleno de preguntas y ansiedad en estos tiempos de incertidumbre. Pasó sesenta y tres de sus ochenta años en Estados Unidos, nunca aprendió inglés y nunca pensó mucho en México. Iba sentado en el asiento trasero del coche que rentamos, perdido en sus propios pensamientos, mientras la lluvia empapaba todos los baches. Queríamos comprar una camioneta pick up estadounidense de segunda mano. Sin embargo, ahora mi padre se cuestionaba si tendría caso invertir en esto.

—Papá, te rompiste el lomo toda tu vida en este país. Consiéntete. Ve a México en un camión nuevo, tal como lo hiciste cuando eras un hombre joven y temerario. Regresa como las parvadas de pájaros y recupera tu nido —dije—. Lleva a La Paloma contigo.

En vez de eso, mi padre preguntó si el gobierno también les quitaría a él y a mi madre su seguridad social, es decir, el dinero para su retiro. ¿Qué había de Medicare? No les quedaba nada.

Volteé a ver a mi padre, quien tenía los ojos llorosos.

—Cito —le dijo mi madre en voz baja, empleando el apodo de mi padre acuñado por mi hermano Juan—. No te me rindas ahora. No nos rajamos. Ni madre. ¿Estás llorando?

—No estoy llorando —dijo con obstinación—. Sólo estoy viejo. Son estas malditas cataratas.

Mi madre y mi padre han sido ciudadanos estadounidenses desde 1998. A mi padre le gusta ir diario al gimnasio. En fechas recientes, me dijo mi madre, le pidió que se asegurara de que sus documentos estuvieran en orden dentro de la guantera en caso de que el Servicio de Inmigración y Control de Aduanas lo detuviera.

—¿Qué documentos? —pregunté.

—Su pasaporte de Estados Unidos. Creo que por eso está tan deprimido.

—Sí, eso, y por ver tanta televisión —respondí.

—¿Qué te preocupa? —le pregunté a mi padre—. Eres ciudadano estadounidense.

—Creo que ahora eso ya no importa —dijo con el rostro retorcido—. Somos mexicanos. Ve lo que sucede con los musulmanes. Yo parezco mexicano. Siempre me veré mexicano.

—Está viendo demasiada televisión —le dije a mi madre.

Todos lo hacíamos. Historias de padres, madres, sin documentos legales, que ya no duermen y conducen con nerviosismo, temerosos de la policía local. Preocupados de que cualquier infracción, una multa de tránsito, sea su perdición. Los niños se mantienen lejos de la escuela. Sus madres les prohíben abandonar la casa, pues temen una separación. Miedo a las separaciones familiares.

Hace poco, un hombre que a veces nos ayuda a hacer arreglos en la casa apareció para ver si teníamos algún trabajo para él en el jardín.

—No por el momento —dije—. ¿Cómo estás?

—No muy bien que digamos —respondió.

Adrián vivía desde hacía casi diez años en Estados Unidos. Cuatro años atrás le pagó a un coyote tres mil dólares para traer a su prometida. Se casaron y ahora tenían dos hijos, de dos y cuatro años, nacidos en territorio estadounidense. Temía ser deportado y separado de su familia. Sí, los llevaría a México, pero él era del Estado de México, donde la corrupción es profunda, los niños son secuestrados y hay muy pocos trabajos. No estaba seguro de qué tipo de futuro le esperaba. Tenía una pregunta, una propuesta para mí.

—Si me deportan junto con mi esposa, ¿considerarías quedarte con mis hijos?

Yo me veía aturdido.

—No necesito que me respondas ahora —dijo Adrián—. Sólo quiero que pienses que ése es un escenario posible.

¿Acaso bromeaba?

No supe qué contestarle, pero se me escapó decirle que sí, que lo pensaría. Me despedí de él y de pronto sentí la profundidad de su preocupación.

EL FUNERAL DE MI TÍO ESTUVO lleno de amigos y familiares. Mi primo Rubén, el hijo del tío Alejo, y su familia —Rubén Jr., Brenda y Jessica— estaban sentados en la banca de enfrente. Mi madre y su hermana Esperanza sollozaban. Mi tío Chey ahora apenas podía mover sus piernas, como si las hubiera dejado atrás en algún campo que irrigó. Traía puesta la gorra de beisbol de la compañía Surgos y durante la sencilla misa le insistió a mi madre en que hablaran por lo menos una vez a la semana. Mi madre dijo que eso le gustaría y estiró la mano para tocar su hombro.

Parecía que todos morían. Pero también nos obstinábamos en tomar las riendas del tiempo para celebrar el cumpleaños número cien de mi tía Chala. Sus hijas, nietos y bisnietos estaban entusiasmados por festejar una vida que no sólo cambió a nuestra familia de forma absoluta sino también el destino de nuestra ciudad natal, San Luis de Cordero. Aunque muchos de los pioneros envejecían, nuestra memoria permanecía intacta, así como nuestra apreciación de los "pioneros" que nos precedieron, los braceros y mi tía Chala.

En California, entre la emoción por la lluvia y la futura promesa de un trabajo, un hombre alto se puso de pie y caminó hacia el frente de la iglesia. Jesús Santillano era un viejo bracero que tomó el micrófono y dijo algunas palabras amables sobre el tío Alejo. Era uno de los mejores trabajadores que conoció en su vida. Recordó a varios braceros, quienes también murieron en el último año. Miró a la pequeña multitud que se congregó allí y nubló la atmósfera solemne con una pregunta:

—¿Acaso California tendrá suficientes trabajadores para arar los campos y recolectar sus cosechas?

La pregunta quedó suspendida en el aire mientras los hombres y las mujeres que se encontraban allí agachaban sus cabezas para recordar a los difuntos.

Nos alejamos del ataúd y nos dirigimos hacia la salida. El tío Alejo nos reunió, nos reconectó una vez más lejos de los campos. Los viejos braceros caminaban despacio hacia sus autos, muchos con sus bastones. Mi padre se quedó un momento con ellos. Los inmigrantes más jóvenes planeaban y hablaban emocionados sobre la próxima temporada agrícola; esperaban que la temporada de lluvias creara nuevas cosechas para que esto, a su vez, abriera oportunidades para familiares y amigos en casa mediante un programa temporal de trabajadores invitados que les permitiera mantenerse al día con la demanda. Los salarios con seguridad aumentarían. Muchos trabajaron durante generaciones en las granjas Del Bosque, cuyo dueño, Joe, decía que una escasez de trabajadores podía forzar a los granjeros a aumentar los salarios para reunir suficientes recolectores esa primavera y ese verano tras las lluvias.

Mis primos Carmen, Lisa y René; las nuevas generaciones, Allison, Sophie y Derek; y una docena más se saludaron con abrazos largos y tristes. Planeamos un brindis por el tío Alejo esa noche con pizza que la prima Patty ordenó para recoger. Mamá, la tía Esperanza y el tío Chey fueron los últimos en alejarse del féretro de su hermano y sólo lo hicieron cuando me acerqué a ellos e insistí en que honráramos a nuestro tío caído con algunos momentos más de unión.

Salimos de la iglesia y respiramos el aire fresco.

Por un momento, las nubes contuvieron su lluvia.

28

Uncle Bill

Decidí regresar al centro de Estados Unidos, donde, en algunas ciudades, los mexicanos que alguna vez fueran una novedad, echaron raíces. Quería recorrer los caminos de Colorado, Nebraska, Iowa, Minnesota, Illinois y Wisconsin, regiones a las que viajé dos décadas atrás. Tenía curiosidad de ver qué tanto aprendieron a coexistir los mexicanos y los estadounidenses.

La demografía cambiaba, de acuerdo con las estadísticas del Pew Hispanic Center. La participación de los mexicanos en la población total de inmigrantes indocumentados disminuyó a 5.8 millones en 2014, desde un máximo de 6.9 millones siete años atrás. Los mexicanos ya no cruzaban tanto como antes. De hecho, en términos de las aprehensiones realizadas por la Patrulla Fronteriza en 2014, los agentes arrestaron a más centroamericanos y otros individuos no mexicanos que a mexicanos —por primera vez en mucho tiempo—. Este declive también se debió a otros factores. La tasa de natalidad en México cayó en picada en la década de 1980, cuando las mujeres mexicanas comenzaron a tener un promedio de dos hijos cada una, por debajo del antiguo promedio de siete. Con el tiempo, eso significó menos trabajadores frustrados en las generaciones más jóvenes. Aunque la economía de México aún estaba en problemas y los salarios eran bajos, más y más jóvenes mexicanos encontraban la manera de sobrevivir el día a día en casa. Después de todo, la seguridad en la frontera hacía que el cruce ilegal fuera cada vez más peligroso y, para mucha gente joven, ya no valía la pena. Las recesiones de 2008 y 2009 en Estados Unidos tuvieron su efecto, así como las deportaciones masivas durante los primeros años de la administración de Obama.

Crucé Colorado —tomé la transitada carretera interestatal I-25 hacia el norte, luego corté hacia el este en la I-80 a través de tierras de cultivo planas y pastizales, además de una serie de almacenes de distribución y fábricas de procesamiento de carne—, donde me detuve a ver a algunos familiares en Boulder, Greeley y Longmont, primos con los que crecí en California. Lo que surgió no fue una narrativa ordenada, sino un tapiz de historias. Algunos tenían un pie en Estados Unidos y el otro en México. Otros estaban enraizados con firmeza en Colorado.

La prima Noemí tenía seis meses de embarazo y la hija que venía en camino nacería en Estados Unidos. Esto debería considerarse una buena noticia en un país donde la tasa global de fecundidad era la más baja en la historia. En el primer trimestre de 2017 la tasa global de fertilidad en Estados Unidos cayó a 61.5, lo que puso a la población estadounidense por debajo de los niveles de remplazo. La afluencia de inmigrantes revivió los pequeños pueblos de Estados Unidos y compensó el envejecimiento de la población en Estados Unidos que parecía vivir cada vez más aislada, al igual que en otros países como Japón y Hungría.

Noemí me dijo que planeaba ponerle Matthew a su hijo, un nombre bíblico. Estadounidense, pensé también.

Sus padres, Lucy y Alfredo, entrecruzaban la frontera dos o tres veces al año para visitar a la familia.

—Colorado nos ofrece cuatro temporadas y es hermoso —dijo, mientras se sentaba junto a su esposo, Eraclio Rubio, y Yaxkin de seis años—. En realidad nunca me sentí atraída por California y todos esos campos. Aquí hay más oportunidades para nosotros, sobre todo educativas para Yaxkin sin la política tóxica y menos obstáculos al éxito.

Otros, como Rubén, trabajaban en Greeley, pero su corazón estaba en México. Trabajaba como mecánico en una planta de mantenimiento; me mostró fotos de la casa que yo acababa de visitar por el camino de San Luis de Cordero. Se le acababa el dinero y bromeaba al decir que quizá empezaría a vender menudo y gorditas para terminar la obra. Su casa incluiría un jacuzzi, una recámara principal e incluso insistió en que habría un cuarto de visitas/sala de escritura para mí. Cuando éramos niños, admiraba a Rubén como a un hermano mayor. Aún lo admiro.

—Tendrá una gran vista de las montañas —dijo—. ¿Las recuerdas?

—Claro que las recuerdo —dije, y traté de ocultar el cansancio que me provocaba estar de viaje.

—Baja un poco el ritmo —me dijo.

—¿Bajar el ritmo? Pero si tú trabajas sesenta, ochenta horas a la semana —respondí.

—Ochenta y cuatro —me corrigió—. Sin embargo, me pagan el doble de lo que ganaba en California y todo lo ahorro para vivir en México.

Incluso firmó un plan de ahorro para la jubilación (401 K), algo inaudito en California. Nada mal para un chico con poca educación. Pasó de administrar un pequeño cine en San Luis de Cordero a trabajar conmigo en los campos del valle de San Joaquín durante más de una década y ahora era uno de los mejores mecánicos.

—En esta época —se lamentó— siempre llegan nuevos trabajadores —un recordatorio de que sus mejores días estaban por llegar a su fin.

—Pero ¿votaste? —le pregunté.

—Estaba demasiado ocupado en el trabajo —dijo.

—Sientes nostalgia por México mientras te joden en Estados Unidos —le dije con sarcasmo—. Muy bien, primo.

Su hijo, Rubén Jr., miraba la escena con satisfacción. Aún tenía su *green card*, pero después de la elección presidencial él, al igual que millones de otros hispanos, ahorraba su dinero para convertirse en ciudadano. Había demasiado en juego. Presentar la solicitud costaría setecientos dólares. Me dijo que esperaba que Bernie Sanders se postulara otra vez.

Mary me dijo que preparó tamales de pollo para mí; quería darme una probadita del hogar, dijo, algo que me recordó a mi madre. En especial sus tamales verdes eran deliciosos. Mary estaba en un dilema. Sus dos hijos vivían en México. Uno fue deportado y al otro le rescindieron su permiso de trabajo temporal. No tenía planes inmediatos para regresar a su antiguo empleo como trabajador de mantenimiento en Colorado. Su hija, quien aún luchaba contra el cáncer, y sus nietos vivían en Colorado. Me dijo que decidió pasar las primaveras en Colorado con su hija y nieta limpiando las casas de la gente mayor para financiar sus inviernos en San Luis de Cordero, donde construía un cuarto extra en la casa de su padre. La

salud del tío Antonio empeoraba y ella quería estar más cerca de él
y de sus hijos.

—A veces desearía nunca haber pisado Estados Unidos, porque
siempre terminas por comparar a los dos países y no puedes escoger
uno sobre el otro —dijo—. Ambos tienen sus pros y sus contras.
Más allá de Colorado y hacia las Grandes Llanuras, las plantas
procesadoras de carne daban la bienvenida a los recién llegados de
otros países para ocupar las plazas que los mexicanos comenzaban
a abandonar —trabajadores de África, Medio Oriente y América
Central—. Nebraska, el Medio Oeste y la región de los grandes lagos
desafiaban silenciosamente el debate vitriólico sobre la inmigración
a nivel nacional. No querían enfrentarse a la escasez de mano de
obra. En St. Paul, Minnesota, arraigado en la cultura escandinava y
la belleza del Río Misisipi, una red de trabajadores de Axochiapan
en el estado de Morelos, al sur de México, prosperaban en restaurantes, panaderías y tortillerías junto a restaurantes y negocios asiáticos
y musulmanes. El estado alberga a la comunidad somalí más grande
de Estados Unidos y a unos ciento ochenta y cinco mil trabajadores
mexicanos.

Llegué íntegro a Lincoln, Nebraska, con excepción de unos tamales menos.

Estaba acostumbrado a platicar con las señoras de la limpieza en
los hoteles, una técnica reporteril. Por lo general me detenía a salu-
darlas y charlaba casualmente. Era una gran manera de tantear el terreno. ¿De dónde es la gente?, preguntaba. ¿Qué regiones de México
están representadas aquí? Pero esa mañana miré afuera del hotel y no
encontré a la típica señora de la limpieza mexicana.

En cambio, me encontré a Hussein, un refugiado de Bagdad de
veinticinco años. Me preguntaba si sería uno de los refugiados que
conocí mientras viajaba por Europa del Este cuando visitaba Austria.
Primero pensé que tal vez sería un trabajador de mantenimiento
demasiado temeroso de hablar conmigo. Para aligerar el ambiente,
le ofrecí a Hussein un tamal. Lo miró y parecía no tener ni la más
remota idea de qué hacer con él. Corrí en busca de un microondas y
lo calenté durante un minuto, regresé escaleras arriba y se lo ofrecí.
Estaba a punto de comérselo con todo y hoja hasta que se lo arrebaté
de la mano.

—Espera, no —dije.

Una señora de la limpieza mexicana, quien más tarde descubrí era de San Luis Potosí, se rio al otro lado del pasillo. Su nombre era Eva y se acercó a nosotros. Ella desenrolló la masa humeante, la salsa verde y el pollo de la hoja y le dio el tamal a Hussein, mientras sonreía. Le dio una probadita.

—Está bueno —dijo—. Muy bueno.

El intercambio ofreció un vistazo a una fuerza laboral que evolucionaba en Estados Unidos, una mezcla de mexicanos y centroamericanos que ahora trabajaban junto a un creciente número de refugiados de África y Medio Oriente.

Por ahora, el último capítulo de la migración mexicana ha terminado. Tal vez para siempre. Pero una gran agitación en México o un desastre económico o político en cualquier lado de la frontera puede cambiarlo. Nadie descuenta eso.

Aquí en la pradera del silicio del Medio Oeste, muchos tienen trabajo en la industria de los servicios y en las plantas procesadoras de pollo y carne. Los mexicanos se van o al menos no arriban de México en las cantidades que antes lo hacían. Los refugiados remplazan a los mexicanos de la misma manera en que los mexicanos alguna vez remplazaron a los japoneses, puertorriqueños y filipinos. Era una nueva fuerza laboral que estaba en una posición vulnerable y cada vez más amenazada por las políticas de inmigración draconianas de la administración de Trump destinadas, en parte, a frenar la diversidad que se extendía por todo el país. La población actual de Estados Unidos era de 324.4 millones de habitantes. Para la mitad del siglo, Estados Unidos se prepararía para crecer a cuatrocientos treinta y ocho millones de habitantes y convertirse en una nación de mayoría de minorías, un lugar donde los blancos conformarían menos de la mitad de la población, mientras que los grupos hispanos y asiáticos ganaban una nueva prominencia demográfica. Los hispanos se perfilan para crecer a 29 por ciento de la población de Estados Unidos; los asiáticos a cerca de 9 por ciento. Por lo general, la población afroamericana se ha mantenido constante, con alrededor de 13 por ciento. Los anglos disminuirán a un estimado de 47 por ciento de la población.

Tanto Nebraska como Texas, el estado que por mucho tiempo llamé mi hogar, eran entidades rojas. Votaron por Trump de forma abrumadora, pero mientras que los legisladores de Texas reprimieron la inmigración ilegal y trataron de limitar el número de refugiados que se restablecerían en el estado, Nebraska y otras partes del Medio Oeste parecían sacar el tapete de bienvenida. Al conducir hacia Lincoln, se veían campos interminables interrumpidos por el mismo número de filas de monstruosas turbinas eólicas —algunas con aspas manufacturadas en las maquiladoras de Ciudad Juárez—. Cerca de Iowa y a lo largo de Nebraska, había plantas procesadoras de carne. Una mezcla desordenada del más reciente y triste refugio.

No hace mucho tiempo casi todos los trabajos, sobre todo en la laboriosa industria de procesamiento de carne, les pertenecían a los mexicanos y a los centroamericanos. Los empleadores que temían una inminente escasez de mano de obra no tenían muchas opciones en ese momento. Dependían cada vez más de los inmigrantes para mantener el crecimiento de la fuerza laboral de Estados Unidos. En 2017 los inmigrantes conformaban 17 por ciento de la fuerza laboral estadounidense y cerca de una cuarta parte de ellos no tenía papeles. En términos generales, casi todos los refugiados políticos eran legales y, por ello, no eran señalados por las autoridades migratorias. Los gerentes de algunas compañías me dijeron una y otra vez que trataban de reclutar a trabajadores estadounidenses en Minneapolis, Chicago y Kansas City y pocos, si no es que ninguno, duraba más de una semana.

Los líderes comunitarios y empleadores buscaban la manera de ser más complacientes, al demostrar más tolerancia hacia los recién llegados. Instalaron salas de oración, con todo y tapetes, para los trabajadores de Medio Oriente, al tiempo que los empleadores exigían un programa de trabajadores invitados más robusto para cubrir los empleos que alguna vez ocuparan los trabajadores mexicanos. Un periodo de transición estaba en marcha.

Roberto Rodríguez usaba una gorra de los Dodgers de Los Ángeles. Tenía casi sesenta años y pasó buena parte de su juventud en las plantas de procesamiento de pollo de Nebraska. Un nativo de Zacatecas, no le gustaba el trabajo y no recibió ningún aumento de sueldo en años. Siempre planeó regresar a casa, pero ahora su familia se mudó con él, gracias a la amnistía. Nebraska era su hogar. Rodríguez trabajaba en una planta empacadora de pollo en Lincoln junto a casi puros mexicanos, muchos de ellos legales, algunos centroamericanos indocumentados y cada vez más gente de Medio Oriente. Los estadounidenses rara vez duraban más de uno o dos días, decía. ¿Y quién

los culpa? Éste es un trabajo duro. Hablar con los recién llegados de
Medio Oriente y África le resultaba todo un reto, pero estaba convencido de que ellos representaban el futuro.

Así que trataba de comunicarse mediante señas y gestos, me comentó, en referencia a sus nuevos compañeros de trabajo.

—Nunca pensé que trabajaría con gente árabe. Pensé que la cadena humana de mexicanos iba a continuar para siempre. Sólo que
se nos acabaron los mexicanos —dijo, entre risas—. Ya nadie quiere
venir.

Me comentó que varias veces al día sus compañeros musulmanes
se detenían a rezar. A veces esto le resultaba un poco extraño, incluso
molesto, pero agregó:

—Creo que nosotros los mexicanos también rezamos todo el
tiempo, sobre todo en las plantas procesadoras de carne y pollo —se
rio, y de inmediato hizo la señal de la cruz—. Yo trato de ser lo más
hospitalario posible, porque creo que los mexicanos entendemos el
rechazo.

El más reciente drama en Lincoln se desarrolló en Klein's Cor-
ner, que encarna el cuento migratorio de Estados Unidos. Fue construido en 1928 para rendir homenaje a los inmigrantes de Alemania,
Suecia y otros países escandinavos. Del otro lado de la calle hay un
restaurante italiano que sirve pasta y pizza. Rodríguez compraba pan
fresco hecho por un dueño salvadoreño que expandió el negocio; a
los nuevos trabajadores de África y Medio Oriente también les gustaba el pan. Intercambiaban sonrisas y saludos afectuosos en vez de
palabras.

Por encima del escaparate de la tienda había un letrero que decía: "Esquina de los hispanos". Klaus York señaló el cartel. Él llegó
de Alemania cuando tenía cinco años. Caminamos hacia la esquina.
Ahora retirado, el hombre señaló los cambios demográficos y comentó:

—No puedo más que sentirme orgulloso, porque yo también
fui un inmigrante y tampoco nos trataban muy bien. La gente nos
escupe, así que entiendo a la perfección cuando la gente no es amable
con los inmigrantes. Trato de ser hospitalario.

A una cuadra de allí, los mundos y las culturas se fundían en el
Lincoln Literacy Council, una habitación bien iluminada con largas
filas de escritorios y paredes llenas de libros. Trabajadores de servicio

convertidos en estudiantes, la mayoría de ellos de África, Laos, México, Centroamérica y Medio Oriente, se sentaban con plumas y cuadernos. Sandra Rojo, la coordinadora de aprendizaje del inglés, también vio llegar a nuevos mexicanos. Muchos no venían directo de México sino que más bien huían de estados como California, que se volvió demasiado caro, y Texas, que estaba francamente en contra de los inmigrantes. Al igual que los miles de trabajadores indocumentados que huyeron de Arizona años antes, lejos de las leyes que los discriminaban, estos recién llegados buscaban un letrero de bienvenida.

—Los pequeños detalles, como la sonrisa de un vecino, hacen toda la diferencia —dijo—. Te hace sentir como que eres parte del vecindario. Todos somos humanos y a veces tememos a lo desconocido —agregó.

Fue aquí y por los pequeños pueblos de América que la esperanza en la coexistencia entre los inmigrantes y los nativos dio un pequeño paso al frente.

EN WISCONSIN, CONDUJE con Ángela por la autopista 50 y avistamos granjas lecheras donde los mexicanos ordeñaban vacas y podaban kilómetros de pastos y campos de golf cerca de Lake Como, Williams Bay y Lake Geneva, y tan lejos como Kenosha y Janesville. Visité a Santos, un paisano a quien conocía hace muchos años.

Visité el pueblo de Lake Geneva, al sureste de Wisconsin, en múltiples ocasiones con Ángela. Tanto su abuela como su abuelo, ambos nativos de Chicago, tenían familiares que vivieron allí durante generaciones, entre ellas su tía abuela Lorraine, quien amaba tanto el encantador pueblo junto al lago que más tarde se mudó ahí y dio clases de arte en las escuelas locales. Vivían a un suspiro de mansiones de la edad de oro, muchas de ellas propiedad de la gente rica de Chicago, incluyendo los magnates de la goma de mascar Wrigleys —lugares donde Santos podaba arbustos, cortaba pastos y atendía los jardines—.

Desde que lo conozco, el cabello de Santos se ha vuelto canoso y los círculos debajo de sus ojos se han profundizado. Él y su esposa han vivido en Wisconsin por más de veinte años después de emigrar sin documentos desde Oaxaca, México. Criaron a cuatro hijos, incluyendo tres nacidos en Estados Unidos. Juntos, administraban un negocio familiar de paisajismo y hasta tenían una grabación en la contestadora del teléfono en la que un hombre educado con perfecto inglés les pedía a los clientes que dejaran un mensaje detallado. Educaron a sus hijos para que fueran de dos países, aunque rara vez pisaban México. Caminaban con sus hijos para esperar el camión escolar, convencidos de que sus nuevas vidas valdrían su sacrificio. Asistían a las juntas de la Asociación de Padres y Maestros, se reunían con los consejeros, veían a sus hijos jugar beisbol y cantar en las obras escolares. Ahora hablaban sobre la universidad, sus carreras y la prioridad más urgente.

En estos días la familia estaba en comunicación constante para asegurarse de que nadie hubiera sido deportado. Tenían un plan secreto para mantener la casa y el negocio en funciones.

—Ya está definido hasta el último detalle, aunque no tengo ni idea de lo que haría en México —explicó Santos—. Todo está aquí ahora. Por el momento, la clave es mantener un perfil bajo.

Aun así, la vida había que vivirla. Su familia no dejó de celebrar bautizos, fiestas de quince años y bodas a lo grande, para lo cual contrataba grupos norteños para tocar en vivo y a todo volumen.

En una ocasión, Santos me invitó a una boda muy cerca de donde vivían, en Burlington. Me perdí de camino hacia allá y terminé junto a Fred's Burgers, conocido por servir las mejores hamburguesas del área, y el lugar donde un joven Tony Romo creció y comió antes de pasar a la fama como el mariscal de campo de los Vaqueros de Dallas. Las raíces del padre de Romo estaban en México. Su madre tenía raíces en Alemania y Polonia. Bajé la ventana del auto rentado y les pregunté a dos jovencitas si sabían algo sobre una boda. Ambas se rieron.

—Sigue la música —dijo una.

Tenían razón: a la vuelta de la esquina se escuchaba música de banda y taconazo a todo volumen. Me asomé y vi a Santos con sus amigos, incluidos los nativos, bailar sin parar.

—Las celebraciones, las fiestas son la mejor forma de unir a la gente —explicó Santos.

Mi visita con Ángela coincidió con las festividades del 5 de mayo. Muchos restaurantes del pueblo tenían ofertas especiales de tequila y margaritas. El día festivo, tan amado en Estados Unidos, estaba prácticamente olvidado en México. El 5 de mayo no es el día de la

Independencia de México, como piensan algunos estadounidenses; conmemora la improbable, aunque breve, victoria del ejército mexicano sobre las tropas francesas lideradas por Napoleón III durante la batalla de Puebla el 5 de mayo de 1862. Los franceses atacaron a México, en parte, con la esperanza de cobrar la deuda sin pagar del país. Esto sucedió en plena Guerra Civil estadounidense (Guerra de Secesión), y los franceses apoyaban a la Confederación. La pérdida de los franceses dejó a las tropas confederadas sin los recursos que esperaban —lo que les dio a las tropas unionistas suficiente tiempo como para recuperarse y triunfar en las siguientes batallas—. La batalla de Puebla también representaba un concepto genuinamente estadounidense: el triunfo del desvalido sobre un enemigo más rico y mejor armado. Hoy, el día festivo es más como un festival de cerveza. Además, es más fácil decir 5 de mayo en vez de 16 de septiembre, el día de la Independencia de México.

Ángela quería visitar a su tío Bill, quien estaba enfermo y vivía en una casa de vida asistida en Williams Bay. Desde 2012 sus viajes se volvieron más frecuentes, cuando su tío sufrió un derrame cerebral que lo dejó parcialmente paralizado. Ángela era la hija que Bill nunca tuvo y Bill representaba una especie de figura paterna para Ángela. Trataba de acompañarla cada vez que iba a visitarlo, porque sabía cuán agotador era a nivel emocional para ella, ya que los viajes la hacían extrañar a su madre, quien murió en 2007.

Esperé a Ángela y a su tío en el comedor. Casi todos los empleados eran residentes nativos de Wisconsin. Pero algunos pocos eran de México y Filipinas. Por lo general los pacientes eran locales de ascendencia alemana, polaca o irlandesa. En una habitación había un mar de sillas de ruedas. Una mujer gritaba: "¡Ayúdame, ayúdame, ayúdame!" Otros se carcajeaban mientras sostenían margaritas sin alcohol. La asistente de una enfermera entró con uno de esos enormes sombreros de charro, del tipo que se suele ver durante las vacaciones de primavera en Cancún. Algunas señoras daban vueltas en sus sillas de ruedas mientras gritaban "¡Viva, viva 5 de mayo!" y actuaban como si estuvieran un poco borrachas, aunque la enfermera me aseguró que sus bebidas no tenían alcohol.

Al verme, Tom, un paciente quien gustaba de decir groserías, se acercó a mí en su silla de ruedas.

—¿En verdad eres mexicano? —preguntó.

Lo conocía más o menos desde hacía un año. Era de Milwaukee, un soldador y sindicalista durante toda su vida. Un demócrata que había votado por Clinton. Tenía todo su cabello y vestía una playera rota color azul. Todo el tiempo planeaba formas de escaparse de lo que llamaba una celda de prisión. Tenía un espíritu que me recordaba al personaje rebelde de Randle Patrick McMurphy en *Atrapado sin salida* de Ken Kesey. Apenas hacía poco el asilo de ancianos le quitó su silla de ruedas motorizada, la cual usaba para cruzar por los pasillos a toda velocidad. También salía disparado para acosar a los fumadores.

Esta tarde se veía abatido. El 5 de mayo le despertó un viejo anhelo.

—Eres un verdadero mexicano, ¿verdad? —preguntó de nuevo.

—Lo más verdadero posible —dije—. Soy tan mexicano, que tengo un nopal tatuado en la frente.

—No lo veo —dijo, sin entender el popular dicho mexicano.

—Porque es invisible —dije.

—Déjate de tonterías. ¿Qué tan lejos está el aeropuerto O'Hare de aquí?

—Más o menos a una hora y media, pero depende del tráfico.

—Necesito que me saques de aquí de contrabando y me lleves allá. Llévame a México.

—Yo no sé nada sobre el contrabando —le dije.

BILL TAMPOCO ESTABA de buen humor. Ángela le prometió que le llevaría pizza y vino para cenar.

—Al estilo Chicago —dijo.

—Lo que tú quieras, Bill.

—Nada de esas franquicias.

—No te preocupes, Bill. Te prometo que encontraremos la mejor pizza.

—La mejor pizza está en Chicago —insistió.

Empezó a contar una historia de sus mejores días en Chicago, cuando comía en los restaurantes más finos y se quedaba en los bares hasta que cerraban. Ninguna ciudad —bueno, tal vez San Francisco, donde vivió durante años— se le comparaba, dijo. Lo que en realidad quería era ir él mismo a Chicago por la pizza, pero sabía que eso era imposible. La idea de que su sobrina lo dejara solo era aún más difícil.

—También aquí hay algunas buenas —dijo.

—Te encontraremos la mejor, Bill. Ahorita regresamos.

Regresamos con pizza y una botella de vino. Bill disfrutó el primer sorbo de Cabernet Sauvignon que había probado en años, una botella de Pérez Cruz del valle de Sonoma que compramos en la tienda Green Grocer a tan sólo una cuadras de distancia. Escuchamos "My Way" de Frank Sinatra. Bill también tenía algunos remordimientos que no quería compartir esta noche.

—¡Salud, amor y tiempo para gozarlo! —dijo, y alzó su copa para brindar, mientras recordaba sus visitas a Cuernavaca, donde su madre y su hermana vivieron alguna vez, donde Ángela casi nació en un trayecto en auto hacia el hospital ABC en la Ciudad de México.

Alzó su copa y Ángela y yo brindamos con él:

—¡Salud, amor y tiempo para gozarlo!

Más tarde aquella noche, Bill se fue a dormir, mientras Ángela y yo nos fuimos a Anthony's, uno de nuestros lugares favoritos. Los trabajadores de la cocina eran mexicanos. Batían, asaban y horneaban plato tras plato de Fish Fry Friday, una tradición a la que le agarré el gusto, excepto por el hecho de que Anthony's tenía una pésima selección de tequila. Después de todo, ¿por qué habrían de invertir en una buena selección de tequila? Su clientela estaba compuesta sobre todo de inmigrantes italianos mayores y familias estadounidenses jóvenes. Pero a lo largo de los años vería a más familias mexicanas aquellas noches de viernes. Le ofrecí mi ayuda a la bartender con una lista de buenos tequilas, con los licores Siembra Azul hasta arriba de la lista. La bartender, una mujer severa que en el pasado rara vez sonreía, me sorprendió al intercambiar unas palabras amables conmigo. Su hermana pequeña se unió al bromeo amigable.

Ángela observaba la escena con diversión.

—Parece que finalmente las has encantado —comentó.

—Creo que más bien todos estamos más cómodos los unos con los otros —dije, luego hice una mueca de disgusto a causa del terrible tequila que fui obligado a beber.

David en verdad me arruinó.

Como en el suroeste, el noreste, el sureste y ahora el Medio Oeste, los mexicanos dejaron elementos de su comida y cultura incrustados en las comunidades. Los tamales en Misisipi, los tacos en Nebraska y la música en Milwaukee, hogar del grupo Kinto Sol, cuya música atraía a los mexicoamericanos más jóvenes, conocidos como *millennials malinchistas*, y cada vez más multitudes de la corriente predominante.

Dejaron su sudor en los campos de jardinería de Carolina del Norte; la industria de cizallamiento de ostras de los Bancos Externos; los huertos de manzanas del valle de Yakima; las granjas lecheras de Vermont y Wisconsin; los campos de algodón de California; los viñedos de Paso Robles, Napa hasta el valle de Willamette; en los campos agrícolas de Arkansas, Texas, Pensilvania, Ohio, Michigan, Tennessee, Minnesota; la industria de servicios de Arizona, Colorado, Nuevo México, Idaho, y las industrias de procesamiento de pollo y carne del Medio Oeste. A cualquier lugar que viajaba, buscaba un rincón de México. Y lo encontraba en casi cualquier cocina, asilo y guardería a lo largo del país. Hasta en los sitios de construcción de Trump. En cualquier lugar donde se necesitara un ser humano trabajador, un mexicano estaba ahí.

29

Cuatro amigos, reunión en Filadelfia

TEQUILA

Amigos sentados
en una mesa baja
Siembra Azul
claro como el agua
en pequeños vasos
de cristal—
gasto y conversación
peligro de decir poco
o mucho
a la medianoche
caminaremos por
las vías de Union Pacific
y le cantaremos
a la baja, bulliciosa luna

JONATHAN C. CREASY, POETA IRLANDÉS,
MARFA, TEXAS, 2016

No podía recordar la última vez que estuvimos juntos los cuatro, en Tequilas, y en la misma ciudad. Acabábamos de estar juntos en Chicago para un programa que ayudé a organizar para el Instituto de Política de la Universidad de Chicago, moderado por Ángela. Después de todos esos años de nuestra propia conversación personal, David, Ken, Primo y yo nos reunimos para hablar en público sobre el clima actual de la inmigración y ofrecer nuestra propia visión acerca de una nación dividida. Corría el mes de mayo, el mes del aniversario de la mudanza de Tequilas al nuevo edificio.

Una foto nos muestra alrededor de una mesa con los típicos vasos mexicanos de vidrio soplado cuyo borde es color azul cobalto, mientras esperábamos a que el mesero trajera el tequila. David parece un Sean Connery mexicano, con una barba blanca recortada y una sonrisa ganadora para ocultar sus crecientes preocupaciones. Primo no sonríe debajo de un bigote negro. Tiene la mirada intensa de un poeta. Ken, un tanto incómodo y con la cara más redonda, en general más delgado, sonríe con alegría, y yo parezco un ciervo asustado por los faros de un coche. Traigo puestos mis tradicionales jeans y una chamarra deportiva azul —como la de JCPenney, pero más elegante.

Era viernes por la noche. Un bartender nos sirvió Siembra Azul y una vez más temblé del deleite.

—Saboréalo —dijo David—. Nunca sabes.

Como Siembra Azul, otras pequeñas marcas de tequila de propiedad privada luchaban por sobrevivir en un mercado caníbal gobernado por corporaciones gigantes.

Nos miramos y comentamos que ésta era la primera vez en años que estábamos todos juntos aquí. Después de las elecciones en noviembre, en verdad pensamos que nunca volveríamos a estar juntos en Filadelfia otra vez. Parecía nuestro fin en Filadelfia.

Primo me volteó a ver y dijo:

—Alfredo, sé que extrañas México y que lo consideras tu hogar, pero nunca te hubieras vuelto tan mexicano como ahora, aquí, en este país, en esta ciudad.

Sabía a lo que se refería. Permaneció en silencio y saboreó el momento.

Si ya no teníamos que decidir *quiénes* éramos —tanto mexicanos como estadounidenses—, al menos sí teníamos el derecho, la responsabilidad incluso, de decidir quedarnos y hacer una diferencia. Podía ver que David y Ken hicieron las paces. Parecían cómodos cuando estaban ellos dos solos.

Mientras observaba a David y a Primo, era evidente que ahora teníamos dos almas, o quizá siempre tuvimos dos almas, almas que pertenecían a ambos lados de la frontera. Todo el tiempo buscábamos una parte de nosotros mismos, tan sólo para darnos cuenta de que mientras estábamos en un lado de la línea, inevitablemente recordaríamos el otro. Tal vez toda esta cuestión geográfica no era más que producto de nuestra imaginación; tal vez a lo largo de nuestro viaje para entendernos a nosotros mismos como inmigrantes, en realidad sólo buscábamos la forma de coexistir entre nosotros.

Me maravillé ante el hecho de que un grupo de cuatro estudiantes estadounidenses, que incluían a una coreanoamericana y otra con raíces en Bolivia, en el evento de Chicago, renovaron mi creencia en un país que parecía implosionar. Me inspiraron a repensar en Estados Unidos y en su ánimo polarizado. Michelle, Nicole, Olivia y Elle hablaban sobre recuperar su país y realmente hacer de Estados Unidos un país mejor.

—Chingón, ¿no?

—De acuerdo —dijeron.

Estábamos tan inspirados que Guadalajara ya no parecía tan inminente.

Quizá nos transformábamos en algo más, en algo mejor, dijo Ken.

Ken se sentía optimista de que habría mejores días por venir y argumentaba que la más reciente baja participación de los votantes hispanos no era más que un bache en el camino. Ayudaba a su hija Maya a preparar sus solicitudes para varias universidades de todo el país y a estudiar las ganancias educativas de los hispanos. A lo largo de la última década, dijo, el logro escolar de los hispanos a nivel general era el mayor reto, pero la tasa de deserción a nivel preparatoria disminuyó y la matriculación universitaria aumentó, aunque los hispanos aún estaban rezagados con respecto a otros grupos para conseguir una licenciatura.

La visión optimista de Ken quizá se vio influenciada por los últimos datos que mostraban que las tasas de deserción escolar entre los hispanos caían y la propia búsqueda universitaria de Maya. Ella era una excelente estudiante, por lo que buscaba opciones en universidades de la Liga Ivy y otras de prestigio.

—Es realmente sorprendente —me dijo Ken—. El porcentaje de latinos que ingresa a las mejores escuelas va en aumento. Tienes a cientos de grandes estudiantes latinos que ahora entran a Harvard, Stanford, Yale y Penn. Nunca pensé que vería a tantos latinos en

Penn. Me encanta saber que Maya compite cara a cara con los mejores estudiantes de todo el país.

Más de un tercio de los hispanos en Estados Unidos estaba inscrito en una universidad de dos a cuatro años, por encima de veintidós por ciento en 1993, un aumento de trece puntos porcentuales. Claro que todavía había muchas cosas en las que tenían que ponerse al día. Sólo quince por ciento de ellos tenía una licenciatura. Esto comparado con 41 por ciento de los blancos, veintidós por ciento de los afroamericanos y más de sesenta por ciento de los asiatico americanos.

—Mira, estoy de acuerdo —dijo Ken—. Cuando se trata de empoderamiento político, todavía queda mucho por hacer. Pero las cifras están de nuestro lado.

La demografía es destino, decía, mientras citaba estadísticas de que más de un millón de hispanos podrían convertirse en nuevos ciudadanos para las elecciones de medio término. Yo permanecí escéptico.

Dave, el hijo de treintaiún años de David, por el momento no se compraba nada de esto. Era el heredero obligado de David y trabajaba como gerente de piso en Tequilas. Se tomó un momento y se sentó con nosotros. Estaba reflexivo y confesaba un sentimiento de traición. Dave era el mayor de tres hijos; Marcos, su hermano, y Elisa, su hermana. Al igual que ellos, Dave admitía que era más italiano que mexicano, pero el ambiente que ahora se respiraba en el país lo obligó a proteger su lado mexicano. Había crecido en Tequilas. Recuerdo haberlo cargado cuando era niño y verlo crecer a la sombra de su padre. David incluso mandó a su hijo a quedarse con Ángela y conmigo en la Ciudad de México y luego lo acompañamos a San Miguel de Allende en su búsqueda por aprender español. La experiencia, además de innumerables viajes con su padre a los campos y a las plantas de agave en Jalisco, le ayudaron a valorar su herencia mexicana. Gracias al efecto Trump, Dave ahora defendía su comida, su música y sus licores de formas que su padre no pudo enseñarle durante toda su vida.

Dave compartió el mensaje de su padre en Facebook para mostrar solidaridad con los trabajadores mexicanos y se unió a un movimiento nacional para honrar a los inmigrantes al cerrar negocios que dependían de ellos durante un día. El mensaje decía:

"En la ciudad donde nació nuestro país, en 'la gran ciudad del amor fraternal', hoy en señal de respeto cerramos nuestro negocio para honrar el espíritu humilde de los inmigrantes, su pasado y su presente, en especial aquellos que fundaron los Estados Unidos de América y aquellos que mantienen su promesa viva…"

Miró la institución que su padre construyó desde cero, con el sudor de los mexicanos de Guadalajara, la Ciudad de México, Puebla, Chiapas, Yucatán, Quintana Roo, Guerrero; los colombianos; los ecuatorianos, más y más centroamericanos; e incluso los hijos de algunos de los trabajadores originales de Tequilas. Edith, una beneficiaria de la Acción Diferida para los Llegados en la Infancia, tenía veintidós años. Nativa del Estado de México, llegó a Filadelfia cuando tenía trece años. Como muchos *dreamers*, se involucró en la política, inspirada en formar parte del proceso democrático de Estados Unidos.

—Debemos ser parte de la solución, no del problema —afirmó—. De una u otra manera. La única forma de hacer una diferencia es involucrarse —me dijo—. Los políticos juegan con nuestras vidas, nuestro futuro. El activismo político es la respuesta —declaró, y luego explicó que durante las tardes y los fines de semana organizaba a los inmigrantes con y sin documentos.

Otra era Nicky, una porrista para los 76ers de Filadelfia y una anfitriona en Tequilas cuando no era temporada de basquetbol. Ella era hija de Óscar, de Chiapas, el principal teniente de David. Su padre la educó para que fuera estadounidense primero, a costa de no hablar en español. Por su propio bien, decía. Entre más asimilada esté, mejor.

Mis propias sobrinas y sobrinos se enfrentaban a retos similares, le dije a Óscar. Está bien ser italoamericano, germanoamericano, mexicoamericano, explicó él, pero le enseñé a mi hija a ser estadounidense y punto.

La asimilación es una fuerza muy poderosa, argumenté, y hay muy poca resistencia, sobre todo entre los jóvenes. En mi propia familia, le dije a Óscar, la generación más joven pierde su lengua materna y a veces me rebelo al poner "Despacito" a todo volumen, para ver si al menos una canción de Luis Fonsi con Justin Bieber les despierta la curiosidad a mis sobrinos sobre la lengua nativa de sus abuelos. Pero no he tenido suerte. Christian nunca se quita los audífonos cuando está inmerso en sus videojuegos. Toñito se mueve al ritmo de la melodía pegajosa, mientras su madre, una administradora de empresas, se carcajea.

Todas —Rosalinda, Geo, Gena y Trinity— prefieren que no se les hable en español, como si el idioma las abaratara, les digo con frecuencia para chantajearlas. Todos hablamos inglés, el idioma universal. Algunos, como mi sobrina Camille, retienen ambos. Mi hermano Frank, un antiguo guardia de detención de la Patrulla Fronteriza, y su esposa, Mari, nuestra antigua mesera en Freddy's Café, se casaron y criaron a sus hijos —Jasmine, Luzely Wendy, Erica y Carlos— para ser bilingües, biculturales. Hablan español con tanta fluidez que con frecuencia se me olvida que su inglés es todavía mejor.

Dave interrumpió nuestra conversación sobre el idioma y la música al decir:

—Justin Bieber no me interesa en lo más mínimo, no importa en qué idioma cante.

Además, Dave tenía problemas más importantes. Confesó que a veces no entendía los conflictos internos, la hipocresía y el miedo de sus clientes.

—Vienen y disfrutan de tu comida y admiran la música, el arte, el tequila, el mezcal, y luego eligen a un loco para dirigir la Casa Blanca que odia a los mexicanos —dijo—. Y yo siempre me consideré italiano. Pero me odian, odian al mexicano en mí. Eso no está bien. ¿Me entiendes?

Se casó con una chica italoamericana, Lauren, del sur de Filadelfia. Ahora eran padres de Luca, un niñito muy parecido a Dave, incluso en la forma que daba sus primeros pasos en Tequilas, como si fuera dueño del lugar, donde le gustaba agitar los brazos y sonreír con la boca llena de baba.

También le preocupaba que su padre abandonara Estados Unidos y regresara a México de forma permanente, como el pájaro del que hablaba su abuela. Regresaría a su nido.

—Ya no puedes regresar —le dijo a su padre, quien se encontraba al otro lado de la mesa—. Tienes dos nidos.

—Nunca dejaré a mi familia —dijo David, al tiempo que miró a Luca.

Dave no estaba convencido.

Para los pájaros binacionales, encontrar un hogar en un solo lugar era complicado, le dije a Dave. Nos jalaban en ambas direcciones.

Esto lo aprendimos a lo largo de tres décadas a través de nuestro viaje compartido.

—Quiero que mi hijo tenga a su abuelo —agregó—. Necesitamos que papá sea una parte de nuestras vidas, pero creo que a papá le gusta estar allá en Guadalajara. Se ve diferente, como que pertenece. Alegre. Ya hasta tiene un look *new age*, usa camisas rayadas de lino sin fajar. Mira su barba. ¿Qué onda con eso?

Primo interrumpió a David, quien estaba a punto de corregir a su hijo.

—México no puede quitarte a tu padre —le dijo a Dave—. Ni México, ni Marité, ni nadie. David es un inmigrante y, como aquellos que lo precedieron, ha construido con mucha determinación, dificultad y creatividad su propio México aquí en Filadelfia. No necesita regresar a México. Vive en el México que ha construido para sí mismo y para nosotros. Un México mucho más real que el que dejamos atrás.

La comida mexicana se convirtió en un imperio con un valor de treinta y ocho mil millones de dólares a nivel nacional. Tequilas ya no era un lugar exótico con enchiladas poblanas. El platillo era tan común como la pasta, la pizza, las hamburguesas y el sushi. Tequilas se volvió un caso de éxito estadounidense por excelencia. David ahora era uno de los restauranteros más respetados no sólo en Filadelfia sino en todo el país. Sus clientes frecuentes incluían a Jeffrey Lurie, el dueño de las Águilas de Filadelfia, y su esposa Tina Lai.

—Chingao, eso es Estados Unidos —dijo Primo.

Los mexicanos reconstruyeron Central City en Filadelfia casi sin ayuda con su sudor y muchas noches sin dormir. Jugaron un papel clave en revivir el mercado italiano, mantener las escuelas abiertas, generar ingresos para los nuevos negocios. Mantener vivo el espíritu inmigrante de la nación.

Pagaban impuestos a la propiedad, ya fuera por sus propias casas o al rentar con caseros. Pagaban impuestos sobre la renta y seguridad social, sin ningún beneficio después de su retiro. Por ejemplo, en 2010 la Administración de Seguridad Social estimó que trece mil millones de dólares fueron destinados al fondo fiduciario de seguridad social de los trabajadores indocumentados. Y ellos sólo recibieron mil millones de dólares.

—¿Una carga para los contribuyentes de Estados Unidos? —preguntó Primo—. Eso es pura mierda.

Como siempre, Primo ayudó a poner las cosas en perspectiva. Se disculpó por su ausencia a lo largo de los años. Sin embargo, aún lograba llamar nuestra atención. Me sacó de mi solitario aislamiento en Filadelfia hacía tantos años y ahora nos sacaba a todos de algo igualmente malo, un extraño en Estados Unidos. Lo hizo aquí, donde los cuáqueros buscaron crear una utopía de tolerancia y aceptación. Los estadounidenses quizá terminen por amurallarse de todos los demás, pero no eran diferentes a los alemanes, italianos o irlandeses. Los "norteamericanos" con el tiempo mirarían a su alrededor y se darían cuenta de que los enemigos que crearon en sus propias cabezas se convirtieron en algo más: en norteamericanos como ellos.

Primo recurrió a su obsesión de toda la vida, Huntington, el erudito de Harvard que hacía mucho tiempo predijo el choque de civilizaciones.

—Huntington tenía razón —dijo Primo—. En el pasado, ninguna migración influenció tanto a Estados Unidos como la mexicana.

El problema con la teoría de Huntington es que llegó a la conclusión equivocada. Los mexicanos no eran una amenaza, más bien representaban una de las mayores contribuciones a Estados Unidos: grandeza social, economico, política y cultural.

—¿En dónde fueron más mexicanos? —Primo nos preguntó de nuevo.

Miré a David y supe que Primo tenía razón. Ningún otro país nos hubiera hecho tan mexicanos como lo éramos aquí mismo en Tequilas.

David se cruzó de brazos y asintió. Vivió más de la mitad de su vida en Filadelfia.

—No puedo dejar Filadelfia atrás, así como tampoco puedo dejar Guadalajara —dijo—. ¿Cuántas personas en verdad pueden decir que son binacionales? Pienso que no muchas. Lo que antes era una carga emocional ahora es un privilegio —dijo David.

Le dije a David que llevaba más de dos años sin ir a México y que aún no me volvía loco por ello, pero seguro era porque sabía que siempre podía regresar.

—Estados Unidos te ofrecía la posibilidad de desarrollar tu mexicanidad —dije—. ¿No es eso a lo que te refieres, Primo? Que eso en sí mismo valió la pena el sacrificio.

—Tu identidad mexicana creció —concordó Primo—. Te sacrificaste y eso te hizo más mexicano y algo más.

—No tenías esa posibilidad en México —dije—. Estados Unidos, su espíritu, su significado, nos ha transformado.

De alguna manera, logramos cruzar, de forma orgánica, sin mucho problema. Hasta ahora.

—Los estadounidenses se enamoraron de ti, David, y del restaurante que construiste —dijo Primo—. Están tan fascinados que ahora hasta copian tu comida, el tequila, el mezcal, incluso tu música. Eso es lo que Estados Unidos hace cuando quiere adoptarte. Te copia. Se llama halago. Aceptación generalizada.

Ken estaba callado como siempre. Hasta que también confesó con ironía:

—Nunca me sentí tan mexicano en Nuevo México como me sentí aquí con ustedes.

Ken no sólo era abogado; sin considerar la debacle con David, Ken siempre fue un emprendedor serial. A lo largo de los años lanzó negocios de radio, televisión y tecnología, y ahora construía un fondo de capital de riesgo en el mundo tecnológico de California.

—Hago negocios para subsidiar mi trabajo de interés público —dijo.

Ken confesó que se obsesionó con el puesto que siempre quiso. Alcalde de Filadelfia.

—Hago un poco de tiempo —dijo, y admitió que pensaba postularse otra vez, algún día—. Necesitamos que todos los votos, blancos, afroamericanos, asiáticos, musulmanes, hispanos, pinten Pensilvania de color azul otra vez.

Se sentía revitalizado y quería darle otra oportunidad a las elecciones, dijo. Votar era la única manera de ayudar a revivir a Estados Unidos. Él también quería hacer una diferencia, comprobar que como los invitados más recientes en el gran escenario de Estados Unidos teníamos algo que probar. Pertenecíamos. Ahora teníamos que elevar nuestro juego y fortalecer lo que se sentía como una democracia frágil. Ayudar a salvar nuestro país. Espero que tenga razón, pensé, y luego recordé a esos osos en hibernación.

—No le doy ningún crédito por nada a Trump —dijo Ken—. Pero algo que reveló esta elección es la brecha entre los ricos y los pobres, las personas con y sin educación, y la sociedad tribal en que podemos convertirnos. De cara al futuro necesitamos líderes que tengan los pies puestos en ambos campos, con la suficiente empatía como para gobernar en un mundo de mayoría minoritaria racial. Un liderazgo que evite que nos convirtamos en una sociedad tribal en el futuro.

Alzamos nuestras copas para brindar por Ken y empezamos a disfrutar el tequila aún más, en lo que esperábamos a que Primo continuara, y eso hizo:

—Éste es Estados Unidos. El único lugar donde los cuáqueros podían ser cuáqueros en el Nuevo Mundo —dijo—. Ustedes tres son más gringos que los gringos, porque muchos se olvidaron del sueño. Ustedes lo viven a diario, incluso cuando son testigos de que grupos xenófobos y racistas convierten tal sueño en horrenda pesadilla. Luchar contra toda forma de abuso y discriminación, como bien lo saben ustedes, es parte de ese sueño. Amigas y amigos, ¡Viva la vida sin fronteras! —remató feliz Primo.

DAVID Y YO NOS RETIRAMOS a "la cueva" para tomar la última copa de la noche, o tal vez dos. Cada vez tratábamos de superar la anterior al compartir nuevas selecciones musicales para sorprendernos el uno al otro. Una noche escuchamos "Amo" de Miguel Bosé como cincuenta veces seguidas para memorizar cada letra; a últimas fechas, Juana Molina, Natalia Lafourcade, Calle 13, Zoe y "La ciudad de la furia" de Soda Stereo con el cantante Gustavo Cerati nos conducían a una deliciosa agonía.

Esta vez no hubo música, sólo confesiones.

—Después de la elección, lloré por Luca —dijo David— y por el país que le espera.

En fechas recientes David se obsesionó con la historia de Filadelfia, que en realidad era la historia del país. Visitó Independence Hall, leyó la Declaración de Independencia y caminó por Washington Park a la tumba de Benjamin Franklin. Guardaba una copia de la Constitución de Estados Unidos en su escritorio.

Me fui de Filadelfia y entre mis vuelos de camino a una estancia en la Universidad de California en San Diego, David me mandó un mensaje de texto desde el balcón de su departamento, que daba a Central City, Filadelfia, y sus más recientes sitios de interés:

"Estoy aquí con una copa en alto para brindar por la patria que me abrió sus brazos y me dejó ser yo mismo —decía—. Por Estados Unidos, que en sus orígenes le dio a la humanidad una razón para creer en la humanidad."

DURANTE TRES DÍAS LA neblina se extendió por el océano Pacífico, obstruyendo casi toda la vista desde mi ventana en La Jolla.

Era difícil ver por la ventana y distinguir dónde estaba con exactitud.

California aprendió de su anterior maltrato a los inmigrantes y ahora era tan progresista y estaba tan por encima de la contienda, que casi se sentía como si se hubiera independizado del resto de la nación. "El estado dorado" me recordaba nuestros valores como estadounidenses. Me gustaba despertarme tres horas antes de la costa este. El tiempo era más lento. Era como si no nos importara el desorden que crecía en Washington. Un letrero escrito a mano afuera de la ventana de un dormitorio de la Universidad de California en San Diego resumía el sentimiento: ¡Al carajo con Trump!

Afuera de mi ventana, cinco chicos y una chica jugaban basquetbol. Escuché el sonido agudo de la pelota mientras era driblada sobre el cemento. Cada rebote me traía recuerdos del valle de San Joaquín y de jugar a la pelota con mis hermanos.

Luego de tres días soleados volvió a llover al sur de California. Llovió tan fuerte como lo hizo durante el funeral de mi tío. Llovió a cántaros. Pensé en esas pesadas nubes que nos retaban sin piedad. Las nubes que quemaron la tierra con sequías y muerte. Pero aquí había una súbita liberación.

Se levantó un peso, así como la neblina. El cielo era tan azul que casi lo podía acariciar con gentileza.

30

Mis patrias

Mi hermano Edmundo, Mundito para nosotros, se toma un descanso de la parrilla mientras disfruta de una cerveza. Está pegado a su teléfono inteligente. Ahora mismo suenan "What is Life" seguida de "My Sweet Lord" de George Harrison, ambas canciones redescubiertas por una nueva generación después del estreno de una taquillera película de verano.

En el interior de nuestra casa, mi madre también cocina y no tengo más remedio que esperar con anticipación. Hay algo artístico en la forma en que se mueve por la cocina, las pequeñas cosas que dice, los fragmentos de canciones que canta. Todo se lo agrega al arroz, los tacos, las enchiladas, el menudo y el caldo de res.

Sus creaciones son poéticas, líricas. Saco mi celular para grabar un video de ella, con la esperanza de capturar ese momento para siempre.

Mi nueva oficina ahora está enclavada en las montañas de El Paso. Desde mi escritorio puedo ver la verdosa vegetación, los ocotillos altos y fuertes, la artemisa morada que sopla durante las lluvias de monzón del verano. Mis hermanos, hermanas, sobrinos y sobrinas están conmigo para celebrar el 4 de julio y me ayudan a limpiar el lugar de muebles viejos y archivos. Gena, mi sobrina, lidera el esfuerzo. Ella me ayuda a empacar viejas libretas de reportero de tres décadas y a acomodarlas en cajas en el garaje, entre ellas algunas que mi madre guardó de mis días como reportero en Filadelfia. Acaricié algunos cuadernos con los dedos que decían: "Campbell's, Chicago, plaza Kennett, Freddy's Café…" Descargué un baúl lleno de libros, algo de investigación escondida dentro de mi Bora de VW, con sus placas de la Ciudad de México, para recordarme a mis amigos Samuel López, Julia Reyes, Juan y Óscar, otra vida y otro lugar, un tiempo arropado en la colonia Condesa rodeado por el Parque México y árboles que rozaban el cielo. Aún me duele el corazón.

En mi oficina hay una capa de pintura fresca color azul claro en las paredes que remplazó a una paleta color naranja brillante. Un largo escritorio de madera da hacia las montañas, que al parecer fueron nombradas en honor a Benjamin Franklin Koons. Ahora el espacio de trabajo es mínimo con sólo una estación de trabajo y una impresora.

El espacio está libre, al igual que mi mente.

Ángela también está de vuelta en El Paso. Ella también dejó la Escuela de Periodismo Cronkite en la Universidad Estatal de Arizona y, al igual que yo, le entusiasmaba ser periodista de tiempo completo otra vez. Aceptó un trabajo cubriendo la frontera para el *Albuquerque Journal*.

—¿Acaso tú y yo podemos vivir el uno sin el otro, como México y Estados Unidos? ¿Podemos siquiera imaginarlo? ¿Qué mejor lugar que aquí, qué mejor tiempo que ahora para estar en casa y contar nuevas y viejas historias?

Ella sólo sonrió.

Regresé a la ciudad que me enseñó a reportar sobre historias compuestas de delicados hilos que los reporteros deben desenredar. Historias que nos unen. La ciudad no se siente del todo estadounidense o mexicana, sino algo intermedio. Es una ciudad ecléctica, dinámica donde un músico convertido en concejal de la ciudad y representante de Estados Unidos con raíces en Irlanda llamado Beto O'Rourke aspira a ser un senador estadounidense de Texas, un estado que juega con distintas tonalidades de morado. Y es O'Rourke, el desvalido, no su oponente cubanoamericano, Ted Cruz, quien se postula de forma no oficial como el candidato hispano que habla español. Esta región está rodeada de desierto y una larga historia de aislamiento, lo que genera el tipo de fiera independencia necesaria para sobrevivir a los elementos de la tierra y a la voluntad caprichosa de los políticos oportunistas que pretenden conocer y entender la frontera. En realidad muy pocos lo hacen. Aquí en la frontera, esta lejanía nos forja el carácter —nuestras canciones, nuestra poesía y literatura, nuestra propia mentalidad.

El Paso, una de las grandes ciudades de Estados Unidos, con su esplendor secado al sol, está bajo construcción. Nuevos caminos, puentes, pasos a desnivel, nuevas ampliaciones de carreteras —todos se erigen para conectarnos mejor con el resto del mundo, así como para ofrecer una ruta para la floreciente ciudad y el creciente comercio entre México y Estados Unidos. El Paso en sí mismo todo el tiempo trata de ser algo más, siempre lo mueven las necesidades y los ánimos veleidosos de otros, y sigue el dinero y los vientos políticos. Compartimos una frontera estatal con Nuevo México y una frontera internacional con México. Somos un modelo de tolerancia, de aprender a convivir en armonía para seguir adelante. Estos días borramos nuestra historia, literalmente derrumbamos edificios históricos, arrasamos con barrios enteros —entre ellos Duranguito— y buscamos una identidad no del todo definida. Somos ciudadanos de la región del Paso del Norte, un histórico cruce de caminos para las tribus nativoamericanas, para los españoles en el Nuevo Mundo, para los pioneros norteamericanos en su camino hacia el oeste, los afroamericanos estacionados en el fuerte Bliss, quienes después decidieron retirarse ahí, incluida la madre de Khalid, el cantante nominado al premio Grammy, y el autor del libro *Black Klansman*, Ron Stallworth.

Por mucho tiempo esta zona les ha dado la bienvenida a los recién llegados de distintos contextos culturales y religiosos, incluyendo a los menonitas, mormones, asiáticos y gente de Medio Oriente. En años recientes, muchas madres y padres con hijos han llegado a este tramo de frontera desde sus tierras azotadas por la violencia como Venezuela, Honduras, Guatemala y El Salvador. La mayoría se enfrenta a una batalla cuesta arriba para quedarse. Mi hermana Linda, una abogada de inmigración, enfocó muchos de sus esfuerzos en ayudar a algunas de las personas más vulnerables que llegan a Estados Unidos, incluyendo familias centroamericanas, muchas de las cuales son solicitantes de asilo que están detenidas.

Por generaciones, El Paso a menudo fue el primer estado en recibir la mayor oleada de mexicanos. Nos convertimos en una minoría mayoritaria en la década de 1920, tras la Revolución mexicana, y desde entonces, en un rito de iniciación para la gente que viajaba por aquí llena de esperanza en su camino hacia el norte y dejaba atrás partes de sí misma, desde recuerdos hasta huesos en el desierto. Algunos tenían éxito y se reconectaban con familiares, amigos y trabajos.

Algunos morían en el proceso, ahogados en el Río Grande, o sucumbían ante el sofocante desierto, o se sofocaban en camiones de dieciocho ruedas o vagones de tren.

Estas muertes nos atormentan.

Estos recuerdos son una carga que soportamos.

Entre más envejezco, más me doy cuenta de que quizá nada cambia. Ahora que se habla de amurallar a Estados Unidos de México, e inevitablemente a una parte de lo que somos, esto sólo parece poner a prueba nuestro propósito e historia. Cuando Tijuana se sumió en la violencia de las drogas y los estadounidenses se mantuvieron al margen, la ciudad fue obligada a mirar hacia su interior, analizarse y reconstruirse. San Diego se percató de que estaba mejor económica y culturalmente si se conectaba con Tijuana, que si vivía en el aislamiento. Calibaja es un término acuñado por una región que le rinde tributo a la fusión entre el sur de California y Baja California, kilómetros de playas, hermosos atardeceres, excelente vino y comida, incluyendo los mejores chilaquiles que he probado en mi vida elaborados por hombres y mujeres sin planes de cruzar la frontera. De igual manera, la norteamericanización de México aumenta de forma acelerada. Los niños mexicanos en edad escolar deben aprender inglés.

También veo que algunas partes de El Paso quieren reclamar su pasado, reconstruir una vieja línea de tranvía que con el tiempo tal vez reconecte dos ciudades hermanas, dos países de nuevo. El Paseo de las Luces algún día se extenderá a lo largo de la frontera desde la calle South El Paso —donde Freddy's alguna vez le dio la bienvenida a quienes cruzaban el puente fronterizo— a la avenida Juárez, iluminando nuestras similitudes y no nuestras diferencias. Como para subrayar nuestra resiliencia, uno de los puentes peatonales bajo construcción en El Paso se curva y parece dirigirse hacia Ciudad Juárez, asomándose por encima de la cerca de acero oxidado a la que nuestros vecinos se refieren como un muro. Aquí en la frontera fabricamos alas y volamos por encima del muro. Es justo en medio de estos dos mundos que he regresado a vivir.

Mi nueva tarea como corresponsal de la frontera mexicana para *The Dallas Morning News* es explicar esta malentendida región de diez millones de personas a una nación dividida y desgarrada, llena de odio y sospecha, que siente como si se la robaran bajo sus propias narices.

Miré a mi alrededor y sonreí. Mi familia está aquí. Cuando me fui para Filadelfia tenía miedo de que los humildes cimientos que nos mantenían juntos como familia colapsarían a nuestro alrededor. Pero nuestro vínculo se mantuvo. Aunque muchos de mis hermanos se fueron, ellos, al igual que yo, han regresado a la frontera. Probados. Más fuertes.

Linda y Mónica se fueron y regresaron a casa para arrancar su propio negocio, LINK, una empresa de asesoría universitaria dedicada a empoderar a los estudiantes de preparatoria y alentarlos a ver más allá de lo familiar hacia lo desconocido, incluso si eso significa salir de sus zonas de confort. Su filosofía se basa en la idea de que la educación es la clave de muchos de nuestros problemas y luchas como sociedad, lo que significa que, si las cosas nos salen bien en este sentido, las posibilidades son ilimitadas. También trabajan con beneficiarios de la Acción Diferida para los Llegados en la Infancia, los *dreamers*. Todo su modelo de negocios se basa en alentar a la gente a soñar a través de la educación.

A Mundito lo ascendieron a gerente regional de una clínica de prótesis. Juan es contador. Panchito (o Frank) es guardia de seguridad. Mario y David trabajan en el negocio de entrega, desde galletas hasta pan y autopartes. A ambos les preocupa que la automatización acabe con sus trabajos. La compañía de Mario ha hecho recortes de personal. David maneja un camión desde la frontera hacia el Medio Oeste de Trump, parte del sistema de entrega *justo-a-tiempo* de la cadena de suministro que contribuye con más de medio billón de dólares de intercambio comercial entre Estados Unidos y México.

—¿Cuánto tiempo falta para que un robot maneje mi camión? —pregunta David—. ¿Diez, veinte años?

—No sé, pero yo empezaría a pensar en un plan B —le respondí.

Mientras cae la noche, mis padres me acompañan en la sala de estar antes de irse a acostar. La voz de Jorge Ramos, el conductor de noticias de Univisión, se escucha a todo volumen.

—No nos vamos a sentar. No nos vamos a callar y no nos vamos a ir.

Mi madre voltea a ver a mi padre e imita el anuncio público más reciente de Univisión, una de las dos cadenas de televisión de habla hispana —Telemundo es la segunda— que cada noche pelean por los ratings con ABC, CBS, FOX y NBC. Las televisoras llegaron a unos cincuenta millones de hispanohablantes en Estados Unidos, más que en España.

—¿Escuchaste eso? —dice mi madre, en alusión al anuncio en la tele—. No nos vamos a sentar. No nos vamos a callar. No nos vamos a ir. Jorge tiene razón —concluye.

—La próxima vez sólo asegúrate de que todos voten —le recordé.

—Sí —agrega mi padre—. Voten. No se hagan güeyes, pendejos.

Se van a dormir. Veo el cielo oscurecerse antes de iluminarse otra vez con tonos dramáticos.

Corro hacia la recámara de mis padres y los invito a que salgan a ver el cielo.

—Me encanta cuando el cielo se pone tan negro: es el mejor fondo para los fuegos artificiales —les digo, y trato de convencerlos de verlos conmigo.

Mi padre trae puesta su máscara de dormir para ayudarle con su apnea.

—¿Qué hay que celebrar? —dice—. Mejor me quedo en la cama.

—Yo iré sin él —dice mi madre—. Me gusta la pólvora. Pólvora, así le decíamos al espectáculo de fuegos artificiales en San Luis de Cordero, que se celebraba el 25 de agosto, cuando el pueblo festejaba su fundación con una enorme fiesta.

—Ésta es la primera vez que no ve los fuegos artificiales con nosotros —le digo a mi madre.

—Sólo está cansado —dice—. Todos estamos emocionalmente agotados.

Salimos de la casa. Hay suficientes nubes flotando en el cielo como para mantener alejadas a las estrellas y hacer que los fuegos artificiales brillen con más intensidad.

—Es mágico —le digo a mamá.

Rodeo a mi mamá con el brazo y señalo los fuegos artificiales que aparecen en otras direcciones. Parece como si escucháramos ruidos provenientes de la orilla del río, gente que celebra más allá de las sombras, cerca de una reja que simboliza el último aliento de resistencia de Estados Unidos a su propia historia de inmigración. Donde algunos se imaginan a hombres malos y peligro, nosotros contemplamos belleza, humildad y dignidad en las fronteras.

Para redefinir quiénes somos como norteamericanos, tuvimos que llegar a este punto de inflexión de división, nativismo, miedo para poder tomar el siguiente paso para volvernos parte del tejido de este país, para pertenecer, incluso si ya lo hacemos. Hemos hecho esto durante siglos, empezando con la reunión de los Padres Fundadores para elaborar un documento en Filadelfia. Y en mi propia vida, en aquella noche invernal cuando Ken, David, Primo y yo nos conocimos y seguimos adelante.

Volteo a ver a mi madre y sólo pienso en todo lo que ha vivido, lo que ha experimentado para darnos la vida que tenemos en este país. Podría estar enojada o amargada. En cambio, se siente agradecida e indulgente. Se para junto a mí, pequeña bajo mi brazo, esperanzada por el futuro de sus dos países.

San Luis de Cordero es el lugar donde está enterrado mi cordón umbilical. El amor por la Ciudad de México corre por mis venas. La tierra del valle de San Joaquín está quemada en mi memoria y en las yemas de mis dedos. Tengo a Filadelfia en la mente. El Paso, en mi alma y en mi corazón. El Río Grande y sus gentiles aguas fluyen a través de mí.

Éste es mi hogar, el epicentro de mis patrias.

El fin

Yo respondí que no, pero mi madre insistió. Dijo que los Estados Unidos nos necesitaba.

Trató de convencerme de que mi padre y ella debían acompañarnos a Ángela y a mí a cubrir la visita que el presidente Trump haría en febrero a El Paso. Mis padres querían mostrar su apoyo a nuestra ciudad natal e incluso darle la bienvenida a Trump, enseñarle lo que realmente se vivía en la frontera; su armonía, sus lazos familiares y comerciales. Quizás querían hacerlo cambiar de opinión sobre nuestra ciudad, nuestra piel morena, nosotros.

Era la noche del enfrentamiento entre mítines políticos: el de Trump era en el Coliseo del Condado de El Paso, a solo unos pocos metros de la frontera con Ciudad Juárez. Beto O'Rourke lideraba un mitin opuesto muy cerca de allí. El Paso fungiría como el arquetipo de la amistad transcultural o como la zona de impacto para una invasión migrante, como alguna vez declarara el recién despedido fiscal general de Trump.

Mis patrias se sentían inquietas. Estados Unidos estaba herido y sus luces mortecinas nos convocaban. Teníamos que encontrar nuestra voz.

El tramo de frontera al que llamo hogar había sido sometido a experimentos crueles y sigilosos, entre ellos un programa piloto para separar a familias centroamericanas en la frontera meses antes de que el gobierno anunciara su política de "tolerancia cero".

Cientos de niños fueron sacados de la zona, algunos incluso arrancados de los brazos de sus padres, aferrándose a ellos entre lágrimas. La administración de Trump aún no revela con exactitud la cifra total de niños ni el lugar adonde fueron a parar. Sin embargo, la cantidad de niños pequeños era tal, que el gobierno tuvo que levantar un campamento —a una hora en auto al este de El Paso— para los adolescentes migrantes, que en algún punto sumaron 2 800 detenidos detrás de vallas y alambre de púas, mientras un ejército de cientos de cuidadores iba y venía en camiones fletados dos veces al día, comenzando al amanecer. El alambre de púas y las vallas amurallaban el campamento desértico, ocultando la operación para mantenerla en secreto.

A medida que el sol de febrero se metía, miré al cielo desde mi patio trasero con vista a las tierras fronterizas, tres estados y dos países. Mi ciudad aparecía radiante, bañada en un color naranja quemado.

Dentro de nuestra casa mi madre no paraba, pues estaba ansiosa por involucrarse.

—Somos gente buena —dijo, como tratando de convencerse a sí misma y a mí de que se podía hacer cambiar de parecer a Trump—. Somos trabajadores.

—¿Para qué intentarlo? —le respondí, mientras ella exponía su caso y yo buscaba una libreta nueva en mi habitación. Era el primer mitin para la campaña de reelección de Trump en mis patrias. *Aquí empieza*, pensé.

—¿Sabes? —le dije—. Todo esto es puro teatro para la base electoral de Trump. Tú, yo, todos nosotros somos parte de su espectáculo. Hacía poco había viajado a McAllen con mis colegas Carrie Kahn y Dudley Althaus, y habíamos experimentado esto muy de cerca: no éramos más que peones bajo su mando.

—Quédate en casa —le dije—. Ve "El gordo y la flaca", o mejor aún, "La rosa de Guadalupe" —ambos programas televisivos sumamente populares—. Son mucho más entretenidos y al menos tienen finales felices, a diferencia del extraño *reality show* de Trump. Este presidente no merece tu tiempo. Es como los líderes populistas de derecha de Europa del Este, que no hacen más que avivar el odio para sembrar miedo y peligro donde no existen. Y lo peor es que está ganando.

Mi madre se quedó inmóvil, sin saber exactamente qué hacer.

Con voz queda confesó que le preocupaba mi seguridad esa noche, al igual que cuando cubría la violencia del narcotráfico en Ciudad Juárez y más allá.

—Esa gente odia a los reporteros —repitió mi madre.

Sentí que me iba a meter en una rebelión con horcas y hogueras estilo MAGA (*Make America Great Again* o "Hagamos que Estados Unidos regrese a su grandeza").

Finalmente, mi madre expresó su opinión:

—Tengo curiosidad de ver quién asistirá.

—Te sorprenderías —respondí con cinismo—. Algunos podrían ser tus propios vecinos saliendo del clóset con sus gorras rojas de béisbol. Podrían ser parte de los llamados "votantes indecisos" en 2016, simpatizantes de Trump durante todo este tiempo. La situación podría romperte el corazón, o enfurecerte, como a tu hija menor.

El fin de semana previo al mitin, mi hermana Linda, abogada de inmigración en El Paso, se indignó tanto al ver una tienda ambulante que vendía artículos pro-MAGA en un estacionamiento, que entró a un supermercado, compró dos pósteres blancos y un marcador negro, y escribió: "Toquen el claxon en favor de las familias migrantes".

Una mujer que en ese momento hacía sus compras en el supermercado, la vio escribir con furia sobre el suelo de la tienda y preguntó si podía unírsele. Mi hermana le dio el marcador negro y ambas salieron a trote de la tienda. Las dos se pararon en la ajetreada calle Mesa y alzaron sus letreros bien arriba. Los automovilistas les pitaron de regreso, la mayoría en señal de aprobación. Pero un conductor con placas de Nuevo México gritó desafiante:

—¡Deportación!

—¡Vete al carajo! —le gritó mi hermana en respuesta—. ¡Regrésate a Nuevo México!

—Esa es mi chiquis —dijo mi madre, utilizando el apodo de mi hermana—. ¿Y si mejor marchamos en el mitin opuesto con Beto?

—Claro, mamá, lo que tú quieras —dije con sarcasmo—. Tú, papá y su andadera, exponiéndose a la fuerza del viento helado que casi podría levantarlos y lanzarlos por encima de la reja de bolardo de la frontera hacia Juárez. ¡Ya basta, mamá!

—Te ves cansado —dijo mi madre, abatida—. No pierdas tu optimismo.

Sus palabras de pronto me recordaron a George, el hombre blanco a quien conocí en los campos californianos del valle de San Joaquín, donde trabajé como agricultor en la década de 1970. En los últimos tiempos, George rondaba mi mente. Pensé en su amargura, en su visión lúgubre del futuro. ¿Acaso me estaba convirtiendo en él?

No dejes que el pesimismo mate tu optimismo, diría George, las mismas palabras que ahora mismo pronunciaba mi madre.

Me sentía drenado por el tono racista y nativista de la política, algo que me retaba a trabajar más duro para comprobar que yo era un verdadero periodista —neutral, capaz de presentar dos o más caras del tema—, incluso cuando me sentía atacado por ser migrante.

Participa si quieres pertenecer y volverte estadounidense. Vota. Si no lo haces, a nadie más le importará, instaría George.

Si Texas iba a convertirse en un campo de batalla política, en un estado reñido —aunque eso estaba por verse—, todos debían darle importancia. Votar.

Miré a mis padres; aunque eran frágiles y viejos, también eran decididos y atrevidos. Ellos encarnaban el optimismo estadounidense: eran ciudadanos naturalizados a quienes siempre les ilusionaba ejercer su deber cívico. Estadounidenses que escuchaban el llamado. Y eran el tipo de personas a quienes Trump y su equipo más temían.

El primer día de votación anticipada en las elecciones intermedias de 2018, me formé junto a ellos y mis dos hermanas, Mónica y Linda, en una pequeña fila dentro de un centro comercial para votar. La fila crecía a cada segundo. Comencé a preguntarme si los votantes latinos —como osos hibernando— al fin se habían cansado de su ausencia en las urnas.

No había visto a mis padres tan decididos desde su temprano despertar político en los campos de cultivo de California. Su determinación por reunir a otros para votar me conmovió. Mi madre pasó horas en el teléfono con amigos, parientes, la enfermera de su dentista, la cajera en el supermercado, su fisioterapeuta e incluso el técnico del sistema de cable.

—Voten —nos decía a mí, a cualquiera, a todos—. Voten por el cambio. Voten por Beto. Sí, Beto —un hombre estadounidense de origen irlandés, hípster de la generación X, además de un papá genial—. También encarna lo mejor de la frontera, lo que somos, arraigados en estas, nuestras patrias —decía mi madre.

Cuando el icónico letrero en blanco y negro de la campaña de Beto al Senado desapareció de nuestro patio delantero, mi madre se sintió desganada durante días, hasta que apareció una voluntaria y lo remplazó. Mi madre sonrió y le dio las gracias, luego colocó piedras alrededor del letrero con la esperanza de que no saliera volando a causa de los vientos del desierto, o para evitar —decía medio en broma— que alguien se lo robara y lo remplazara con un letrero de Ted Cruz. Una verdadera tragedia.

—Beto ni siquiera es hispano —le recordé a mi madre, jugando al abogado del diablo. Ni siquiera estaba seguro de por qué había sacado ese tema a colación—. Es el yerno de un solitario multimillonario —le dije—. Los chicanos lo acusaron de alinearse con personas influyentes de la ciudad para derribar viejos vecindarios en el mismo Segundo Barrio donde nos hicimos mayores, mientras administrábamos Freddy's Café, nuestro restaurante —le recordé.

—Su etnicidad no es el problema —respondió mi madre—. Somos residentes de la frontera —dijo—, no discriminamos. Beto es hijo de la frontera.

En momentos como este, me encogía al ver la esperanza que aún albergaba mi madre. Era un optimismo que durante mucho tiempo creía haber heredado, para bien o para mal. Pero ya no estaba tan seguro porque, por supuesto, los mexicanos habían sido discriminados durante mucho tiempo, maltratados por los Rangers de Texas, incluso colgados de los árboles. Discriminados al igual que los chinos y los negros en la frontera y casi en cualquier otro lugar de Texas. Hacía un siglo, los líderes de El Paso solicitaron la construcción de un muro para mantener fuera a los chinos. Algunos afroamericanos huyeron a Ciudad Juárez y construyeron sus propios vecindarios, incluso su propio bar, El gato negro, después de la Segunda Guerra Mundial para vivir con libertad, lejos del racismo, la discriminación y la segregación.

Sin embargo, mi madre se negaba a volver la vista al pasado. El tiempo se le acababa, me había explicado. Solo le importaba el futuro, hacer que su sacrificio sirviera de algo.

Ella vestía su playera color azul y blanco con el letrero "Beto por Texas" de su campaña al Senado, como para decirme que lo único importante era que pertenecíamos a la misma tribu de inadaptados e incomprendidos en el río Grande, algo casi imposible de entender por una nación dividida en busca de chivos expiatorios.

—Beto —dijo mi madre— es un estadounidense con alma de migrante.

Quizá tenga razón, pensé. Beto tiene una extraña habilidad para hablar en nombre de las comunidades minoritarias sin amenazar o alienar a los votantes blancos de los suburbios. Tenía lo que los analistas políticos describían como "la blanquitud consciente", que le permitía decir cosas que solo los llamados hombres blancos progresistas podían decir, cosas que la gente como yo no podía pronunciar por miedo a que nos pidieran que nos regresáramos a México.

—Además —agregó mi madre—, ¿lo has escuchado hablar en español? Me agradan esas personas que al menos lo intentan. Las etiquetas no lo definen.

—¿Y qué hay de Julián Castro, el antiguo alcalde de San Antonio y secretario de Vivienda y Desarrollo Urbano? —pregunté—. Él es nieto de migrantes mexicanos.

—Si puede demostrar que puede ganar, allí estaremos —dijo mi madre—. Esto no solo se trata de Beto o de cualquier otro político. Se trata de nosotros. De todos. De la próxima generación.

En especial le preocupaba mi sobrino de diez años, Toño, quien en ese momento escuchaba nuestra conversación. Ahora casi todos sus compañeros mexicanoamericanos en la Escuela Primaria Green y él se burlaban de Trump, al apodarlo Donald *Dump*.

—¿Por qué dicen esas cosas? —le pregunté a Toño, en mi rol de padrino cariñoso.

—Porque no le agradamos —respondió Toño, mientras chupaba una paleta.

Mi madre observó la escena y sacudió la cabeza con tristeza.

—No me importa si Beto nació con privilegios —agregó—. Él nos ayuda a mover la meta poco a poco. Avanzamos algunos pasos con cada generación —dijo—. ¡Mira a tu hermana Mónica! Es lo suficientemente buena como para dirigir una universidad. Linda algún día se postulará para un cargo público. Yo ni siquiera hubiera podido imaginarme una realidad así para mí cuando trabajaba en los campos —dijo orgullosa—. Estamos juntos en esto.

Me recordó que cuando Linda estudiaba Derecho en Nueva York, soñaba con regresar a casa y marcar la diferencia como organizadora comunitaria, de la misma manera que había organizado juntas en nuestra casa con Beto, quien en ese momento era el concejal de la ciudad que se postulaba para el Congreso de los Estados Unidos. Quería que nuestros vecinos lo conocieran. Beto apareció con algunos miembros de la nueva camada de líderes políticos de El Paso, incluida Verónica Escobar, quien en ese entonces se postulaba para ser jueza del condado.

—Beto nos saludaba con auténtica cortesía y nos ayudaba a recoger al final de las reuniones —recordaba mi madre—. Eso es lo que importa: lo que está en su interior, no su cartera ni su nombre.

En el fondo mis padres veían en Beto vestigios de Robert F. Kennedy (RFK), a quien aún idolatraban. Mi madre recordaba ver al senador de Nueva York sentado junto a César Chávez tras su huelga de hambre. Kennedy, con su traje gris *oxford* y una insignia de Trabajador Agrícola Unido, la misma que portaban mis padres. César no había ingerido alimentos durante veinticinco días, con excepción de agua, y estaba envuelto en un sarape. Muchos años después le mostré a César Chávez la credencial de membresía del sindicato de Trabajadores Agrícolas Unidos de mis padres cuando lo entrevisté para *El Paso Herald-Post*. Me preguntó entre bromas si estaba listo para abandonar la pluma y la libreta para regresar a los campos.

—La lucha sigue —dijo.

Yo solo sonreí. Billy Calzada tomó la fotografía.

En el verano de 1968, mi padre compró un nuevo camión que manejamos desde Fresno a un campamento agrícola cerca de Mendota, donde vivíamos. Estábamos realmente fascinados con el olor de los asientos nuevos. Mi padre cambiaba las velocidades con jovialidad y jugueteaba con el radio en busca de cualquier canción norteña, de preferencia algo de Los Relámpagos del Norte. Estaba entusiasmado por conducir el camión hasta la frontera esa Navidad, cruzar a México y presumírselo a sus amigos y familiares, una forma segura de tentar a la siguiente ola de migrantes hacia el norte.

La conversación cesó cuando en las noticias anunciaron que le habían disparado a RFK. Mi madre lloraba. Condujimos en silencio el resto del camino y nos olvidamos del olor a camión nuevo.

En ese entonces, mis padres aún tenían *green cards*. No podían haber votado en 1968. Sin embargo, creían que Kennedy podía habernos ayudado en nuestras modestas aspiraciones de abandonar los campos para obtener una educación básica. Pensaban que Kennedy podía habernos unido en un país donde la raza siempre había sido motivo de división.

Algunas décadas más tarde, durante el periodo previo a las elecciones intermedias, en una temprana mañana de verano en la pequeña ciudad agrícola de Tornillo, cerca de El Paso, Beto se encontraba de pie junto al nieto de RFK, el representante estadounidense Joseph Kennedy III, un demócrata de Massachusetts, quien había sido compañero mío durante mi estancia en Harvard como becario Nieman. Ambos estaban parados afuera del refugio financiado por el gobierno junto a defensores de los migrantes que solicitaban la liberación de niños y adolescentes centroamericanos del campamento y lugares similares.

A sus espaldas se encontraba el cruce internacional que lleva el nombre de Marcelino Serna, un trabajador indocumentado de México que se enlistó en el ejército de los Estados Unidos y se convirtió en uno de los veteranos más condecorados de la Primera Guerra Mundial.

Grabé en video sus apasionados discursos y más tarde se los mostré a mis padres en aquel Día del Padre, recordándoles ese momento de 1968 en el que habían perdido la esperanza.

Joe Kennedy hablaba sobre el pasado migrante de los Estados Unidos, el legado de la nación, tanto en español como en inglés.

—Los Jiménez, los Martínez u O'Rourke —dijo Joe, enumerando los nombres de los migrantes del pasado—. Este —dijo, señalándose a sí mismo para enfatizar su punto— es Kennedy.

La multitud lo vitoreó. Kennedy le dio las gracias a Beto.

—Tu compañero de papeleta en 2020 —gritó una mujer.

Todos rieron.

O'Rourke tomó el mismo megáfono y rugió:

—Y tratamos de convencernos de que esto no es Estados Unidos. Estos no somos nosotros. Esto no es lo que hacemos. Sin embargo, damas y caballeros, en este momento, esto es Estados Unidos, estos somos nosotros. Y esto es lo que hacemos.

—¡Qué vergüenza! —exclamó la multitud—. Una nación bajo Dios... ¡debería darnos vergüenza!

—Existe una pregunta sin respuesta sobre quiénes somos como estadounidenses —continuó Beto—. Si somos un país que continuará haciendo esto, es decir, separando a niños de sus padres.

—El Paso es la respuesta —respondieron muchos.

En noviembre, cuando las elecciones intermedias ya estaban decididas, llamé a mi madre por teléfono para darle la noticia de que Beto había perdido su carrera por el Senado. Escuché cómo se le rompía el corazón. Irónicamente, en ese momento me encontraba en un bar llamado Later, Later.

Beto se quedó a menos de tres puntos del vencedor.

La línea telefónica permaneció en silencio.

Finalmente, ella respondió:

—Pos ni modo —una frase típicamente mexicana que sirve como bálsamo para una vida llena de dificultades y sacrificios.

Traté de darle la vuelta a las malas noticias, y no fue difícil durante esa noche de noviembre, porque parecía que los osos en hibernación se habían saltado El Paso por completo. La primavera había llegado antes de tiempo.

—Mamá, también hay buenas noticias —dije. El Paso al fin se puso de pie, levantó la voz, opuso algo de resistencia. La gente votó en números récord.

Citando a mi amigo y colega Bob Moore: "La participación electoral a lo largo de las tierras fronterizas, sobre todo en El Paso, aumentó en un 150 por ciento, con más de 200 000 votantes".

—Gracias a ti, a papá y a otros, nos armamos de valor, de fuerza, al menos durante esa noche y en esta ciudad. Los hijos de los migrantes al fin votaron —dije, repitiendo una frase que una joven me había susurrado poco antes. La frase se reprodujo en mi mente una y otra vez.

Ese optimismo en medio de la pérdida fue acentuado por Verónica Escobar, quien ganó el antiguo escaño de Beto para convertirse en una de las dos congresistas latinas en ser elegidas por vez primera al Congreso de Texas.

Verónica se subió al escenario del bar Later, Later.

—Nunca más vamos a estar ausentes —dijo Escobar a la multitud, enérgica—. Nunca más dejaremos que la política de la crueldad triunfe por encima de la política de la generosidad. Nunca más volveremos a dejar que nos roben nuestros valores.

—El muro de Trump es una solución en busca de un problema —dijo la hija de un productor de leche y de una madre con raíces en Chihuahua, quien miraba orgullosa a su hija junto con su familia.

El ascenso político de Escobar —de vocera de un alcalde a comisionada del condado, a jueza del condado y ahora camino a Washington— era algo histórico. Era una muestra tangible de que El Paso no solo podía producir a alguien como Beto, sino a toda una nueva generación de líderes sólidos, latinos o no latinos, que representaran a mis patrias para las futuras generaciones.

—No vayas a tirar los letreros de Beto —dijo mi madre con firmeza—. Los vamos a necesitar para 2020.

Colgué y me dirigí hacia el estadio de béisbol, sede del equipo de las ligas menores de El Paso, los Chihuahuas. Observé mientras Beto y su esposa agradecían a sus simpatizantes y dejaban el escenario, mientras la canción inmortal de John Lennon, "Imagine", se escuchaba por el sonido local. Los cánticos de "2020" casi ahogaban la auspiciosa letra: "Dirás que soy un soñador, pero no soy el único".

Beto heredó el instinto político de su padre, Pat. También tenía el buen corazón de su madre, Melissa, me recordó mi amigo Bill Clark. Mantuve la mirada fija en Beto mientras abandonaba el escenario y noté un creciente parecido con su difunto padre, el antiguo juez del condado, quien en una ocasión conversó sobre política local conmigo en un restaurante llamado Jaxon's, y me explicó por qué Melissa y él eligieron el apodo "Beto" cuando su hijo era recién nacido.

—Los apodos son comunes en la frontera —dijo Pat O'Rourke, explicando que le tomó mucho tiempo darse cuenta de que no era mexicano, pues había cruzado de un lado al otro de la frontera durante años sin tener que comprobar su nacionalidad. Iba y venía en bicicleta con Beto, sin enseñar ningún tipo de identificación en ambos lados. ¿Por qué habrían de hacerlo?

El Paso y Ciudad Juárez eran prácticamente una sola comunidad con familias en ambos lados, unidas por un Río Grande lodoso y poco profundo. Pat hablaba español y juró que su hijo también lo haría.

—Si alguna vez se postula para un cargo público —continuó Pat—, Beto tiene mucho más sentido que Robert Francis O'Rourke.

En 2001, mientras Pat paseaba en su bicicleta, fue atropellado por un automovilista. Murió al instante. Sin embargo, su presencia y espíritu estaban en ese campo de béisbol aquella noche.

Cuando Beto finalmente anunció vía Twitter su candidatura a la presidencia, me desperté para enterarme de la noticia en Filadelfia. Me encontraba en la ciudad por el festejo del 58 cumpleaños de David Suro, y en ese momento esperábamos a Ken. Miré la portada de *Vanity Fair* y la fotografía que Annie Leibovitz le había tomado a Beto parado junto a un camión, con su perro Artemis a su lado, en un sinuoso camino de tierra cerca de mi hogar en El Paso.

Beto vestía pantalones azules, como de costumbre, y una camisa color azul claro, lo que me recordó el icónico guardarropa de los hombres a quienes yo cubría en México, todos miembros del Partido Acción Nacional (PAN). Con las manos en los bolsillos traseros y la mandíbula fija en un gesto que aparentaba decir: "tengo esto bajo control".

Compartí las noticias sobre Beto con David. Se mostró intrigado, pero tenía otras preocupaciones en ese momento que se centraban en el mercado mexicano de bebidas espirituosas: sotol, mezcal, tequila. También temía por la situación laboral. Ya no encontraba suficientes trabajadores mexicanos, dijo. La migración de México se había agotado.

No quería pensar demasiado en ello, por lo que me preguntó si me arrepentía de no estar en El Paso para presenciar el anuncio de Beto.

—No, qué va —dije—. Lo importante es que estamos aquí para festejar tu cumpleaños.

Le pregunté sobre Primo, quien de forma ocasional e informal aconsejaba a algunos de los asesores extranjeros del presidente Andrés Manuel López Obrador en temas migratorios.

—Quizá no le están haciendo caso, porque la estrategia de AMLO es un desastre, está cayendo en picada —le dije a David—. No tiene ningún tipo de política pública exterior, más que apaciguar a Trump al comportarse como su lacayo para evitar enojarlo y ser el blanco de su tormenta de tuits, o cerrar la frontera y paralizar la economía mexicana.

López Obrador fue cómplice al frenar el debido proceso legal de los centroamericanos, obligándolos a permanecer en México a petición de Trump, una acusación que su equipo negaba. Sus políticas parecían una mezcla entre nacionalismo y complicidad. David no estaba listo para ponerle fin a su luna de miel con AMLO, así que solo sacudió la cabeza y cambió el tema.

Esperamos a Ken, quien llegó en su nuevo Porsche. Había vendido sus estaciones de radio y, como siempre, trabajaba en un caso importante del cual no podía hablar. Aunque eso daba igual. Desde el momento en que entró, no pudo dejar de preguntarme sobre Beto.

—Es demasiado pronto —le advertí—. Beto tiene que demostrar que cuenta con la experiencia, el peso y la seriedad suficientes. ¿Puede sobrevivir a una campaña maratónica a nivel nacional? Claro, es una sensación en las redes sociales, pero ¿acaso es algo más? ¿Cuál es su mensaje? ¿Cuáles son sus propuestas? Es demasiado pronto —dije.

A Ken le impacientaba mi postura.

—¿Ah, sí? ¿Y qué hay de Trump? ¿Cuál es su mensaje?

Tenía visiones en las que Pensilvania se volvía azul otra vez. Vio a un Obama reencarnado, el hombre a quien alguna vez ayudara a recaudar casi medio millón de dólares en Filadelfia durante su campaña de 2008 a la presidencia. Beto representaba la esperanza que tanta falta hacía, la inspiración para los jóvenes como su hija.

Le advertí sobre la base electoral de Trump.

—No solo son Pensilvania, Ohio, Wisconsin y Michigan —dije—. La más reciente oleada de migrantes a la frontera hace que los estadounidenses, entre ellos algunos hispanos, se pongan de su lado. El péndulo se balancea a favor de Trump. La llegada de estas nuevas masas —familias enteras— perturbaba el equilibrio que los hispanos habían trabajado tan duro por conseguir junto con los blancos.

Le conté sobre el más reciente mitin de Trump en El Paso, una ciudad donde tres cuartas partes de la población vota por los demócratas de forma consistente.

—La noche del mitin, el Coliseo del Condado de El Paso estaba repleto de simpatizantes del movimiento MAGA. Muchos venían de fuera de la ciudad —le dije—. Sin embargo, muchos también eran locales. Hispanos. Quizás algunos estaban ahí por simple curiosidad. Pero a Ángela y a mí nos sorprendió la cantidad.

Yo me sentí alarmado, pero Ángela lo puso en su contexto:

—Cuanto más cerca estemos de la frontera, más grande será la necesidad de algunos de demostrar su lealtad a Estados Unidos. También existe una brecha entre los hispanos de segunda, tercera y cuarta generación, así como los recién llegados. Estamos muy lejos de ser monolíticos. Compartimos la misma lengua, sin embargo, los temas candentes como el socialismo, la migración y el aborto agrandan la brecha.

Ángela trató de recordarme las ventajas:

—Nuestra frontera no solo tiene que ver con geografía, etnicidad o etiquetas —dijo—. Nuestras patrias tienen que ver con un lugar, un estado de ánimo, un atisbo del futuro. Es un espacio bicultural, bilingüe donde nuestros dos países se entrelazan, algunos días mejor que otros.

—Sí, pero también hay un creciente hartazgo hacia los migrantes de Centroamérica, que socavan el sistema de asilo de los Estados Unidos —dije mientras observábamos a una multitud que se reunía fuera del coliseo.

Dibujé mi mejor sonrisa y saludé a los simpatizantes de Trump con un simple "Buenas tardes" en español. Reaccionaron como si el mismísimo diablo los hubiera sorprendido en el purgatorio y se ajustaron sus gorras de MAGA. Una mujer latina de unos treinta y tantos años sacó un espejo, y miró dos veces su reflejo con orgullo.

Trabajaba como ejecutiva en un hospital y estaba molesta con el presidente, pues pensaba que este exageraba al decir que El Paso era un lugar peligroso. Pero aun así le gustaba.

—También exagera y miente, pero me gusta lo que representa —dijo—. Un país seguro y próspero. Cumple sus promesas.

La mujer portaba su gorra de MAGA con orgullo.

—Te queda bien —le dije.

—Gracias —respondió, un poco más relajada.

—Estoy seguro de que a tu padre también le gustará —agregué.

De pronto se puso tensa y sintió la necesidad de explicar que su padre, un migrante mexicano, cruzó la frontera con una *green card*, la forma "correcta" de hacerlo. La manera legal. Cuando los mexicanos llegaban solos para trabajar. No como estos centroamericanos que utilizaban a sus hijos como boletos de entrada al país. Su padre había tenido una larga trayectoria en las fuerzas policiales. Amaba su país y estaba dispuesto a morir por él.

—¿Crees que hace falta una valla, un muro? —pregunté.

—La seguridad no tiene nada que ver con la etnicidad —respondió.

—Pero Trump dice que los mexicanos como tu padre son criminales, violadores.

—Esa no es más que la mercadotecnia de Trump —se tensó.

Le dije adiós y me alejé con Ángela. Entonces experimenté ese malestar familiar, aquel que había sentido en noviembre de 2016.

Trump puede ganar otra vez.

Le dije a Ken que había sombras de color rojo —republicanos— en todas partes, en los lugares más inesperados.

Ken pensaba diferente. Creía que su hija Maya, quien ahora asistía a la Universidad de Pensilvania, debía pasar una parte del verano en El Paso. Aprender sobre campañas políticas, solicitantes de asilo, la frontera. El muro. Acerca de las divisiones y cómo podíamos repararlas.

Parecía que todos, incluso yo, queríamos estar en El Paso.

Ken abrazó a David y se despidió.

Yo también extrañaba El Paso, pero sobre todo a mis padres. Su salud empeoraba cada día y ahora nuestros abrazos duraban mucho más. Acababan de celebrar su sesenta aniversario, el mismo fin de semana en que Trump visitó la frontera. Habían querido marcar el hito en su ciudad natal de San Luis de Cordero, Durango.

Yo los había disuadido. Ahora me preguntaba si no me habría equivocado, así que me disculpé. ¿Acaso Trump había arruinado su fin de semana? Los llamé desde el bar de David.

—Es demasiado tarde. Si nos hubiéramos ido a Durango, quizá no hubiéramos regresado —dijo mi madre medio en broma.

En otra concurrida noche de viernes, caminé por todo Tequilas hasta llegar a la cocina donde Dave, el hijo de David, abrió la puerta al futuro. Había hondureños y guatemaltecos que picaban, rebanaban, cortaban, lavaban y hacían el trabajo duro. Eran menos los mexicanos.

—Filadelfia los necesita —explicó Steve Larson, un amigo cercano de David, quien se describía a sí mismo como un doctor *hippie* que dirigía una clínica de salud para migrantes. Era un lector voraz, por lo que me sugirió que conectara con los Estados Unidos. Que hablara con los Estados Unidos.

—¿Pero cómo? ¿Lee el poema "América" de Allen Ginsberg? ¿Cuestiona a los Estados Unidos? —me sugirió mi amigo Dudley más tarde.

Salí a dar un paseo entre la calle Locust y la plaza Rittenhouse. Vi a un grupo de trabajadores en la plaza que colocaba bolsas de basura en las banquetas. Una limpieza de primavera estaba en proceso.

Hacía un poco de frío, pero parecía que la primavera se acercaba con velocidad. Me hice la misma pregunta de hacía 32 años: ¿Estados Unidos, en dónde encajamos? Estados Unidos seguía sin ofrecerme una respuesta.

Ansiaba volver a la frontera, donde una vez más Estados Unidos se redefinía. Compré un boleto de avión para llegar a tiempo al lanzamiento de la campaña oficial de Beto.

Mi avión se arqueó por encima de las grises montañas Franklin. El desierto se extendía por debajo, sus heridas reabiertas, implorando que alguien detuviera su sangrado.

El Paso, mi modesta ciudad que aún luchaba contra los salarios bajos, un complejo de inferioridad y una reputación de abandono, ahora tenía la tarea de conducirnos a un mejor lugar. De mostrarnos el camino. De restaurar la dignidad, la decencia. Mi ciudad natal se había convertido en la zona de impacto para la resistencia contra el odio, la xenofobia y el nativismo.

En una borrascosa y soleada mañana de marzo, conduje hacia el centro de El Paso sobre el camino que lleva a la frontera, Paisano Drive, un nombre que también significa "vecino". *El odio termina aquí*, pensé, algo apropiado cuando me encontraba en el borde lejano de Texas, un floreciente campo de batalla electoral.

Recordé un paseo anterior que había hecho a lo largo de la frontera entre Austria y Hungría. Ahí había experimentado un odio y miedo similares hacia los migrantes —sobre todo aquellos provenientes del Medio Oriente—, mucho antes de que se expresara de forma tan abierta en Estados Unidos.

Ángela estaba sentada en el auto junto a mí. Ambos estábamos pensativos, decididos. Un momento como este fue el que nos trajo de vuelta al periodismo. Para cuestionar, escribir, oponer resistencia con la verdad. Reportar y seguir reportando.

Me puse a escuchar música de la frontera: las canciones "En la frontera" de Juan Gabriel y "Against the Wind" de Bob Seger, con la esperanza de que un latigazo musical entre Ciudad Juárez y Detroit calmara mis nervios. Nos dirigíamos a un mitin donde Beto lanzaría de forma oficial su apuesta por la Casa Blanca.

Ciudad Juárez aleteaba al sur, al otro lado del río angosto y superficial, y al fondo una valla se extendía en la sombra de una mañana tardía.

—Es curioso —comentó Ángela—. Cuando colocaron la valla hace más de una década, quienes protestaban se referían a ella como un muro, mientras que los agentes federales minimizaban ese tipo de lenguaje. Las autoridades insistían en que la valla solo serviría para proteger a Estados Unidos después del 11 de septiembre. Ahora los agentes de la patrulla fronteriza habían comenzado a llamarla "muro", en línea con la retórica de un presidente que prometía construir una barrera mucho más grande y aterradora.

Delante de mí se alzaba una valla fronteriza más moderna y alta, con anchos bolardos de acero que endurecían la línea entre mis dos naciones. Y los mexicanoamericanos se encontraban atrapados en medio de todo esto.

Redujimos la velocidad cerca de Chihuahuita, el histórico vecindario donde mi familia y muchos otros migrantes innombrables cruzaron a los Estados Unidos por primera vez. Esta nueva isla Ellis, que durante mucho tiempo presumí a otros e incluso a mí mismo, ahora se sentía hueca, vacía, aunque con vida.

Estacioné mi vieja camioneta Toyota y Ángela y yo pasamos al lado de un pequeño grupo de simpatizantes de MAGA. Una mujer mexicanoamericana vio mi gafete de prensa y gritó a todo pulmón:

—*FAKE NEWS!* (¡NOTICIAS FALSAS!).

—¿Quiubo? —respondí en español, sonriendo cortésmente—. ¡Buenos días!

—*Fuck you, Fake News!* (¡Vete al carajo, Noticias Falsas!) —respondió en inglés.

Nuestras miradas se cruzaron mientras me preguntaba qué demonios fumaban ella y todos los demás hoy en día. Ella parpadeó primero, y se dio media vuelta para acechar a otro reportero.

Caminé hacia la calle Overland, a unas cuantas cuadras de donde cientos de migrantes centroamericanos se encontraban detenidos bajo un puente internacional, enjaulados como animales de circo exhibidos ante todo el mundo. En ese lugar, el padre de un niño guatemalteco se disculpó con su hijo por haber hecho el viaje a los Estados Unidos. La terrible hipocresía de los Estados Unidos, su crueldad, estaba en plena exhibición. La óptica de nuestro tiempo se desplegaba ante mí, como parte de la crisis creada por una Casa Blanca que jugaba con nosotros sin quitar la mirada del 2020: las imágenes que quería evitar que vieran mis padres.

—¿Qué chingados, Estados Unidos?

Miré hacia la esquina de la calle South El Paso y el edificio que alguna vez albergara el restaurante de mis padres, Freddy's Café, nombrado en mi honor.

Me invadieron los recuerdos de aquellas reuniones matutinas dominicales, donde los amigos intercambiaban ideas sobre la necesidad de responsabilizar a las personas en el poder en ambos lados del río para revertir la fuga de cerebros; sobre encontrar el suave abrazo de los Estados Unidos en nuestra lucha por volvernos tan norteamericanos como nuestros predecesores migrantes de Alemania, Irlanda, Hungría e Italia. El peculiar olor de los burritos de chile verde. El menudo que le daba sabor a la encendida retórica.

Sus nombres, sus sueños quedarán por siempre grabados dentro de mí como venas de arena en un desierto mojado: Moisés Bujanda, Ángela Kocherga, Vicki Icard, Sonya Saunders, Pete Duarte, David Romo, Willivaldo Delgadillo, Carlos Aguilar, Larry Medina, Joe Chairez, José Rodríguez, Carlos Rivera, Pat O'Rourke, Lily, Joe Limón, Charlie Ponzio, William Tilney, Carlos y Kenna Ramírez, Rosario Holguín, María Barrón, Jorge Roberto Camp, Rabad Fares, Katherine Brennand, Alicia Chacón, Homero Galicia, Quieta Fierro, Rosamary Valladolid, Nick Dominguez, Margarita Sánchez, Dr. Joe Mendoza, Pat O'Rourke, y docenas más junto con los fotógrafos Billy Calzada y Alicia de Jong-Davis, ambos siempre con cámara en mano para capturar los momentos importantes.

Ahora Freddy's se había convertido en una tienda que vendía baratijas asiáticas: playeras sin mangas, ropa interior femenina y filas de jeans ajustados. La tienda se llamaba Me Quedo, un nombre desafiante y lleno de orgullo.

Cerca de allí, el mitin de Beto estaba por comenzar.

El viento empezó a soplar con más fuerza, llevando basura y escombros a lo largo de una calle que unía la tierra de mi nacimiento con mi patria estadounidense, cargada de dolor y tesón.

Encorvé mi hombro moreno contra el frío y caminé hacia la multitud que se congregaba en el mitin. *¡A huevo!*, pensé, mientras sacaba mi libreta.

Agradecimientos

En retrospectiva, siento que este libro se empezó a gestar antes de que yo naciera.

Quisiera darles las gracias a mis padres, Juan Pablo Corchado y Herlinda Jiménez de Corchado, por enseñarme a ser empático y llevarme con ellos para presenciar la mayor migración de mexicanos a través de su vida y experiencias. Ellos me ofrecieron el primer acercamiento y entendimiento de un tema complejo que nos ha atormentado durante décadas. A menudo también me inspiraron a seguir cuando padecía el bloqueo del escritor.

Todo mi amor para Ángela Kocherga por apoyarme a lo largo de la historia que necesitaba escribir, a menudo compartiendo los reportajes y las experiencias entre dos países. Aún eres mi luz en los caminos más oscuros.

A Jessica Friedman de la agencia Wylie, gracias por tu amistad y orientación profesional a lo largo de los años. A Jin Auh por ver el valor en este proyecto y luego luchar para asegurarte de contar la historia. A Cristóbal Pera, quien como director editorial de Random House Mondadori y más adelante como mi agente en Wylie me ayudó a rediseñar la idea original del libro con unos tequilas en la Ciudad de México. Ahora como director de publicaciones de Vintage Español, sigue tan interesado en la historia como desde un inicio.

En Bloomsbury, estoy en deuda con Anton Mueller, por tomar una idea simple y forzarme a pensar en grande. A Jenna Dutton, Grace McNamee y Tara Kennedy por su paciencia y por hacer de este trabajo una realidad. ¡Salud!

Gracias a Lauren Courcy Villagrán por sacarme una vez más de mi zona de confort como reportero y ayudarme a afinar mi voz como escritor.

Le estoy especialmente agradecido a mi dotada hermana Linda, una abogada especializada en inmigración y talentosa escritora con su propio libro en desarrollo. Ella me apoyó durante los interminables procesos de edición, recordándome todo el tiempo que no se trata de escribir sino de reescribir.

Gracias a Lauren Eades por ayudarme a investigar y editar a lo largo del proceso: desde el momento en que este libro era sólo una idea que flotaba sobre el Milo's en la calle Ámsterdam en la colonia Condesa hasta la etapa final de edición.

También agradezco el apoyo de las investigadoras Courtney Columbus y Sara Jones.

A los fotoperiodistas Billy Calzada, Erich Schlegel y Courtney Pedroza por proporcionarme imágenes que capturaron momentos para siempre. Gracias, también, a John Carlano, Hidemi Yakota, Julie Amparano y Hilary Dick por echarse un clavado en sus tesoros fotográficos y encontrar algunas joyas.

Durante el proceso de investigación y escritura de este libro tuve la fortuna de contar con el apoyo de la Universidad Estatal de Arizona y su excelente Programa de Periodismo Walter Cronkite. Me sentí inspirado por muchos de mis futuros colegas, incluyendo las tres "M": Mauricio Casillas, Miguel Otárola y Molly Bilker.

También conté con el apoyo del Instituto de México del Centro Woodrow Wilson en Washington. Gracias a Duncan Wood, Christopher Wilson, Eric Olson, Andrea Tanco, Andrea Conde Ghigliazza, Ximena Rodríguez y Carlos Catillo Pérez.

Por aquellas conversaciones largas que enriquecieron mi entendimiento, gracias a Bernardo Ruiz, Andrew Selee, Shannon O'Neil, Jim Dickmeyer, James Hollifield, Luisa del Rosal, Tony Garza, Carlos Bravo Regidor, Sergio Silva Castañeda, David Shirk y Rafael Fernández de Castro. Gracias a los autores y cabrones Philip Connors y Benjamín Alire Sáenz. En el Centro de Investigación Pew, gracias, Jeffery S. Passel y Mark Hugo López.

Agradezco a la Fundación Lannan, cuyo apoyo incluyó una residencia en Marfa, con todo y el rugido nocturno del tren Union Pacific y un pavo salvaje en el patio trasero; y a David Axelrod, Alicia

Sams, Steve Edwards y Ashley Jorn del Instituto de Política de la Universidad de Chicago. Muchas gracias por el café, el tequila y las pláticas a Miguel Toro, Claudia Barrera, Manuel Toral, Gerardo Serna, Dominic Bracco, David Ansari, Najla Ayoubi, Tony Blinken, Bob Dold, Jennifer Granholm, Steven Greenhouse y Shailagh Murray.

Mi infinita gratitud a los mejores embajadores estudiantiles, quienes llenaron de esperanza mi estadía en la Universidad de Chicago: Michelle Shim, Olivia Shaw, Nicole Somerstein y Ella Deeken.

Gracias también a Enrique Dávila y Jonathan Acevedo.

Un agradecimiento especial a Emilio Kourí, Brodwyn Fischer y Mauricio Tenorio.

Estoy profundamente agradecido con el programa USMEX en la Universidad de California, San Diego, por convencerme de regresar a California y por brindarme tiempo para investigar y escribir, así como un acogedor dormitorio con vista al océano Pacífico. Gracias, Melissa Floca y Greg Mallinger, y a los becarios de USMEX, en particular a Alina R. Méndez, Tania Islas Weinstein, Thomas Passananti, Emilio de Antuñano Villarreal y Jaime Arredondo Sánchez Lira.

Mi más sincera gratitud para Gordon Hanson en la Escuela de Política Global y Estrategia de UCSD.

Mi visión para este libro fue enriquecida por algunos libros estupendos como *Ringside Seat to a Revolution* de David Dorado Romo; *Mexicans in the Remaking of America* de Neil Foley; *The Other Americans* de Joel Millman; *Latino Americans* de Ray Suárez; *Walls and Mirrors: Mexican Americans, Mexican Immigrants, and the Politics of Ethnicity* de David Gutiérrez; *Two Nations Indivisible* de Shannon O'Neil; *Dreamland* de Sam Quiñones; *Border Games* de Peter Andreas; *Becoming Mexican American* de George J. Sánchez; *Latinos* de Earl Shorris; *Mexicanos* de Manuel G. Gonzales; *Anglos and Mexicans in the Making of Texas* de David Montejano; *Wetback Nation* de Peter Laufer; *The Making of the Mexican Border* de Juan Mora-Torres; *El laberinto de la soledad* de Octavio Paz; *The Fight in the Fields: Cesar Chavez and the Farmworkers Movement* de Susan J. Ferriss y Ricardo Sandoval; *Detroit's Mexicantown* de María Elena Rodríguez; *El pueblo mexicano en Detroit y Michigan: A Social History* de Dennis Nodin Valdés; *Los mexicanos en Estados Unidos* de Roger Díaz de Cossío, Graciela Orozco y Esther González; *Philadelphia: A 300-Year History* y *Larry Kane's Philadelphia*.

Mi gratitud a los camineros por sus tan necesarias palabras de aliento: Ricardo Sandoval, Cecilia Ballí, Ernesto Torres, Dudley Althaus, Gilbert Bailon, Alfredo Carbajal, Jason Buch y Vianna R. Dávila, todos excelentes relatores de historias.

A mis colegas Maria Sacchetti, Cindy Carcamo, Dianne Solís, Susan J. Ferriss y Julia Preston, los mejores reporteros de inmigración que conozco.

A lo largo de este viaje me apoyé en mis más de treinta años de experiencia como periodista. Di mis primeros pasos como un reportero novato en el periódico *El Paso-Herald Post* y el *Ogden Standard-Examiner* en Utah. Durante mi estancia en México conté muchas historias que figuraron en mi libro anterior, *Medianoche en México: El descenso de un periodista a las tinieblas de su país* y en las páginas de *The Dallas Morning News*.

Mike Wilson, Robyn Tomlin, Keith Campbell, Tom Huang, Tim Connolly y Alfredo Carbajal, gracias por su apoyo y paciencia.

A mi familia, los Corchado y los Jiménez en ambos lados de la frontera: los quiero, gracias.

Ante todo, pasé tres décadas entrevistando a los protagonistas de este libro, corroborando sus versiones de la historia con aquellos que los conocieron, así como mis propias notas, grabaciones y entrevistas. Gracias David, Ken y Primo por compartir su historia desinteresadamente que, en realidad, es la historia de millones de estadounidenses y mexicanos en la búsqueda de una vida mejor.

TAMBIÉN DE

ALFREDO CORCHADO

MEDIANOCHE EN MÉXICO
El descenso de un periodista a las tinieblas de su país

Es medianoche en México, 2007. El periodista Alfredo Corchado recibe una llamada telefónica de su fuente principal para informarle que hay un plan para asesinarlo por parte de un poderoso capo. Pronto averigua que lo quieren matar porque uno de sus artículos en el *Dallas Morning News* afectó los sobornos que los narcotraficantes entregan a policías, militares y funcionarios del gobierno mexicano. Así comienza el viaje en espiral de un hombre que busca descifrar la compleja situación del país mientras lucha por salvar su vida. A pesar de recorrer un camino de múltiples encrucijadas, desigualdad y violencia extrema, Corchado, "infectado con la enfermedad incurable del periodismo", no se resigna a abandonar la esperanza en tiempos turbulentos. Ahora, el líder del brutal cártel que lo perseguía conocido como el Z-40 está detenido, pero la historia no ha terminado de escribirse.

No ficción/Crimen

VINTAGE ESPAÑOL
Disponibles en su librería favorita
www.vintageespanol.com

Withdrawn

Withdrawn